东北大学百年校庆丛书
**1923 - 2023**

# 传承与轨迹

## ——从东北大学走来的院士风采录

主审 孙 雷
主编 李 鹤

东北大学出版社

Ⓒ 李　鹤　2023

**图书在版编目（CIP）数据**

传承与轨迹：从东北大学走来的院士风采录 / 李鹤
主编 . —沈阳：东北大学出版社，2023.7
ISBN 978-7-5517-3324-3

Ⅰ . ①传… Ⅱ . ①李… Ⅲ . ①东北大学—院士—事迹
Ⅳ . ① K826.1

中国国家版本馆 CIP 数据核字（2023）第 136422 号

出 版 者：东北大学出版社
　　　　　地址：沈阳市和平区文化路三号巷 11 号
　　　　　邮编：110819
　　　　　电话：024-83687331（市场部）83680267（社务部）
　　　　　传真：024-83680180（市场部）83687332（社务部）
　　　　　网址：http://www.neupress.com
　　　　　E-mail:neuph@ neupress.com
印 刷 者：辽宁一诺广告印务有限公司
发 行 者：东北大学出版社
幅面尺寸：170 mm × 240 mm
印　　张：27.25
字　　数：458 千字
出版时间：2023 年 8 月第 1 版
印刷时间：2023 年 8 月第 1 次印刷
责任编辑：孙德海　孙　锋
责任校对：刘乃义
封面设计：解晓娜　潘正一
责任出版：初　茗

ISBN 978-7-5517-3324-3　　　　　　　　　定　价：100.00 元

# 东北大学庆祝建校一百周年

# 丛书编委会

# 《传承与轨迹

## ——从东北大学走来的院士风采录》

# 编委会

**主　审**　孙　雷

**主　编**　李　鹤

**副主编**　刘　佳　高　广　陈　田

**编　委**（按姓名首字笔画为序）

马　亮　王晓英　刘　佳　李佳佳

李　鹤　邱梦雪　张旭华　张竞文

张博雯　陈　田　尚育名　赵锦飞

高　广

# 总序

习近平总书记在文化传承发展座谈会上强调，在新的起点上继续推动文化繁荣、建设文化强国、建设中华民族现代文明，是我们在新时代新的文化使命。要坚定文化自信、担当使命、奋发有为，共同努力创造属于我们这个时代的新文化，建设中华民族现代文明。

大学文化，是大学在长期的办学实践中，经过代代学人的不懈追求、沧桑历史的传承积淀，涵育出的一种独特的文化形式，体现着一所大学的发展历程和学术传统，凸显着一所大学的思想理念和精神气质，它是大学的血脉根基，是大学的灵魂所在。古今中外的一流学府，无一不是在其所处的时代背景下塑造并形成自身的精神文化，以探索未来新知，引领文明之进步、社会之发展。在全面推进中国特色、世界一流大学建设，全面建设社会主义文化强国，实现中华民族伟大复兴的大背景下，中国大学应有做文化引领者的担当，中华文明呼唤有灵魂的大学。

东北大学创建于 1923 年，至今已有一百年的历史。一百年来，一代代东大人书写了坚守初心使命、矢志育才报国的奋斗史创业史，形成了"爱国爱校、严谨治学"的光荣传统、"献身、求实、团结、创新"的优良校风、"自强不息、知行合一"的校训精神和"实干、报国、创新、卓越"的文化品格。这是百年东大砥砺奋进的"精神密码"，是全体东大人接续奋斗的"价值坐标"，是东大历百年而常新的力量之源。正是凭借着这种强大的文化和精神力量，百年东大在上下求索中回答时代之问、勇担时代之责，谱写了与国家同呼吸、与民族共命运、与时代相偕行的壮丽篇章。

"求木之长者，必固其根本。"东北大学一百年波澜壮阔的历史，是一座宝贵的精神和文化宝库，学校发展、变革的文化脉络和历史进程，既是东大自身记录历史、面向未来的宝贵参照，也是中国近现代史中的教育缩影。为此，我们满怀珍重与敬意开展东北大学百年校庆系列丛书编写工作，以期将一个真实、鲜活、厚重、坚韧的东大用文字与图像的形式呈现在读者面前。

在关心和支持东北大学发展的师生、校友共同努力下，在为丛书编辑出版过程中发挥重要作用、作出积极贡献的专家学者指导帮助下，东北大学百年校庆系列丛书共计 10 本出版发行。这套丛书文脉清晰、内容丰富、事例翔实、图文并茂，既有对东北大学文化内涵的系统阐释，又有百年办学实践中具有典型性、代表性的人物故事；既有东大早期办学救国的珍贵史料，又有新时代东大立德树人、科技报国的生动纪实；既有校园中东大师生的活跃风采，又有海内外校友对母校的深情眷恋；既有对楼馆风物的抒情描摹，又有今日校园的如画风景。这套丛书的出版，是对东大百年文化的挖掘凝练，是对东大百年办学实践的梳理总结，是将作为思想结晶的文化藏于器、寓于形的实践创造，具有深远的历史意义和文化价值。

人类伟大的精神之花，必将结出丰硕的文明之果。一所大学之精神文化，在缔造辉煌成就的同时，也必定成为支撑其前行的不竭动力。站在建校百年的历史节点，我们回望过去，将历史化身纸书，将文化刊刻梓行，旨在继承和吸纳中进步，在传承和创新中发展。唯有如此，才能使东北大学的精神与文化超越时空，展现出永恒的魅力和风采；才能肩负起一所大学的时代责任和历史使命，在新时代新征程上，为建设教育强国、为以中国式现代化全面推进中华民族伟大复兴作出新的更大贡献。

百年东大，风华正茂；百年东大，文化日新。东北大学再上征程，朝着下一个百年的宏图愿景砥砺前行。

丛书编委会

2023 年 7 月

# 序言

　　2023 年 4 月，东北大学迎来建校 100 周年。作为一所具有爱国主义光荣传统的大学，东北大学始终以"爱校、爱乡、爱国、爱人类，期终达于世界大同之目标"为己任，锐意进取，求真务实，培育精英人才、共谋科技进步、突破前沿技术。100 年沧海桑田，东北大学形成了以"实干、报国、创新、卓越"为内核的特色文化，熔铸精神、集聚力量。在近百年的办学历程中，东北大学始终坚持与国家发展和民族复兴同向共行，在技术创新、转移和产学研合作方面逐渐形成了自己的办学特色。40 余万各类优秀人才从东大走出，迈上国家政治、经济、文化、教育、科技等领域，传承时代发展轨迹，发扬"自强不息、知行合一"的校训精神。

　　历史上，曾经有 70 余位中国科学院院士、中国工程院院士和海外院士从东北大学走来，本书收录了新中国成立后在东北大学（东北工学院）工作和学习过的 49 位院士文章，他们是炼铁、炼钢、金属压力加工、材料、采矿、选矿、超导、化工、机械、煤炭、热能、摩擦学、大数据、计算机、有色金属、自动化控制等专业领域的顶级专家，跨越科研巅峰，成为科技巨匠、学界泰斗，可谓才俊辈出。这里有致力于钢铁冶金、材料化学等行业的领军人才，也有专注攻克世界难题、开创先河的团队代表；有在高校严谨治学、辛勤育人的专业导师，也有投身在科研一线、科技前沿的代表人物；有钻研基础科学、技术科学、应用科学系统化知识理论的奠基人，也有实现产学研一体化、创造社会价值的科技成果转化践行者……我们很高兴地看到，在多个学科专业领域里，院士们都展现了东大人共有的精神面貌，即敢为人先的科技报国信念、矢志不渝的求真务实精神、自强不息的开拓进取作风、知行合一的言传身教品行。华夏民族的复兴有他们谱写的乐章，逐梦飞翔的中国有他们丰盈的羽翼，跨界交融的世界也有他们推动的臂膀。

在东北大学100周年校庆之际，学校组织编写了这本《传承与轨迹——从东北大学走来的院士风采录》一书，将院士们的风采展现在书香笔墨之中，40余万字的厚重文稿将院士们的履历生平、科研精神、使命担当、师者风韵等内外在形象跃然纸上，读过他们的传略感触颇深，灵魂碰撞产生共鸣，开启新的征程，也为我们指引了前进的方向，历久弥坚的磐石才能经得住时间洗礼。一方水土养一方人，一方水土孕育一方文化，从东北大学走来的院士们，他们行走的轨迹连同他们身上东大人的印记，已经深烙在东北大学的百年记忆中，载入到跨世纪的篇章中。

当前，东北大学正坚定地走着"创新型、特色化、开放式"发展道路，为建成"在中国新型工业化进程中起引领作用的'中国特色、世界一流'大学"而不懈努力。万里鲲鹏风正举，搏击长空入青云，全校师生员工和海内外校友齐心协力迈向新的百年征程，在这样一个关键时期，梳理并铭记院士们的人生成长经历对于东大人来说具有重要意义！光影流转显初心，这也是东北大学宝贵的精神财富，必将启迪一代又一代东大人奋发前行！

中国工程院院士、东北大学校长

冯夏庭

2023 年 2 月

# 前言

　　百年历程，百年辉煌。2023 年，东北大学迎来建校 100 周年华诞。100 载峥嵘岁月，从鸿儒相聚创办学府到培育英才桃李天下；100 载风雨兼程，从砥砺逐梦奔赴山海到笃行致远科技复兴。100 年间，东北大学人才辈出，70 余位在这里学习或工作过的校友跻身海内外科学院或工程院，获得院士称号。他们持之以恒的精神、宽广无私的胸襟，犹如广袤的星空，成为莘莘学子生命中的领航者，激发奋进潜能；他们保持师者本色，彰显学者风范，谦虚真诚、气度不凡，成为探索科研道路上的先行者，拓宽视野格局。

　　行者无疆，凝练历程。为了更好地传承和发扬院士们身上"自强不息、知行合一"的东大校训精神，东北大学组织编写了《传承与轨迹——从东北大学走来的院士风采录》一书。全书在广泛收集院士资料的基础上，并经院士本人或其亲友、同事和学生进一步修改完善，以质朴的语言、鲜活的事例刻画出近 50 位院士的成长经历和奋斗历程，字里行间饱含着真挚的感情。在每位院士从百字到千字的篇幅文稿中，重点梳理了他们的生平简介、求学经历、科研领域、培育人才、感悟体会等方面，力求再现院士风采，把成长的经历跃然纸上，把深耕的精神体现在书中，使读者重温院士们躬行践履的笃志，铭记院士们卓越非凡的贡献，感受院士们璀璨生辉的风采。

白山黑水，跨越巅峰。全书分为上、中、下三篇。上篇收录了 7 位中国科学院院士的传略文章，刻画了一批在科学技术领域严谨治学、勤思笃行的学者形象，他们从少年时就胸怀科技报国的梦想，一直秉承踏实严谨的治学态度和开拓创新的实践品格，彰显求真务实的工作作风和甘为人梯的师者风范；中篇收录了 26 位中国工程院院士的传略文章，他们在各自研究领域不懈奋斗，夯实社会发展之基，在科技界引领产业高质量发展，在国家重大科技专项中发挥了中流砥柱的作用，并作为科技助推者实现中华民族的伟大复兴，不断提升科技创新高度，挺起共和国工业的脊梁，做出的杰出贡献不可估量；下篇收录了 16 位海外院士的传略文章，他们虽然置身国外，却心系祖国，促进国内外产学研合作发展，将科技成果转化为生产力，立足世界科技前沿，推动基础研究和原始创新。

自强不息，赓续传承。院士们都曾在东北大学这所校园里挥洒过辛勤的汗水，他们平易近人、亦师亦友，展现出一代又一代东大人的实干精神，弘扬东大人爱国主义的优良传统，发扬东大人敢于创新的开拓精神，汇集东大人追求卓越的先进事迹。百年风雨，百年征程，如今的东北大学即将迈入新的发展阶段。作为百年校庆丛书中一本厚重的文卷，本书的学术价值和作用主要体现在其卓越性、启迪性和影响力上。卓越性在于中国两院院士及海外院士属于高知人士，他们也是各自专业领域的专家，在科研学术中有突出的卓越贡献；启迪性在于本书通过讲述院士生平及科研历程，激发广大中青年学者奋发向上的精神、向院士们学习深耕的精神，以期涌现出更多愿意为科研事业打拼的成就者；影响力在于本书讲述了院士们的文化品格，从横纵两个维度展现出矢志不渝的斗志与担当，推动科技进步并提高科技人才素质以适应新时代的发展要求。

心存敬意，提笔犹犹。从策划写作之初到院士本人或其亲友、同事、学生审核定稿之末，我们始终对院士保持敬畏和恭敬之心，唯恐书写不周未展现好院士的风华，生怕某处选材不当削减了院士的光彩，即便如此，书中也难免有疏漏不妥之处，恳请广大读者提出宝贵意见，以便不断修正并再版完善。

谨以此书，向为共和国发展做出杰出贡献的院士们致敬，向培养和造就院士的东北大学致敬，向拼搏奋斗在一线的广大科技工作者致敬！

本书编写组

2022 年 8 月于沈阳

# 目 录

## 中篇  中国工程院院士

## 下篇　海外院士

# 中国科学院 院士

# 百炼成钢的冶金教育家

## ——记炼铁专家、中国科学院院士靳树梁

靳树梁（1899 年 4 月 1 日—1964 年 7 月 5 日），冶金学家。河北徐水人。1920 年毕业于北洋大学。东北工学院院长、教授。参加拆迁汉阳和六河沟钢铁厂至大渡口，以及组建威远钢铁厂。1943 年因改进高炉炉顶布料装置获中国工程师学会论文奖，并先后获几项发明专利。1949 年后，在恢复鞍钢和本钢生产中，深入实际，卓有成效。任东北工学院院长期间，经常到工厂研究解决生产中的问题，如组织本溪高炉结瘤的研究，总结高炉强化经验，研究高炉降料理论，提出"风口区焦炭运动规律袋式效应"、悬料机理、造渣理论等。组织专家团队开展攀枝花钒钛磁铁矿高炉冶炼的技术攻关，取得中国冶金史上的突破性成就。1955 年选聘为中国科学院院士（学部委员）。

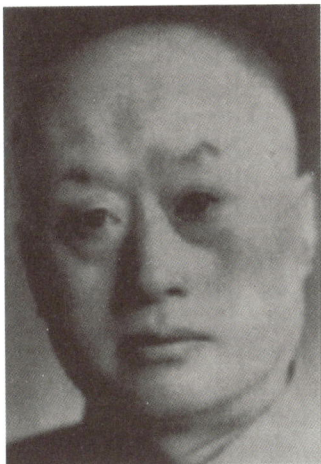

1979 年，"高钛型钒钛磁铁矿的高炉冶炼新技术"获国家技术发明奖一等奖。当科研队同志们欢庆胜利的时候，他们深深地怀念着靳树梁这位指导者和奠基人，说："可惜靳院长没能和我们共享这份荣誉。"

靳树梁在科学技术和冶金教育事业上做出了重要贡献。他先后兼任中国科学院技术科学部学部委员，中国科学院东北分院副院长，中国金属学会副理事长，辽宁省科学技术协会主席，第一届、第二届全国人民代表大会代表，政协第二届全国委员会常务委员，辽宁省政协副主席等。他身兼数职，工作繁忙，但为发展辽宁省、沈阳市的科学技术协作和普及事业不遗余力。

在辽宁省科协第一次代表大会上，他提出："坚决依靠党的领导，调动一切积极因素，把群众性的技术革命运动不断推向新高潮。"靳树梁对担任的各项兼职都尽职尽责，留下了辛劳和业绩。

## 炼·异乡开启求学之路

靳树梁，字栋华，1899 年 4 月 1 日生于河北省徐水县（现保定市徐水区）西黑山村。全家 8 口人，土地十几亩，父亲是乡村塾师，收入微薄，连年负债，备受高利贷盘剥，几乎每年都要靠变卖土地偿还债务、维持生活。靳树梁两岁时又逢八国联军之乱，徐水惨遭兵劫。腐败的清廷为偿还赔款加重剥削人民，民族灾难更加深重。靳家日益贫困，靳树梁 9 岁时，家中仅剩破屋三座，生活十分拮据，其兄未及成年即外出谋生，他也跟随一个同曾祖父的堂兄去了河南。

靳树梁 9 岁时随堂兄去河南读书。他学习勤奋，仅用 3 年半时间就读完高等小学和中学，13 岁考入河北公立工业专科学校应用化学科。通过学习，他认识到祖国地大物博，矿产丰富，应以先进技术开发宝藏，遂中途转学至天津北洋大学采冶系。

靳树梁的哥哥长于诗文和书法，系清代贡生，在河南临汝、扶沟、巩县、修武等地任县官 20 余年，勤于政务，重声名，乐于助人。他对靳树梁的影响是多方面的，而且较深。靳树梁在回忆少年世界观萌发情况时，曾写道："供给我念书的哥哥和我父亲都有些名士习气，这种感染，使我忽视政治；但另一方面，因家庭贫，又使我不能不正视现实生活。超现实的空想和正视现实的必要互相矛盾着。"

北洋大学是中国最早的工科大学，所在地天津是当时中国北方最大商埠，有九国租界地，为帝国主义掠夺的一个据点。靳树梁曾目睹天津城垣被八国联军所毁的遗迹，并闻有立约，不得复筑，清政府恭顺遵命。受欺凌侵略，事实斑斑。他深为祖国前途担忧，立志献身工业，使祖国转弱为强，于是更加刻苦学习，业余时间多在图书馆里度过。1919 年毕业前夕，五四运动爆发，他痛愤帝国主义的欺压和军阀政府的卖国求荣，毅然走上街头，与同学们一起游行示威。不久，靳树梁以优异的成绩毕业。

# 炼·高铁炉旁艰辛逐梦

靳树梁毕业即失了业，无处施展才华和所学专长，只能去河南淅川县堂兄家或回徐水家乡，十分苦闷。后闻知淅川县计划兴办水利，开渠灌田，他便不辞辛苦，跋山涉水，努力进行测量工作，但因没有测量仪器，终未能圆满完成任务。

不久，经在汉口谌家矶扬子机器公司工作的一名同学举荐，靳树梁怀着实现多年夙愿的热情，前往该公司任化铁股（即高炉车间）工程助理员。该公司高炉还未竣工，于是派靳树梁先至汉阳钢铁厂实习。在这座我国最大的钢铁厂，他结合所学理论，学习了铁冶炼的技术和经验。3个月后回到公司。此时，100吨高炉建成，忙于开炉投产。靳树梁协助工程师，认真观察和掌握炉温、风量、炉料分布等各环节，以及炉子运行状况，关心每一步操作，和工人共同采取措施，排除故障，降低焦耗，提高生铁产量及合格率等，整日围绕高炉紧张地工作着。

靳树梁一心扑在高炉生产上，和大家一起解决了许多生产技术问题，设法维持高炉正常生产。但是，由于军阀割据，连年混战，京汉路货车常常停运，从外地购买的焦炭很难及时运到，高炉时开时停，工厂日渐亏本。

1924年，公司易主，属六河沟煤矿公司，更名为六河沟煤矿公司扬子铁厂，此时靳树梁已是工程师。新厂主竭力拉拢官僚，行贿各方，疏通原料渠道，但仍无济于事。于是，工厂数次解雇工人，技术人员也处在失业边缘，不少人对工厂渐渐失去信心，自动辞职，改事他业。靳树梁的两名同窗好友也相继离厂。但靳树梁始终不忍舍弃冶炼事业，矢志不移，留厂继续维持高炉生产。

1926年9月，北伐革命军攻克汉口、汉阳，10月进入武昌，工厂停业。靳树梁为了谋生，做了国民政府武昌地方法院书记官。1927年春，工厂恢复生产，他应邀回厂，一如既往，终日奋战在高炉生产第一线上。在工作过程中，他逐渐成为厂内技术骨干，深得总工程师陈次青的喜爱和器重，而总工程师的精湛技术和刚正作风也给靳树梁很大影响。

## 炼·带领团队赴德实习

1936 年秋，经当时钢铁界权威严恩棫推荐，靳树梁到南京国民政府经济部资源委员会工作。这时该会决定在湖南湘潭建设中央钢铁厂，派靳树梁为队长赴德国考察。1937 年初，靳树梁等一行 8 人到达德国，先在柏林工业大学学习德语，同时学习了杜勒（R. Durrer）教授的铁冶金学。5 月，靳树梁被分配到克虏伯公司保贝克钢铁厂炼铁车间实习。不久，他参加了对德国为中央钢铁厂设计的方案和图纸的审查。半年后，靳树梁又到克虏伯公司莱茵村钢铁厂实习。该厂有 9 座高炉，日产 7000 吨铁，占全德铁产量的 1/10。靳树梁做了全面的调查研究，并写出详细的考察报告。这份报告迄今一直珍藏在鞍山钢铁公司。

靳树梁和在克虏伯公司的留学生们，虽身在万里之遥的异国，心却和祖国的命运紧紧联系着，尤其在 1937 年 7 月 7 日卢沟桥事变发生后，他们更是时刻关心着祖国的抗战形势。当得知上海、太原、台儿庄等地军队奋起抗日，并取得一些胜利的消息时，他们极为兴奋，热烈祝贺所取得的胜利，也从德国人的言谈和表情中感到一种对中国人的好感。

12 月，华北各地和南京等地相继沦陷，祖国失去半壁河山，他们异常痛心和忧虑，也感受到德国人的轻蔑。靳树梁再也按捺不住急迫的救国之心，他与王之玺、刘钢三人分析形势，认为敌人已有向武汉进攻的迹象，湖南湘潭厂址恐难保全，继续留在德国学习已无意义。于是，三人一致提出回国参加抗战的申请。团长严恩棫亦表赞成，愿一同归国。经与国内资源委员会联系，很快得到批准。靳树梁遂将在德国实习队队长工作交代给郑葆成，与严恩棫、王之玺、刘钢转道法国马赛及中国香港等地，于 1938 年 3 月，踏上了战火纷飞的祖国土地。

## 炼·保家卫国恢复出铁

回国后，靳树梁被分配到由兵工署、资源委员会共同组织的钢铁厂迁建委员会，参加拆迁汉阳铁厂、大冶铁厂、六河沟铁厂等厂的设备到四川大渡口重建的工作。随后他到重庆，参加了大渡口钢铁厂的规划工作，并负责设计了一座 20 吨小型高炉，这座高炉也是中国人自主设计的第一座高炉。1939年 10 月，靳树梁被调到云南钢铁厂任工程师兼化铁股股长。在此他完成了 50 吨高炉的设计工作。1940 年 12 月，资源委员会接办威远铁厂，调靳树梁任厂长。威远铁厂位于边远山区，濒临倒闭。靳树梁到任后，一方面修筑公路，改善厂内外运输条件；另一方面购置材料，开采矿石，改造和修复高炉，兴建厂房，积极准备开炉工作。1942 年 12 月 25 日，高炉正式开炉，在靳树梁的认真操作下，威远铁厂的炼铁生产指标一直高居当时同类型高炉之上。

1944 年 11 月，爱国将领冯玉祥到威远和自贡两县宣传抗日，进行募捐。靳树梁和大家热烈响应，在厂内开展了爱国献金活动，职员每人捐献一个月薪金，工人每人捐献半个月薪金。冯玉祥将军为感谢和鼓励各界人士支援抗战，委托威远铁厂制作铸有其亲笔所书"还我河山"的中国地图形状铁盾和铸有其亲笔所书"收复失地"的哑铃形状铁牌，共 50 块，赠予捐献者留念。靳树梁欣然承允，12 月制作完成后，亲自送到自贡县冯玉祥处。冯玉祥极为感动，备四菜一汤热情款待。席间二人叙谈许久，虽之前素不相识，但爱国之心相连。

抗日战争胜利后，资源委员会调靳树梁到东北接收日伪钢铁厂，任东北区特派员办公处本溪办事处处长，负责接收本溪煤铁公司等厂矿。靳树梁安排了厂内一切工作，于 10 月恋恋不舍地离开了威远铁厂。

他回忆往昔，思绪万千，曾赋诗一首书赠友人：

> 长义悬浮系钓船，
> 天荒地老总凄然。
> 那堪叮咛归来后，
> 一卧深山又五年。

1946 年 5 月，靳树梁被调到鞍山参加接收昭和制铁所等工厂和组建鞍山钢铁有限公司工作，任鞍山钢铁公司第一协理。1949 年 4 月，又被调任本溪钢铁公司总工程师兼计划处副处长。他发动群众，集思广益，克服重重困难，完成了本溪一铁厂 2 号高炉的修复工程。接着他提出了《本溪煤铁公司三年计划的意见》，建议修复采矿、选矿、采煤、炼焦、炼铁系统，新建炼钢、轧钢系统，将煤铁公司建成钢铁联合企业。这一建议对本钢的发展起到重要作用。这位来自旧社会的冶金专家，在人民的冶金战线上发挥着越来越大的作用。

# 炼·开拓冶金教育事业

## 建校之初深入教改

1950 年 9 月，靳树梁奉东北人民政府之命，来到沈阳，任新创建的东北工学院院长，一级教授，并担任建校委员会主任。他到校之日，受到全院师生员工的热烈欢迎。他心潮起伏，深为感动，深知培养千千万万的工业建设人才，责任重大，决心不负党和人民的重托，做好新岗位上的工作。

1952 年，东北工学院由初创进入以教改为中心的新阶段。按照中央人民政府教育部的部署，靳树梁领导全院人员认真贯彻国家关于高等学校院系调整方案，为使"工业学校更进一步专门化"而努力工作。靳树梁认为，办好学校的中心任务是提高教学质量，"质量的好坏，直接影响学生的知识水平，间接影响祖国的经济建设的速度，甚至于成败"。他和副院长们对此不断地探索和实践着。经调整，东北工学院设有冶金、采矿、机电、建筑等 4 个系，16 个专业，成为国家培养重工业高级建设人才的学府之一。

为实现人才培养目标，靳树梁四次领导修订了教学工作计划，有机地安排了教学的各个环节，特别是增加了与旧大学截然不同的认识实习、生产实习和毕业实习。靳树梁很重视教研组的建设，发挥教师集体力量。认为学院学术水平、研究能力的提高是培养高质量人才的一个关键。鉴于当时研究生导师都是在学院工作的苏联专家，他高瞻远瞩地提出："我们学校应该有自己的导师，要做好导师的选拔工作，并为他们创造条件。"后来，学院根据条件确定了一批导师，并正式招收了研究生，靳树梁也亲自带了研究生。

靳树梁历来主张工科学院要实行厂校合作，教学要面向生产，理论联系实际。教师和学生知识结构的变化，给改革旧的教学内容和方法带来了新的生机，教学质量普遍有了提高。学生以祖国工业化为己任的意识及独立解决科学上、技术上问题的能力有了增强。为发展中国的冶金工业和炼铁科学，靳树梁不遗余力地从事和领导了炼铁教研室的科学研究工作。在解决高炉结瘤、总结高炉强化经验、研究高炉风口区降料理论、开拓钒钛磁铁矿高炉冶炼工艺等方面做出了重要贡献。

靳树梁见到一代新人在生气勃勃地成长，感到十分欣慰。他深有感触地说："原先梦想的境界，在党的领导下很自然地实现了，我们之所以能得到教育是因为社会主义有着无可争辩的优越性。"因而更加勤勤恳恳，致力于教改，为给冶金事业培育德才兼备的人才不懈地努力着。经过 10 多年的努力，靳树梁带领全校师生把东北工学院建成一座规模宏大、专业齐全的冶金高校。

## 编写教材著书立说

在靳树梁的号召和带动下，1958 年、1959 年两年，全院编写教材，成绩显著。单是由国家级出版社出版的图书就有 46 种，受到冶金工业部和重工业工会的表奖，冶金工业部图书编辑委员会在图书简报中还指名表扬了靳树梁。

1959 年 9 月 14 日，由靳树梁主持编写的我国第一部《现代炼铁学》(95 万字)出版了，这是迎接建国十周年大庆的献礼。出版后受到炼铁界的广泛称赞，被公认为是一本内容丰富、理论水平较高、实践性较强的好书。

1959 年 11 月 17 日，靳树梁在《东工生活》440 期上发表文章《必须搞好生产、科学研究、教学三结合》。指出，为了搞好科学研究，必须搞好生产、科学研究、教学三结合。这"能使科学研究工作更好地为生产建设服务""能大大提高教学质量，激起教师对问题研究的责任感，这必将加速教师知识面的扩大和理论水平的提高。""搞好三结合，也是迅速提高科学技术水平的重要途径。"在他的号召和领导下，仅 1958 年、1959 年两年全院就完成科研项目 933 项。他强调教学上不要贪多，要贯彻少而精的原则，重点问题要讲深讲透。以靳树梁为主任的炼铁教研室，在贯彻党的教育方针，提高教学质量，攀登科学高峰，编写教材，搞好教学、科研、生产三结合等方面都取得了优异成绩，1960 年 2 月被冶金工业部评为先进集体，荣获嘉奖。

## 倾心贯彻"高教宪法"

1961 年 9 月，教育部正式下达了《中华人民共和国教育部直属高等学校暂行工作条例》(简称《高校六十条》)。东北工学院的工作迈入了一个新的阶段。

靳树梁仔细阅读，逐条钻研，认真参加讨论和提出建议，深入地探讨文件的基本精神。"第 48 条：系党总支的主要任务是在学校党委统一领导下，做好本系的思想政治工作；团结教育全系人员贯彻执行党和政府的方针政策和学校党委、校务委员会的各项决议、指示；研究系的教学行政工作中的重大问题，检查教学计划执行情况，向学校党委汇报，向系务委员会和系主任提出建议，保证系的各项工作顺利完成。""第 50 条：在教师和学生中应该分别建立党的支部。……教研室党支部的主要任务是在系总支领导下，做好思想政治工作，团结全教研室人员，贯彻执行校党委、校委会、系总支和系务委员会的各项决议和指示，保证完成本教研室的任务。学生党支部的主要任务是教育党员以自己的模范行动影响和带动同学完成学习、科研和生产劳动任务，做好建党工作……"等等。

之后，靳树梁又陆续将他亲笔所做的会议记录寄回学院。其中包括国家领导人周总理的讲话，以及清华、武大、交大和航院等校负责人的发言。

9 月，《高校六十条》正式下达，学习活动扩大到全院人员，并本着学院提出的"检查工作，成绩讲够，缺点讲透"的精神，总结三年来的工作经验和教训，为全面贯彻《高校六十条》打下了比较广泛的思想基础。

1963 年春，靳树梁在办公室工作

靳树梁边学习、总结，边采取措施积极贯彻执行。他领导院务委员会及教学行政部门着重于建立与稳定教学秩序工作。他以点带面，指导全院教学和师资培养工作。至 1962 年末，各教研室比较普遍地落实了师资提高规划；开展了各种教学研究活动，交流教学经验。贯彻《高校六十条》工作扎实地进行着。同年7月，靳树梁受冶金工业部委托，在沈阳主持了部属高等院校教学计划座谈会，他着重阐述了"少而精"原则的重要性，为冶金教育贯彻《高校六十条》做出了可贵的贡献。在此期间，靳树梁还亲自主持开展了全院的清仓核资和图书馆建设工作，力图充分发掘学校物资、设备潜力，为教学和科研服务。

在长期的领导工作中，靳树梁深感学校应按《高校六十条》建立一套完整的规章制度，使师生有规可循、有章可依。靳树梁为贯彻《高校六十条》勤恳工作，付出了艰辛的劳动，费尽了心血，为广大干部和教师所铭记。在他身边工作过的同志曾回忆："靳院长贯彻《高校六十条》是不遗余力的。"

## 炼·平凡生活略显足迹

靳树梁为人正直，严于律己，关心同志，平易近人。他是国家一级教授，享有六级高干待遇，但他生活非常俭朴。在东北工学院十几年，日常衣着总是那几套——一套灰制服、一套蓝呢服和一件呢大衣，按季节调换。家里的家具也只有必备的写字台、沙发和床等。就在这简朴典雅的家中，靳树梁曾接待郭沫若等不少中外专家和学者。

靳树梁办个人事从不坐学校的轿车。一次步行去买鞋，被负责总务的同志遇上，知他是扁平足，走路费力，便问他："怎么不要车呢？"他说："办私事不能要车。"负责总务的同志又劝他："以后别这么走了，想办事要个车。"他说："私事不要车，正好也散散步。"

三年困难时期，靳树梁浮肿了，但他从不对人说。一次偶然的机会被党总支书记孙澄波发现，及时报告给党委书记柳运光，他们一同前往看望。了解到靳树梁虽享有高干的食品购买票，但一直未用。问他为什么不买，他说："国家困难，大家生活都很苦，要同甘共苦啊！"当时学校办了一个农场，为照顾院级领导身体，学校每周给院长、书记、常委8名同志送两次菜。每次送菜给靳树梁，他都问："别人有没有？"并说："我这吃不了多少菜，不用送了。"

靳树梁的兴趣爱好很广泛，他对古诗词、书法、篆刻、围棋等都有较深的造诣。靳树梁对周围同志的学习、生活也很关心。他的一个秘书想进修古典文学，但苦于无合适的书和无人指导。靳树梁得知后，主动利用业余时间给予指点和辅导。还借去外地公出的机会，买回古本唐诗、宋词、孟子、荀子等6部著作赠送，激励其坚持学习，取得成功。这些事情虽小，但闪烁着靳树梁的思想、品德、作风的光辉。

1964年，靳树梁在患病期间，还回函答复包头矿的请教，建议采取风口外壁加耐火砖套解决烧损问题。1964年7月5日下午5时25分，靳树梁因突发心脏病，经抢救无效，不幸逝世，享年65岁。7月6日上午，万余人瞻仰靳树梁遗容。全国人大常务委员会、政协全国委员会、中国科学院、中央统战部及有关部门敬献了花圈。周恩来、李维汉、郭沫若、徐冰、宋任穷、顾卓新、黄火青、黄欧东等也送了花圈或挽联。7月8日，在沈阳友谊宫举行了追悼会，有东北局、省、市党政领导机关，政协、各民主党派、各人民团体负责人，科学教育界人士，鞍山、本溪冶金工业部门负责人和著名工业劳动模范孟泰，以及家属、亲友、部分师生等400余人参加。号召"把悲痛化为力量"，学习靳树梁"对社会主义事业的忠诚"，"学习毛主席著作，认真进行思想改造的自觉性"，"勤勤恳恳为人民服务的革命精神"。

靳树梁革命精神和业绩永存：他一生求真务实，吃苦耐劳，在工作中深入钻研冶炼技术；勇于攻关，孜孜不倦，为了教育事业不遗余力地耐心指导他人；一丝不苟，艰苦朴素，诚恳待人的作风与严谨的治学态度值得后世铭记！

（资料整理：赵锦飞　内容修订：陈田）

# 于家为国，不负年少赤诚

## ——记自动控制专家、中国科学院院士张嗣瀛

张嗣瀛（1925 年 4 月 27 日—2019
年 10 月 4 日），山东章丘人。1948 年毕
业于武汉大学机械系。东北大学自动控
制系教授、自动化研究所所长。1997 年
当选为中国科学院院士。

张嗣瀛早期从事运动稳定性及最优
控制的研究，其中包括新型的有限时间
区间稳定性。曾参加反坦克导弹的研制，
解决了控制系统的关键问题，取得突出
实效。后在微分对策的研究中，提出并
论证了定性微分对策的极值性质，给出了定性极大值原理，使定量、定
性两类问题都统一在极值原理的基础上，形成新体系，并给出一系列应
用。在主从对策的研究中，提出惩罚量等新概念及定量计算。后提出复
杂控制系统对称性及相似性结构研究的新方向。对非线性系统、组合大
系统进行了广泛研究，得到系统的规律，即这类结构可使系统降维、分
解、化简，并得到简化的控制规律。

"爱校、爱乡、爱国、爱人类，期终达于世界大同之目标。使命如此其
重大，能不奋勉乎吾曹?"《东北大学校歌》中这一句歌词是张嗣瀛一生的真
实写照，他的理想信念，始终与国家、与人民紧密联系在一起。

中国科学院院士

# 奋勉求学，笃志报国

每一代青年都有自己的际遇和机缘，都要在自己所处的时代条件下谋划人生、创造历史。张嗣瀛的青年时期经历了中国社会两大转折期——抗日战争和新中国诞生。他曾亲睹日军的暴虐、国民政府的无能和中国共产党带领人民求解放、谋幸福、图发展的艰苦卓绝。"希望中国能真正强起来，看到祖国遭受侵略的年代，让我坚定了走自己路的勇气。"学有所成、报效祖国已在张嗣瀛年轻的心里生根发芽。

少年时期，他拒绝学习日文，离家千里，追随中学苦读强识；后来历经困苦，终于考进武汉大学。初入大学，他积极投身"反内战、反饥饿"大游行，为全国解放振臂高呼。学有所成、报效祖国是时代赋予青年张嗣瀛的核心价值观。

回忆起青少年求学时的坎坷经历，张嗣瀛动情地说："这一段，对我这一生来说很触动，希望中国真能强起来，看到中国经受了那种年代，我们都很拼命，走过那一段路，让我什么路都敢自己走。"这份植根年少的赤诚，是他一生家国情深的底色。朴素执着的张嗣瀛一直用朴实的行动诠释着他的家国情怀。1950年11月11日，26岁的张嗣瀛光荣地加入了中国共产党。在入党志愿书中，张嗣瀛庄重地写道："我认识的共产主义的社会是人类最理想的社会。为实现这理想而奋斗是完全合理、完全正确的。因此，我虽然缺点很多，但大胆地请求加入组织，以使我得有更正确的方向。"

有了正确方向的指引，张嗣瀛的爱国之心便有了坚定的政治航向，他孜孜以求投身教学与科研。

20世纪50年代中期，新中国百业待兴，急需建设人才，党中央决定有计划地向苏联及东欧各社会主义国家派遣留学生。

1957年11月17日，莫斯科大学礼堂。毛泽东主席接见赴苏留学人员。演讲中，他深情地说："世界是你们的，也是我们的，但是归根结底是你们的。你们青年人朝气蓬勃，正在兴旺时期，好像早晨八九点钟的太阳。希望寄托在你们身上……世界是属于你们的。中国的前途是属于你们的。"这一幕深深地烙印在赴苏进修未满两个月的张嗣瀛心里。"当时这个对我们来说是非常激动的，而且第一次见毛主席，第一次听他讲话，离那么近，看得清清楚楚的讲话，感觉这是一生忘记不了的影像。"自此，张嗣瀛更加如饥似渴地学习新理论、新方法。

"搞科学研究真是挤时间来搞，当时我们去的时候给我们两年时间来搞，我们觉得非常珍贵呀，两年怎么也得当四年、五年来使才行，舍不得把这个时间花在别处。舞会我们谁都没去，伏尔加河旅游大家谁都没去，都在那儿干活。我就拼命来做，拼命做，最后，我差不多每个周末，能做一个成果，就给导师去看一看。"就这样，在莫斯科大学教授、苏联科学院通讯院士 N.G. 契塔耶夫（Chetaev）的指导下，张嗣瀛做出了一批科研成果，先后发表在苏联科学院《数学与力学学报》（PMM）及国内《力学学报》《东北工学院学报》等学术刊物上。张嗣瀛的努力与天分赢得了导师的欣赏、信任和重视，进修期满前，他向这名来自中国的青年科学家发出了挽留的邀请。

延期一年或者更长的进修时间对痴心学术的张嗣瀛来说是一次难得的机遇，但对百废待兴的新中国来说却是漫长的人才等待。

治学时的张嗣瀛

"科学家都是有良知的，爱因斯坦说过一句话：什么成就一个科学家？不是才智，是他的品格。他知道干什么，为什么这么干。良知也是一个人的世界观，人这一辈子要取之社会，回报社会。"1959 年夏末，带着这份坚定和执着，张嗣瀛与赴苏进修的同事如期回国。那时，一心回国的他不知道，这个看起来有点倔强的决定会为共和国的国防事业带来一次重大的突破。

## 砥砺前行，引领时代

1984年10月1日，天安门广场，建国35周年阅兵仪式，这是新中国成立以来规模最大、装备最新、机械化程度最高的一次阅兵仪式。"红箭-73"作为我军新一代单兵反坦克武器，威风凛凛地行进在受阅方队中，接受党和人民的检阅。看到"红箭-73"，年届六旬的东北大学教师张嗣瀛热泪盈眶、激动无比。

这一刻，距离张嗣瀛进入"红箭-73"项目攻关组，已经整整过去了10年。20世纪60年代，美苏军备竞赛升级，我军急需一种有效的单兵反坦克火器来强化军备能力。1973年，中央启动了反坦克导弹研制工作，仿制苏联9K11（AT-3"萨格尔"）反坦克导弹，定名为"红箭-73"反坦克导弹。1974年5月，"红箭-73"研制项目进入关键阶段，辽宁省国防工办决定从高校调用科技人才参与攻关。

"能参与一个国防项目，这是一个莫大的荣耀，特别高兴，让我到工厂去，我特别高兴，我完全可以投入干活了。共产党员，总得有政治选择。"朴素的初心、赤诚的情怀透过漫长的岁月冲洗，依然清晰可见，那段艰苦卓绝的岁月，在张嗣瀛的记忆中都是闪亮的日子。

潜心解决"红箭-73"反坦克导弹因控制指令交叉耦合而不能中靶的关键问题，张嗣瀛付出了常人难以想象的艰辛与汗水。"张老师那个时候已经50多岁了，每天跟我们从沈阳最南端的东北工学院骑车到最北端的军工厂，25千米，风雨无阻，冬天北风起的时候棉袄都湿透了，从不间断，一个项目做了3年。"

废寝忘食，全年无休，张嗣瀛带领团队夜以继日地攻克一个又一个技术难点。"搞仿制不是一件容易的事。咱们国家就弄了几颗导弹来，想把它做出来，但是呢，什么东西都没有，就是几颗导弹，没有图纸，没有技术，我们就自己摸索，反设计。成品做出来了，问题也随之出现了。每次打靶的时候都有偏差。打不准的原因到底是什么？"张嗣瀛将射手的控制指令记录纸拿来认真仔细地研究、一条一条地琢磨。"最后我想出一个办法来，就是用这个脉冲条款控制指令的合成矢量的表示方法。找出这个方法之后，根据射手这个整个波段我就可以把控制力这一段的结果怎么样知道了，最后再看这个导弹飞行结果来对比，这样就找出差别来了。"张嗣瀛回忆道。

校正陀螺仪在导弹上的安装角，张嗣瀛得出的关键性结论，是对苏联经验的颠覆式改进，能实现吗？在严格的推导和计算的基础上，技术人员按照张嗣瀛给出的陀螺仪安装角校正方向和校正量进行了重新安装。

"正式三千米打靶的时候，十发九中，达到这个成绩。"那时候，张嗣瀛的脸上洋溢着自豪与幸福的笑容。

1979 年，"红箭-73"反坦克导弹定型并批量装备部队，填补了我国反坦克导弹装备的空白。而被仿制的苏联 9K11 反坦克导弹是 20 世纪 50 年代初问世的，1965 年才开始装备苏联摩托化空降部队。张嗣瀛和"红箭-73"攻关团队用 6 年时间就走完了当时的军事强国苏联 10 多年才走完的科研攻关之路。

面对成绩，张嗣瀛的想法很朴素、很简单，他说："我实际有效的工作这是第一个，而且是比较重要的工作，我觉得理论肯定是有用的，而且可以解决实际问题。对知识分子来说最好的奖励是真正能用上，真正能为国家做点事。"

1978 年 3 月 18 日，全国科学大会在北京人民大会堂隆重召开，由于在"红箭-73"研制过程中做出的突出贡献，张嗣瀛荣获"做出突出贡献的科技工作者"称号。

在科研这条路上，张嗣瀛从未有过半点懈怠，总是充满了紧迫感，始终把国家利益放在首位，以服务国家重大战略和经济社会发展需求为目标，想国家之所想、急国家之所急。

在最优控制问题和对实际军工项目的研究与实践中，张嗣瀛看到了一个更为广阔的研究方向——微分对策问题的研究。

微分对策研究是 20 世纪 60 年代美苏军备竞赛军事理论研究的热点。"最优控制是单方面的，微分对策是双方面的，比如两架飞机作战，我想把你打中，你怎么不让我打中，而且你怎么反过来再打我。两方面的，微分对策，博弈，比最优控制又扩展了一步。"张嗣瀛解释道。

对策理论零基础、国内文献零存储，张嗣瀛科研转向的背后是他领跑科研、科技强军的毅力与决心。在研究中他创造性地提出并论证了定性微分对策的极值性质，提出了定性极大值原理，使定量、定性两类问题统一在极值原理的基础上，并以此为核心提出一系列新概念、新方法，形成了完整的新体系。

如何将科研成果转化为军事战斗力？张嗣瀛与第八机械工业部、第四机械工业部、航天工业部等单位建立了协作项目，进行"飞行最优制导律""基地布防拦截规律""地空导弹拦截律"等实际问题的研究，得出了"空战格斗中的两个区域""点捕获""有限时间局部捕捉区""碰撞避免"等可指导实际应用的成果。

1987年，张嗣瀛出版了《微分对策》一书，这是国内唯一一本关于微分对策理论的专著。大型学术性数学工具书《数学辞海》中收录的有关微分对策的30余个词条均出自该书。同年，张嗣瀛因其开展的"微分对策及定性极值原理的研究"荣获国家自然科学奖三等奖和国家教委科技进步奖一等奖。

为了使微分对策的研究更适合工业应用，张嗣瀛又扩展了研究范围，将微分对策的一个主要分支——非合作对策理论纳入研究方向。研究中首次提出了"惩罚量"等新概念和一系列相应的非线性策略及算法，将以往定性鼓励策略发展为定量鼓励策略，并在生产规划、能源配置、库存管理等方面获得应用。该项目在1992年荣获国家教委科技进步奖二等奖。

成绩的背后，张嗣瀛想的是更远的未来："应该说这个新还是跟在别人后边新，我说的就是汽车尾灯式的科学研究。挨着人提出来咱们就跟上去，这个是填补国内空白，这个不行，比如说国家要赶超国际，你必须有原创性东西，你得提出方向来让别人跟着你走才行。"

1997年，张嗣瀛因在控制科学与系统科学领域的突出贡献当选为中国科学院院士。"我说院士没什么不一样，我还是继续做我的研究。"20世纪90年代初，密切关注学术研究领域新动向的张嗣瀛又开辟了一个全新的研究方向——复杂系统的研究。

"年方八十学习之，再干十年才九十。十年，我还可以做出许多事情。"面对全新的挑战，张嗣瀛依然壮志满怀。

复杂性科学是一门崭新的科学，张嗣瀛以复杂控制系统的对称性及相似性结构为主攻方向，带领团队开始攻坚战。至20世纪末，这一研究方向取得了重要进展，不到 10 年间，团队在国内外期刊及重要国际学术会议发表论文百余篇，对于非线性系统、组合大系统，这类结构可使系统得到多种形式的降维、化简，并对一系列控制问题得出简化的控制规律，进而扩展到复杂系统和复杂性科学的研究，受到了国内外的重视。1995 年，"复杂控制系统对称性及相似性结构的研究"荣获国家教委科技进步奖一等奖。

"国防我们强大起来，经济我们全面上去。"这是张嗣瀛的中国梦。中国更强大，接着做能做的东西，探索一个新领域是他对自己、对祖国未来的美好期望与庄重诺言。择一事终一生。张嗣瀛的人生之路就是一条求学为国、学成报国的科研之路。在这条路上，他从未停下，他的一生都在路上！

## 只问初心，无问西东

沈阳、北平、西安、绵阳，1938 年，这是一所抗日大学的流亡之路；济南、洛阳、西安、宝鸡、绵阳，1943 年，这是一个 18 岁少年的求学之路。历史总是在相遇相知中向前。"我对东北大学是有极深感情的。从东北工学院成立，我就在这里任教。我很骄傲，我是一名东大人。"张嗣瀛这样看待他和东大的情缘。

1951 年，张嗣瀛随东北工学院抚顺分院正式并入东北工学院，任机械系讲师，主要讲授理论力学。他认为："一个教师在高等学校讲一门课，绝不应该只是停留在教材这个水平、只局限在课本里进行教学，我所讲的这门课是一门科学知识，科学在发展，在不断进步，教师必须要提高自身水平，而且要比课本高。"

如何提高呢？张嗣瀛选择了从事科学研究，进一步探索力学中的运动物体稳定性问题。通过深入的自学，张嗣瀛尝试将曲线族的包络这一概念应用到控制系统稳定区域，经过艰苦的补习、刻苦的钻研，张嗣瀛证明了其存在性并推导出包络表达式，这是他第一次独创性的研究，也是第一个科研成果。

1957 年，随着一批批著名科学家突破重重艰难险阻陆续从国外返回祖国，在钱学森、周培源等著名科学家的倡议和推动下，中国力学会成立了。张嗣瀛将自己的第一个研究结果写成论文，投稿力学会议并被大会接受。

1957年2月，中国第一届力学会议在北京召开，控制系统方向，东北工学院是当之无愧的璀璨之星。当时一般力学的五篇论文，东北工学院占两篇，其中一篇就是张嗣瀛的。会上，张嗣瀛宣读了他的第一篇论文。当时，力学学会理事长、中国科学院力学所所长钱学森就坐在台下认真地听着这个年轻人的讲述。论文宣读结束时，张嗣瀛突发奇想提出："包络把稳定区域包起来以后可能这就是一个最优的。"这时，钱学森问道："你这个最优是什么概念？什么叫最优？学术问题是非常严谨的，必须严格定义。"正是钱学森的这次发问，促使张嗣瀛对最优控制理论产生了浓厚的探索欲望。

在控制学科的长期教学与科研实践中，张嗣瀛敏锐地发现学科建设是高校发展不变的主题："学科建设是关键。一流学科建设重点是提高学科实力，打造学科高地，要做好规划、突出重点，使部分学科在较短时间内能够走在全国前列。"张嗣瀛瞄准国家需求与导向，及时规划学科发展与布局，为东北大学的学科发展、为中国控制学科的建设与发展做出了突出贡献。

"他奠定了、创办了这个学科，他又培养了好多代人。张老师一直影响着控制学科发展的进程。"谈到张嗣瀛对控制学科的贡献时，东北大学信息科学与工程学院院长杨光红这样评价。

1985年，作为中国自动化学会常务理事的张嗣瀛在北京主持筹办了国际自动控制联合会（IFAC）的"建模、决策与对策（MDG）国际学术会议"，并任国家组织委员会主席。当时在国内组织召开国际学术会议并不多见，这次国际会议在国内控制界产生了深远影响。东北工学院也派出十几人的代表团参加了此次国际学术会议。

会议结束后，在返程的火车上，张嗣瀛同随行的几名同事讨论起学术研究和学科建设的问题。在10多个小时的旅途讨论中，张嗣瀛产生了一个大胆的想法——创办一本学术杂志，为国内控制界的学术同行们再开辟一个学术交流的园地。1986年，张嗣瀛将这个想法付诸实践。他主持创办了自动化学科领域的综合性学术刊物《控制与决策》，并亲自出任主编。这是当时国内控制界仅有的四大学术刊物之一，对国内控制领域的学术研究工作起到了不可低估的推动作用。时任东北工学院自动控制系副主任的徐心和教授参与了《控制与决策》的筹办工作。"期刊的创办对学科、对学校都是一个巨大的支撑，拓展了学术交流的平台，提升了学校知名度，扩大了学科的影响力。"

徐心和回忆道。

1986 年,《控制与决策》正式创刊。作为主编,张嗣瀛从一开始就要求坚持高标准严要求的稿件录取原则,向科研工作者介绍最新的研究成果。期刊一经出版,便得到了业界同行的广泛认可。经历 30 余年的发展与壮大,如今,《控制与决策》传播与传承的不仅是学术前沿的理论成果,更是一种精神与气质。

杨光红提道,"张老师为我们传承了一种精神、一种规范,追求学术。我们的期刊,从来不登广告,这种严肃认真的态度以及期刊的运作模式特别严谨。"

1988 年秋天,张嗣瀛提出了主办一个全国性大型学术会议的想法。借鉴美国 IEEE 决策与控制会议的模式,依托《控制与决策》杂志,每年定期举行一次,形成中国的"控制与决策"学术年会,定名为"中国控制与决策会议(Chinese Control and Decision Conference,CCDC)"。经过认真筹备,第一次大会于 1989 年 10 月在重庆大学召开。此后每年一次,控制界专家学者齐聚一堂,交流学术思想,讨论学术问题,开风气之先,领时代之新。

2007 年,年会实现与国际接轨,得到美国 IEEE 控制系统学会支持,所有论文均进入 IEEE Xplore Database,并被 EI 检索,年会水平和规模得到大幅度提升。"这是一个大的飞跃,一个质的变化。全国性学报、国际性年会,国内只有我们东北大学做到了。"

2018 年 6 月 9 日,第 30 届中国控制与决策会议在沈阳召开,九秩高龄的张嗣瀛到会致辞,细数了年会 30 年的发展历程:从 1989 年第一届年会的 80 名会议代表、83 篇学术论文到 2018 年第 30 届年会的 1100 余名参会学者、1200 余篇学术论文……

"没有哪一个学校可以独立地办一个控制方面的国内杂志和办一个全国性的会议。这些都是张老师提出来的方案,然后张老师又带领一起贯彻实施。所以应该说在学科建设这方面,张老师的贡献是非常突出的。"徐心和说道。中国控制学科的发展与国际影响力的不断提升离不开张嗣瀛的贡献。

"控制与决策会议与期刊都为东北工学院以及其后复名的东北大学的控制学科在学术研究领域和社会影响力方面做出了积极贡献。"中国工程院院士柴天佑评价道。

1999年7月5—9日，国际自动控制联合会第14届世界大会在北京国际会议中心召开。这是世界范围内最高级别的自动控制界学术会议，也是首次在发展中国家举行的IFAC世界大会，对中国自动控制界是一件意义非凡、影响深远的事件。18年前，张嗣瀛从第8届IFAC大会归来时就曾经预言，十几年之后，IFAC世界大会将在中国举行。这一预言在世纪末的时候得以印证。

"我不是判断，我是一种希望。IFAC世界大会在我国举行，证明我国具有了一定的研究基础。这对中国控制科学具有很大的促进作用。所以我就希望，控制学科能够发展，能够发展得更好，队伍能够更壮大，成果能够更多，受到世界更多的瞩目。"张嗣瀛说道。

矢志不渝，桑榆未晚。耄耋之年的张嗣瀛仍然奋战在教学、科研的第一线，亲自指导着11名博士研究生和4名硕士研究生。躬耕教学，醉心科研之外，还有他心之所系的控制学科的发展与建设。

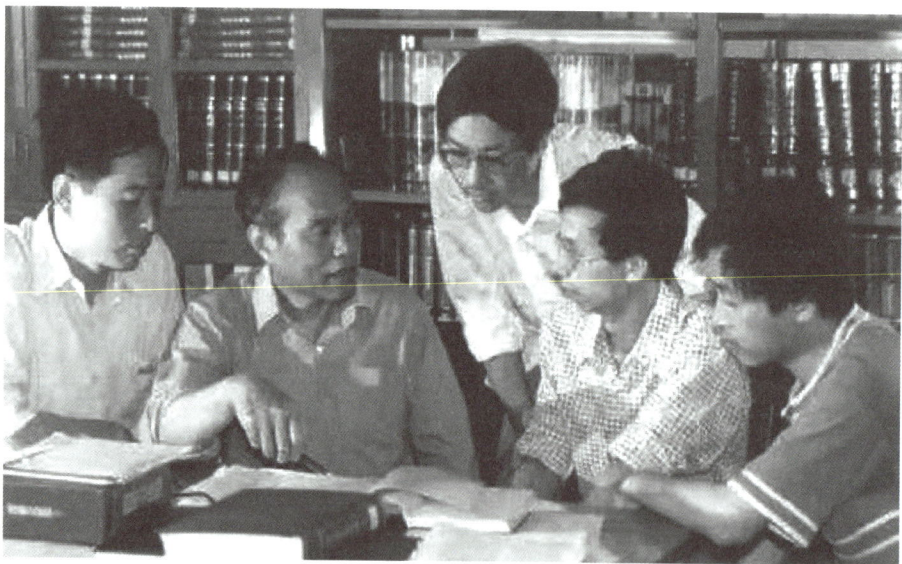

研讨时的张嗣瀛（左二）

"坚持，要有毅力，不是一个人坚持而是一群人同行。控制学科30年的发展是东北大学控制学科几代人共同努力、共同坚持的结果。学科建设就是这样，是一项长期的事业，要绵绵用力，久久为功。我们要抓学科建设、抓人才培养、抓学术活动，形成一个浓厚的学术气氛，形成一片土壤，形成一种传统，一代一代传下去。"

## 润物无声，甘为人梯

张嗣瀛的书房里，有一张老书桌，漆面斑驳，横梁缺损。1981年，国务院批准东北工学院7个专业（学科）博士学位授予权，20个专业（学科）硕士学位授予权。1982年，张嗣瀛第一次指导研究生，他要求学生每周向他汇报学习和科研情况。学校资源有限，教师们没有独立办公桌，张嗣瀛就在家里辟出一个角落，放上一张简易办公桌，专门用来接待学生。

谈到这张老书桌，张嗣瀛的女儿张晨说："这张书桌是我们家的传家宝，记录也见证着我父亲近70年教书育人、笔耕不辍的辛勤与努力。对我们来说这也是一种鼓励与传承。"

国学大师王国维在《人间词话》中写到古今之成大事业、大学问者，必须经过三种境界："昨夜西风凋碧树。独上高楼，望尽天涯路。"此第一境也。"衣带渐宽终不悔，为伊消得人憔悴。"此第二境也。"众里寻他千百度，蓦然回首，那人却在，灯火阑珊处。"此第三境也。道出了科研成就的取得，具有很大的偶然性。但在诸多偶然因素的背后，有一条亘古不变的必然定律，那就是对真理的不懈追求。

"我自己作了副对联：循序渐进可登堂奥，涓涓不息而成江河。横批：毅力信心。用毅力用信心坚持下去，不断积累，不断来做。"这是张嗣瀛的科研信念。

张嗣瀛的身上有山东人固有的倔强，这种倔强不服输贯穿了他的科研生涯。"我觉得实际上科研就是尝试失败的过程，不可能说一下子就成功，总是在失败，英文里面有一句话叫'trail and error'，英文直接翻译过来就是尝试失败，中文翻译过来是尝试成功，中国有句话'失败是成功之母'，人这一辈子就是和失败挫折斗争的。"

上午10点，阳光照进东北大学信息学馆118办公室的窗户，照亮了93岁高龄仍伏案字斟句酌修改博士生毕业论文的张嗣瀛的满头白发。在他的身后，整整一面墙，摆满了学生的博士毕业论文。他说："培养学生是极其重要的事情，一定要有良好的学习气氛，一定要实事求是，一定要有朴素的学风，一定要朴实，一定要扎实，一定要勤奋。"

作为教育和科技工作者，张嗣瀛思考更多的是如何培养出科技创新能力更强的人才。1961 年，为带动更多人从事科学研究、攻占世界科学高峰，张嗣瀛将在苏联进修时的讨论班形式引入教研室，成立了东北工学院第一个个人发起、不受行政干预的科研活动组织——学术讨论班。他认为，学术讨论班对学术成长、科研能力提升来说是非常重要的组织形式。

学术讨论班流传着很多故事与传说，这些在学术研讨中求真求实、互帮互助、同向同行的故事在张门弟子中代代相传。在一次采访中，在东北大学信息科学与工程学院井元伟教授滔滔不绝的讲述中，学术讨论班潜心科研、携手攻关的盛景清晰可见，张嗣瀛崇文重教、诲人不倦的身影温暖可亲："张老师每周三主持学术讨论班，初期开学术讨论班的目的就是给大家普及一些科研相关知识，包括基本理论、学术方法等。张老师非常卖力地组织学术讨论班。当时参加学术讨论班的老学长能力参差不齐，张老师特别做笔记，给这些老师讲，让他们看。"逐字逐句的翻译、深入浅出的批注、精准细致的画图、工工整整的抄写，井元伟展示了他收藏的两本泛黄的厚厚笔记。那是 1961—1963 年张嗣瀛为了能够方便学术讨论班同事阅读文献、了解运动稳定性基本理论而翻译注释的苏联导师契塔耶夫的书籍译稿和备课笔记。学术讨论班的形式保留了下来，这一学术传统，极大地调动了师生的积极性，促进了学术队伍的发展，一大批科研骨干和学术精英迅速成长起来。

在井元伟教授的收藏中，有一封泛黄的信件。1983 年，为了能够使最优控制理论与工程实际联系起来，张嗣瀛安排硕士研究生井元伟去鞍钢集团调研，这封信写于井元伟到鞍钢后的第一个月。"张老师在信中，除了对学习上、工作上的指导外，生活上的关心也细致入微。他特别写到，要注意穿衣吃饭，不要生病，五一期间可以回家一趟。这种关心与指导，让我心生温暖，记忆犹新。"张老师春风化雨般的教诲和无微不至的关怀始终让井元伟动情、难忘。

1984 年 7 月，井元伟硕士毕业后留校任教。张嗣瀛同他进行了一次语重心长的谈话。"张老师告诫我，硕士毕业留校工作仅仅是人生道路的开始，以后会遇到许多事情、许多问题，应该如何面对？一句话，那就是'人，是要有一点精神的。'教师是清贫的，科研是艰苦的，没有一点精神是坚持不下来的。要么就不干，干就干得好；要么就不做，做则取最优。"井元伟依旧记得当时的情景。

什么是教育？雅思贝尔斯说："教育的真谛是一棵树摇动另一棵树，一朵云碰触另一朵云，一个灵魂唤醒另一个灵魂。"张嗣瀛就是摇动者、碰触者、唤醒者。在谈到恩师对自己的关怀与指引时，杨光红说："年轻人的成长最关键的是在20多岁的时候能够遇见一个好的导师。遇见一个好的导师就奠定了你未来发展的基础。精神上的和事业上的提升和达成的结果是导师给我的。我如果没有遇到张老师，我就没有今天。"

桃李不言，下自成蹊。张嗣瀛以"为祖国培养人才"为己任，从教70余年，培养出百余名博士、硕士研究生，他心中所想均是国家需求，弟子们也厚植家国情怀。如今，活跃在自动控制领域的张门弟子，许多已成长为国家"杰青"、学术带头人。站在讲台上的张嗣瀛是几代东大人青春记忆里最生动、最质朴的留影，而如今在张嗣瀛的身后成长了一批批优秀的教师，他们，同样坚定执着、担当有为，一如张嗣瀛当初。

爱是一面回音壁，付出总会有回应。对于张嗣瀛来说，从教70余年最大的幸福就是看到学生们独当一面，为国奉献，超越自己："我做了一辈子教书匠，我很满足，我的学生们正直、朴素、勤奋、兢兢业业、踏实勤恳地在工作岗位上奉献付出，他们的成长成功是对我最好的回馈。"

这，就是师者质朴的幸福与满足。这，就是学者无私的奉献与付出。这种燃烧自己、至诚报国的爱国情怀，温暖当下，烛照未来。

《孟子·离娄下》中说："大人者，不失其赤子之心者也。"张嗣瀛就是这样一个"大人"，为国，精忠赤诚，担当道义；为学，潜心钻研，精益求精；为师，呕心沥血，甘为人梯。人们常说不忘初心，这世间多的是"初心易得，始终难守"的故事，张嗣瀛却做到了"不忘初心"，终其一生将自己的聪明才智，最大限度地贡献给祖国与人类。

（资料整理：王晓英　内容修订：张晨、张晓、井元伟、陈田）

25

# 执守凌云壮志，谱写奋斗人生
## ——记工程机械专家、中国科学院院士闻邦椿

闻邦椿，1930 年 9 月出生于浙江省杭州市，祖籍浙江温岭，机械动力学和工程机械专家、力学教育家，中国"振动利用工程"学科的开拓者。1955 年毕业于东北工学院机电系，1957 年毕业于该院机械系研究生班，毕业后留校任教。历任东北工学院机械系助教、讲师、副教授、教授、博士生导师、机械二系主任、工程机械研究所所长、机械设计及理论研究所名誉所长、"重大机械装备设计与制造关键共性技术创新平台" 985 工程建设首席教授。于 1991 年当选为中国科学院院士（学部委员）。

闻邦椿院士现任国际转子动力学技术委员会委员、亚太地区振动会议指导委员会委员、国际机器理论与机构学联合会中国委员会委员。曾任国务院学位委员会第二、三、四届学科评议组成员，国家自然科学奖、国家发明奖、国家科技进步奖评审委员会委员，国家级领军人才计划奖励委员会评审组成员，国家自然科学基金评审组成员，第六、七、八、九届全国政协委员，中国振动工程学会理事长，《振动工程学报》主编，《机械工程学报》《非线性动力学报》等 8 种杂志编委，上海交通大学"振动、冲击、噪声"国家重点实验室学术委员会主任，大连理工大学"工程装备结构分析"国家重点实验室学术委员会主任，浙江大学"液压传

动与控制"国家重点实验室学术委员会委员，以及20多所大学的兼职教授及北京吉利大学校长等职。

闻邦椿院士在研究工作中一丝不苟，言传身教。几十年来，他淡泊名利、兢兢业业、一丝不苟的精神始终鼓舞着他人。他不仅投身于科技事业，还不断地为科技事业培养出一代又一代的优秀科技工作者。可以说，他是值得敬仰的科学界的知名学者。正是有了像他一样的一批为祖国事业艰苦奋斗的时代先驱，中国才跻身世界前列；也正是有了这些勤劳的园丁，灌溉的花朵争奇斗艳，中国的科技才飞速发展。

## 书香门第培育有志少年

1930年9月，闻邦椿出生于浙江省杭州市。闻邦椿的父亲闻韶毕业于杭州测绘学堂，是一名大地测量高级工程师；叔叔闻诗是北京大学物理系高材生，并在法国南锡大学获得博士学位。闻邦椿从小就对理工科产生了极大的热情，不仅制作了活塞可以运动的木制蒸汽机模型，还修好了家里沉睡多年的两座挂钟。这种在机械领域的独特天赋，为闻邦椿确立了攻读理工专业的志向。

1946年，闻邦椿从浙江温岭授智中学（今新河中学）毕业，考入了被当地称为"最高学府"的浙江省立台州中学高中部（今台州中学）。高中时的学习生活，对闻邦椿来说是难以忘怀的。台州中学距闻邦椿的家有数十里，为节省路费，每次回家或返校，闻邦椿都要长途跋涉一整天。这种艰苦的环境，使他既锻炼了意志，又学到了知识。

1949年7月，正值闻邦椿上高中三年级，他的家乡解放了。对新制度的向往、对新生活的渴望，促使闻邦椿和同班的三十几名同学于1949年10月参加了中国人民解放军。部队生活培养了闻邦椿不畏艰难的精神、快捷的工作作风、质朴的生活方式和严格的时间观念。这些生活经历，为闻邦椿积累了一笔宝贵的精神财富。

1951年，刚刚成立两年的新中国正着手制定第一个五年计划，成千上万的中国青年走向和平建设的广阔天地。正是在这种形势下，闻邦椿在复员回家补习完高中课程后，考入了东北工学院机械系。

## 笃行不怠登顶学术巅峰

回忆起初到东北时的艰苦情形，闻邦椿至今记忆犹新。"当时情况很苦，天气又很冷！我戴着狗皮帽、穿着棉袄和大头鞋都觉得很冷。吃的都是高粱和苞米面，大米都很少。"对于一个生于水乡古城杭州的人来说，没有大米吃是一件非常难熬的事，但闻邦椿没有退却："那时候，新中国成立不久，需要建设东北工业基地，可是那边缺少人才，国家需要我们这些年轻人。"正是在这种爱国主义精神的鼓舞下，闻邦椿在校期间刻苦学习，各科成绩优异。1955年毕业时，成为被学校选留的8名研究生之一。

1955年，闻邦椿进入东北工学院研究生班，在苏联专家、莫斯科矿业学院副院长索苏诺夫的指导下学习。他选择了当时国家急需的"振动机械"课题作为研究方向。

为了迅速掌握这门新兴的学科，闻邦椿自学了数学物理方程、机械振动学、非线性振动和德语等十几门课程，并结合自己的实验研究，连续发表了5篇振动机械理论方面的论文，其中《椭圆振动机上物料运动的理论》和《振动离心机中物料运动理论》两篇论文中的研究成果，在当时无论是国内还是国外都是最先提出的，而且对设计制造振动机械很有参考价值。一个在学研究生取得了如此成绩，受到了苏联专家的好评，也在全校引起了很大反响。

不久，闻邦椿又通过实验和理论分析，发现苏联《选矿机械》《铸造机械》等几本教材中所用苏联教授列文松关于振动筛选动力学的一个计算公式有错误。之后闻邦椿撰写论文，勇敢地指出了列文松公式的错误。闻邦椿的举动引起了非议。不久后，国内及国外先后有人通过研究也发现了这个公式的错误，苏联的教材对这个公式也作了修正。

1957年，闻邦椿从东北工学院机械系研究生班毕业并留校任教。从1972年开始，他根据自己多年科研、教学的积累，开始著述《振动机械的理论及应用》一书。他反复推导验证每一个公式、每一个理论。没有试验样机和仪器，就自己动手做。自己动手剪板下料，用车床车削主轴，用焊机焊接构件，先后制成了共振筛、电磁式振动给料机等试验样机，并通过试验取得了必要的数据。

1975 年，闻邦椿接受北京铁矿振动输送机的研究设计任务后，带领 6 名学生，从调查研究入手，经过方案讨论、模型试验、图纸设计、制造安装和调试等一道道关口，经过一年多的艰苦努力，终于研制成功长度 20 多米的 4条振动输送机，性能完全达到生产要求。单位的领导、工人和技术人员给予了高度评价。他还指导学生提高理论水平，写成 6 篇学术论文，并在国内有关杂志上发表。该项目通过技术鉴定，荣获冶金工业部科技进步奖。

1978 年，闻邦椿带领学生与机械部第一砂轮厂同志一起研制成功的自同步概率筛，单位面积产量比其他类型的振动筛提高 5 倍，该项目填补了国内空白。

1978 年以后，闻邦椿完成了多部著作和百余篇论文，广泛地为冶金、煤炭、机械、电力、铁道、轻工等部门研究成功 10 多种振动机械和工程机械，创造了巨大的经济效益和社会效益。

1982 年，前后费时 7 年，几易其稿，所用的草稿纸可以装下一麻袋，终于完成的长达 60 万字的专著《振动机械的理论与应用》由机械工业出版社出版。二十几位专家经过审阅，认为这本书"内容丰富，有创造性和较强的实用性，它对科研、设计、生产有着重要指导意义"。闻邦椿在书中提出的上百个理论计算公式，被不少科研、设计和生产部门采用。这一专著为中国建立"振动利用工程"这一新分支学科和奠定这一学科的理论基础做出了重要贡献。

## 开拓振动利用工程学科

20 世纪 50 年代末，闻邦椿连续在全国性杂志上发表了 5 篇有关振动机械理论的学术论文，其中，《椭圆振动机上物料运动的理论》《振动离心机中物料运动理论》和《非线性共振筛的工作理论》3 篇论文是全世界最先得出的研究结果。

初战的胜利，使闻邦椿增强了信心。但在进一步的研究中，他遇到了许多困难。理论结果需要实验验证，没有试验样机他就自己动手，剪板下料，在车床上车削主轴，用电焊机焊接构件，终于制成了共振筛和电磁式振动给料机试验样机。为了取得更多实验数据，有时还到现场去做试验。他结合各种振动机械的研究，如对弹簧隔振双管振动输送机、惯性共振式给料机、自同步概率筛、电磁振动给料机、冷（热）烧结矿振动筛、自同步式和惯性共振式放矿机、惯性共振式概率筛等，提出了有关振动机械理论的许多具有独创性的研究成果。

例如，比较系统地研究了振动机械工艺过程的理论，其中包括各种振动机上物料运动的理论、概率筛分理论等；较详细地研究了机械系统的同步理论，其中包括偏转式激振器的自同步振动机的同步理论与同步状态的稳定性理论、空间运动的振动机的同步理论和振动同步传动的理论等；研究了多种非线性振动机的振动系统的动力学特性，其中包括电磁式与惯性式非线性振动机的工作理论，提出了这些振动机工作点及动力学参数的计算方法；研究了大长度振动机的多种模态，提出了预防该类振动机的弯曲振动的方法等。

## 研制成功多种新型机器

闻邦椿与同事一起研制成功 10 多种新型振动机械和工程机械，有 12 项成果通过部级和省级技术鉴定。他和科研组同事一起研制成功的新型机器有惯性共振式概率筛、大型冷烧结矿振动筛、长距离振动输送机、大型振动放矿机、大揭盖清筛机、自同步概率筛、概率等厚筛、自同步直线振动筛、高中频振动细筛等。这些机械已成功应用于机械、电力、建筑、建材、铁道、化工、煤炭、冶金等工业部门，总数 200 余台，为国家创造了巨大的经济效益。

由于闻邦椿所研究的机器直接应用于生产，所以出现问题时，必须在很短时间内急速处理。他作为课题负责人，常常要冒很大的风险。在这些问题面前，他常常彻夜不眠，深入现场调查研究，试验测量，应用已掌握的理论和科学的方法，一个一个地予以解决。在他研制成功的机器中，多数都具有创新的部分。

闻邦椿十分重视机器使用的可靠性与先进性，有多种机器是根据他们自已提出的理论研制成功的。例如，1985年获国家发明奖和1987年获比利时布鲁塞尔国际发明博览会"尤里卡"金奖的惯性共振式概率筛，应用了他所研究的概率筛分理论和非线性近共振机械的理论，将惯性共振原理与概率筛分原理有机结合起来，在同一机上同时实现筛分、给料和托料三重作用，该种新筛机具有启动快、停车迅速、噪声小、防尘好、能耗低、既能给料又能筛分、一机两用等优点，完全适用于电子计算机自动控制，实现了自动化，是国内外振动机械领域首创的一种新设备，已有100多台用于中国工业部门中。

1985年获国家科技进步奖的大型冷烧结矿振动筛，应用了闻邦椿首次提出的偏转式激振器自同步振动机的理论和他得到的同步性判据与同步状态的稳定性判据，应用了二次隔振的理论，从而解决了冶金工业部门中的一个难题。目前已在中国10多个钢铁企业中得到推广应用，约占全国使用的冷矿振动筛的2/3。该筛机在首都钢铁公司使用达10年之久，仍在继续使用。与之相比，从日本引进的冷烧结矿振动筛，仅使用一年半，其中有的冷筛的筛箱横梁出现裂纹，以致必须及时更换。从日本引进的每台筛机为30万～40万美元，而中国自己生产的只需30万～40万元人民币。由此可见，该项成果的推广应用，替代了从其他国家引进的同类产品，其经济效益十分可观。

## 开展多学科学术交流

闻邦椿除对主要研究方向"振动利用工程"进行深入研究外，还对"机械动力学与转子动力学""机械系统的非线性理论与应用""机械故障的振动诊断""工程与矿山机械的工作理论"等进行了较深入的研究，得出了许多有价值的结果。

第一，发展了机械系统的非线性理论，在国际会议论文集中发表有关非线性振动的学术论文20余篇，主要工作有：研究与发展了分段质量的非线性振动系统的计算理论，提出了分段质量非线性系统的等效质量的计算方法；分析研究了具有冲击的非线性振动系统和分段线性的非线性系统的动力学特性，指出了在某些带有冲击的非线性系统中存在负阻尼的特殊情况；和他的研究生一起，用胞变换方法研究了某分段线性的非线性系统的全局稳定性，并提出应用胞变换方法时节省计算机内存与机时的方法；研究了某些非线性系统稳态过程和过渡过程的数值解法；研究了在非线性机械系统中两个惯性激振器的高次谐波同步问题，提出了它们的同步性判据与同步状态的稳定性判据等。

第二，在机械动力学与转子动力学方面所做的研究工作。他深入研究了工业机械的二次隔振的理论，并将该理论应用于多种工程机械振动与冲击隔离的系统中；通过理论研究与试验研究，详细分析了具有横向裂纹的转子的动力学特性及其响应的计算方法，提出用二次谐波分量来识别部分转子裂纹的方法；研究了带有轴向振动的转子的动力响应和动力稳定性问题；研究了具有陀螺效应的锥形转子的不平衡惯性力、旋回力矩及其平衡方法。

第三，首先提出了用灰色系统理论对设备故障进行诊断的方法，发展了某些工程机械的工作理论。闻邦椿和他的研究生一起首先将灰色系统理论应用于机械设备故障诊断的工作中，提出了机械设备状态的灰色预测法和机械故障的灰色诊断法。提出用时间序列方法中的判别函数的特性来判定机械设备故障的类型，同时还研究了时间序列 AR 模型结构的判定方法。在《时间序列方法及其应用》一书及有关文献中得到引用。他研究了带有两个相对摩擦运动转筒的沉降式离心机的动力传递特性，揭开了在这种机械中存在巨大的环流功率的秘密。他还研究了惯性圆锥破碎机和振动球磨机的工作理论，为一些工程机械的设计提供了有用的理论依据。

## 诲人不倦培育桃李芬芳

在长达 62 年的从教生涯中，闻邦椿教授创建振动利用新学科，开设工程非线性振动等近 20 门课程，培养研究生 247 人，撰写著作 80 部，发表署名第一作者的论文 180 余篇，谱写了一曲生命不息、奋斗不止的奉献长歌。

"还记得闻老师给我们研究生上非线性振动课时，已经 70 多岁，但是他一上就是 4 个小时，中间从不间断，看着整黑板的公式推导和老师汗湿衣襟的背影，我受到了极大的震撼。"机械工程与自动化学院李小彭教授回忆说。

闻邦椿对培养学生严谨的学风特别看重。一次，闻邦椿出差，在报纸上看到一篇揭露博士生抄袭别人论文的文章，就把这张报纸带回学校。"闻老师把这篇文章复印了发给每一个博士和硕士研究生，我们不约而同地把这篇文章放在案头来警示自己。"博士生张居乾说。

在众多社会角色中，闻邦椿最看重的身份就是教师。在他看来，每一个学生都是一块璞玉，都要因材施教、精心雕琢。"勤奋、刻苦、创新、开拓"，是闻邦椿行事品格的完美注脚，更是他言传身教留给学生的最宝贵精神财富。

在闻邦椿的办公室里，一块镌刻着"德才兼备的科学家、学生爱戴的教育家、聪明睿智的思想家——闻邦椿教授全体学生"几行字的金色牌匾，仿佛在向这位丹心育人、负重前行的老教授默默致敬。

21世纪以来，闻邦椿积淀一生所学，深入系统地提出科学方法论体系，帮助学生获取成功高效做事的"金钥匙"。他还先后义务为全国近30所大学、10多个企业作报告，宣传和指导科学思维、科学创新、科学创业。

"在我78岁的时候，开始整理自传《奋斗的人生》，就在撰写这本书的过程中，我通过我的家族历史和个人经历，总结了提高处事成功概率的一些经验和教训，我想这些对每一个人都是有用的，可以帮助年轻人科学高效做事，少走弯路。于是我就开始不断地提炼关于科学方法论的内容，希望能够给年轻人带来帮助。"谈及研究科学方法论的初衷时，闻邦椿院士这样说道。

据机械工程与自动化学院于天彪教授介绍，闻院士的人生哲学与科学方法论课已经在机械学院本科生中全面推开，涵盖18个班级的近580名本科生，每学期16学时，未来还将进入研究生课堂。

## 老骥伏枥续写华彩人生

大师之大，在大学问，更在大德。教书育人一甲子，书写甘之如饴的奉献；追求卓越六十载，绘就永不落幕的精彩。苍龙日暮还行雨，老树"椿"深更着花！

2018年教师节，一张照片在东大人的朋友圈广为流传：一位老人在火车站候车大厅里，把笔记本电脑放在自己的腿上，专注地工作着……这位老人，就是中国科学院院士、东北大学教授闻邦椿。

已90多岁高龄的闻邦椿教授，每天还不知疲倦地到办公室工作，他计划再撰写出若干本著作。"创新是永无止境的，育人永远只有进行时。"闻邦椿说。这段话，像一粒饱满的种子，虽历经风雨寒暑，最终扎根沃土，华盖参天。

闻邦椿把一生最精华的岁月，都献给了振动利用学科，完成了数十项国家和横向重大科研项目。他用创新和实践的精神，在振动工程与机械工程领域跋涉五十余年，成就了硕果满枝的学术人生。

（资料提供：任朝晖　内容修订：闻邦椿、李鹤、任朝晖、陈田）

# 地震勘探追梦人，矢志报国终不悔

## ——记地球物理学家、中国科学院院士马在田

马在田（1930年10月4日—2011年6月5日），辽宁法库人，地球物理学家，中国科学院院士（学部委员），同济大学海洋与地球科学学院教授、博士生导师。

1950年，马在田毕业于东北实验学校（现辽宁省实验中学）并考入东北工学院建筑系；1952年，经国家选派赴苏联列宁格勒矿业学院留学，转学地球物理勘探；1957年，从苏联列宁格勒矿业学院地球物理系毕业后回国，历任华北石油会战指挥部研究队队长、四川石油管理局地质调查处研究队队长、石油地球物理勘探局研究院方法室主任等职；1985年，调入同济大学海洋地质系工作，先后任上海市科学技术协会副主席、同济大学图书馆馆长、上海市地球物理学会理事长、上海市地球物理学会名誉理事长、同济大学海洋地质国家重点实验室学术委员会主任；1991年，当选为中国科学院院士（学部委员）。

马在田院士一生学术成就斐然，获得了多项奖励与荣誉称号。他在地震波成像方面的研究成果受到国际的广泛承认，"高阶方程分裂偏移方法"至今仍以"马氏方法"或"马氏系数"在国际被广泛引用。《地震成像技术——有限差分法偏移》专著是国内反射地震学界公认的经典论著。马在田先后获得上海市科技进步奖一等奖和国家科技进步奖二等奖，还荣获陈嘉庚地球科

学奖等奖项，是一位成绩卓著的科学家。

## 选择适合的专业

马在田在采访中曾谈到，他小的时候既上过学校，也读过私塾，并且对古文情有独钟。谈到古诗词的意境可以对人的思维进行启发时，他随口吟诵一段《春江花月夜》的诗句："春江潮水连海平，海上明月共潮生。滟滟随波千万里，何处春江无月明！"如果不是后来对数学更感兴趣，他可能会从事文学或国学研究。马在田认为，认识自我就是要清醒地了解自身的思维特征、性格特点和兴趣取向。认识自己的长处和短处、优点和不足，并且据此来选择人生追求的方向，这是很重要的。青年时期常常对自己的综合特征不认识或认识不够，难免做出不正确的选择。

马在田在选择专业方向上曾走过一段弯路。1950 年，他在高中毕业时，已经意识到学理科是适合自己的。受当时政策等因素限制，马在田报考了东北工学院。入学选系时他却不知所措，因为东北工学院是工科院校，以矿业、机电、冶金为主，虽然有数学系和物理系，但是为培养师资而设的，因此他不愿去读。报考机电两系的新生占新生的 50%。要论考试成绩，马在田的成绩在 500 名新生的前 20 名内，如果选两系之一是没有问题的。但由于他不喜欢赶浪头，越是人多的地方越是不想去，当时又认为东北要搞大规模经济建设应该学造房子，于是选了建筑系。但学了一年之后，他虽然数理化成绩名列前茅，但对建筑学仍未产生多大兴趣。尽管总成绩不错，但专业课（如建筑物外观设计、素描与写生）就不如别人了。基础课与专业课的反差使马在田更加意识到他的思维特征是长于抽象，不善于形象，因此有困惑。如果坚持学建筑学专业，未来将不是一个好的建筑师。

恰巧在他大学二年级时国家选派第二批留苏学生，便有了重新选择专业的机会。他坚定地放弃了已学了两年的建筑专业，改报天体物理学，认为这与他的思维特征（即善于抽象思想）很一致。但是，当时国家需要的是推进经济建设的人才，对天体人才研究并不急需。国家需要就是个人的志愿，这是那个时代的特征。因此，马在田就学了后来从事的非理非工、又理又工的应用地球物理专业。当时国家还没有这个专业，仅有的几名专家都是从美国和英国留学后回国的。因为它的不成熟，才需要探索。

但这个专业对马在田来说是适合的，他在貌似"误入歧途"的专业里找到了可以发挥能力的天地。马在田后来取得的成就，与他第二次选择和思维特征相适合的专业有很大关系。

## 沙漠种草的精神

"人家美国人已经在土地上种出了一大片森林，你们跟在后面，在人家旁边种几根草，有什么意思！有本事就去沙漠，哪怕只能种活一棵小草。"马在田在给学生们上课时，讲到兴头上，总不忘告诫年轻学子："做学问千万不要崇洋媚外""如果只是步他人之后尘，必然不可能超过他们"。

马在田"种草"的地方，就是地震勘探技术领域——这是一个事关国家战略发展的领域。

### 创立突出反射标准层技术

反射地震学在石油等矿产资源的探测中有着特殊的不可替代的作用。但是，在新中国成立前，这门学科在我国是一个空白。1950年，我国正式开始对反射地震学的研究工作。20世纪50年代的初创时期，该学科主要是引用国外技术。它在大庆地区发挥了作为先进技术的优势，找到了大庆油田，同时在发展和总结自己的方法、技术方面，也取得了显著的成就。但是，当使用在大庆油田非常成功的"两高两低"地震反射法技术来解决华北地区（如胜利油田）的石油地质构造问题时，却遇到不少难题。因为华北地区的地下构造十分复杂，而大庆地区相对简单些。华北地区属断陷盆地，储油构造断裂系统十分复杂，断块很小，断块宽度常常在几十米到200米。沿用过去的成功技术来解决这类复杂地质构造问题表现为横向分辨率太低，在地震记录上断层不清，层位对比非常困难。因此，用反射地震资料解释不了这种地层的层位对比、断层分布，也绘制不出准确的构造图，从而确定不了石油存储的有利部位，影响进一步钻探和油田开发。

针对这种关键技术难题，马在田根据多年的研究与实践经验提出了一套完整的"突出反射标准层"方法与技术，经过实践检验，证实该项技术行之有效，从而解决了在复杂地质构造地区开展反射地震学方法与技术问题。该项成果在 20 世纪 60 年代被广泛应用，取得了良好的效果，成为当时卓有成效的先进方法与技术，推动了我国反射地震学的发展，并在实践中充分发挥了作用。"突出反射标准层"是以保持地震波振幅和波形特征为基础的地震数据采集技术。它是通过弱化自动振幅控制和展宽接收装置的滤波频谱等最佳参数组合来实现的。这就是 20 世纪 80 年代发展的保持振幅的高分辨率处理的基本思想。因为它具有坚实的理论依据，从而取得了良好的实用效果，为迅速查明胜利、大港和华北等地的油田做出了历史性的贡献。

## 中国第一条争气地震剖面

20 世纪 60 年代后期，发达国家开始应用大型电子计算机对地震反射数据进行处理，处理后取得的地震剖面图的精度明显提高，这一新技术在世界范围内加速了寻找大油田的进程。计算机在反射地震学的应用使该学科迅速进入高新技术时代。但是，当时的欧美发达国家对我国实行技术封锁，高效能的计算机是不能进口的。为了及时赶上国际先进技术水平，20 世纪 70 年代初，北京大学在石油工业部的资助下研制出每秒百万次浮点运算的电子计算机，可用作地震数据处理的硬件设备和通用软件。但是为了进行地震数据处理还要进行专用的地震数据处理系统的研制，它包括几十个以反射地震学方法组成的算法及其软件模块和专用操作系统。

为此，石油工业部地球物理勘探局成立计算中心，马在田担任完成此项工作的方法程序室主任，负责领导和参与这项系统工作。经过近 2 年时间，1974 年，有几十名科技人员参加的这项系统研究工作处理出第一条"争气地震剖面"。它是在受到国际技术封锁的条件下，我国科学家和科技人员齐心合力独立完成的，填补了我国在大型计算机上处理地球物理数据的技术空白，也打破了当时发达国家对我国的封锁。当年来我国访问的法国专家看到我们的"争气地震剖面"后，感到很惊讶。因为他们未曾料到中国能自主完成该项有相当难度的具有先进科技水平的工作。与此同时，决定技术贸易禁运大权的西方国家"巴黎统筹委员会"开始同意向我国出售大型计算机及地球物理数据处理系统。这项技术攻关，培养了我国第一批具有现代科技水平的地震数据处理专家，为我国反射地震学在新时期的发展准备了技术与人才。

## 被广泛引用的"马氏方法"

20世纪80年代发展起来的地震波偏移成像技术成为地震数据处理技术的关键，它使反射地震学在解决地学问题上又产生了一次飞跃。因为它建立在波动理论基础上，使地震数据经过计算机处理后能够保持更多的信息，为研究地球内部的结构提供了更充分、更直接、更真实的资料和成果。对于精细研究地质构造、断层及各种地质特征有着特殊的前所未有的效果，因此成为20世纪80年代以来备受重视的一项新方法与新技术。

由美国斯坦福大学著名教授 J. Glaerbout 提出的波动方程有限差分偏移方法曾产生很大的轰动效应。但是克氏方法所用公式近似程度低，只能解决简单的地质构造的地震成像问题，即限制地层倾角小于15°的情况，对于复杂地质构造无力解决。由于客观存在的地质情况是多种多样的，这个局限也就妨碍了这一先进技术的广泛应用。因此，20世纪70年代有不少国际知名学者致力于解决此倾角局限性问题，以便解决复杂地质构造的地震成像问题。尽管他们发表了不少论文，但由于没有在基本原理上取得突破，因此问题始终没有解决。

马在田决心以此为研究方向，赶超世界先进水平。经过两年多的研究，提出了"阶数分裂法"理论与计算技术来解决复杂地区地震偏移成像问题。1981年，他在中美地球物理学术讨论会上以英文发表了《高阶近似有限差分偏移》论文，阐述了自己独特的学术观点。这篇论文发表后立即引起国际地球物理学界的重视。以后他又在国内外杂志上发表了这方面的系列论文，使地震偏移成像技术在理论和实用两个方面达到完善的程度。以高阶方程阶数分裂法为基础的成像新技术得到了国际同行的认可，被称为"马氏方法"而被广泛引用。国内外一些知名学者将此方法写进其专著中。根据该方法，国内外许多石油公司和地球物理公司编制了相应的计算机软件用于地震数据的偏移成像处理，研究解决复杂地区的石油地质构造问题。马在田根据多年研究成果写成的学术专著《地震成像技术》是我国在反射地震学方面具有代表性的一本学术著作，获得了第六届（1992）国家优秀科技图书一等奖。所发表的有关论文从20世纪80年代以来不断被国内外专家引用，引用次数已过百次。80年代以来，我国出访美国、德国、法国等国家的石油和地球物理界的代表团、组和访问学者经常会听到他们对"马氏方法"的赞扬。其中最有代表性的是由中国台湾去美国工作的李博士和由韩国赴美工作的金博士面见以翁文波院士为首的中国赴美石油代表团时对马在田的赞誉：李博士说马先生的研究成果为中国人争了光；金博士说马先生的研究成果为亚洲人争了光！

当时的研究条件相当艰苦，是什么激励马在田完成这一迈入全球学界前沿的研究？他的一番话道出了心声："我们一定要依靠自己的力量，通过不断创新，研发适合中国地质特点的核心技术。"

马在田的地震成像方法和计算技术，是迄今为止我国向国际石油工业界地球物理方面提供的最有价值的成果，论文引用率最高，并已在工业界得到应用。这项成果获1991年陈嘉庚地球科学奖、上海市科技进步奖一等奖和国家科技进步奖二等奖。

## 追求卓越的信念

马在田言传身教，倡导"三自一包"的观点，即"自信、自立、自强和包你成功"。他时常教育学生："要想在某个学科或某一事业上占有一席之地，就一定要不停地追求优秀。不论你从事什么工作都要有更上一层楼的信念。"

马在田认为自己的人生经历，就是在一个不停地追求优秀的过程中走过来的。他是从我国最小的村小学开始，升到乡小学、县初中、省会高中和大学，再去国外完成大学学习的。每升入上一级学校都是在竞争中追求优秀的。工作中也是如此，没有追求优秀的思想，就不会做出能够令国外同行认可的成果。科学一流必须是国际的，没有国内国外之分。因此，当代青年追求的优秀都应当与国际一流相比。只有如此中国才能达到国际一流水平，否则永远是二流甚至三流的。

追求优秀的过程必须是一个不断求新的过程。没有创新能力的人是不会长久优秀的，因此在年轻甚至少年时培养创新能力是至关重要的。创新能力必须通过不断完善知识结构来实现。知识是随时代的前进而发展的。当代科学的发展速度是以年为单位成倍增加的。任何学校都无法解决走出校门的学生今后所需的多方面知识。因此，不断地与时俱进地完善自己所需的知识结构是必不可少的。不断自我完善知识结构的前提条件是，学生时代必须养成很强的自学能力和善于分析、研究问题的能力。

创新思维的精髓在于对前人的思路、结论敢于怀疑，对未来追求的目标敢于幻想。怀疑和幻想是人类社会和科学技术发展的动源。在怀疑和幻想中探索未知是创新必走之路。无论是首创，还是重大改革或综合集成都必须具有这种精神。创新的前提是在知识水平和研究条件方面达到一定的高度，否则会永远处于怀疑和幻想之中。

一个科学家要想做出有价值的科学发现或发明，必须具备创造性思维的能力和习惯。在20世纪80年代初期，国际应用地球物理界，为了满足石油工业大发展的需要，开发了一种建立在波动方程基础上的、使用大型快速电子计算机的地震偏移成像理论与方法的软件，以处理地震勘探数据。这是当时国际上许多著名地球物理学家致力于解决的问题。马在田认识到，要在与国际知名专家、教授的学术竞赛中取得有价值的成果，首先要提出具有独创性的解决问题的理论与方法。如果只是步他人之后尘，则必然不可能超过他们。因此，他在两年之中，首先博览群书，读书只是为了从基本理论上寻求解决科研问题的思路，找到解决问题的独特方法。同时，为了走自己的创新之路，他不断地以理论指导实践，通过"理论—实践—新理论"的多次反复，最后找到了一种能够适应复杂介质的地质偏移成像的理论与方法。在这种方法取得成功并发表一组论文之后，引起了在这方面具有领先地位的美国科技界的震动。

## 治学强国的情怀

2011年6月5日，马在田院士走完了他科技报国的奋斗人生。"矢志兴邦震波成像名扬中外，丹心报国德才拔萃师表后学"，看着送别大厅两侧的挽联，马在田的学生宋海斌泪已盈眶。他还记得，先生逝世前10天，已经非常虚弱，没有什么力气说话，见到自己和两个师兄弟在侧，鼓足全身的劲唱了一曲《满江红》，声音不大，可字字句句都印入人心。唱完歇了一会儿，他轻轻说:"这算是给你们的告别词,要爱国,好好努力。"宋海斌说:"这是我第一次听老师唱歌,也是最后一次。"

用人工地震形成地震波探测地层情况,是勘探石油的基本方法。20世纪60年代,西方国家石油工业界凭借先进的数字化技术更好地处理了地震波数据,中国也希望将已有的近100个地震队资料进行数字化处理,然而当时部分国家联合封锁,控制对中国的先进设备出口。马在田临"危"受命,负责领导地震资料处理系统的研发。几十名科技人员经过近两年的系统研制,于1974年底处理成功第一条数字地震剖面,当时被称为"争气剖面"。任务完成,马在田难掩自豪:"这标志着在受到国际技术封锁的条件下,我国科学家和工程师们是有创新能力的,可以独立自主地开展研究并追赶国际水平。"

矢志报国,一生不改。同事、学生们都记得,2000年春节,马在田特别高兴。原来,年已古稀的马在田负责的学科组与南海海洋地质局等单位合作进行的"天然气水合物(俗称'可燃冰')的地震识别技术"研究项目,已得到国家有关部门批准,数百万元的科研经费也有了着落。有人问他,为什么对这个项目那么看重?马在田一一细数,目前世界各国特别是一些发达国家都已投入巨资开展"可燃冰"的研究开发工作,国外有的科学家已取得了"可燃冰"的样品。我国是一个海洋大国,拥有数百万平方千米的海洋面积,如果能用先进的地震识别技术研究出一套发现"可燃冰"的高新科技,对我国的能源战略意义重大。

马在田带领的学科组,有每年过年聚会的传统。2011年,马在田已重病在身,许多人都劝他不要去了,他仍然坚持前往。他的学生李培民忘不了,自己的博士论文,马在田卧病在床也坚持要看,十几万字的稿子字字斟酌、密密圈点,常常在电话里一讲就是40分钟,实在吃不消才说一句"我说不动了",才舍得放下电话。此前,先生还曾与他相约,等身体稍好些,一起就如今全球研究正热的"高密度地层勘探"问题好好讨论讨论,"看看能不能出些新东西"。

学生李堂晏忘不了马在田的谆谆教诲:"不要以浮躁的自己面对浮躁的氛围,我们搞研究的,哪怕一辈子能有一两篇真正立得住、留得下的文章,已经不容易了。"

马在田说,读书也好,搞研究也好,最基本的概念、最基础的东西一定要扎实，其他是次要的。现在谈创新，没有自学能力谈何创新，都靠别人来灌输是创不了新的。他也常说，国家必须要有一批能够领军的人，才能使中国成为一个创新型国家。

马在田在担任石油工业部地球物理勘探局计算中心方法程序室主任期间，培养了中国第一批石油工业界使用数字电子计算机的地球物理人才，打破了发达国家在大型计算机地震数字处理技术上的封锁。

马在田曾出版《学海回眸》一书，记录了自己的一些治学经历和感受。在书的自序中，马在田写下这样一段话："我很爱自己的国家，也敢于面向迅速发展的时代前沿问题，但贡献不多，连自己都不太满意。因此，非常寄期望于年轻的朋友们去完成150年以来我国人民一直在追求的强国梦。"

马在田意志坚强，乐观向上，即使在重病期间，仍念念不忘中国油气勘探事业的发展，并亲自组织大型前瞻性科技攻关项目。他谦和宽厚，乐于助人育人，关心年轻一代的成长。他很早便有意识地促进海洋与地球科学学科的发展，为中国油气资源勘探和地球物理探测技术的发展做出了不可估量的贡献。

（资料整理：马亮　内容修订：陈田）

# 执着无悔淘"金"者

## ——记矿物工程专家、中国科学院院士、中国工程院院士王淀佐

王淀佐，1934 年 3 月出生，辽宁凌海人，国际著名矿物工程学家，1949 年就读于东北大学。1990 年当选为美国工程院外籍院士，1991 年当选为中国科学院院士，1994 年遴选为中国工程院首批院士，1998 年出任中国工程院副院长，2006 年当选为俄罗斯科学院外籍院士。2010 年获国际矿物加工理事会授予的卓越科学贡献的"终身成就奖"，成为首位获该奖的中国人。

王淀佐曾任中南工业大学（现中南大学）副校长、校长，北京有色金属研究总院院长，中国工程院常务副院长，中国有色金属工业总公司高级学术顾问，中国有色金属工业协会副会长，中国有色金属学会副理事长，中国颗粒学会副理事长，中国工程院咨询委员会主任，中国科学院咨询委员会副主任，国家科技奖励委员会副主任，国家重点基础研究发展计划（"973 计划"）专家顾问组成员，国际矿物加工理事会主席等。曾任第八、第九、第十届全国政协委员。

王淀佐长期从事选矿领域的教学与科研工作，在矿物加工浮选理论方面做出了开创性的贡献。他所创立的浮选化学理论已成为现代浮选理论的基础，被国内外学者公认为未来浮选科技发展的方向。在生物冶金

技术、铝土矿浮选脱硅技术方面也卓有成就。发表学术论文 300 多篇，撰写著作 17 部。他的研究成果曾获国家科技进步奖一等奖、国家自然科学奖、国家教委科技进步奖、国家优秀科技图书奖和国家优秀教材奖等多项奖励，曾被授予国家有突出贡献中青年专家称号。

"如果能把 20 亿吨发电煤产生的粉煤灰利用起来，把其中的铝提炼出来，我们就不要进口铝矿，也不要开采铝矿了。"只要谈起选矿，王淀佐声音洪亮、思路清晰，言语中壮志满怀。从粉煤灰中提取铝，在老工业基础上形成一个新的战略产业，王淀佐高瞻远瞩，建议成立联合攻关组，而且坚信一定会成功。"如果我能活到 90 岁，我希望在有生之年还能为国家尽一份力。"

## 从"门外汉"开始起步

2010 年，王淀佐荣获"国际矿物加工大会终身成就奖"，成为首位获得该奖的中国科学家。国际矿物加工大会是国际矿物加工领域水平最高、最权威的学术会议。"国际矿物加工大会终身成就奖"旨在奖励世界范围内为矿物加工业做出杰出贡献的科学家，此前全世界仅有 6 位科学家获此殊荣。而王淀佐是从一个"门外汉"走进选矿事业大门的。"我没有你们现在这么好的条件，可以读本科、读硕士、读博士，我当时初进选矿专业技术的门槛，只在沈阳选矿药剂厂参加过短期的业务培训。"

1950 年，刚刚诞生的新中国百废待兴，国家建设迫切需要各方面的人才。王淀佐在东北大学政治学院学习了半年后被分配到东北工业部有色金属工业局，经过技术培训，从实习技术员到转正成为一名技术员。坐在北京有色金属研究总院会议室里的王淀佐依然精神矍铄，这位前院长回忆自己的人生经历时说："我 15 岁迈入选矿专业的门槛，在沈阳选矿药剂厂参加短期技术培训班，就与选矿药剂结下了不解之缘。"那时的王淀佐像大多数人一样，党叫干啥就干啥，并逐渐爱上了选矿专业。

"新中国成立初期，大家群情向上，工作热情无比强烈。"王淀佐回忆，"那时，总觉得自己有使不完的劲，我的基础差，我就多花点时间，多干一

45

些。我一边工作一边学习，在学中干、干中学，渴望学到更多的本领。"

干一行，爱一行，此时的王淀佐对矿业事业有了更深的理解。"没有现代矿物加工科技的支撑，就没有今天的工业化和现代化。"一种神圣的使命、一种强烈的爱国情怀在王淀佐心中升腾，"系统地学习专业知识，为实现'四个现代化'做贡献。"

命运的改变始于 1956 年。当时，党中央号召向科学进军，年轻人中掀起了一股学习科学的热潮。一天，处长对王淀佐说，没有受过高等教育，会影响他将来的发展，组织上决定派他作为调干生去上大学。这正是王淀佐梦寐以求、一直向往的事情。于是他抓紧时间复习功课，做考前准备，填报的志愿是位于长沙的中南矿冶学院（现中南大学）的选矿专业。这年夏天，他接到入学通知，来到岳麓山下的学校，在工作 7 年后，第二次走进了大学校园。也就是在那一年，他光荣地加入了中国共产党，"为中国人民谋幸福，为中华民族谋复兴"的时代使命，扎根在他心中。

王淀佐一头扎进知识的海洋，如饥似渴地吮吸着知识的营养。他说："一个人要想在科技事业上有所成就，在青年时期一定要树立服务人民、报效祖国的远大理想，才能有所作为。"5 年之后，王淀佐以优异的成绩毕业留校，主要从事科研工作。"那时我基础差，但仗着身体好，舍得花时间，多干一些。"王淀佐说，"搞科研，就是要抓住目标不放，我做的浮选药剂、浮选电化学、浮选溶液化学等研究，都是坚持了几十年。"

1991 年，是王淀佐人生旅途的又一个转折点。这一年，他当选为中国科学院技术科学部委员（院士），并调任北京有色金属研究总院院长，同时举家迁至北京。从 22 岁抵长沙，到 57 岁离湘；从一个不谙世事的年轻人，到两鬓沉霜的科学院院士，35 年，王淀佐在湖南度过了一生中最美好的时光，留下了艰辛的足迹和耀眼的辉煌。

## 做到咬定青山不放松

"咬定青山不放松"，王淀佐说，他喜欢郑板桥的这句画竹题诗。"我能搞出一定的成果，靠的是为国家做贡献的坚定信念，才能虽经万难而不改初衷。"

从 1961 年参加工作开始他就准备好了，谋划着在选矿事业上大干一番。

选矿，好比沙里淘金。但我国选矿领域面临的问题是，矿产资源丰富，但贫矿多、细粒矿多，矿物共生组合、矿石结构和化学成分甚为复杂，可以说，我国的选矿工艺研究是世界级难题。王淀佐立志攻克的，便是这些世界级难题。

他介绍，"泡沫浮选法"是最有效的矿物加工技术，浮选过程是：矿石粉碎后，其中某种有用矿物成分细颗粒，在一种特制的化学药剂作用下，可以黏附在气泡上，在矿浆水中漂浮成泡沫而与其他种矿物颗粒分离。因此，泡沫浮选技术的关键是浮选药剂。

选矿，浮选药剂是关键。但研究者开发新药剂，却用老式的"炒菜式"方法，即把各种结构相似的化学品逐一试验，或者混合组配试用，不仅试验工作量巨大，而且常常失之毫厘、差之千里。当时，世界上不少专家都在做各种努力，试图找到用极少剂量就能让矿物漂浮，并且可以随心所欲地调控不同矿物浮选行为的药剂，然而都收效甚微。

王淀佐年轻时办公的照片

从何处着手才能更有效地研发出浮选药剂？王淀佐日思夜想。"我想要发展一套浮选剂结构和分子设计理论来指导药剂研发。"王淀佐说。而现实的困难是，要探索这个科学奥秘，除了必须了解前人工作外，还需要掌握有机结构化学和量子化学知识，而这些都是课堂没教过的。20 世纪六七十年代，泡沫浮选应用尚无系统的结构化学解释，更不用说分子设计理论了。摆在王淀佐面前的任务是：一要了解前人已有的工作；二要尽快掌握相关的有机结构化学、量子化学知识和测试技术。这些过去没学过的课程，得从头学起。

"没有条件，创造条件也要上。"王淀佐回忆，当时的长沙学术交流还比较闭塞，中文的参考书也很少。如果看英、俄文著作，则因数理基础较差，以及外语的障碍而倍感艰难。在百般求索中，王淀佐找到了一条捷径，他发现日本人有出版介绍新学科入门著作的传统，如有关量子化学的书，一开始少用艰深的数学，而着重介绍物理概念和如何应用。"这正符合我的需要，日伪时期我在东北上小学，看日本专业书还能凑合。"就这样由浅入深，读书、计算与实验室工作相结合，研究工作一步步向纵深推进。

在长达30多年的时间里，王淀佐几乎每晚都鏖战到午夜以后，常常为了某一难题，冥思苦想，甚至废寝忘食。他既经历过山穷水尽的困境，也体验了柳暗花明的欢愉。由于长时间过度的脑力劳动，他40多岁起便经常患偏头痛，且愈演愈烈，直到60岁后才治愈。

## "偷偷干科研"的人

2005年12月，中国工程院化工、冶金与材料工程学部在海南举行学术会议。有一天，会议所在宾馆的大厅里贴出一张海报：晚上座谈研究生教育问题。结果，当晚有20多位院士莅临，王淀佐也参加了讨论。有位院士谈到部分研究生对科研工作没有兴趣，只是为找工作而暂时"屈就"。

王淀佐就是那种"偷偷干科研"的人。

王淀佐在中南矿冶学院工作期间，经历了一段最困难的时期，图书馆关闭了，实验室关闭了，正常的研究工作被迫中断；埋头研究稍有成绩就被冠以"白专""名利"之帽，遭到批判。但即使如此，王淀佐也未曾懈怠，始终为我国矿业事业的发展进行各种努力和探索。在学校没法研究，他就偷偷地在家里关起门来搞计算推导，"差不多每天都是12点以后才上床，因为夜深人静，别无干扰，最好工作。"公开发表论文遭批判，他就用笔名发表科技论文。"亦余心之所善兮，虽九死其犹未悔"，王淀佐坚信，科学技术、知识创新对国家建设肯定有重要价值。

"偷偷干科研"，正是基于王淀佐对选矿工作的喜爱，也正是这种"偷偷"的环境，更增加了他对选矿研究的痴迷。人到了如醉如痴的境界，是不在乎名利的。王淀佐那段时间曾干过让现在许多人难以想象的事：他以"钟宣"为笔名，在《有色金属》杂志上发表了10篇论文。匿名，只是为了还能偷偷地做他心爱的科研工作。

一位大科学家，一定有对研究对象痴迷的过程。正是这种痴迷，使其有了许多在常人看来"另类"的故事。

有耕耘，就会有收获；有超常的付出，就会有超常的回报。王淀佐数十年的无私奉献，换来了一系列令人瞩目的科学技术研究成果：系统地总结出浮选剂结构与性能的关系，提出了浮选剂分子设计理论；提出了"粗粒效应"，丰富了细粒选矿理论，发展了"分子载体浮选"及"开孔挡板搅拌器"等技术……

王淀佐感叹道："像我这样既无良好的学历基础，又缺少充分的学术交流和试验条件，能搞出一定的成果，靠的是为国家做贡献的坚定信念，才能虽经万难而不改初衷。对于国家需要的科研项目，绝不能轻言放弃。"

## 锲而不舍地探索追梦

1990年，时任中南工业大学校长的王淀佐接到美国工程院的一封来函。拆开一看，他几乎不敢相信：自己当选为美国工程院外籍院士。"事先我并不知道我被推荐，至今我也不知道是谁推荐了我。"美国工程院院士的评选历来以严格和公正著称，对外籍院士的遴选更要额外增加多位科学家进行独立评审，而且每次当选的外籍院士名额不超过10位。曾经有业内人士说：当选美国工程院外籍院士，就像把一只骆驼从针眼里拖过去一样难。

从1991年开始，这位先挂上外籍院士头衔的矿物工程专家又先后当选了中国科学院学部委员（后称院士）、中国工程院首批院士和俄罗斯科学院外籍院士。

说来令人难以置信。1934年出生的王淀佐15岁就进入了有色金属行业工作。"我没有像今天的年轻人那样有过系统的、读硕士博士的学习过程，也没有出国留过学。"王淀佐只是在1956年党中央号召向科学进军时，作为一个调干生进入中南矿冶学院学习。

用始终如一、锲而不舍来形容王淀佐一点也不过分。但王淀佐自己则说："我搞研究舍得花时间、花力气，愿做事倍功半甚至劳而无功的事情。"功夫不负苦心人。王淀佐在矿物加工浮选理论方面做出了开创性的贡献。他所创立的浮选化学理论已成为现代浮选理论的基础，被国内外学者公认为未来浮选科技发展的方向。他发表著作9部、论文200多篇，并获得多项国家级奖励。

2013 年 6 月 15 日，来自全国各地的 500 多位院士、专家、学者及企业界代表齐聚长沙，庆祝王淀佐从事选矿事业 65 周年，对他所做出的开创性贡献表示敬意。

## 传道授业中爱才惜才

王淀佐是一个"双肩挑"的科学家，既从事科学研究，也做管理工作。他在担任中南工业大学校长、北京有色金属研究院院长期间，尤为重视对人才的培养。他的爱才、惜才的品格和精神，受到科技界的大力推崇。

"三十五载住潇湘，春笋秋菘岁岁尝。一旦北归辞岳麓，心随雁阵忆衡阳。"1991 年，王淀佐调离湖南时，曾赋诗表达他的不舍之情。王淀佐一生最美好的青春年华在此度过，在这里他不但取得了大量科研成果，还传道授业，培养了大批冶金人才。

"百年大计，莫如树人。"他回忆，在中南矿冶学院读书时，学院里有 26 位教授，但当他当院长时，却只有 24 位教授。更严重的是，1991 年王淀佐在担任北京有色金属研究总院院长后发现，当时的队伍严重老化，科级干部平均年龄 58 岁。王淀佐看在眼里，急在心里。

怎么办？王淀佐毫不犹豫地决定："必须大力起用、提拔、培养年轻科技人才。"尽管当时也有一些反对的声音，比如把破格提拔的教授称为"破"教授，但王淀佐力排众议。他认为，"论资排辈虽然不得罪谁，但这样下去，我们的事业将会受损失。"

1984 年，王淀佐担任中南矿冶学院分管科研开发的副院长。其间，他把教师队伍建设摆在最重要的位置。在他的带领下，经过近 30 年的发展，被业界誉为"长沙学派"的中南大学矿产资源综合利用创新团队，为我国矿产资源的高效循环以及绿色开发利用做出了重要贡献。面对全球大量低品位铜、金、铀等矿产资源难以经济有效利用的状况，王淀佐带领团队进行矿物学—生物学—冶金学等多学科交叉融合，实现了生物冶金从定性到定量、从理论到实践、从国内到国外的跨越，提高了矿产资源的综合利用水平。

作为北京有色金属研究总院院长，他搞改革。初到研究院时，他发现整体队伍老化，平均年龄50多岁，立刻破格提拔了一批年轻人："你得给他职称和位置，不然怎么发挥他的作用？"

这在当时引起了一些人的不满。"有人说要论资排辈，我就说如果到五六十岁才评教授，身体也不行了，干不了什么事儿了，我们的事业也没法发展了。"王淀佐笑称，"当年不喜欢我、恨我的人后来也不恨了，因为我不为自己谋私，我的小孩都不在有色院，提拔的年轻人我以前也都不认识。"

如今，不论是中南大学，还是北京有色金属研究总院，这一批批破格提拔的年轻人已经成为科技研发的骨干力量和生力军。在王淀佐带领下的中南大学矿产资源综合利用创新团队，更是培养了2名中国科学院和中国工程院院士、2名国家有突出贡献中青年专家、3名国家级领军人才计划特聘教授、4名国家杰出青年科学基金获得者等一大批优秀人才，团队平均年龄41岁，其中45岁以下的超过60%。

## 从粉煤灰中提取铝矿

2012年，一次突发脑溢血险些把王淀佐击倒，经过医护人员的积极抢救，总算脱离了危险。稍稍恢复意识的王淀佐心里装着的全是有关铝土矿资源的事。

"中国虽然地大物博，矿产资源丰富，但品质不好。"一提起专业上的事情，王淀佐的眼睛里立刻闪耀着光芒。"我国是产铝大国，也是全球第一铝消费大国。有一次，内蒙古鄂尔多斯一家铝矿企业从煤炭燃烧的粉煤灰中提取出了铝矿资源，给我留下了很深的印象。"他说。

"活到老学到老，我再活10年到90岁。只要有那么一天，我还是要发挥自己的余热，为党和人民做贡献。"住院期间，老人还在研究从粉煤灰中提取铝矿的试验项目。每当有领导、同事或学生来探望他时，他就跟别人讲这件事情，还提出建议成立联合攻关组。

"如果能从不同的粉煤灰里提取铝矿，这是件变废为宝的好事儿。"他喃喃地说，要在老工业基础之上，利用新技术和循环经济的思想，形成一个新兴的战略产业。

他说，我国每年都要从澳大利亚、印度尼西亚进口大量铝矿资源。如果

"从不同的粉煤灰中都能提取铝,那我们就不需要再进口铝矿了,对经济能够发挥很大的作用"。"发电厂粉煤灰回收不彻底,排到空气中就容易造成雾霾,煤炭在运输过程中也会产生空气污染,且运费高昂。如果试验成功,就可以将铝厂设在煤场旁边,减少煤的运输量。把煤矿公司、发电公司和铝业公司三个公司整合成一个大公司,既减少各自的经济成本又减少环境污染……"

我国现有铝土矿资源中,可经济利用的富铝土矿资源量不足 10 年,80%的中低品位铝土矿得不到有效利用。此前,王淀佐带领团队研发出新工艺,并指导建成全球首条浮选脱硅—拜尔法氧化铝生产线,实现了低品位铝土矿的高效利用,使我国铝土矿资源保障年限从不足 10 年延长到 50 年以上,并因此获得 2007 年国家科技进步奖一等奖。

但 50 年后怎么办?王淀佐想到一个变废为宝的办法:把发电用煤留下的粉煤灰里面的铝提取出来。"这是个一举多得的办法,不但能解决铝资源严重不足的问题,还能大幅降低铝的生产成本,并解决粉煤灰污染的大难题。"说到这儿,王淀佐难掩兴奋,"这是利用循环经济思路开发的新型产业。如果技术攻关成功,国家可不再进口铝,甚至可以不再开采铝土矿。"

王淀佐的这一高屋建瓴的战略思考,得到了他的团队的认同和支持。有关方面正强强联手,组成技术攻关组开展攻关。

向科学进军的脚步永不停歇。王淀佐把全部精力和热情永远放在新的课题和挑战上,在进入耄耋之年后,也没有分毫减退。近年来,他虽在病榻之上,但仍时刻关注着我国选矿冶金和材料事业的战略发展。他常说:"我从事的专业是个小学科,但我愿意继续努力,发挥余热,为国效力。只要我一息尚存,就不能停止工作,否则就对不起党和人民对我的培养。"

（资料整理：高广　内容修订：武名麟、陈田）

# 坚定强国志，开拓新领域
## ——记分析化学家、中国科学院院士方肇伦

方肇伦（1934 年 8 月 16 日—2007 年 11 月 12 日），祖籍浙江定海。1957 年毕业于北京大学化学系。中国流动注射分析技术研究的开拓者和奠基人，在流动注射在线分离浓集技术、流动注射与原子吸收光谱联用检测技术等领域的研究取得重要突破。中国微流控分析研究的先行者，为推动微流控分析技术在中国的发展做出重要贡献。先后在国内外期刊发表论文 300 余篇，出版英文专著 2 部、中文专著和译著 6 部。研究成果获国家自然科学奖三等奖、教育部自然科学奖一等奖、辽宁省自然科学奖一等奖、中国科学院自然科学奖二等奖、中国科学院科技成果奖二等奖、辽宁省科技成果奖二等奖等多项国家和省部级奖项。曾任中国科学院林业土壤研究所副所长。1996 年调入东北大学，任理学院分析科学研究中心主任。1997 年当选为中国科学院院士。1999 年兼任浙江大学教授，建立了浙江大学微分析系统研究所并任首任所长。曾任中国科学院化学部常委、中国化学会理事等职，入选英国皇家化学会会士。曾担任 10 余种国内外分析化学期刊的编委或顾问编委。

方肇伦是我国流动注射分析技术研究的开拓者，在流动注射在线预浓集

技术研究、流动注射与原子吸收光谱联用检测技术的理论和实验技术研究方面取得重要突破，使中国在该领域的研究进入国际领先行列。方肇伦率先在国内开展了微流控分析系统的研究，为微流控分析技术在中国的发展做出了重要贡献。

## 胸怀理想踏上科学研究路

20 世纪 50 年代初期，我国的科学研究事业刚刚起步，百废待举。中国科学院林业土壤研究所成立，急需大批科学研究人才。方肇伦从北京大学化学系毕业后，怀着报效国家、献身科学的理想和激情，来到当时坐落于沈阳东南郊的中国科学院林业土壤研究所。研究所当时正承担着包括中苏黑龙江流域土壤考察、辽河流域和松花江流域规划中的土壤调查在内的我国东北地区的土壤资源调查任务，这是我国在东北地区首次进行的规模较大、系统全面的土壤学研究工作。手工操作的土壤理化分析难以满足工作需求，所里购进了当时比较先进的 Q-24 中型发射光谱仪器，急需科技人员操作，土壤中微量元素的光谱测定方法有待建立。方肇伦利用大学期间学到的分析化学知识、深厚的外语基础和文献检索能力，与研究室其他科技人员一起努力，建立了土壤和人类头发中 14 种微量元素含量的发射光谱分析新方法。他又对 Q-24 发射光谱仪手工摄谱操作进行了改进，建立了半自动摄谱法，克服了手工摄谱操作速度慢的缺陷，显著地提高了工作效率，圆满地完成了东北地区和内蒙古东部地区各类土壤中 14 种微量元素含量的测定，在此基础上还编制了上述地区 1：100 万微量元素含量分布图。这些工作成果后来获得 1978 年辽宁省科学大会重大科学成果奖。为了使大多数科技人员掌握土壤仪器分析方法，方肇伦亲自担任教师，为全所理化分析人员系统讲授分析化学基础理论和仪器操作相关知识，显著地提高了分析人员的基础理论和实际操作能力。

方肇伦时刻注意跟踪国际上分析测试技术的新进展、新趋势。20 世纪 70 年代，他开展了原子吸收光谱（AAS）和电感耦合等离子体发射光谱（ICP）分析技术的研究，带领课题组研制和组装了原子吸收分光光度计和 ICP 光谱仪，建立了土壤、植物、水、粮食和人发中的微量元素含量以及土壤有效态元素含量的 AAS 和 ICP 光谱分析新方法，填补了我国在生物土壤仪器分析领域的空白。他们将其用于土壤普查的营养诊断研究，取得了良好的效果。在此期间他领导课题组承担了多项重大课题的研究和测试工作，他承担的环境污染物分析方法及其标样研制，以及主持的水土粮食中铍的原子吸收光谱法测定技术研究，分别获 1985 年国家科技进步奖三等奖和 1979 年中国科学院科技成果奖三等奖。

1973 年中国科学院林业土壤研究所分析测试技术研究室成立，方肇伦作为第一任室主任组建了无机分析、有机分析、生物化学分析、环境化学分析和电子显微技术实验室，开展了上述领域的研究测试工作，使测试技术研究室逐渐发展为以分析化学、环境化学、生物化学和电子显微技术为基础，以现代科学技术为手段，面向社会，研究与服务并重的综合性测试中心。1974 年，方肇伦还参加了林业土壤研究所的科研小分队，与东北制药总厂的工人们共同完成了醋酸氢化泼尼松联合发酵新工艺项目，使该工艺达到国际先进水平。1975 年，在沈阳市重金属镉的检测任务中，他和课题组人员首先发现该市于洪区张士灌区镉的含量超标及镉污染严重，引起了上级有关部门的高度重视，及时采取了有效的控制措施。

在 1977 年 11 月召开的辽宁省科学技术大会上，他被授予辽宁省先进科技工作者荣誉称号。由于方肇伦在科学研究和科技服务工作中的突出贡献，同年破格晋升为副研究员。

1980—1984 年，在担任林业土壤研究所副所长期间，他发现研究所内课题组和研究室之间由于体制条块分割、重复购置仪器设备等原因，研究经费浪费现象时有发生。为了提高大型仪器使用效率，从全所战略出发，他提出了加强所内大型科学仪器管理工作的意见和措施，变分散管理为集中管理，大大提高了大型分析仪器的使用效率。这一科学管理方法后来被推广到中国科学院整个沈阳分院系统。在繁忙的工作之余，方肇伦于 1983 年出版了第一部学术专著《仪器分析在土壤学和生物学中的应用》。

## 开辟中国流动注射分析新领域

自 1977 年以来，方肇伦为流动注射分析技术在我国的发展进行了大量的开拓性工作，在理论上和实验技术上取得了多项重要成就。他在该领域先后发表论文 150 篇，出版英文专著 2 部、中文专著 1 部、译著 2 部，发表的论文被 SCI（Science Citation Index）引用超过 1000 次。他在流动注射在线分离浓集及流动注射与原子吸收光谱联用分析等领域的研究达到国际领先水平。他在该领域的研究成果"流动分析联用新技术研究"获 2008 年教育部自然科学奖一等奖，"流动注射—石墨炉原子吸收联用系统的研究"获 2001 年辽宁省自然科学奖一等奖，"流动注射分离及联用新分析方法研究"获 1995 年国家自然科学奖三等奖，"流动注射分离浓集技术研究""流动注射—原子吸收光谱联用系统研究"分别获 1993 年和 1990 年中国科学院自然科学奖二等奖，"高效流动注射仪研制"获 1993 年辽宁省科技进步奖三等奖，"流动注射分析技术的研究"获 1982 年中国科学院科技成果奖二等奖，"流动注射分析仪的研制"获 1981 年辽宁省科技成果奖二等奖。

1980 年开始，方肇伦开始研制我国早期的流动注射分析仪，并将研制成功的仪器用于土壤和水中氮、磷等元素的测定。1982 年，方肇伦赴瑞典隆德大学参加了第二届国际流动注射分析大会。报告的两篇论文《催化光度流动注射分析法测定 μg/L 级的钼元素》和《水及土壤浸出液中硝酸根和亚硝酸根的流动注射分光光度同时测定》获得广泛好评。在这次会议上，方肇伦结识了流动注射分析的创始人 J.Ruzicka 和 E.H.Hansen，以及国际原子光谱分析领域专家 B.Welz 等，与他们进行了广泛的学术交流，为后来的国际合作打下了良好基础。1983 年 10 月，方肇伦来到流动注射分析的诞生地——丹麦技术大学化学系，在 Ruzicka 和 Hansen 的实验室进行合作研究，提出并建立了流动注射在线离子交换分离浓集系统，促进了流动注射与原子吸收光谱联用技术的发展。相关的技术进展在 1985 年首届北京分析测试学术报告会暨展览会（BCEIA）上得到广泛好评。随后，方肇伦多次参加相关领域的国际学术会议，并作大会报告或邀请报告，其中包括三届国际流动分析会议、三届国际光谱学会议及 1995 年在英国举行的国际分析化学会议（SAC95）和 1997 年在美国举行的 Pittcon 会议（匹兹堡分析化学和光谱应用会议暨展览会）。

为了更快地促进流动注射分析技术在中国的发展，方肇伦率先在国内发起流动注射分析的学术交流，酝酿成立流动注射分析促进会，于 1986 年召开了首届全国流动注射分析促进会成立大会并进行了学术交流。流动注射分析技术的创始人之一、丹麦技术大学 Hansen 受方肇伦邀请参加了此次会议。在方肇伦的推动下，随后分别在沈阳（1987 年 5 月）、沈阳（1989 年 10 月）、北京（1991 年 8 月）、武汉（1993 年 4 月）、青岛（1996 年 5 月）和西安（1999 年 9 月）召开了第一至六届全国流动注射分析学术报告会，均取得了圆满成功。为进一步提高我国流动注射分析技术的研究水平，方肇伦多次邀请该领域国际著名学者参加上述会议，包括日本东京都立大学铃木繁桥、冈山理科大学桐荣恭二、Perkin Elmer 仪器公司德国分部 B.Welz、丹麦技术大学 E.H.Hansen、委内瑞拉光谱学家 Burguera、英国赫尔大学 A.Townshend（*Analytica Chimica Acta* 主编）等。

1986 年，适逢国家自然科学基金委员会建立，方肇伦申请首批国家自然科学基金项目获得全额资助，随后，还陆续获得国家自然科学基金的资助，其中以中国科学院沈阳应用生态研究所为依托单位的基金项目有"流动注射—原子吸收光谱联用系统研究（1985—1988 年）""流动注射分离浓集技术研究（1990—1992 年）""流动注射石墨炉原子吸收联用系统的研究（1993—1995 年）""智能化流动注射过程分析系统的研究（1994—1996 年）"。在国家自然科学基金以及 1989 年以来国际合作项目"流动分析新技术研究"的资助下，方肇伦领导的研究组在流动注射分析技术研究方面取得显著进展，其主要研究成果"流动注射分离及联用新分析方法研究"获 1995 年国家自然科学奖三等奖。该成果是流动注射分析及联用技术发展的成功范例，是以流动注射分析的核心——热力学非平衡条件下的自动化分析观念为主导，从流动注射分析的根本优势出发进行的一系列代表分析化学前沿领域的开拓性研究。

1996 年 5 月，方肇伦调入东北大学工作。他在流动注射特别是顺序注射分析领域的研究逐步深入，将流动注射和顺序注射技术与毛细管电泳技术结合，又开辟了一个新的研究领域。他在国际上率先提出流动注射与毛细管电泳分析联用技术，使毛细管电泳技术实现了无干扰连续样品引入，在 *Analytica Chimica Acta* 杂志上发表相关系列论文 9 篇。在此期间，他出色地完成了国家自然科学基金面上项目"顺序注射分离及光学检测在过程分析中的应用"和仪器研制专项基金项目"微型流动分析仪器的研制"。1999 年，他出版了专著《流动注射分析法》。全书理论、概念论述清晰，全面阐述了流动注射分析的理论和技术的发展过程，系统介绍了流动注射分光光度法、流动注射原子光谱法、流动注射电化学分析法、流动注射酶分析法、流动注射荧光及化学发光法、流动注射免疫分析法、流动注射在线分离浓集及在线消解等操作方法和技术关键。

## 推动我国微流控分析技术发展

20 世纪 90 年代初，方肇伦敏锐地意识到国际上刚刚提出的微全分析系统概念，这将意味着一个全新研究领域的诞生。微全分析系统又称芯片实验室，它是通过化学分析设备的微型化与集成化，最大限度地把分析实验室的所有功能集成到便携的分析设备或微芯片中，实现分析系统的集成化和自动化，成百倍地提高分析效率，降低消耗和成本。自微全分析系统的概念提出以来，微流控芯片分析一直是其主要研究方向。1995 年，方肇伦及课题组即开始尝试进行玻璃材质的微流控芯片加工技术的研究。1996 年，他调入东北大学化学系工作后，开始着手正式组建从事微全分析系统研究的课题组，这是国内最早从事该领域研究工作的课题组之一。1997 年，方肇伦第一次给出了 "microfluidic chip" 的中文译名 "微流控芯片"。由于当时研究经费不足和国内微流控芯片加工技术尚处于起步阶段等原因，方肇伦课题组提出一种不需要光刻技术，制作方便、成本低廉的简易芯片加工方法，称为 "H 通道型微流控芯片"，并利用该芯片进行了大量的微流控基础研究工作，取得微流控分析自动进样、液芯波导荧光检测、生物样品自动分离分析等多项研究成果。

为加速开展微流控芯片的研究，充分利用多学科交叉的优势，方肇伦在 1999 年底到浙江大学兼职，建立了我国第一个以微流控芯片分析系统为研究目标的研究所——微分析系统研究所。方肇伦亲自设计，为研究所的发展拟定了详细的路线图。研究所成立仅一年，即在玻璃芯片的加工、激光诱导荧光检测和多触点电泳高压电源等微流控芯片系统的平台技术研究方面取得了突破性的进展。在此基础上又全面开展了多项研究，包括微流控芯片加工，芯片试样的引入、前处理和反应，毛细管电泳分离，荧光、吸收光度和电化学检测系统，芯片系统在氨基酸和单细胞分析等方面的应用等。

在我国微流控分析发展初期，包括芯片加工在内的各种基础技术平台严重制约了微流控分析技术在我国的快速发展，为此，方肇伦带领研究组成员进行了开拓性的基础研究工作，先后在国内率先研制出玻璃微流控芯片、有机玻璃芯片、程控多路芯片专用高压电源和微流控芯片专用激光诱导荧光检测器等，这些平台技术的推广应用，加快了微流控分析系统在我国的研究进展。他还创造性地提出应将微观芯片体系和宏观世界联系起来的新思想，在这一思想的指导下，他和研究组对芯片的自动进样系统进行了卓有成效的探索研究，提出多种连续样品引入技术，提高了样品引入效率和自动化程度，解决了微流控分析样品引入的瓶颈问题。

2003 年，方肇伦组织浙江大学课题组研究人员撰写并出版了国内首部微流控分析学术专著《微流控分析芯片》，在书中系统阐述了微流控芯片的加工方法、微流体控制技术和方法、微流控芯片毛细管电泳技术、微流控芯片试样引入和预处理、微流控芯片检测技术、微流控分析芯片的应用等内容。2005 年又组织东北大学课题组研究人员出版了另一部学术著作《微流控分析芯片的制作与应用》。

国家自然科学基金委员会重大项目以及其他相关项目的顺利实施，有力地促进了我国微流控芯片研究事业的发展，相关领域的研究工作突飞猛进，得到国际同行的高度关注。国际上规模最大的微全分析系统国际会议先后邀请方肇伦担任会议组织委员会委员和学术委员会委员。

## 为民族科学仪器事业殚精竭虑

现代科学仪器是知识创新和技术创新的前提，科学仪器事业对经济社会发展、国家安全及人民健康等将发挥战略性保障作用。面对我国的科学仪器与装备在研究和制造方面与发达国家的明显差距，以及长期以来在关键科学仪器装备上对发达国家过度依赖的状况，方肇伦曾多次向国家有关部门提交相关建议，呼吁重视科学仪器的创新和民族科学仪器事业的发展。2005 年 5 月，他和陈洪渊受中国科学院化学部常委会委托，在杭州主持召开了科学仪器发展战略咨询专家会议，20 余位工作在科学仪器研制和生产领域的专家学者和企业家参加了会议，共同研讨中国科学仪器的发展战略问题。根据会议讨论成果，由方肇伦、金钦汉和范世福等执笔撰写了"关于大力加强我国科学仪器的自主研发和产业化能力，实施'张衡工程'的建议"。此后，中国科学院以正式文件定名为"张衡工程"的建议并上报国务院，建议国家尽快启动以"张衡工程"命名的重大科技专项工程，以振兴我国科学仪器事业，为加强我国科技原始创新能力、提升重大装备制造业能力提供强大支撑。同时，中国科学院还将此上报文件在一定的范围内分发各处。"张衡工程"的目标是在 10~15 年，实现我国使用的关键科学仪器 70% 以上由本国生产，掌握核心知识产权，尽快改变我国长期以来在关键科学仪器装备上对发达国家过度依赖的状况，实现我国科学仪器科技和产业的振兴。

此外，方肇伦还身体力行，自 1980 年以来主持或参加研制了 6 种不同型号的流动注射分析仪器，并与厂家合作，进行生产技术指导与组织协调工作，大大促进了流动注射分析技术在我国的普及推广及实验室分析工作的自动化。由于方肇伦和同事们的不懈努力，我国自行研制的流动注射分析仪器基本满足了国内科研、教学、生产检测的需要，使国外同类产品驻足国门之外，为国家节省了大量外汇。在微流控分析仪器研制方面，方肇伦积极促成东北大学课题组与北京吉天公司、浙江大学课题组与上海光谱公司的产学研合作，推动微流控分析仪器的产业化研究工作。

方肇伦从事科学研究和高等教育工作 50 年来，孜孜不倦、勤奋耕耘，研究成果丰硕。在科学研究中，他善于准确把握学科前沿，勇于探索、不断创新；在人才培养中，他治学严谨、无私奉献，为国家培养造就了一大批优秀的分析化学人才。他为人正直，宽厚平和，用一生谱写爱国华章！

（资料整理：邱梦雪　内容修订：徐章润、方群、陈田）

# 科学探索无止境，务实精细显卓越

## ——记摩擦学专家、中国科学院院士雒建斌

雒建斌，1961年8月出生于陕西省户县（现西安市鄠邑区）。1982年毕业于东北大学有色金属压力加工专业，获工学学士学位。1982—1985年在西安电缆厂工作，1985—1988年在西安建筑科技大学攻读研究生，获北京科技大学硕士学位，1994年在清华大学机械设计及理论专业获博士学位，并留校工作。1999年获杰出青年基金资助，2002年被聘为国家级领军人才计划特聘教授，2011年当选为中国科学院院士，2022年被评为发展中国家世界科学院院士。

雒建斌现任清华大学学术委员会副主任、高端装备界面科学与技术全国重点实验室主任、中国机械工程学会副理事长；曾任清华大学机械工程学院院长，清华大学天津高端装备研究院院长，国际摩擦学理事会执委、副主席，全球工学院院长委员会（GEDC）执委，国际机构学与机器科学联合会摩擦学技术委员会主席，中国机械工程学会摩擦学分会主任，两届"973计划"项目首席科学家，国家自然科学基金重大仪器专项、重大项目和创新群体项目负责人；先后担任 *Friction* 等多个国内外学术刊物的主编、副主编或编委。

雒建斌长期从事纳米摩擦学研究和纳米制造研究。获国家自然科学奖二等奖2项、国家科技进步奖二等奖1项、国家技术发明奖三等奖1

项、省部级科技奖 12 项；并作为首位中国人获得 2013 年美国润滑工程师学会（STLE）最高奖——国际奖和中国摩擦学最高成就奖。出版英文专著 2 部，翻译英文专著 1 部；发表论文 600 余篇，其中 SCI 收录 500 余篇；获发明专利授权 200 余件。在国际会议上作会议报告（Plenary 和 Keynote）30 余次。

雒建斌长期从事纳米润滑理论与超滑研究，研制出纳米级润滑膜厚度测量仪，发现了薄膜润滑的系列新现象，提出了薄膜润滑物理模型和润滑失效准则；发现了新的液体超滑体系，提出了固液耦合超滑理念；将润滑研究与先进电子制造相结合，在表面平坦化方面取得了关键技术突破，实现了表面粗糙度小于 0.1 nm 的超光滑表面制造，并应用到计算机硬盘、单晶硅晶圆和芯片制造领域。

## 艰难求学，勇敢追梦

1961 年，雒建斌出生在西北一个农民家庭。其父亲雒恒高在鼓励他取得好成绩之外，也希望他开阔视野、掌握未来能够谋生的技能，要求他在小学阶段就看《水浒传》，初中开始学习中医知识。从小学开始，他就先后担任班长、全校少先队大队长和校乒乓球队队长。

然而时代的发展改变了雒建斌的人生历程。"那时考大学的愿望，相当于是在做梦似的突然出现了。"1977 年，我国恢复了高考制度。当时，雒建斌是高一学生，作为 12 个优秀生之一，被选拔参加高考。由于备考仓促、缺乏理论知识学习，他在 1977 年第一次高考考场上折戟。但是，雒建斌并没有放弃，而是在学校老师的指导下，开始高强度地学习，1978 年再战高考并成功地考取了东北工学院（现东北大学）。

就这样 17 岁的雒建斌第一次离开家乡，来到东北工学院，成为所在大学班级中年龄较小的一员。进入大学后，直至博士毕业之前，雒建斌的人生轨迹几度起起落落。然而他始终怀有从事科学研究的理想，并由此获得了无尽的热情与前行的动力，克服了一个又一个难关。

## 点燃钻研之火，开启科研之路

雒建斌人生的第一次起落，是在本科毕业后的考研阶段。雒建斌回忆说："那时冶金工业分成了有色金属和黑色金属。我们专业属于有色金属，直到毕业考研之前，黑色金属的专业课还有一点没学，有色的专业课才刚开始学。考研究生时所考的两门专业课，一门都没学过，所以全班没有一个人考上，只能分配到各单位去了。"

在进入工厂前，由于喜欢科学原理和理论研究，雒建斌对专业课存有抵触心理。但是在工厂工作一段时间之后，他愈发意识到专业知识在工厂生产流程中的重要性。工厂每天都有废品产生，一旦出现废品，每个车间、车间里的工段都要追责，要知道是谁的责任就必须知道加工过程中的各种原理、出现缺陷的原因。因此，在工厂中，他再度复习了专业知识，并基于"铜线拉拔加工的时候，温度高就容易氧化变色，造成大量废品"这一现象进行了研究，在此基础上发表了第一篇学术论文。

通过首次研究与发表论文的经历，雒建斌对摩擦润滑产生了兴趣，并决定考该方向研究生。出于从事理论研究的理想，次年，经过努力，他再度报考了东北工学院，坐在了考研的考场上。

笔试后，雒建斌得知东北工学院计划安排他做武汉一公司的定向培养生。然而雒建斌更加希望从事理论研究，无奈之下自荐去西安建筑科技大学，师从马怀宪教授。当时马老师的面试考题完全出乎雒建斌所料，让他至今记忆犹新，马老师考的不是知识，而是思维分析方法和能力。

在历经挫折后，雒建斌最终如愿。在这番经历中，他深刻体会到专业知识的重要性，找到了自己感兴趣的研究方向，并意识到逻辑分析与思维方式的重要性。"思维方式不一样，解决问题的方式就不一样"，而有时"答案并不是最重要的，逻辑分析能力更重要"。

## 以科研为底蕴，不断突破自我

在研究生阶段，雒建斌在导师严崇年教授的指导下，在钢丝高速拉拔中的润滑领域研究中取得了突破，该项目获得国家奖。后雒建斌留校工作。但为了追寻自己的科研理想，进行更加深入的学习和研究，雒建斌决定选择报考清华大学摩擦学重点实验室的博士研究生。虽然面临外界的压力与所考部分科目没有学习过的困难，他仍坚守信念，自学了弹性力学、摩擦学原理等科目。有心人天不负，雒建斌得到了清华大学博士录取通知书，来到了摩擦学专家、中国科学院院士温诗铸先生门下。

在博士期间，雒建斌开始从事纳米级的薄膜润滑研究。这是一个从模仿国外到超越的过程。当时，英国帝国理工学院的 Spikes 教授首先提出了测量纳米润滑膜厚度的"变波长最大光强法"。正在帝国理工学院访问的温诗铸先生随即提出要学习英国的方法，并寄来了实验用的钢球，希望能设计出测量纳米膜厚度的方法。起初，雒建斌和两名同事尝试复制英国的技术，但遇到了许多问题，意识到这个方法"又困难又做不好"。

经过不断努力，雒建斌等人"摸着石头过河"，研制出基于单色光相对光强测量法的纳米级薄膜厚度测量仪，这为后续的薄膜润滑理论研究奠定了基础。该测量仪于 1996 年获得国家发明奖三等奖。雒建斌等发现了一系列纳米级润滑膜的新现象，提出了薄膜润滑状态，并建立了其物理模型，该模型 20 年后被其学生用合频光谱法验证。基于薄膜润滑的理论研究于 2001 年获得国家自然科学奖二等奖。薄膜润滑成为摩擦学国家重点实验室的重要研究方向，其涉及领域也在进一步的研究中不断拓宽。雒建斌曾说："我觉得自己比较适合搞科研，我非常喜欢清华的学术氛围，留在这儿，更能为祖国做出贡献。"本着对摩擦学领域的热爱和对清华严谨求实的学术氛围的认同，博士毕业后雒建斌继续留在实验室工作。雒建斌表示，他愿意用一生的时间去探索摩擦学领域。

在薄膜润滑理论研究不断取得进展的同时，雒建斌及其团队围绕如何将薄膜润滑的研究投入实际应用这一问题展开思考，他敏锐地将目光投向计算机硬盘磁头。雒建斌鼓励团队成员："没做，怎么知道不可以？科学需要跳出框框看问题，大胆假设、小心求证，才能有创新成果。"最终，雒建斌及其团队创造性地提出将纳米金刚石颗粒引入磁头表面抛光液中，利用含有超精细金刚石颗粒的抛光液与磁头氧化铝表面相互作用，大幅降低磁头表面的粗糙度值。在"针尖"磁头上取得的成功，为雒建斌团队全面进入先进电子制造业树立了信心。2003 年，以雒建斌为首席科学家的"973 计划"项目"高性能电子产品设计制造精微化、数字化新原理和新方法"通过科技部立项，成为"973 计划"综合交叉学科领域先进制造方向首次批准的项目。2008 年，雒建斌领衔的"超精表面抛光、改性和测试技术及其应用研究"项目荣获国家科技进步奖二等奖。

## 坚定事业选择，做科研有心人

在把实验中发现的纳米颗粒抛光作用投入到磁头生产领域应用时，摩擦学实验室内部也存在不同的声音：做摩擦学的怎么去做抛光了？但雒建斌认为抛光过程其实是摩擦学知识的一个综合应用过程。雒建斌将其获得的国家"杰青"项目经费投入该方面的启动研究。后来在该领域，课题组成功申请到国家基金委的重大项目、国家"973 计划"项目和 02 专项等支持，并且逐步延伸到磁盘抛光、硅晶圆抛光、CMP 装备等相关领域。特别是 CMP 装备，解决了芯片制造的五大关键装备之一的"卡脖子"问题，孵化出华海清科公司，该公司在其课题组路新春教授的带领下，已经成功在科创板上市，为我国集成电路装备发展做出了重要贡献。一路走下来，这个过程可以说是艰苦的，也是富有成效的。雒建斌说："在方向的选择上，只要你认准这个方向是正确的，不管别人说什么，你都要坚持往下做。"

在科研中，雒建斌是一个有心人，他总能将工业生产的实际问题与科研相结合，即使生活中的点滴小事也能激发他研究的灵感。在一次宴会上，他喝到一种莼菜做的汤，入口顺滑，突然脑中灵光一闪——说不定莼菜中的某些成分具有超滑效应！超滑即摩擦系数接近于零的润滑状态。从 1996 年起，雒建斌就在该方面开展研究，但一直没有取得重要进展。回到学校后，他便迫不及待地与学生们一起开展莼菜的超滑性能研究。目前在超滑研究方面，其团队成为世界最有影响力的团队之一，在液体超滑承载能力方面领先了一个数量级。

从 17 岁上大学开始，到 1994 年博士毕业以及后来的工作，雒建斌在科研理想的支撑下，依靠敏锐、执着与热情，一步一步走出了自己的研究之路。"现在回想，当时随意一个决定都可能改变自己的未来。如果你有长远的追求，就要坚定地往这个方向走，不要太多地受别人的影响。不管多么难、多么苦，都一定要有个人坚强的意志。这是你们创造性的阶段，这个阶段非常重要。"这是雒建斌常常对其学生的嘱咐。

# 师门之路，代代相承

雒建斌说："导师和学生的关系是战略和战术的关系。导师要确定这个学生做什么，在哪个方向上做。这个就是考导师的水平。导师如果水平不行，就会给你找一个不是未来发展的方向，或者不是你现在能做出来的方向。"

"而温诗铸先生在选择方向上非常敏感。他当时为我找出了一个方向那就是薄膜润滑，这个方向是值得做的，而且是在当时那个条件下有可能实现突破的。就如温先生所言'跳起来能摘到的桃子'。而薄膜润滑这个方向的确认是温老师给我影响最深的点。什么技术在这个时代可能成功，什么方向是未来的发展方向，这是一个战略判断问题。因为我们当时并不知道纳米时代的到来，但我们这个方向做出来刚好又与世界上的'纳米热'扣在一起，这真是意想不到的事。当然，温老师也为我们介绍了英国的技术，虽然没走下去，但基于这个起源，我们突破了当时的技术。"

雒建斌对温诗铸先生的指导也是记忆犹新。"我进课题组不到2个月，温老师就去帝国理工学院访问3个月。温先生在那边会经常写纸条过来，当时不像现在有电子邮件这么方便，当时靠写信。我们在这边给他写信汇报，他写信给我们做指示。那些小纸条在我博士期间的记录本里夹着，现在还保存着。"从雒建斌意味深长的回忆中可以看出温先生是一个严谨治学、爱惜人才的好老师，他就像雒建斌的伯乐，对雒建斌的学术之路影响巨大。

谈及雒建斌对研究生的指导时，他的博士研究生、如今已经是清华大学机械工程系副教授的解国新老师只说了两件小事，却令大家印象十分深刻。

"第一件事，读博期间都是听老师指挥，老师让我干什么就干什么嘛。那时候雒院士给我布置了一个课题任务，当时这个课题做的人很少。2008年我到日本NSK实习了2周，在那儿我问他们怎么看外加电对轴承的影响，他们说没有重视。2009年起，中国高铁开始迅速发展，电荷对轴承的影响越来越被重视；到今年，电动汽车的发展使得该领域受到了更广泛的关注。10年前，虽然当时大家都不关注，但雒院士给我们布置了这样的课题，并且我们坚持下来了。如今我们觉得很值得，也很佩服老师敏锐的科研洞察力！"

"第二件事，雒老师提到我很努力，这是我博士前几年养成的习惯。而让我坚持养成这个习惯的，是雒老师的一条短信。我记得是一次寒假，我在家写论文，写完晚上发给了雒老师。然后晚上 11 点多收到了雒老师的短信，说'做学术要一丝不苟'。这句话对我的震撼特别大，导致我现在在学术上甚至有点强迫症。总之，做学术要'小气'。一方面，能让观点、成果更准确地传达给自己的同行。另一方面，也是一种自我保护。第二天早上我再看短信，发现 00：40，雒老师又给我发了一条短信问'定冠词是不是去掉更合适'。这条短信，让我感受到雒老师的勤勉和对学生的尊重。快过年了，雒老师都还在凌晨时候工作。对这种论文的小改动，还专门短信通知我。"

最后，解国新老师总结道："雒老师随和、平易近人，而且身体力行、勤勉学术，营造了良好的氛围，给我们学生带来了深远的影响。总结一句话：做一名好老师不容易，做一名能让他的学生全都觉得好的老师，更不容易。而雒老师是这种好老师的表率！"

## 不忘使命，勇攀高峰

2018 年 7 月，中共中央组织部、中共中央宣传部关于在广大知识分子中深入开展"弘扬爱国奋斗精神、建功立业新时代"活动的通知，在全国高校和科研院所引发热烈反响。作为一名站在教育、科技一线的高校教师，雒建斌表示要积极参与到活动中，把个人理想融入波澜壮阔的国家和民族事业，以实际行动和显著业绩彰显新时代知识分子矢志爱国奉献、勇于创新创造的精神风貌和家国情怀。关于此次活动，雒建斌提出三个发力重点：一是甘为人梯，为青年创新人才的脱颖而出铺路搭桥，使我国的人才体系不断完善，后备人才蓬勃发展。二是构建"科技、产业、金融"握手区，完善科技创新链。科学技术有自身的发展规律，必须尊重和遵守这个发展规律。三是减少约束，激发活力，提高效率。不断把人才发展体制机制改革向纵深推进，聚天下英才而用之，不断向用人主体和人才放权让利，使人才放开手脚，释放创新创业激情。

一代人有一代人的奋斗，一个时代有一个时代的担当。雒建斌希望广大知识分子主动把个人理想追求融入波澜壮阔的国家和民族事业，勇做新时代的奋斗者，为实现"两个一百年"奋斗目标、实现中华民族伟大复兴的中国梦贡献智慧和力量。

## 院士之声，肺腑之言

雒建斌曾多次在不同的"学术人生"讲坛上，回答同学提出的各种问题，几个典型问题的回答如下：

**问题一：科研遇到瓶颈，实在突破不了、做不下去了，怎么办？**

**雒建斌**：走投无路之日，就是突破之时！此时应该感到高兴而非悲哀，因为你可能已经站在了世界的顶峰！因此，要一点点追根问底。最后的根，就是问题的本质。大部分人，都在遇到瓶颈的时候放弃了，因此只停留在描述现象的阶段。我们不能这样，做科研就要挖掘到原理。如果你不断地想、不断地钻研，就可能突然爆发一个解决最后问题的想法。如果你的科学研究没有经历这个阶段，那么这个科研工作要么是别人做过了，要么是你的工作并不是很重要！"山重水复疑无路，柳暗花明又一村"的境界在科研之道是存在的，但是我们许多学者可惜错过了它。

**问题二：科研中，到底是应该以问题为导向，还是应该以整理、归纳和搜索为目的？**

**雒建斌**：做科研要"上见其原、下通其流"，向上探讨现象的本质，向下攻克技术屏障，使科学技术服务于社会！麻省理工学院（MIT）有一个理念非常好：他们每做一个东西，都能关联到最基础的理论问题。比如，MIT有个青年学者从蜘蛛网联系到理论基础（线性结构、网络结构）的问题。他们经常向上关联（向基础的理论关联）。但是我们往往忽视向上关联，经常喜欢向下关联，喜欢对应到特定的产品上。其实二者都重要，这就是理念上的区别，我们一定要学会关联，刨根问底，要首先向上关联，问自己：对基础理论有什么贡献；然后才向下关联，考虑对实际有什么用。

**问题三：人生道路应该如何选择？对学生或青年教师有何建议或嘱咐？**

**雒建斌**：棠棣之华，思不惧远。人生要树立一个长远目标，不要觉得距离目标太远而慢慢地放弃。过一段时间就要回顾自己的人生道路，是越来越接近目标，还是越来越远离目标？这样可能会激励自己走出一个灿烂的人生！

回顾自己的人生经历，雒建斌院士总结道："我大学之前，是为生活而拼搏；大学到博士期间，给自己创造条件为理想而拼搏；博士毕业后，一直以项目为导向，为完成国家任务、为学术生涯而拼搏。评上院士后，我就想我应该静下来、闲下来，做一些自己想做的事。现在，我一直在想，哪些东西更重要？从人类发展的角度思考，哪些东西值得去做？"

雒建斌院士希望年轻一代在生活上要"吃亏为福"，不要计较一些小的得失。他常说"吃亏者朋友遍天下，占便宜者终成孤家寡人"；在学术上要积极进取，要"看得准、入得深、守得住、做得强"。他常用荀子的"天不为人之恶寒也辍冬，地不为人之恶辽远也辍广，君子不为小人之匈匈也辍行"来鼓励青年人敢作敢为。

雒建斌院士说，青年人要展望未来，掌握时代发展的趋势。当前世界处于一个虚拟空间与物理空间结合的时代，很多工科问题会在这个新的时代发生重大变化，希望大家能多多关注。

（资料整理：刘佳　内容修订：雒建斌、陈田）

中国工程院 院士

# 炼铝以渡，奋斗不已

## ——记有色金属冶金专家、中国工程院院士邱竹贤

邱竹贤（1921 年 4 月—2006 年 7 月 28 日），江苏海门人。1943 年从交通大学唐山工程学院矿冶系毕业，之后在四川电化冶炼厂、台湾高雄铝厂和抚顺铝厂从事技术工作 12 年；1955 年调入东北工学院任教，历任副教授、教授，轻金属冶炼教研室主任和有色金属冶金系主任。1987 年当选为挪威技术科学院外籍院士，1989 年当选为挪威科学院外籍院士，1995 年当选为中国工程院院士。

邱竹贤参加了新中国第一座电解铝厂——抚顺铝厂的建设，生产出新中国第一块铝锭；参与了新中国第一批铝工业技术骨干的培训工作，开创了新中国铝冶金教育的先河；20 世纪 50 年代在东北工学院建立起新中国第一个有色金属冶金学科，80 年代又创建了我国第一批有色金属冶金博士点。他是我国铝工业的奠基人之一，被誉为中国铝工业的一代宗师和"中国铝业之父"。

回首邱竹贤的一生，他真正实践了读书报国。新中国成立之初，面对国家铝工业的落后现实，他以笔为戈，终身执教，报效祖国。面对铝冶金实践中的一个个难题，他带领团队开拓进取，攻坚克难。

## 命途多舛仍奋斗

"人生一征途耳，其长百年，我已走过十之七八。回首前尘，历历在目。崎岖多于平坦，忽深谷，忽洪涛，幸赖桥梁以渡。桥何名欤？曰奋斗。"这是茅以升的一段话，也是邱竹贤院士非常喜欢的名言。

"茅老以造桥闻名于世，他是我的老师。我靠炼铝度过此生，也将奋斗不已。"邱竹贤自幼聪慧懂事，幼年丧父并未使他一蹶不振，他深知读书方能报国，艰苦的条件塑造了他坚韧的思想品性，他遇到困难从不轻言放弃。

1921 年，邱竹贤出生于江苏省南通市海门区的一个中医世家，邱家历经三代人的努力在当时的三阳镇置有房产 10 多间。

邱竹贤的父亲一生治病救人，对子女悉心教导。邱竹贤其名自有典故：竹本固而身直，多节而心空，当景儿从之，有君子之风，圣贤之德，故兄弟三人得名竹君、竹师、竹贤。邱竹贤在兄弟姊妹中最小，因此备受宠爱。在其三四岁时，邱父便教他识字、作诗和作对联等。邱竹贤资质聪慧，五六岁时便能背诵不少古诗；七八岁时随父学习中医，念药书《药性赋》；11 岁入三益中学读初中，当时老师要求学生大声朗读，直至能背诵，锻炼记忆力。直到六七十年后，邱竹贤仍能背诵《出师表》，且一字不落。

14 岁时，不幸降落到这个原本幸福的家庭。这一年暑假，兄长正带着 14 岁的邱竹贤在上海准备考高中，忽然接到家中来信说父亲染病。父亲为人看病，感染瘟疫，不久竟亡故了。父亲病故后，邱家捉襟见肘，邱竹贤的母亲不得不靠手工为生。其兄长于上海大夏大学国文系毕业后回家乡任教，担当起培养弟妹的责任。

邱竹贤少年时代就十分懂事，他考入由蔡元培先生亲笔题名的海门中学高中半工半读，在图书馆协助图书出纳工作以维持家庭生计。17 岁时高中毕业，他以优异的成绩考入上海暨南大学化学系，本可享受公费待遇，但由于日寇入侵上海沦陷，暨南大学面临搬迁。

面对现实的突变，他沉着冷静，继续求学，于 1939 年 8 月考入交通大学唐山工程学院（现西南交通大学）矿冶系学习。同年冬，为躲避战火随学校转赴贵州平越县（现福泉市）。1943 年，邱竹贤大学毕业后，进入国民政府资源委员会所属四川綦江电化冶炼厂炼铜车间任技术员。

## 千磨万击还坚劲

20 世纪中期的中国，外有日本帝国主义的侵略，内有国民党的反动统治，天下之大竟难以放下一张平静的课桌，更不要说实验室了。1945 年秋天，天气渐渐转凉，邱竹贤等人参与了中国工业史上第一次炼铝试验，要知道当时中国民族工业中还没有炼铝业。当时电解槽的电流只有 3000 安培（远低于试验所需的电流），因为原料有限，电解槽钢质外壳下面用柴火和木炭加热作为辅助热源，电解槽保持着很低的电解水平。数天后，终于得到少量铝球。面对此情此景，邱竹贤的内心百感交集，更深知身上责任之重。西方成熟的炼铝业已有半个多世纪的历史，而中国的炼铝事业必须奋起直追！作为炼铝行业里少有的知识分子，邱竹贤被现实赋予了义不容辞的历史重任。

1946 年 10 月，邱竹贤奉命调到台湾铝厂（在台湾高雄市），担任铝电解车间工程师。1947 年，高雄铝厂开工生产，邱竹贤担任铝电解车间工程师，并启动了首台 2.7 万安培电解槽。两天后，铝出现在了人们面前。此时此刻，回望 1945 年的炼铝试验，邱竹贤感慨万分。

## 致力科研报祖国

1949 年上海解放前夕，怀着对新中国的憧憬和对故土的思念，邱竹贤毅然放弃优越的工作条件回到阔别已久的家乡，临时在浙江省立台州中学任英语教师。1949 年 12 月，重工业部召开了全国有色金属会议，决定建设完善的中国铝工业，建设山东氧化铝厂、抚顺电解铝厂和吉林碳素厂，并将其列为第一个五年计划的重点工程。

在苏联的援助下，1950 年新中国第一个电解铝厂——抚顺铝厂（301 厂）开始筹建。在新中国百废待兴、欲振兴铝工业之际，邱竹贤被国家选中，担任抚顺铝厂计划科科长，从事修复因战争而遭受严重破坏的铝厂和培训技术人员的工作。当时有许多苏联专家来厂，邱竹贤是中国国内唯一的有炼铝经验的工程师，为建设中国首座电解铝厂做出了重要贡献。

为了迎接即将恢复的铝生产，人才培训尤为紧要。当时面临授课没有教材的困境，邱竹贤根据大学里学到的专业知识，结合在台湾高雄铝厂的生产实践经验、与苏联专家接触中的学习体会及查阅文献资料，编写了铝冶炼的专业性教材——手工钢板刻印的线装书《铝电解》。此书也成为中国铝工业史上第一本铝冶炼教材。

两年后，这本线装书的第一批读者顺利毕业，成为新中国铝镁冶炼和加工事业中的骨干。可以毫不夸张地说，邱竹贤开创了新中国铝冶金教育的先河，新中国的铝工业就此起步。

1955年5月，邱竹贤从抚顺铝厂调入东北工学院工作，历任东北工学院副教授、教授，轻金属冶炼教研室主任和有色金属冶金系主任。

在这里，新中国第一个有色金属冶金学科诞生，为国家的社会主义建设、为有色金属冶金行业输送了大批人才；在这里，邱竹贤从事铝冶金科研和教育工作；在这里，邱竹贤极大地发展了熔盐电解理论，成为铝冶炼工业的重要里程碑。

邱竹贤致力于铝冶金及熔盐电化学的基础研究和应用研究，在熔盐湿润、熔盐渗透、阳极效应和金属雾生成等领域有新发现，形成了熔盐界面现象及界面反应新学科。

熔盐是一种高温离子溶液，冶金工业中应用于电解法生产铝镁等多种金属。熔盐不但温度高，而且具有很强的腐蚀性，理论研究工作难度大，若干基本理论至今仍然存在分歧意见，主要原因在于研究得不透彻，浅尝辄止。

邱竹贤直面困难，通过拍摄大量而系统的实验照片，归纳出普遍的湿润现象，揭示出阳极排斥电解液和阴极吸引电解液的基本规律。运用这一规律可以解释熔盐电解中发生阳极效应以及电解液向阴极渗透的机理，能够有效地设法在工业上加以防范，达到节省电能和物料消耗，并延长电解槽使用寿命的目的。

邱竹贤团队研制了系列高温透明电解槽，可直接观测电解进行过程中槽内各种金属在熔盐界面上的溶解现象，电解中用摄影机记录金属雾颜色和特征。从量子化学研究，提出了生成胶体溶液与真溶液的混合溶液观点。为铝电解、镁电解及各种碱金属生产提供了理论依据。

邱竹贤在研究熔盐电解理论的基础上，终身致力于探索铝工业节电的基本规律和有效途径,认真探索铝工业行业的节能措施。

在苏联教授莱涅尔的指导下,邱竹贤于 1956 年完成了铝电解质添加氟化镁的论文。后来抚顺铝厂在 6 万安培电解槽上试验此种新型添加剂获得成功,并在全厂试点,进而推广至全国。经过长期检验,氟化镁确实是一种优良的添加剂,可以提高电流效率并节电,而且价格低廉,其原料菱镁矿是中国丰产资源,有长远的应用价值。

1982—1984 年,邱竹贤参加了抚顺铝厂首批三台 13.5 万安培大型电解槽的试制工作,承担铝电解质组成研究和电流效率测量。大型槽试验成功后,经过中国有色工业总公司鉴定,电流效率达到 90%,电耗率降低到 13500 千瓦时每吨铝,该课题获有色工业总公司一等奖。此种槽型在抚顺铝厂和包头铝厂得到推广应用。

1985 年,邱竹贤在美国矿冶工程师年会上宣读了题为《低温铝电解》的研究论文,提出了可以在温度 850~900 ℃电解的低熔点电解质,预期电解槽的热损失量会因电解温度降低而明显减少,而且电流效率会明显提高,两者均可节电。此论文受到国际学术界的重视。

1991 年,澳大利亚铝业研究中心与邱竹贤签订了技术协作合同,开展低温电解的半工业性试验。

邱竹贤取得的丰硕成果,受到国内外学术界的重视。1987 年 1 月,邱竹贤当选为挪威技术科学院外籍院士;1989 年 1 月,当选为挪威科学院外籍院士;他和同事先后于 1989 年和 1990 年获得国家教委科技进步奖二等奖(金属溶解和电流效率研究)和一等奖(铝电解中的界面现象和界面反应研究)以及 1991 年国家自然科学奖三等奖(铝电解中若干物理化学问题的研究);1995 年,他光荣当选为中国工程院院士。

## 桃李不言自成蹊

邱竹贤面对新中国铝工业的落后现实,深知培养人才的重要性。早在1950 年,在抚顺铝厂,他就举办了铝冶炼训练班,并兼职任课,编写讲义,开设了我国最早的铝电解课程。学员在毕业后,成长为我国首批铝冶炼专业人才。1952 年,东北工学院为适应我国铝冶金和铝加工事业的发展需要,组织两个班级进行专业培训，邱竹贤被借调到学校进行冶金专业课教学工作。当时邱竹贤讲铝电解课，马龙翔（来自葫芦岛锌厂）讲铝加工课，王延明任助教，学员共计50多人，毕业后大多分配到抚顺铝厂和哈尔滨铝加工厂。这批毕业生中有韩沛川、王立若、徐树田、韩薇、沈时英、姚世焕、尹家麟、李达人、杨均阁、杨瑞祥、裴尚魁、孔繁秀、朱宝章等人，他们均成长为新中国铝镁冶炼和加工事业的栋梁之材，有的成为厂长、研究院院长，有的成为设计大师、总工程师或教授，为中国铝工业建设和发展做出了重大贡献。1955年春，邱竹贤服从国家安排，从抚顺铝厂调入东北工学院任教，担任轻金属冶炼教研室主任，开启了我国轻金属冶炼专门化人才培养之路。

从生产一线到教学岗位，邱竹贤认识到，为提高教学质量，提高人才培养水平，必须编写中国自己的教材。而要写好教材，宜先从事科学研究，取得科研成果，借以充实教学内容，加深理论认识，发展新的学说；同时还要密切联系工业生产实际，才能真正做到学以致用。

从20世纪60年代起，邱竹贤开始培养研究生。他注重理论与实践结合。他安排研究生在实验室进行科学研究工作，安排他们深入全国大小铝厂获取实践营养；他也将知识毫无保留地传授给企业的工程技术人员和工人。

开展国际合作，开展学术交流，邱竹贤以长远的目光做出了自己的贡献。在改革开放之后，邱竹贤出访了奥地利、挪威、丹麦、日本、美国、澳大利亚、新西兰和俄罗斯等国的大学、铝厂和科研单位，结识了一批铝业界的国际大师级学者，如美国雷诺公司的理查德博士、美国铝业公司的豪平博士、挪威奥斯陆大学的韦尔奇教授及日本京都大学的渡边信淳教授等。同时，邱竹贤邀请多位著名学者到国内的大学和铝厂访问和讲学，建立起良好的学术交流关系。东北大学在国际铝冶金工业领域成绩斐然。

邱竹贤潜心整理和用心研究交流成果，将国外铝冶金新技术资料介绍到国内高校和企业。他不辞辛劳，先后访问了国外许多炼铝厂和铝业研究所，注意汲取他们的长处，为祖国的铝冶金事业呕心沥血，鞠躬尽瘁。

邱竹贤将自己的一生献给了中国的铝工业。从事教学和科研工作50年，他单独或合作撰写有色金属冶金方面的论文150余篇，他的专著有《铝冶金物理化学》和《预焙槽炼铝》，合作撰写的有教材《铝电解》等3本，合作翻译的有《冶金热化学》等7本。《铝冶金物理化学》一书是邱竹贤的重要著作，此书经徐采栋先生推荐，出版于 1985 年。其初稿则草拟于 1964—1972 年，在艰苦坎坷的条件下，他坚定地从事撰写工作。1973 年后，他广泛地查阅了英、俄、日、德等国的有关文献，并认真做了读书笔记，分门别类整理成 60 余册原始资料；对若干重要的课题积极从事实验室研究和工业生产试验，并取得了一系列新成果，终于在 1980 年完成了此书初稿的修订。1982 年，他到挪威奥斯陆大学和特隆赫姆工业大学访问，对铝冶金的基本理论和研究方法有了更为深刻的认识之后，此书才最终定稿。

邱竹贤还是一位良师。他在课堂中将所学所得毫无保留地传授给学生。1981 年，经国务院学位委员会审批，邱竹贤成为全国首批有色冶金专业博士生导师。他精心授课，悉心指导，紧密联系生产实际，培养了一大批硕士和博士。

2001 年邱竹贤诞辰 80 周年之际，中国工程院副院长王淀佐院士题词"学界泰斗，桃繁李盛，铝业宗师，兰韵竹贤"，这正是对邱竹贤一生最真实的写照。

2006 年春夏，邱竹贤在与病魔斗争的过程中，仍坚持在助手的帮助下翻译《铝电解理论与新技术》专著。2006 年 7 月 28 日，他带着对祖国母亲的眷恋、对中国铝工业的深深热爱和对学生们的深情厚谊，在最终翻译完成《铝电解理论与新技术》之后，安详地闭上了眼睛。

邱竹贤建立的团队已发展成东北大学轻金属冶金研究所，继续从事邱竹贤开创的铝电解基础研究和技术开发工作。近 10 年来承担了多项国家"863 计划"、"973 计划"、科技支撑计划、国家自然科学基金项目等。在铝电解异型阴极、低温铝电解、铝电解质资源化利用、气液两相流研究和废旧阴极炭块综合利用等方面，2 次获得国家级大奖、15 次获得省部级奖和 2 次获得美国矿物、金属和材料学会（TMS）轻金属分会科技创新奖，为我国电解铝工业的技术进步做出了重大贡献，在国际铝电解研究领域占有重要地位。

2016 年，美国《轻金属时代》杂志分两期专栏介绍了邱竹贤和东北大学在铝电解领域的成就。

邱竹贤践行了他喜爱的名言：以铝为渡，终生奋斗不已！他是中国铝冶金教育和科学研究的先驱，为建设和发展中国铝工业做出了突出的重要贡献。邱竹贤矢志报国、教育英才、刻苦钻研和不懈奋斗的高尚品格，值得我们永远学习。

（资料整理：马亮　内容修订：王兆文、翟秀静、陈田）

# 穿越环境高山，行止无愧天地

## ——记冶金热能工程和工业生态学专家、中国工程院院士陆钟武

陆钟武（1929 年 10 月 2 日—2017 年 11 月 27 日），出生于天津市，中国冶金热能工程学科创始人、工业生态学开拓者、冶金热能工程和工业生态学专家、教育家，中国工程院院士，东北大学教授、博士生导师。研究方向主要在炉窑热工、系统节能和工业生态学方面。

1946 年，陆钟武从重庆南开中学考入南京国立中央大学；1950 年毕业于大同大学，获得学士学位；1953 年从东北工学院研究生班毕业后留校任教，先后担任钢铁冶金系副主任、主任，热能工程系主任；1984 年担任东北工学院院长；1986 年担任冶金热能工程学科博士生导师；1997 年当选为中国工程院院士；2001 年获得全国模范教师称号；2004 年获得第五届光华工程科技奖；2016 年获得中国金属学会冶金科技终身成就奖；2017 年 11 月 27 日在沈阳逝世，享年 88 岁。

冶金炉的烈火，是你滚烫的报国之心；穿越环境高山，只为天蓝、地绿、水清。做人做事做学问，矢志教书育人。双为方针载史册，两鬓苍苍东大情。有为三千桃李树，行止无愧天地人！

不朽功勋载史册，两鬓如雪东大情。陆钟武一生治学严谨、无私奉献，是百折不挠、精勤不倦的榜样，是追求真理、至诚报国的典范。他以科学家

的气魄，为祖国的冶金工业运筹帷幄；他以教育家的担当，为培育英才尽心尽责；他以师者的大爱情怀，为后人铸就精神丰碑。

## 兴邦承父志，创业赴他乡

1929 年，陆钟武出生在一个书香世家，老一辈多有饱学之士。曾祖父陆雪香、祖父陆舜卿等祖上数代都从事教育工作。父亲陆绍云 1915 年赴日本留学，1921 年学成归国，相继在沪、津、鲁、渝办了上海国棉七厂等近 10 所纺纱厂，赢得了我国纺织界几代人的赞誉。

父母对陆钟武的教育是潜移默化的。陆钟武在重庆长大，当时的重庆几乎天天有空袭警报。"为什么偌大的中国任人宰割？"小时候的他不懂"落后就要挨打"的道理，但知道中国内忧外患的主要原因是工业落后。他立志像父亲那样实业救国。

1946 年 10 月，陆钟武考入南京国立中央大学；1949 年 2 月，转学到上海大同大学化工系；1950 年 7 月，大学毕业。毕业时，全国人民都在为新中国的成立而欢呼鼓舞，为建设崭新国家而努力工作，有志青年纷纷争先恐后地投身到祖国的建设中。已是 80 多岁高龄的陆钟武每当回忆起当年的情景，都激动不已。他说："平生对我思想影响最大的就是在解放初期聆听华东区几位部长级领导为上海大学生所作的几次精彩报告，那真是对我人生的一次洗礼，让我茅塞顿开，受益匪浅。从那时起，我就下定决心，听共产党的话，跟共产党走，为新中国的建设建功立业，奋斗终生！"

大学毕业不到一个月，陆钟武便告别家人和舒适的上海，只身一人来到了东北。1953 年 7 月，陆钟武从东北工学院冶金炉专业研究生毕业，留在东北工学院任教。"从南方到北方，从学化工到搞钢铁，这是我人生中最重要的抉择，这同父亲主张的'实业兴国'及其言传身教给我的东西有相通之处，稍有不同的是父亲从事轻工（纺织），而我从事重工（钢铁）。"陆钟武说。从此，他在东北大学开启了 60 余年的学术征程。

### 赤子初心，报国有恒

陆钟武是一位卓越的战略科学家，他一生为工业兴国而战，因工业污染而忧，为了实现中国工业的绿色化、钢铁行业的生态化，几十年如一日地坚守、奋斗在学术的最前沿，成为中国生态文明建设的先驱者。1953年，他组建了新中国第一个冶金炉专业，奠定了我国冶金炉专业传热学和气体力学的理论基础；20世纪60—70年代，建立了火焰炉热工基本方程式，指导全国几百座加热炉的节能改造，使加热炉热效率达到国际先进水平；20世纪80—90年代，把节能视野从冶金炉窑扩大到整个钢铁行业，从节约能源扩展到非能源，提出了"载能体"概念，创立了钢铁工业系统节能理论和技术，引领全国钢铁工业的节能工作，他倡导的系统节能思想被原冶金工业部列为"七五"计划以来我国钢铁工业节能的一贯方针。自20世纪末以来，陆钟武院士深谋远虑，与时俱进，率先把研究对象从钢铁行业拓展到国民经济发展和生态环境保护领域，开辟了中国工业生态学新领域，提出了穿越"环境高山"构想，为我国钢铁工业节能和工业生态化建设做出了开创性、奠基性的贡献。

## 高瞻远瞩，居功至伟

陆钟武是一位具有远见卓识的教育家。自1953年留校任教，在半个多世纪的时光里，他殚精竭虑、呕心沥血，将毕生精力倾情奉献给东北大学，是"自强不息，知行合一"校训精神的忠实践行者。在担任东北工学院院长期间，他深入贯彻教学、科研"两个中心"的办学思想，提出办学"六大要素"理念，确立了既为冶金工业服务，又为地方经济服务的"双为"方针；他主持创办东北大学秦皇岛分校，着手创建科技开发区和大学科学园，探索出一条产学研结合服务经济社会发展的创新之路，让东北大学服务国家战略和区域经济发展的办学特色更为鲜明，为学校的建设和发展立下了卓越功勋。陆钟武院士始终心系学校，在学校发展的重要节点和关键时刻，总是不辞辛劳、尽心尽力，即使在生命的最后时刻，还念念不忘学校人才培养和一流大学建设，多次为学校的发展和建设提出宝贵的战略性建议。陆钟武院士丹心育人，耕耘不倦，亲自指导硕士、博士、博士后70余人，耄耋之年依然坚守在教书育人一线，为国家培养出一大批行业栋梁。他寄予师生的"责任、信心、胆识、拼搏"八个字镌刻在知行楼大厅里，已经成为东北大学冶金学院的院训，成为广大师生为学为人的准则。

## 高山仰止，厚德载物

陆钟武是高尚师德风范的楷模。他不仅传授学生治学之道，更以身作则授之为人之道。他时常叮嘱学生，做学问首先要服务于国家大目标，大胆创新，遵循规律，寻根求源；他总是强调科研工作不能走短平快的路子，勉励学子精益求精、闹中取静、甘坐冷板凳；他经常教育弟子，"先要做人，然后才是做学问""要诚信、宽容、谦虚、团结，发挥团队的力量"；他的谆谆教诲让每一个接触他的人如沐春风。他常说："教学科研就是我的生命。"80岁之后，他仍孜孜不倦、笔耕不辍，承担中国工程院科研课题，出版4本专著，临终前还在审阅即将出版的新著。陆钟武院士一直担任工业生态学研究所名誉所长。他不顾年事已高，坚持为学生作学术报告，亲自指导学生科研，一场不落地参加研究所的学术讨论；去世前一天，还将自己对学术问题的思考记述下来，以飨后人，哺育学校和社会。他强大的人格魅力和崇高的道德情操影响着一代代学子，他生命不息、奋斗不止的精神底色是东大校风学风的最高诠释和集中体现。

## 勇攀科研顶，奠基冶金炉

陆钟武经历的第一次重要实践是中华人民共和国成立后创建第一个冶金炉专业，他成为我国冶金炉学科的主要开创者和奠基人之一。

1953年，东北工学院组建了冶金炉专业和冶金炉教研室，陆钟武担任教研室主任。陆钟武研究的第一个问题是关于炉内热电偶的热点温度，他修正了苏联专家那扎洛夫关于热电偶指示温度的计算式。一天，陆钟武在为那扎洛夫担任课堂翻译时，发现那扎洛夫讲授的炉内热电偶指示温度的计算公式是错误的。回去后，他反复研究了那个公式的错误之处，重新推导出一个新公式，画出了新曲线。但一想到要去找那扎洛夫教授理论，陆钟武就忐忑不安起来。他想："那扎洛夫是苏联著名的冶金炉热工专家，又是国家高教部特聘的院长顾问，而自己还是一个毛头小伙子，研究生毕业仅两年，怎能当着苏联专家的面指出公式的错误呢？想来想去，陆钟武没有被这些顾虑所左右，一向求真、不服输的他坚信自己是对的。几天后，他大胆地敲开了那扎洛夫的办公室，当屋子里只有他们两个人时，他一板一眼地讲述自己对热电偶指示温度的意见，同时拿出自己推导的新公式和相应曲线。果不其然，陆钟武的意见遭到了那扎洛夫的强烈反对。回来后，他不但没有放弃，反而亲手制作了一个炉子，通过多次实验，进一步验证了自己推导的公式和画出的曲线是正确的。于是，他再次冒着"反对苏联专家"的危险，果断地敲开了那扎洛夫的房门……那扎洛夫终于接受了陆钟武的实验数据和研究结果。在苏联专家回国前，那扎洛夫组织了一场学术报告会，会上陆钟武作了关于炉内热电偶热点温度的专题报告。那扎洛夫坐在最前面倾听着陆钟武的讲演，情不自禁地举起双手为台上这位年轻学子、中国未来冶金炉学科的掌门人鼓掌祝贺。

20世纪50—60年代，陆钟武主编了《冶金炉理论基础》《冶金炉热工及构造》《火焰炉》《火焰炉理论》等冶金炉学科成立以来主要的专著和教科书，被全国高等工科院校相关专业普遍选用。这些研究成果已经成为冶金炉学科新的理论基础和技术体系，得到了国内外业内人士的普遍公认。他为我国冶金炉专业的从无到有、从小到大、从弱变强做出了重要贡献，是我国冶金炉学科的创始者和领军人。

进入80年代，陆钟武开启组建冶金热能工程学科、创立系统节能理论的第二次重要实践。

80年代初，陆钟武根据国际上刚刚爆发的能源危机和我国钢铁工业能耗过高的现状，组建了冶金热能工程学科和热能工程系，并出任热能工程系主任。陆钟武创造性地提出了"载能体"概念，将热能工程专业的服务对象和学科视野，从过去的单体设备（冶金炉）及其部件，扩展到生产工序（厂）、联合企业乃至整个冶金工业。

陆钟武的系统节能理论，从建立到应用并非一帆风顺。他的系统节能思想最初曾遇到一些人的不理解甚至反对，寄给报刊的文章也曾多次受阻，迟迟不被发表。直到80年代末，冶金工业部把"节能降耗"确定为我国钢铁工业节能的两大任务时，人们才被陆钟武远见卓识的学术思想所折服。1987年，全国冶金节能工作会议在吉林省召开，冶金工业部充分肯定了陆钟武教授的研究成果，系统节能理论成为我国"八五""九五"乃至今后更长时期冶金工业节能的指导方针。

1993 年，陆钟武的系统节能代表作《系统节能基础》由科学出版社出版，2010 年修订后再版。30 年间，他主动为本科生开设系统节能课程，多次组织系统节能理论培训班，培养了一批系统节能方向的硕士、博士、博士后以及青年学术带头人。陆钟武成为冶金工业系统节能理论及技术的先行者和创建人，为推动我国钢铁工业节能降耗做出了历史性贡献。

世纪之交，陆钟武将目光聚焦到工业生态学领域，开启了他的第三次重要实践。

为了研究和处理好工业生产、经济发展与生态环境保护之间的尖锐矛盾，他集中精力投身于工业生态学的研究，把研究视野从工业生产过程拓展到产品加工制造、包装运输、使用，直到产品报废后的回收利用，囊括了产品的整个生命周期，实现了学术思想的第二次飞跃。

陆钟武把发达国家在工业化进程中的环境负荷曲线形象地比喻为一座"环境高山"，发展经济就是一次"翻越环境高山"的实践，并导出了单位GDP（国内生产总值）环境负荷年下降率的临界值公式，以及环境负荷与经济增长脱钩的条件公式，绘制了资源消耗、废物排放与经济增长脱钩的曲线图。一个名为"穿越环境高山"的理论应时而生。陆钟武表示，发展中国家不能再走发达国家从山顶上翻过去的老路，而需另走一条新路，那就是在半山腰上开凿一条隧道，从隧道中穿过去。

"陆钟武独到的学术眼光，使东北大学成为我国最早引入工业生态学的高校，成为工业生态学研究重镇，产生了深远的国际影响。不管在国内外的什么地方，只要一提起中国工业生态学派陆钟武，凡熟悉他的人都会竖起大拇指，他实现了工业生态学的'中国化'，被誉为'中国工业生态学之父'。"陆钟武的学生、东北大学教授蔡九菊说。

回眸陆钟武 60 多年的学术生涯，他因工业兴国而始，为工业污染而忧。为了工业生态学的中国化和中国工业的生态化，他勇敢地坚守着、积淀着、追寻着……他付出得太多太多，岂止"衣带渐宽终不悔，为伊消得人憔悴"？真可谓，先工业之忧而忧，后工业之乐而乐也。

# 掌握操纵杆，开窗纳江来

1984 年，陆钟武走上东北工学院院长岗位，为冶金工业和地方经济全面服务，坚持开放办学，他的办学理念落地生根、开花结果。

上任伊始，他就发表了《谈开放办学》一文，提出了"开放办学"思想以及坚持教学和科研"两个中心"、坚持为冶金工业和地方经济"全面服务"等办学方针。"我倡导'开放办学'，打破封闭式的办学方式，关起门来培养学生是不行的。"陆钟武说。

"向媒体开放""向中学生开放""向企业开放""向国外开放"，一向"深宅大院"的东北大学对外敞开了"四扇"大门。20 世纪 80 年代，他提议拆掉东门，划出体育馆以东 6 公顷土地，在三好街建立中国第一个以大学命名的科技园——东北大学国家大学科技园。30 多年后的今天，它已成为沈阳的"中关村"，孵化出东软集团等一批创新企业，年产值达 120 多亿元。

为了实行开放式教学，陆钟武在全国高校中率先实行图书馆书库向全校师生开放，体育场馆向全校师生开放。20 世纪 80 年代，在师生们还没接触过网球的时候，他主导建造了 7 个网球场地，拨款建设健身房，成立东北大学健美协会……

陆钟武坚持为冶金工业和地方经济"全面服务"的办学方针，于 1984 年成立东北大学辽宁分院，为辽宁地区培养了大批应用型人才。1987 年，陆钟武代表学校领导班子，接收冶金工业部秦皇岛冶金地质职工大学，创办了东北大学秦皇岛分校。30 多年来，遵照陆钟武"不办则已，要办就办好！"的建校方针，东北大学秦皇岛分校从无到有、从弱到强，已发展为拥有教职工 800 多人、在校生万余人的多学科协调发展的特色鲜明的大学。

学生是一校之长关注的焦点。陆钟武发现，现有的阶梯教室容易给考试舞弊者提供抄袭的条件，今后考试应在平面教室里进行。考虑当时学校的情况，他决定将冶金学馆的大会场改建成平面考场并配备了全新的桌椅。

在陆钟武校长的督促下，1987 年底，一个能容纳数百名考生的"东北大学中心考场"正式投入使用。"大考场"在全国属于首创，相邻的每一列安排不同年级的学生，左右桌考题不同，自然就没有了作弊的可能。

陆钟武是一位亲民的校长。有一年运动会上，他发现孩子们大部分很瘦弱，于是放出话："男生们都出来，跟我比一比掰腕子，看看谁能掰得过我。"10多个男生前来挑战，除了一个体格健壮的学生，其他人全都败下阵来。此后，他在全校倡导，每个学生应该掌握1~2项受益终身的体育项目，东大学子跟随"健美校长"掀起运动健身的热潮。

1991年，陆钟武卸任校长职位，那时他已经62岁了。了解他的同事说："陆钟武教授任校长期间，继往开来，发挥了承前启后的开拓作用，留下了好多可圈可点、可以传承的东西。"只有那些有思想的学问家，才有学术思想可言；只有那些有思想的教育家，才有教育思想可言，才是时代呼唤的教育家。陆钟武不愧是一位有学问、有思想的大学校长，做学问和当校长都能达到顶级水平，尤为难得。

## 桃李三千树，耕耘又一春

陆钟武在教育和科技战线上辛勤耕耘、上下求索了63个年头，精心培育了数以千计的栋梁之材，他们都已成为各自领域的中坚力量，有院士、校长、企业家、教授和学者，如东北大学原校长赫冀成教授、沈阳航空航天大学原常务副校长陈保东教授等。

回顾自己的教学科研历程，陆钟武认为，为人为学要做到"五个兼顾"。一是非智力因素与智力因素要兼顾。非智力因素是众多因素的集合体，包括"三观"（世界观、人生观、价值观）、事业心、品德修养、作风学风、身体健康等要素；智力因素包括基础知识、专业知识、综合能力等要素。智力因素既来自天赋也来自后天习得，而非智力因素主要来自后天习得。在决定一个人将来是否有贡献的诸多因素中，非智力因素远远比智力因素重要得多。二是知识面的宽度与专业深度要兼顾。知识面宽度是指要广泛涉猎，既要专注于专业，也要专注于其他领域，触类旁通、举一反三；专业深度是指要"打深井"，进入专业的核心领域，研究专业的核心问题。宽度与深度兼顾就是要打造"T"字形人才，既知识面宽广又钻研精深，就如同一棵大树，只有根脉广博才能枝繁叶茂。三是提问与答问要兼顾。提问是一种思维过程，是创新的敲门砖，是打开创新之门的钥匙，是创新之路最重要的起点；答问是一种实践过程，是通向创新的必由之路，从提问到答问正是从"思维"到"作为"整体的创新过程。四是综合与分析要兼顾。综合思维（整体论）的特点是有整体观念，讲普遍联系，而不是只注意枝节；分析思维（还原论）的特点是抓住一个东西，特别是物质的东西，分析下去，分析到极其细微的程度。五是右脑与左脑要兼顾。左脑是理性脑，善于逻辑思维，像一个科学家；右脑是创新脑，善于形象思维，像一个艺术家，是两种不同的信息加工系统，二者相互补充、相互协作。这就需要教育工作充分尊重并吻合人脑演化规律，开展左脑与右脑兼顾的教育、开展理性与感性兼具的教育、开展科学与人文相融合的素质教育。

直至入院前，88 岁的陆钟武仍然执着地奋斗着。"有人问我，你家陆老师聪明吗？我说，他没有我的儿女聪明，他就是'死抠'。年轻时，他没有在 12 点以前睡过觉，一弄就弄到一两点钟。家里的事他都不管，他把精力全放在工作上了。"陆钟武的老伴王春梅说。

"行止无愧天地"，这是陆钟武几十年恪守不变的座右铭，也是他 60 多年学术生涯的写照。半个多世纪的风雨兼程磨砺了一颗赤子之心，他用一生践行着一名人民教师忠诚教育事业的庄严承诺。

（资料提供：李晨　内容修订：张博雯、陈田）

# 布衣院士，矿业报国

## ——记矿山工程设计专家、中国工程院院士于润沧

于润沧，1930 年 3 月出生，祖籍山西省大同市浑源县，中共党员。1949 年考入哈尔滨工业大学，半年预科班学习俄语，进入本科后被分配到采矿系学习；1952 年 9 月—1954 年 7 月，因院系调整，转入东北工学院采矿系学习，毕业后分配到重工业部有色金属工业管理局设计公司（北京有色冶金设计研究总院和中国恩菲工程技术有限公司前身）工作。1954—1964 年，担任技术员；1956 年，加入中国共产党；1964—1978 年，担任工程师；1978—1981 年，担任主任工程师；1981—1986 年，担任高级工程师；1986—1991 年，担任北京有色冶金设计研究总院副总工程师；现任中国恩菲工程技术有限公司高级顾问专家。1999 年当选为中国工程院院士。

于润沧从事矿山工程设计 60 多年，主持和审定了许多大型金属矿山工程设计项目，完成多项重点工程科技攻关课题，创造性地解决了许多开采条件复杂矿山的技术难题，成绩卓著，为我国有色金属行业的发展和科技进步做出了重要贡献。曾获国家科技进步奖特等奖 1 项、一等奖 1 项、二等奖 3 项，被授予国家有特殊贡献专家称号，1991 年开始享受国务院政府特殊津贴，2019 年被中共中央组织部授予"全国离退休干部先进个人"荣誉证书。

力争在承担和指导的每一项工程设计中有所创新，这是他在工作上的座右铭；但求在生活上和周围的大多数保持同样的水平，这是他在生活上的座右铭。他是一位有着 66 年党龄的老党员，是一位离休 32 年却依然在岗默默奉献的"忠诚战士"，他不计得失、忘我豁达，生命不息、战斗不止，他就是"布衣院士"于润沧。

## 道阻且长，行则将至

1930 年 3 月 20 日，于润沧出生于察哈尔省张家口（现河北省张家口市）。1942 年开始进入山西进山中学学习。在地下党的影响下，于润沧和一些同学组织"海啸社"，在抗日战争期间，宣传抗日救国思想；解放战争时期，投入反对蒋介石发动内战、独裁统治，争取和平、民主的运动。1949 年 4 月，在华北人民政府财政部部长戎子和的亲自安排下，他从北平（今北京）到张家口，通过解放军的司令部前往大同，向当时担任国民党大同守军最高指挥官的父亲宣传党的政策，为促成大同和平解放做出了积极的贡献。

1949 年，刚成立的新中国百废待兴，有色金属工业基础薄弱，尤其缺乏采矿专业人才，刚入学的于润沧走进了校长办公室。

"我要求转到采矿系学习。"

"为什么？"

"我要响应国家号召，从事祖国的采矿事业。"

校长经过考虑，同意了于润沧的请求。这个身材不高、健壮结实、目光坚定的小伙子自此开始了矿业生涯。

大学毕业后，于润沧被分配到中国恩菲工程技术有限公司和北京有色冶金设计研究总院前身的有色金属工业管理局设计部门工作，历任技术员、工程师、高级工程师、教授级高级工程师、院副总工程师等职务，成为我国著名的矿山工程设计专家。于润沧先后承担 60 多项设计、科研和技术指导工作，努力引领中国矿业实现从跟跑、并跑到领跑的重大跨越。

在我国"锑都"——湖南冷水江市锡矿山的设计中，为解决原有开采方法造成的资源大量浪费问题，于润沧在讨论会上提出可改用"杆柱房柱法"，并作为试验组副组长，大胆突破过去保留 1 米厚矿石作为护顶的采矿方法，成功组织试验"杆柱房柱法"并应用于生产，开创了我国地下矿山"杆柱房柱法"之先河，使矿石损失率降低 40%。该项目获得全国科学大会奖。

在中条山铜矿峪铜矿的设计中，于润沧作为专家顾问组组长，积极倡导引进"矿块崩落采矿法"取代"有底柱分段崩落法"，并参与科技攻关，使平均每年亏损 800 万 ~1000 万元的矿山扭亏为盈。

在冬瓜山铜矿深井开采设计中，于润沧提出"探建结合"的开采模式，有效完成了资源储量的升级，加快了施工进度，缩短了建设周期，增加了经济效益。然而，采用这种做法，在设计中不可避免地要承担很大风险。于润沧根据其丰富的设计经验和团队的集体智慧，考虑各种应变可能性，提前掘进主井和措施井，达到预期目的，为深井开采积累了宝贵经验。

中国第一大镍矿甘肃金川镍矿位于中国西部戈壁滩，于润沧作为采矿工程负责人，在二矿区的设计中，针对矿床赋存富、大、深、碎的特点，利用主持开发的高浓度胶结充填新技术，成功实现了"采富保贫"的目标。同时，他还借鉴"新奥法"理论，采用曲墙圆弧拱巷道断面和两次喷锚网联合支护，使不良岩层冒顶坍塌事故得到控制，大大促进了矿山建设速度。

于润沧在富、大、深、碎的矿体中开创了世界上大面积（超过 10 万平方米）下向胶结充填采矿法的先河，同时在断面为 5 米 ×4 米进路式采矿中，采用 6 立方米铲运机、全液压双机凿岩台车等大型设备，使盘区生产能力提高到每天 800~1000 吨，达到世界先进水平。这些成果使金川二矿区实现每天 8000 吨的生产能力，满足了国家对镍的急需，金川镍矿也因此每年增加利税 1 亿元，金属损失减少 15%。

## 无废矿山，开创先河

1999 年，于润沧成为我国有色勘察设计行业第一位工程院院士。面对新时代高质量发展需求，于润沧作为行业泰斗，牢固树立新发展理念，开展了大量开拓性工作，引领加快中国矿业由大到强的转变。他要求团队以全球视野审视对待矿产资源问题，积极践行生态优先绿色发展理念，提倡资源—环境—经济协调可持续发展，强调把智能化和生态矿业融入矿产资源开发全过程。

锦绣中华需要绿色矿山。江苏南京市郊的栖霞山，自然景色优美，名胜古迹众多，赋存着一座大型铅锌银矿。1989 年，北京有色冶金设计研究总院承担了该矿的扩建任务，院副总工程师于润沧和设计团队通过仔细的踏勘选址、地质和岩石力学研究，提出并实现了矿山没有废石场、不建尾矿库、无不合格废水排放的无废开采。后来，科研单位又在此基础上提高选矿回收率，加强全尾矿的利用。这是中国第一个真正意义上的无废矿山。

"一个矿业项目从开始规划、立项、设计、施工建设、生产，到最后闭坑的全过程，都要把保护生态环境与环境治理、生态修复融入矿产资源开发里，组成一个有机整体。"于润沧首提此"生态矿业工程"概念，致力于解决社会经济发展和生态环境保护协同的问题。他呼吁出台矿业法规，强化矿山生态文明制度建设和法治保障。

## 智能矿山，引领发展

到了 21 世纪，于润沧开始关注数字化矿山的建设与进展，他将中国和国外矿山信息化建设的各种战略设想，以及一些学者对数字化矿山的理解进行综合研究后认为，数字化矿山可以理解为从初级到高级三个层次。第一层次为矿山数字化信息系统或者矿山数字化信息管理系统。第二层次为虚拟矿山。虚拟矿山即能够把真实矿山的整体以及和它相关的现象都衔接起来，通过动态响应以数字化体现出来。这样可了解整个矿山的动态运作和发展情况。第三层次为远程遥控和自动化采矿。人坐在办公室里就可以操纵很远的地方，比如几十千米以外的井下设备的运转等，做到采矿办公室化。于润沧专门给采矿界同人写信，富有前瞻性地指出，信息化建设特别是实现远程遥控和自动化采矿，具有显著的经济和社会效益，既可以极大地改善矿山生产的安全状况，降低能耗，提高设备工时利用率，又可以大幅提高劳动生产率、降低生产成本，使企业在金属价格不景气的情况下仍处于竞争优势地位。

2016 年，由于润沧牵头发起，中国恩菲与天津超算联合成立了中国矿业信息化协同创新中心，通过"两化融合"推动传统采矿业转型升级，引领中国智能矿山建设发展进入新阶段，也使中国恩菲能够为矿山建设和生产实现远程技术诊断和远程技术服务。

## 无人驾驶，无人采矿

中国恩菲工程技术有限公司自主研发的"地下矿无人驾驶电机车运输技术"正式投入产业化运行。于润沧表示，地下矿无人驾驶电机车运输系统的技术突破，是我国向地下无人采矿迈出的第一步。据了解，目前我国绝大多数矿井下使用的运输设备都需要人工驾驶，工作条件、安全保障及运输效率上都受到较大制约。无人驾驶电机车，不仅能使矿山的矿石运输自动化程度大大提高，运输能力得到更大发挥，也给矿山运输过程中杜绝人员伤亡事故提供了可靠保证。在无人驾驶状态下，机车按集中控制室的指令启动后，可一直按照预先设定的程序周而复始地运行。运行中如出现故障，机车可自我诊断，诊断信息将集中反馈到控制室显示屏上，提示工作人员进行必要的人工处理。于润沧指出，远程遥控和自动化采矿是现代矿业发展趋势，而地下矿无人驾驶电机车运输系统是其重要环节。此次成功产业化运行的地下矿无人驾驶电机车已达国际水平。

## 绿色矿山，绿色发展

2018年，自然资源部发布九大矿业行业的绿色矿山建设规范，在全国矿业行业引起了强烈反响，如何建设国家级绿色矿山成为全社会关注的焦点。于润沧指出，矿产资源开发是国民经济发展乃至高新技术产业的重要物质基础，矿产品的消费与 GDP 的增长呈现非常高的正相关性。但是矿产资源开发在支持经济高速发展的同时，也带来了生态系统恶化和环境的严重破坏。由于矿山开采，每年占用和破坏土地数十万公顷，产生固体废料上百亿吨，有的企业甚至将未经处理的废水排入江河湖海，造成区域性的重金属污染。加之诸多老矿山历史欠账，又缺乏资金治理，对矿山来讲，生态和环境问题是一个十分突出的课题。

没有任何一个国家完全依靠本国的矿产资源来实现工业化和现代化，面对国内大宗矿产品对外依存度不断攀升的严峻现实，必须以全球的视野审视和对待矿产资源，加强顶层设计。在国内，一是保障国家经济安全，二是新兴战略资源要抢占制高点。在国外，对新兴战略资源，要建立大型供应基地。

于润沧认为，在建设绿色矿山过程中，要针对不同情况，对新建项目应该提供生态环境本底调查，首先考虑实现无废矿山的可能性，做到不建废石场、尾矿库，也不外排不达标废水。制定生态环境保护和生态恢复治理方案时，要落实资金和责任人。应对已结束的尾矿库和废石场进行治理，尽量让其成为景点。在矿产资源开发利用方面，要依靠技术、装备和管理，尽量提高单位储量产能，以促进资源的合理高效利用，提高企业竞争力。

"绿色矿山不能简单地理解为绿化矿山，而是有着十分深刻的内涵，必须通过构建生态矿业工程来实现矿山企业的绿色发展。"于润沧表示，绿色矿山有着十分深刻的内涵，概括地说就是构建生态矿业工程，要求矿业项目在规划、立项、设计、施工建设、生产、闭坑全过程中，将生态保护和环境治理、生态修复融为项目的有机元素，明确各阶段的资金投入，落实各阶段的社会责任，以法律形式进行明确规定。对欠账的老矿山，可通过减免税费给予支持。

按照这一原则，矿产资源开发之前的生态环境本底调查是构建生态矿业工程的基础，应当仔细分析研究矿产资源开发可能诱发的对生态和环境状况的干扰与破坏问题。首先制定从源头上控制干扰和破坏的技术路线与措施，立足循环经济模式，强化资源综合利用及废料资源化，做到不建尾矿库、不设废石场、无外排不达标废水的无废开采。对于金属品位高而尾矿产率低、尾矿又不含重金属的地下开采矿山，如铁矿、钼矿、铅锌矿等有可能实现。黄金矿山也可以开采部分围岩用作建材，使尾矿大部分可回填采空区。总之，要依靠积极的技术创新和经济评价推动从源头上实现绿色矿山。在确实无法从源头上控制时，要落实尽早、全面进行环境治理和生态修复的技术方案，资金根据具体情况分别纳入基建投资的环保基金或计入生产成本。

于润沧强调，构建生态矿业工程是对人民负责，是为子孙后代谋求福祉，是避免环境灾难阻止我国经济可持续发展的历史责任，需要矿业界为之奋力呐喊、奋斗。

## 春风化雨，授业解惑

在同事们的眼中，盛名之下的于润沧公而忘私、睿智谦和、朴实无华，与之相处令人有如沐春风之感。经年累月，点点滴滴，汇成一汪清泉，滋润心田、启迪思维。

于润沧始终保持和发扬共产党人的优良作风。尽管年事已高，他仍然要求自己每日坚持工作，始终处于学习、思考的状态，时刻关注行业内外的技术发展动态。作为园丁，他把多年积累的宝贵经验、学术成果毫无保留地传授给一批又一批矿山工程设计人员，先后协助培养出兼职博士研究生和博士后6名、在站博士后2名。海外归来的留学生们，总能收到他送的优盘，里面装着各种国际科技前沿资讯，令学生们肃然起敬的同时，更鞭策着他们刻苦钻研。

于润沧认为，创新要有人才，待遇是很重要，但也要给人才一个温馨的工作环境，知识分子、技术工人对这方面很在意，即人性化管理比制度化管理效果更佳。还认为，有志于中国矿业发展的年轻科技人员，首先应该有对矿业的执着精神、献身精神，特别要重视亲自去现场作专题调查研究，参加施工和科研工作的实践，这样才能掌握第一手的资料，积累丰富的经验。青年人的特点是能大胆地说话，勇敢地前行，敢于说出真话，敢于革新传统，敢于挑战权威，要保持和发扬这种心态。在经济全球化的今天，还要注意培养国际化的视野。

"他是德高望重的长者，专业领域的旗帜，技术创新的掌舵人。但无论是公司领导、业界同人，还是年轻后学，只要工作需要，他都随叫随到，谁叫随到，没有一点院士架子。"中国恩菲科技管理部部长朱瑞军表示，对于公司的事、矿业领域的事，于院士总是尽心尽力，而与"矿"无关的社会活动，则近乎皆免。

对于各种待遇，于润沧则不讲究，没有秘书、不配专车，还经常自费买专业书。他和老伴一直住在距离单位不远的一处85平方米的房子里，因为有着可随时去办公室的优势。于润沧笑说："子女都劝我买个大点儿的房子，可买得偏远了不方便，买近的，咱又没有那样的经济实力。我就是个布衣院士。"

## 不负重托，砥砺前行

2016 年 12 月 5 日，86 岁高龄的于润沧应邀在山东招远黄金矿山建立院士工作站，组织团队深入研究我国首座大型海下超深井黄金矿山安全、高效、智能化、无废开采技术。难度之大，不言而喻。目前正处在攻关建设阶段。

多年来，于润沧始终坚持学习党的理论，以一名共产党人的政治定力，与党同心同德，带领中国恩菲矿业团队秉持创新理念，坚守工程和研发一线，为我国实现矿业大国、矿业强国的宏伟目标做出了卓越贡献。离休后，于润沧仍心系矿业发展，将眼光投向矿业发展的最前沿，努力承担着行业"国家队"责任，以实际行动诠释着一名共产党员的初心。他试验成功了全尾砂膏体充填技术，带出了一支胶结、高浓度、膏体及全尾砂等充填技术团队；主持国内第一座有色金属矿山千米深井——冬瓜山铜矿的开采设计，提出的"探建结合"方法缩短了基建期，实现了投资效益最佳化；主持中国工程院咨询项目"培育大型矿业集团，实施全球矿产资源战略"课题研究，为中国矿业转型升级、可持续发展做出前瞻性研判；发起成立了国内首个中国矿业信息化协同创新中心，引领中国智能矿山建设发展进入新的阶段。

不负重托、砥砺前行，不负国家、无怨无悔。耄耋之年的于润沧，依然行进在新时代矿业发展的道路上。就是这样一个"奋进者"，不忘初心，以拳拳报国心，将一生年华奉献给中国有色金属采矿事业；牢记使命，与共和国矿业从无到有的发展历程同频共振，执业一生，奏响一曲共和国矿业发展的颂歌！

（资料整理：马亮　内容修订：于润沧、唐建、陈田）

# 心之所向，素履以往

## ——记岩土工程专家、中国工程院院士刘宝琛

刘宝琛（1932年7月20日—2017年6月21日），满族，辽宁开原人。1950年参加中国人民解放军，1956年毕业于东北工学院，同年加入中国共产党，被分配到中国科学院长沙矿冶研究所（今长沙矿冶研究院）。1957年，被中国科学院选派去波兰科学院岩石力学研究所做博士研究生，师从波兰著名教授沙乌斯托维奇院士及李特维尼申院士。1962年，以优异成绩获波兰科拉克夫矿冶大学技术科学博士学位。历任长沙矿冶研究院研究室主任、副院长，中南大学土木工程学院院长、教授、博士生导师，东北大学、中国矿业大学等高校兼职教授，中国岩石力学与工程学会副理事长等。是我国随机介质理论的奠基者及其应用的开拓者。出版专著5部，发表论文300余篇。培养硕士7人、博士46人。1994年当选为波兰科学院外籍院士。1997年当选为中国工程院院士。2000年当选为全国劳动模范。

他是中国科学院第一批采矿留学生，长期从事采矿工程及岩土工程研究，工作又苦又累，他却能苦中作乐。致力于岩石流变学及岩石力学实验研究，于1978年在中国首次获得岩石应力-应变全图，提出了裂隙岩石通用力学模型；形成了独树一帜的开采影响下地表移动及变形计算方法，并开发了系列微机软件。他就是中国著名岩土工程专家、中国工程院院士、中国随机

介质理论奠基人及其应用的开拓者——刘宝琛。

# 中国随机介质理论奠基人

1932年，刘宝琛出生于辽宁省开原县（现辽宁省开原市）的一个书香世家，父亲毕业于北京师范大学，新中国成立前曾任长白师范学院副院长，新中国成立后在东北师范大学任教授。母亲出生于满族贵族家庭，也毕业于师范学院。刘宝琛的父母对他的学习抓得很紧，他们给他从小就灌输了一个很朴实的道理：作为一个中国人，就应该热爱自己的祖国，要好好学本领，将来为祖国的富强贡献力量。良好的家庭教育培养了刘宝琛对学习的热爱，造就了他锲而不舍的追求精神。

1952年，刘宝琛以优异的成绩考入东北工学院，就读于采矿工程专业。当时开采煤层影响地表移动是世界采煤国家共同关心的问题。1956年，就读于东北工学院采矿专业四年级的刘宝琛举起右手，庄严地在党旗下宣誓，从此开始了他为党的科技事业孜孜不倦、毕生奋斗的历程。同年7月，刘宝琛毕业被分配到中国科学院长沙矿冶研究所。在这里，他凭借扎实肯干、勤奋好学获得了一生中最大的良机：1957年作为中国科学院第一批公派进修生被送至波兰科学院学习。当时的波兰科学院学术风气自由，大批国际知名专家学者荟萃于此。对于岩层地表移动理论和"三下"开采的研究，我国是从20世纪50年代开始进行的，而波兰在这方面的研究比较早，无论在理论上还是实践上都处于世界领先水平。刘宝琛深深感到自己肩上责任重大，他无心欣赏美丽的异国风光，一头扎进知识的海洋、科学的宝库，废寝忘食、夜以继日地学习，不断地充实着自己。

他很快便因勤奋好学、有独特见解而受到导师的青睐，由进修生转为研究生。首先，他在导师沙乌斯托维奇教授的指导下，从弹性力学角度研究岩层地表移动理论。1959年底，仅凭导师的一封介绍信和一股初生牛犊不怕虎的精神，刘宝琛就跑遍了波兰大大小小几十个矿山进行实地考察，收集了大量的数据和资料，并对此进行分析、计算，从而将导师一直在做的研究工作向前推进了一步。随后，他跟随副导师李特维尼申开始了随机介质理论的研究。李特维尼申教授是世界上最早提出随机介质理论的人，但他的研究主要是解决一些纯理论性问题，没有用于大规模的生产实际。他的研究仅仅能够解决开采水平煤层的问题，刘宝琛进一步发展了他的理论，把随机介质理论应用到倾斜煤层的开采中。通过对波兰多个矿山的实地考察和地质资料的详细分析，刘宝琛把随机介质理论应用到倾斜煤层的开采实践，将当时的开采水平煤层的理论研究提高到一个更高的水平。1959 年，中国科学院技术科学部主任严济慈写信给刘宝琛及学友廖国华。信中谈到，刘宝琛等人是中国科学院派到国外学习的第一批采矿学科的研究生，身上肩负着为祖国开拓这一空白学科的重要使命。严济慈勉励他们尽快学成归国。

1961 年底，刘宝琛用英文撰写的两篇关于地表移动规律的论文《随机介质理论在开采倾斜煤层地表移动中的应用》和《地表移动的时间规律》被波兰科学院院报连续发表，以其独有的见地引起很大反响。1962 年 1 月，刘宝琛的博士论文答辩会在科拉克夫矿冶大学举行，这个当地有史以来第一个中国学生的论文答辩会引起了院方和中国驻波兰大使馆的重视，大使馆派专人参加了答辩会。那天，委员们都一色穿上了黑色的院士服，整个会场气氛庄严。刘宝琛宣读了他的论文《开采倾斜煤层地表移动规律》。面对委员们尖锐的提问，刘宝琛沉着应对，侃侃而谈。他流利的波兰语、缜密的逻辑思维、新颖的科学方法令严肃的委员们不禁连连点头。

1962 年，因心系祖国，刘宝琛在获得博士学位后，还未领取博士证就匆匆回国，投身到为国建设的工作中。1986 年 9 月 29 日，《波兰日报》首版转第 4 版上发表了关于刘宝琛协同刘祈同、杨昌明离开波兰 24 年后访波的报道。刘宝琛 1958 年赴波兰留学并于 1962 年获得博士学位，但因心系祖国，并未领取博士学位证书就归国；此次重返波兰，重新补发了迟到 24 年的博士学位证书。

由于在留学期间的优秀成绩，北京几家高等院校争相聘请刘宝琛，可他毅然回到长沙矿冶研究所。他觉得祖国对他的培养已经完成，现在该是他报效祖国的时候了。

## "三下"采矿研究大放异彩

学成归国后，刘宝琛被分配到长沙矿冶研究所工作，由他带头主导组成了矿山压力研究室，重点研究我国"三下"（建筑物下、河流下及矿区铁路下）采煤技术。传统介质理论认为，"三下"矿产是不能被开采的，一旦开采不当造成土地塌陷，就会带来极大的危害。正是在传统理论的影响下，许多地下矿产始终无法开采。刘宝琛用时空统一的随机模式来研究地质岩石，认为随着时间的推进和空间的不同而变化，岩石的移动具有多边性。经过实地勘测，他发现很多地方的"三下"矿产是可以开采的，并由此研究出了一系列的开采方法。而正是这一理论，改变了人类对这一问题的看法，实现了矿产开采理论和实践的重大突破。

随机介质理论是矿产开采的一场革命，这一理论应用于实践，可以预防地表移动、下陷，使采矿工程对地基的不良影响降至最低，还可以最大限度地开采出矿产资源，使资源浪费减至最少。"本溪矿务局在工业、民用建筑群和太子河下开采研究"是他第一个将理论运用于实践的实验性项目。当时，刘宝琛和他的科研团队根据对本溪、焦作、平顶山等地区大型煤矿的实地考察，通过周密的计算，制定了可靠方案。在工业及民用建筑下先后采煤六层，开采了近 1000 万吨优质煤，为国家节省了搬迁费上亿元。这次成功，让他开创了 20 世纪 60 年代我国大规模"三下"开采的先河。其中，"本溪水泥厂在采煤区地表建设大型架空索道"项目，开创了国内外先例，达到国际领先水平。其后，他与同事们承担了"连云港新浦磷矿海泥流砂层下开采""江西省上珠岭铁矿地表移动的研究""湘西金矿冶炼厂保安矿柱开采"等一系列科研项目，为企业从"三下"开采出大量有用矿产。70 年代后期，他又把随机介质理论逐步推广应用于铁矿（上珠岭铁矿、程潮铁矿）、金矿（湘西金矿、仓上金矿、望儿山金矿）及磷矿（锦屏磷矿、新浦磷矿等）。他的理论还被美国及澳大利亚采用。

刘宝琛逐渐成为国际知名的岩石力学专家。1979 年，刘宝琛参加了在瑞士举办的第四届国际岩石力学会议，并提交两篇论文。他在会上结识了一批世界一流岩石力学学术权威，了解了国际岩石力学科技动态，也让世界岩石力学界了解了中国的科研水平。当时中国在科研方面还算不上强国，但刘宝琛深深感到，我们并不是什么都落后，在某些方面，比如"三下"开采方面，我们不仅不落后于世界强国，甚至还超过他们的水平。回国后，他在长沙麓山宾馆主持召开了全国岩石力学会议。这是国内第一次召开这种会议，许多冶金系统以外的专家学者也前来参加，对于推动整个行业的发展、活跃学术气氛起到了积极促进的作用。

80 年代，刘宝琛把随机介质理论和方法，应用于除煤矿以外的其他矿山的"三下"开采，使本溪、抚顺、阜新等矿区从"三下"安全采出煤炭达千万吨以上。打破了苏联专家规定的太子河保安煤柱禁区，采出煤上百万吨。又应用于铁矿、金矿、磷矿及土木工程领域，从"三下"采出大量矿石，解决了北京地铁建设预疏水地表沉降预计问题，获得巨大经济效益。

刘宝琛和他的学生们进一步开展和完善了三维随机介质理论及系统预计与反分析方法，使该理论可以应用于复杂的开采条件，大大拓宽了研究范围和应用领域，并开发了一系列微机化的预计及反分析软件。该理论及方法已被公认为目前最完善的、高精度的预计地表移动及变形的好方法，现场的工程师们已可用来解决实际问题。刘宝琛的成果不仅在国内取得重大经济效益，也引起了国外同行的注目。应国外邀请，他曾多次到美国、加拿大、澳大利亚、日本、瑞士、波兰等国参加国际会议以及在有关大学担任客座教授，被国内外公认为随机介质理论的奠基人及应用的开拓者。在大量实践经验和理论分析的基础上，他出版专著《矿山岩体力学概论》和《矿山岩石工程流变学》，并发表论文 100 余篇，其中在国外期刊和国际会议上发表 22 篇。他被指定为世界采矿大会国际岩层力学局委员（1981），国际隧道会议组委会委员（1982），*Mining Science and Technology* 编委会委员（1982）。1990 年，应英国帝国理工大学教授 Hudson 特邀，为他所主编的 *Comprehensive Rock Engineering*（《岩石工程综述》）第四卷撰稿第 29 章 "Ground Surface Movement due to Underground Excavation in P.R.China"（中国地下开挖导致的地表移动）。这是一套由 150 名世界权威专家共同编写的专著，中国被邀请参加编写者仅两人，即陈宗基院士与刘宝琛。刘宝琛终于用自己的努力在世界科技界占有了一席之地，成功地实现了导师"要让强国也不敢看不起我们"的期望。

90 年代以来，刘宝琛还将随机介质理论和方法发展并应用于岩土工程，如边坡工程、地铁工程及深基坑工程等，取得了显著效果，使我国岩石工程研究处于国际先进水平。后来，刘宝琛又把他的理论和方法从采煤发展到采矿、石油和天然气的开采等，创造了巨大的经济效益和社会效益。

# 甘心被称"煤黑子""土疙瘩"

干他这行的人经常被称为"煤黑子""土疙瘩",他却笑笑说,只要能为祖国做贡献,自己心甘情愿当"煤黑子""土疙瘩"。就这样,他与采矿工程结下了不解之缘。他常常夜以继日地工作,一日三餐也不能按时吃,全心投入,发展和完善了随机介质理论。

刘宝琛长期从事采矿工程及岩土工程研究,致力于岩石流变学及岩石力学实验研究。20世纪60年代后期以来,刘宝琛主持了国家重点开采的许多项目,均获成功,创造了巨大的经济效益,获国家科技进步奖三等奖一项,多次省部级科技进步奖,并把随机介质理论推广应用于铁矿、金矿、磷矿的开采,美国、澳大利亚等国也采用了他的理论。刘宝琛院士1994年被评为湖南省首届"科技之星",2000年被评为"全国先进工作者"。

多年来,刘宝琛院士主持了许多国家重点开采项目,均获得巨大成功,为国家创造了巨大的经济效益。他把随机介质理论推广应用于铁矿、金矿、磷矿的开采,连美国、澳大利亚等国都在矿产开采上运用了他的理论。根据常年的实践探索,刘宝琛还发展并完善了三维随机介质理论系统,使其理论可以应用于复杂的开采条件与复杂的反分析问题。同时,他还开发了一系列微机化的预计及反分析软件,使现场工程师可以用它来解决实际技术问题。刘宝琛研发的这些理论和方法,被公认为目前较完善的预计地表移动的好方法。他在随机介质理论及应用方面做出了重大贡献,其学术水平甚至被学界认为超过了该理论的发源地波兰。

103

# 科研教学两手抓两手强

刘宝琛利用会英语、波兰语、俄语、德语、日语的优势,积极参加国际学术交流活动。1965年10月,刘宝琛参加在德国莱比锡召开的国际岩石力学会议。他在会上宣读了用德文写的论文《中国煤矿冲击地区及其防治》。这是他第一次在国际学术论坛发表论文,受到了与会专家的好评。

他深知新生力量才是推动国家科研发展的永恒动力。1978年,国家恢复研究生培养制度后，刘宝琛作为长沙矿冶研究院的第一批研究生导师，一手抓科研，一手抓教学，两边都要做，两边都做强。1982 年，刘宝琛主编的《矿山岩体力学概论》出版，他在这本著作中总结了多年来从事岩体力学研究的经验，在岩石多向应力强度及变形试验、岩石力学模型及岩体流变学等方面有较深入的分析讲解。此外，他还在岩体应力及井巷地压方面提出了一些新的观点。这本著作在当时一度作为该专业学生唯一一本专业书，也是矿山工程技术人员及大专院校师生和研究生的必备参考书。

1994 年，刘宝琛当选为波兰科学院外籍院士，1995 年 2 月 6 日，波兰驻华大使馆举行了一场盛大的记者招待会。冶金部外事司司长、中国科学院外事局局长，以及新华社、《人民日报》、《中国科学报》、《科技日报》等各大媒体的记者都出席了会议，他们是来见证一场令人激动的颁奖仪式。"贵国刘宝琛教授，以其在岩石力学方面的杰出成就，于 1994 年 5 月 27 日在华沙举行的波兰科学院全体院士大会上，被评选为波兰科学院外籍院士……"波兰大使流利的中文致辞之后是一片热烈的掌声，来宾们纷纷拥向刘宝琛，和他握手、拥抱，向他表示祝贺。波兰科技参赞使劲地握着他的手说："不简单，真不简单，这是我们波中友谊的象征之一啊！"波兰科学院曾诞生过居里夫人那样的大科学家，中国籍的波兰科学院院士共 5 人，其中包括钱伟长、刘宝琛。

1997 年，刘宝琛当选为中国工程院院士。2002 年 5 月，应中南大学二级学院调整的需要，刘宝琛担任了中南大学土木建筑学院院长。虽然年事已高，并患有高血压及心血管方面疾病，但他仍然带病准时上下班，坚持工作，认真严谨，从未松懈。有时开完一个会走路都比较困难，但他还是坚持有会必到。他认为既然当了院长，就应负起院长的责任，毫不顾及个人的事情。他还自己出钱设立"院长奖"，以奖励为土建学院争得荣誉的老师和同学。

在科研上取得众多优秀成果的同时，他也将中南大学土建学院发展得越来越好。在他任职期间，中南大学土建学院获得桥梁隧道工程、道路铁道工程两个国家重点学科，岩土工程省重点学科，土木工程博士后流动站等成绩。目前土木建筑学院已拥有国家一级重点学科两个、国家工程试验室（研究中心）一个、博士后流动站两个，跻身我国高校的前列。

与已取得的成果相比，刘宝琛更倾向于培养人才。他认为，人生是有限的、老一辈科学家的学术和经验需要青年人继承；祖国科技事业的发展，需要一代更比一代强。因此，他在研究学术理论的同时，热心为国家培养栋梁之材。

1978年，刘宝琛成为长沙矿冶研究院第一批研究生导师。他于1979年担任副院长以后，在任务多、时间紧的情况下，仍没有放松培养研究生的工作。1986年，身为副教授的刘宝琛，由于学术成果突出，经国务院审批，破格确定为博士研究生导师，在中南工业大学兼职。1999年正式调入中南大学后，他把更多精力投入到培养博士研究生上。

刘宝琛治学严谨，言传身教，要求研究生扎扎实实地打好外语基础和理论基础；他培养研究生，既注重研究生的理论研究，又注重实践学习；循循善诱是他培养研究生的重要方法。他把自己承担的重要科研项目与培养研究生的工作紧密结合起来，力图既出科研成果，又出有独创精神的高级人才。

对学生，刘宝琛总希望他们"青出于蓝而胜于蓝"，他毫无保留地把自己的知识和做人道理悉心传授给每一个学生。他已培养硕士研究生7人、博士研究生40余人，他们中许多已在采矿和岩土工程领域建功立业，成为主要技术骨干和跨世纪的学术带头人。

2017年6月21日，刘宝琛因病在长沙逝世，享年85岁。中国工程院发布的讣告中说道："刘宝琛院士的逝世，是我国岩土工程界的重大损失，是中国工程院和中国工程科技界的重大损失。"英国学者评论："中国，矿业岩石力学最活跃的中心在长沙矿冶研究院，刘宝琛和马光在岩石力学基础及应用研究领域获得了很高水平。"中国工程院评论："您心系国家发展，积极为我国采矿工程事业的发展建言献策，是我国工程科技界的楷模和学习的榜样。"

105

"春播桃李三千圃，秋来硕果满神州"是刘宝琛一生的写照，他将毕生的汗水与心血都奉献给了祖国的科技事业。他用不平凡的一生实践了崇高的理想，爱国敬业、为人师表、仁爱宽厚、坚韧执着，长期忍受病痛忘我工作，把研究成果推向世界，得到国内外同行的一致认同，为祖国争得了荣誉！

（资料整理：邱梦雪　内容修订：乔世范、陈田）

# 勤奋求实，励志图新

## ——记精细化工专家、中国工程院院士杨锦宗

杨锦宗（1932 年 8 月 25 日—2008 年 12 月 29 日），福建莆田市人，精细化工专家。1951—1952 年就读于东北工学院化工系。大连理工大学教授，华南理工大学等校兼职教授，山东理工大学纺织专用化学品与染整工程技术中心主任，博士生导师。长期从事染料、表面活性剂、精细化工方面的教学和研究。2001 年当选为中国工程院院士。20 世纪 50 年代末成套剖析合成了世界上刚刚出现的活性染料和分散染料，推动了我国染料工业高起点快速发展；开展了创新染料的研究。获得国家和省部级科技奖 8 项，国内外专利 5 项，"从活性染料到反应性染色的理论与实践"获 2000 年中国石油与化学工业局科技进步奖一等奖；获 2001 年国家科技进步奖二等奖。发表研究论文 400 多篇、专著 2 部。曾任中国化工学会精细化工第三届专业委员会主任委员，中国化工学会理事，中国精细化工专业委员会副主任委员；《染料与染色》《精细化工》《感光科学与光化学》《化学与黏合》《精细与专用化学品》等多种期刊编委会主任委员和委员。

人们说，条条大道通罗马；又说，南坡北坡都能登上珠穆朗玛峰。是的，杨锦宗选择了一条新路，一条同样能够达到高峰的路。他带领众多研究生在国家自然科学基金资助下致力于研究可交联、高固色率染料、高性能聚

丙烯专用染料、糖基表面活性剂和生物质资源开发等科技创新研究，致力于推动这些创新性研究成果在我国实现工业化生产，为世界精细化工的科技进步做出更大的贡献。

## 勤奋求学，志在千里

1932 年，杨锦宗出生在福建省莆田县（现福建省莆田市）一个小山村的普通农民家庭。他学习上特别要强，从初级小学起，各门课程考试平均成绩都是全年级第一。初中，他在县城的省立莆田中学读书，三年的平均成绩照样是全年级的第一，保送读高中，获得的奖学金是每月 34 斤大米。即便如此，他的父母做梦也不会想到，儿子杨锦宗后来竟然成为国内外知名的科学家，成为中国工程院院士。

杨锦宗自小就喜欢自然科学，尤其是化学。那时杨锦宗就读的中学有一个留学归来的化学教师，他在传授知识的同时，注意让孩子们自己动手，做一些有趣的实验，提高他们的学习兴趣。有一次，老师带领杨锦宗等学生到孔庙的荷花池做沼气实验，告诉他们，这个实验原理就是通过微生物的分解，把池中的有机物变成能够燃烧的甲烷（沼气）。孩子们手里拿着简单的用具，在老师的指导下，首先用竹棍捅搅池中的臭泥，让臭泥里的气体跑出来，通过倒立的三角漏斗进入集气瓶。然后，划着一根火柴，那收集

少年时期的杨锦宗

到的气体马上就燃起了火。几十年过去了，70 岁的杨锦宗说起这次实验，就像在谈论昨天的事情一样，历历在目。他还记得，他跟同学也曾经自己动手做一些实验。在一个对化学同样有兴趣的同学家里，他们在酒精里放进镁或钠，就看到火星了。他们曾经做过多种实验验证《十万个为什么》书里写的一些有趣的科学现象。

高考结束之后，他本可以到向往已久的南方学校读大学，但他知道，从

福建到这些距离较近的地方，家里连路费也拿不出来。于是，1951 年秋天，他来到了东北工学院，因为学校不但管吃住，而且路费都不用自己掏钱。第二年夏天，院系调整，他又转到了新的学校——大连工学院（现大连理工大学），在化工系染料专业学习。他可真是有好运气，要知道，这是新中国高等学校创办的第一个染料专业，它的创办人是我国著名化学家侯毓汾教授。侯老师被人称为"中国染料之母"。

用不着多说杨锦宗在学习上是何等的努力。1955 年夏天，本科毕业之后，他以优异的成绩被保送攻读染料专业的副博士研究生。他有两位导师：苏联专家埃佛罗斯教授和侯毓汾教授。1958 年，两位导师率领十几个青年人，选择刚刚诞生的活性染料和分散染料为研究课题。要知道，那时活性染料被认为是染料化学领域最大的发明创造，是 1856 年世界上发明第一种合成染料 100 年后最大的事件。就像鱼儿游进了大海，鸟儿飞入了高空，青年杨锦宗的副博士论文题目就是这两类新型染料结构剖析。他一进入实验室，就在那纷繁多变的化学现象面前如醉如痴，不肯离开一步。杨锦宗上午干，下午干，晚上还干。除了吃饭睡觉，他全在干。当时，世界上已有的几十种活性染料和分散染料都摆在实验室。青年人对它们一个个地进行剖析，就是要搞清楚它们各自的成分和结构，然后照原样合成出来。剖析当然是重要的一步，它是基础；但只有合成出来，才算最后完成。大家都很努力，其中成绩最优秀的是杨锦宗。他不断地剖析，一个一个地成功；不断地合成，又一个一个地成功。在他手上，那些发明家们不知耗费了多少岁月才合成出来的"新结构"很快就被揭开了奥秘，而又合成得丝毫不差。棉纤维用活性染料和合成纤维用分散染料的剖析合成研究工作发表在《大连工学院学报》上，杨锦宗都排在第一位，表现了很高的剖析合成才能。后来同行送给他一个绰号"剖析专家"。由他个人编著的《染料分析与剖析》75 万字专著，获第五届中国优秀科技图书奖。

## 求索不止，坚守创新

杨锦宗长期从事染料、表面活性剂、精细化工方面的教学和研究。20 世纪 50 年代末成套剖析合成了世界上刚刚出现的活性染料和分散染料，推动了我国染料工业高起点快速发展；开展了创新染料的研究，对"染料—纤维—助剂"的相关性进行了系统的理论和实验研究，提高了固色率并降低了污染；率先研究了可反应性高分子染料，首次把染料在纤维上的固色率提高到99%以上，达到国际领先水平；首先发现分散剂分子量分布对分散染料分散性和热稳定性的重要影响；在国内首先开展了新型表面活性剂烷基糖苷的研究和生产。

四年制副博士研究生毕业之后，杨锦宗留在侯毓汾教授身边，继续从事活性染料研究和教学工作。他多想与我国当时一批染料化学工作者一起，在活性染料和分散染料刚刚问世之初，不仅使我国能够生产出这两大类染料，也使我国的染料工业从无到有、从小到大，一跃成为世界染料生产强国。虽然经历了一系列政治运动，但杨锦宗还是在钻图书馆、钻实验室，他的心中只有科研，只有中国的染料化学发展。1968年，他作为东北地区总技术顾问而投身到北京、上海和东北三组彩色电影胶片会战中，表现了极大的干劲和极高的智慧。通过他和大家的共同努力，终于找到了提高彩色电影胶片坚牢度的方法，并且效果好于另外两组。用他们的方法复制的彩色影片，保存期可以达到100年以上，至今仍然保存在中国电影胶片公司总资料馆中。为此，他排名第一的"银漂法彩色电影复制片的研究"获得1978年辽宁省科技进步奖二等奖。

活性染料问世多年，然而在活性染料研究中困扰着世界染料化学家的难题同样困扰着他，那就是活性染料的固色率问题。恰好这个时候，杨锦宗接受国家科委一项攻关任务：丝绸染料。丝绸被称为"织物皇后"，中国是世界上丝绸产量最高的国家。自古以来，中国的丝绸通过漫长的"丝绸之路"被送到许多遥远的国家，满足着人们的生活需求。给丝绸染上各种鲜艳的颜色并使其具有良好的穿着性能，让这个"皇后"更加绚丽多彩，便是该项攻关任务的根本目标。使用活性染料染丝绸可以提高染色丝绸的湿处理牢度。然而，提高活性染料固色率问题在那时仍然是阻挡在他面前的不可逾越的高山，他必须寻找到一条可以解决这一问题的途径。

杨锦宗（中）介绍科研成果

## 勤奋求实，励志图新

1983 年 7 月，年过 50 岁的杨锦宗正在苏黎世瑞士联邦高等工业大学做高级访问学者。以他的性格和年龄，他是不大容易激动的了。然而，在异国他乡的他却没能抑制住自己的情绪。原因很简单，在世界林立的多少万所大学中，这所大学闪烁着无与伦比的光辉。这所大学，不仅培养出爱因斯坦这样的科学巨匠，而且有多位诺贝尔奖获得者在这里工作。这样的大学，全世界能有几所？能在这样的大学进行科学研究是他儿时的梦想。

杨锦宗多想在具有世界一流研究条件的实验室工作，多想亲耳聆听世界著名染料化学家佐林格教授的真知灼见。他把自己的想法告诉了侯毓汾教授，侯教授把他的这个想法向当时的校长钱令希院士提了出来，钱校长十分赞成。上报教育部，很快得到批准。并且佐林格教授那里也很快寄来了接纳的通知。去瑞士苏黎世和世界著名染料化学家佐林格教授一起工作，是一次非常好的机会。

一进入这所著名大学的实验室，他兴奋，也紧张。那些一流的新设备让他感到陌生。他虚心求教，在一个来自德国喜欢学习中文的研究生的帮助下，迅速掌握了这些设备的操作技术。于是，他开始了丝绸的活性染料染色研究。这是一项异常细致而又复杂的实验。每天晚上，他都在那里准备实验方案和实验材料；材料不是 1 份，而是 12 份，因为那里先进的染色设备，一次可以做 12 个样品，画出一条准确的曲线来。那里还有一台紫外可见分光光谱仪，可以准确地测定染料在水中的残留量。实验进行中，他每隔 10 分钟取一次样品，共 12 份，送进光谱仪进行测定。一天之内，能够得到数十至几百个数据。当时世界市场上主要的活性染料他都收集来进行丝绸染色实验，并且反复地实验。这样系统地对这个领域进行研究，他是第一人。

辛勤的付出终于有了回报。仅 3 个月时间，他就在几十种活性染料中找到了一种亲和力强的染料，这种染料加上一种助剂对丝绸进行化学反应，它们的共价键结合十分稳定，也就是说染料固定在丝绸上而不再水解。它的固色率竟然超过 95%。杨锦宗的指导教师与合作者佐林格教授对这个研究结果表示了极大的惊喜，他指导杨锦宗写出第一篇论文，按该校的姓氏排序传统，他把自己的名字署在了杨锦宗的后面。1984 年春天，当这篇文章在瑞士一家刊物上发表之后，在这个成果被广泛重视的同时，国际染料化学界也知道了中国科学家杨锦宗的名字。

## 春风化雨，大师风范

作为老师，杨锦宗耕耘在教学前沿，先后培养国内外访问学者 14 名、博士后 8 名、博士和硕士百余名。

曾为杨锦宗学生的吴为忠曾动情地讲述他们的师生情："1992 年，毕业论文设计时我在杨锦宗教授课题组，跟随他的博士生于光远老师一起实验。于老师周一布置本周实验工作方案，杨教授隔两三天来实验室检视进度。对我来讲每次和教授在实验室见面就是一场大考，忐忑不安，若能圆满回答杨教授的提问，心里一阵窃喜，答不上就会被教授一轮一轮问题引申出去，让我去查资料或和其他师兄师姐探讨，下一次再回答他，直至他笑眯眯地看着你用他不标准的莆田普通话夸你一句，那是最开心的时刻。这就是我心目中的大师，大工的'锦宗色彩'之称的杨锦宗，他教会了我们独立学习思考的方式，认识到团队协作的重要性。"

杨锦宗原来所在的实验室早已被批准为精细化工国家重点实验室，除杨锦宗之外，还有约 30 位教授、副教授在这里工作。其中杨锦宗指导的多名研究生都已经成为博士生导师，带领博士生建立各自的研究团队，在各自的领域进行着创造性的研究。杨锦宗培养的学生和带领的团队已经深入到精细化工的许多方面，所取得的成就对我国精细化工相应各领域产生了重要影响。他所指导过的博士生、硕士生及国内外访问学者至今已成为各自所在单位的学术骨干，已有数十名毕业的博士生成为教授、博士生导师、学术带头人。

杨锦宗指导过的博士生孙立成，已成为博士生导师，是国家级领军人才计划特聘教授。他领导的研究团队，占据了整整一层楼的多间实验室。他们进行的是一项处于世界前沿的跨学科研究。1987 年，孙立成硕士毕业的时候，思想上一度产生动摇，也想走这条路。就在这个关键时刻，杨锦宗找他谈了一番发自肺腑的话。杨锦宗说："根据我的观察，你在学术研究上会有发展，你可能会成为学术栋梁。"这番话，杨锦宗不是凭空说的。有一次，在杨锦宗请来讲学的瑞士教授同研究生的座谈会上，当时的硕士生孙立成敢想敢说，大胆提出了一些很有深度的问题，让杨锦宗感到惊喜，想招收他做自己的博士生。不料，有人告诉他，孙立成决定经商，而且被录取了。杨锦宗想，不能眼看着这样一个人才走上经商的道路，应该把他拉回来。经过耐心的劝说和引导，孙立成摆脱了经商的诱惑，报考了杨教授的博士生。

杨锦宗的洞察力和预见性很快在现实中得到了验证。在他的指导下，孙立成在中国科学院感光研究所进行了彩色胶片感光材料品红的研究，1990 年以优异的成绩通过了论文答辩，留在感光研究所工作。1992 年初，孙立成得到德国马普协会奖学金，在这家协会的研究所进行了一年博士后研究，发表了几篇有影响的论文。紧接着他又得到德国洪堡奖学金，进行了一项更有意义的生物遗传和辐射化学的交叉研究，找到了阻止一种极强烈辐射的方法，而这种辐射能够使人体组织发生断裂而导致畸形。之后，孙立成来到柏林自由大学，同一位教授合作，建造人工模型，进行太阳能转换绿色清洁能源的研究，他们共同发表了一些很有影响的论文，并多次在大型国际学术会议上宣读。2017 年孙立成当选为瑞典皇家工程院院士，2019 年当选为中国科学院外籍院士。

杨锦宗指导的第一名博士生彭孝军，现为教授、博士生导师、中国科学院院士，任大连理工大学化工学院院长。同杨锦宗一样，彭孝军也培养了相当多的博士生和硕士生。他说，杨老师是他做人和做事的榜样。杨老师给他教育最深的一条是，你要想有成就，你就要有足够的投入，也就是要勤奋和有好的方法。在他认识的人里，杨老师是在图书馆停留时间最长的人，化工方面的书，哪一本放在哪里，杨老师都清楚。另一条就是杨老师的坚持精神。杨老师常常告诉学生，譬如爬山，成功与失败常常只差一步。"爬到九十九步，有人坚持再爬一步，成功了；也有人不再坚持爬，失败了。"不存在天上和地下的差别，常常只是一步之差。"这种坚韧不拔的精神，我牢牢记在心里。"

彭孝军要求自己努力继承杨锦宗的所有优良品格，同时传授给他的学生。应该说，这种潜移默化的影响，已经初见成效。他回忆，有一天晚上，杨锦宗跑了很远的路通知大家，彭孝军的一个学生在国外取得了很好的成绩。在他看来，那兴奋劲儿远远超过老爷爷得了孙子。那个学生叫陈海梅，大连人，是彭孝军的硕士生，1999 年毕业之后，到英国爱丁堡大学攻读博士学位。由于她在抗癌药物的研究上取得了新的突破性进展，罗瑞皇家研究院宣布任命她为该院 2002 年科学研究生，给予 6000 英镑奖金和皇家研究院终身会员资格。陈海梅成功的原因之一就是杨锦宗和彭孝军身上的那种坚韧不拔的精神。《爱丁堡晚报》赞扬说："陈海梅是一个全身心投入和出类拔萃的工作人员。"

杨锦宗指导的博士生金欣的论文题目是：葡萄糖基表面活性剂的合成、分析及构性关系研究。这个项目是一个总题目的组成部分，总题目叫作：生物质资源的开发和利用。那年由瑞士回国，杨锦宗就抓住了这个题目。这是因为：第一，地球上石油天然气储量有限，用石油作原料合成化工产品，价格将越来越贵；第二，生物质作化工原料有利于生态平衡。因此，国际化学界已经把目光投向生物质资源，它们是可再生的而且没有污染的资源。由杨锦宗课题组研究的烷基糖苷于 1992 年通过成果鉴定，当年就转让给南京金陵石化公司。很快，该公司就出现了一个新的车间。生产实践证明，这种产品的工艺路线比较复杂，叫作二步法。虽然已经完成了 9 篇硕士和博士论文，研究成果已经投产，取得了较大的经济效益，获得 2000 年中国石油和化学工业局科技进步奖二等奖，但杨锦宗仍在寻求改进。

杨锦宗的另一个博士生具本植是一名朝鲜族青年，1987 年延边大学化学系毕业，后来攻读硕士学位，1998 年考上了杨锦宗的博士生，2001 年起进行博士后研究。具本植的研究项目——滴塑材料的合成，也是杨锦宗领导的生物质资源开发利用总题目的一部分。

有人统计过，杨锦宗培养的硕士生、博士生、博士后及国内外访问学者共有 130 多人。杨锦宗将他指导的每一个博士后的研究工作确定为针对国内精细化工各行业存在的亟须解决的带有方向性的课题，并且将他的学生们培养成为这些方向的学术带头人。

杨锦宗经常用"勤奋求实、励志图新"的座右铭勉励自己，勉励他的众多学生。2003 年，他将这一座右铭发表在中国科学院主办的《科学时报》上，与众多院士的座右铭一起勉励全国的青年学者。杨锦宗虽已不在，但他的精神依然激励着大批青年学者及研究生继续为祖国建功立业。

（资料提供：邬霞　文字整理：张旭华、尚育名　内容修订：张淑芬、陈田）

# 点燃生命之火，照亮育人之路

## ——记热能工程专家、中国工程院院士徐旭常

徐旭常（1932年10月29日—2011年3月18日），江苏常州人。热能工程专家，清华大学教授。1953年毕业于东北工学院，1956年毕业于清华大学研究生班。生前长期从事热能工程领域的教学和科研工作，曾获国家发明奖二等奖和三等奖、国家科技进步奖二等奖、世界知识产权组织和中国专利局颁发的发明创造金奖，于1995年当选为中国工程院院士。教学方面，开创国内燃烧学课程，对我国几十年来的燃烧理论与技术教学有重要影响，成为国家级精品课程；主持或参与编写的著作和教材影响了几代燃烧学人。科研方面，提出煤粉火焰稳定的"三高区原理"，发明"煤粉预燃室燃烧器"和"带船型火焰稳定器的煤粉燃烧器"；研究了新的低氮氧化物排放的煤粉燃烧方法，提出烟气脱硫和联合脱除污染物的新技术和理论；在国际上率先成功利用石灰石－石膏法燃煤烟气脱硫石膏对大面积盐碱土壤进行改良。

当初徐旭常开创的科研方向，很多都方兴未艾。在那些不断取得创新与突破的学术领域，在那群忙碌的接棒者身上，我们似乎依旧可以看到他的影子。

近来，有一个说法："真正的死亡，是世界上再没有一个人记得你。"以此来看，徐旭常一直都在。

## 少年立志，辗转求学

徐旭常，1932 年生于古城常州，长于常州、苏州、上海三地，第一次与"工程"二字沾边，是在 14 岁时考入上海中学高中部工科班之后。当时，上海中学已属全国名校，这里的老师教书，也育人，工科班老师在讲课时经常会提醒学生，中国工业落后，连火柴、铁钉都叫"洋火""洋钉"，勉励学生勤奋学习，今后发展中国自己的基础工业。从徐旭常当年的日记中可以感受到，在上海中学的这段时光，已经在他心里埋下了报效祖国的种子，日记中没有什么豪言壮语，反复出现的一句话是"为国家做点事"。

1950 年 5 月，高中毕业，他响应国家号召，追随支援东北的大潮流，前往抚顺矿专（后合并成东北工学院）读书。因为历史因素与学校建制调整，1950—1953 年，徐旭常三年辗转三地，从抚顺到长春再到沈阳，于 1953 年夏提前毕业于东北工学院蒸汽动力专业。当时，全国高校正在研究学习苏联教育经验，广泛地邀请苏联专家援助指导。因为学习成绩优异，本来学校想让徐旭常留校，作为青年教师加以培养，但由于要跟随学习的苏联专家因故不能前来中国，徐旭常被分配到清华大学动力机械系（今能源与动力工程系）研究生班。在清华学习一年，又被派到哈尔滨工业大学锅炉专业跟随苏联专家进修学习，直到 1956 年毕业。

纵观徐旭常的北上求学之路，几乎是一年换一个地方，折腾不断。这对他本就羸弱的身体是一个考验，其间他多次生病，最重的一次曾住院治疗长达 3 个月之久。这些对他的精神与学习能力是一个考验。在不断变化的环境中，时间很容易就被荒废掉了，但性格内向的他，意志力却很坚定。6 年中，他几乎把自己能够拿出来的时间和精力全部投入到课业学习中，尤其在哈尔滨跟随苏联专家学习的两年中，他培养科学、严谨的治学作风和扎实的专业基本功。更为重要的是，这段时期让他清醒地认识到自己对学习与科研的热爱，明确的人生志向、磕磕绊绊中锻炼出来的恒心、心无旁骛的做事风格，都成为他日后弥足珍贵的人生财富。

# 从头学起，开天辟地

在 1956 年成为清华大学动力机械系一名青年教师之后，徐旭常依然保持着学习的惯性，抓住每一个机会往瘦弱的身躯中装入更多知识。1961 年由助教升任讲师，他被抽调到新成立的燃烧教研组，给学生讲燃烧学。燃烧学与锅炉看起来离得很近，实际却非如此，燃烧学涉及流体力学、数学和化学、动力学等很多学科的基本概念、理论和方法，对于搞锅炉工程出身的徐旭常来说，是比较陌生的。而且在那之前，国内高校从没有开过这门课，徐旭常面临的现实情况是一无专业背景，二无现成教材，三无系统的参考资料。他首先要全面地自学，弄懂了之后再去给学生们讲课。按照徐旭常妻子晚年的回忆，从收集资料、查阅文献、找人请教，到准备教学大纲、设计教学实验台，当初准备这门课差点儿"要了他半条命"。

正所谓功不唐捐，经过三年努力，徐旭常不仅完成了教学任务，还编写出中国第一部《燃烧学》教材。通过开设这门课程，他全面地学习了燃烧学的基础理论，这是很多搞工程的学者所欠缺的。编写《燃烧学》的经历，也使徐旭常最终完成了对徐旭常自学能力的检验。从零开始啃下了庞杂繁复的燃烧学，此后再遇到任何新知识、新领域，他都不再怵头。

对于徐旭常来说，只要条件允许，他总要找点有价值的事情来做，不能系统地做科研，那就零星着做。据清华大学 1976 年统计，整个学校当时依然从事科学研究的教师占总数比例不到 10%，徐旭常便是其中之一。

# 扎根应用，注重理论

20 世纪 70 年代，大型电站锅炉普遍采用煤粉锅炉，煤粉燃烧不稳定，每次点火升炉或低负荷运行时，都要投油辅助燃烧。中国富煤贫油，在那个年代，重油价格比煤贵 5 倍以上。如果能够通过锅炉设计帮助发电厂节省燃油消耗，不正实现了"为国家做点事"的愿望吗？徐旭常找到了科研事业的第一个兴奋点，让他从一个知识的探索者，向一名真正的工程师转变。

从 1972 年开始，徐旭常和同事开始对煤粉预燃室燃烧器进行初步研究，这种燃烧器可以稳定煤粉炉膛内的火焰，大幅减少辅助燃油用量。当时，国际上对这项技术已经探索了很久，但一直未能成功。徐旭常团队一开始的研究也不顺利，与北京锅炉厂合作研制的第一台煤粉预燃室燃烧器锅炉在实践中多次发生爆燃，根本不能实际应用。

预燃室燃烧器中燃烧不稳定，按照常规理论与思路，解决办法是加大进风口旋流叶片的倾角。但徐旭常团队经过反复试验，作出了相反的判断：燃烧不稳定的主因是煤粉被大量甩在预燃室内壁面上，结渣并堆积，严重破坏了预燃室中的气流运动，因此，解决问题的方法不是增大而是应减小旋流叶片的倾角进而减小旋流强度。

按照这个逻辑，他们发明了一款新型的煤粉预燃室燃烧器，并最终获得成功。截至1983年，国内已经有几十台电站锅炉装设了这种预燃室燃烧器，每年可节油约2万吨，折合人民币600万元左右，这在当时是一个相当可观的经济数据。

对于徐旭常来说，煤粉预燃室燃烧器只是一个开始。发明了它，反而给徐旭常带来了更多困惑，原因在于，传统火焰稳定理论解释不了这款燃烧器的实际运行状态。

早年读书期间，徐旭常便非常重视对基础文化课的学习，毕业工作之后，对燃烧学理论的探究，更让他进一步认识到基础理论研究的重要性，认为一个"纯粹"的工程师可能会因为缺乏理论指导而遭遇研究瓶颈。他经常告诫自己的学生，搞工程技术的，不能从杂志缝里找课题，必须从生产实践中发现问题；同时，必须具备基础理论研究的意识和能力，这样才能对新技术有全面的认知与把握，不至于在实践中遇到问题时如盲人摸象一般，靠碰运气的方式寻找解决办法。

因为对当时已有理论的解释不满意，徐旭常决定亲自演算。在实验基础上，他和团队尝试对预燃室中的煤粉燃烧过程进行数值计算，进一步分析燃烧设备中的稳燃因素。最终他们发现，使煤粉火焰稳定的原理应该是：合理组织气固两相的煤粉气流，让煤粉迅速进入燃烧室中高温、有合适氧浓度的区域，并使煤粉和携带它的气体局部分离，形成局部集中的高煤粉浓度、高温和足够高氧浓度的着火有利区，简称"三高区"。据此，徐旭常提出了著名的"煤粉燃烧稳定性三高区原理"。

利用该原理，他成功地解释了早期研究煤粉预燃室时遭遇的失败。如今，这一理论已经被国内外燃烧学界普遍接受，成为煤粉锅炉设计中的基础指导理论之一。

有了理论作支撑，徐旭常研究燃烧器的底气更足了。他觉得煤粉预燃室燃烧器在稳定火焰方面还是不够理想，因此决定继续深挖。1984年左右，徐旭常开始在煤粉燃烧稳定性三高区原理指导下，研究新型煤粉燃烧器。

中南大学能源科学与工程学院蒋绍坚教授当时正在跟徐旭常读硕士研究生，亲眼见证了他心目中理想燃烧器的最初模样，结果却大跌眼镜——这个燃烧器模型是用纸板和胶水糊出来的，"模型两个侧面成一定角度向外张开，顶部呈弧形，怎么看都像是个比较大的帽子。"蒋绍坚回忆道。原来，徐旭常小时候非常喜欢航模，家里没钱买，于是就自己动手做，没想到，几十年之后，这门手艺还有重见天日的时候，被他用在了燃烧器模型设计上。不过，这种燃烧器没有被命名为"帽子燃烧器"，因为形状和船有点像，最终简称为"船型燃烧器"。船型燃烧器之所以能使煤粉气流稳定着火燃烧，是由于煤粉气流在一次风道内流过放置在喷口内的船型体时，形成了一个很短的回流区，而喷出一次风口的气流形成结构独特的束腰形状。煤粉颗粒不随气体做相同的束腰状流动，而是在束腰部的外缘形成煤粉浓度较高的局部区域，此区域的温度高达900~1200 ℃并具有适合氧浓度的位置，即形成了"三高区"，使煤粉气流迅速着火。而煤粉在此区域着火后继续向前运动时，正好束腰形气流又逐渐扩展开来，不断和已着火的煤粉颗粒进行湍流混合并供给燃烧所需氧气，此后又能补充得到和一次风喷口隔开一定距离的二次风口送来的空气，这正符合分级供风燃烧的原则，有利于煤粉在稳定着火后逐步燃尽。

虽然最初的模型看上去有些儿戏，船型燃烧器用起来却相当给力。1985年11月，云南巡检司发电厂应用了第一台船型燃烧器，稳燃效果出乎预料地好。而且，由这种燃烧器产生的特殊气流流动结构，不仅煤粉着火较快，燃烧过程中氮氧化物的生成和排放量也显著减少，因而开创了国内既有良好煤粉燃烧效果又能减少氮氧化物排放的煤粉燃烧技术路径。

基于船型燃烧器的优点，在最初面世的10年中，它被广泛地应用到电力部门各种不同型号的煤粉锅炉上。截至1995年，已成功地在18个省（自治区、直辖市）64 个火力发电厂的 125 台锅炉上实现稳定运行，为国家获得经济效益超过 1.5 亿元。

因为在工业实践中取得突出成绩，1999 年，北京申办奥运会后公布的第一批环境保护的 12 项措施之一，就是在全市范围内推广应用船型燃烧器。

## 执着探索，不设界限

"为国家做点事"，从徐旭常将这句话写进日记本，到他当选为工程院院士，相隔近 50 年。其间，他已经实现了对自己的承诺，有充足的理由放慢脚步，给自己和家人留出更多时间。但是，直至 2011 年去世，他始终没有这样做。

因为一直密切关注着国际燃烧领域的研究动向，早在 20 世纪 80 年代初，徐旭常就注意到了燃烧污染物防治问题。他当时就判断，这将是未来国内有重大需求的研究方向。在终于解决煤粉锅炉稳燃问题之后，徐旭常认为，首先需要对燃煤污染物中危害最大的二氧化硫和氮氧化物进行治理。

这在当时是比较超前的研究内容，不容易申请到项目经费，徐旭常就想办法借用研究燃烧技术的经费，千方百计地支持相关试验研究。历尽艰难，终于在 1999 年建立了第一台有中国自主知识产权的湿法烟气脱硫装置，第二年，这套技术通过了教育部组织的科技成果鉴定。后来，徐旭常团队又研究了半干法烟气脱硫技术、干法烟气脱硫技术以及燃煤污染物联合脱除技术。到 21 世纪初，二氧化硫与氮氧化物脱除技术已经掌握得比较好，徐旭常又支持团队成员逐步转入对 PM2.5 的研究，同一时间，重金属污染也进入他的视野。

正是由于这些研究成果的积累，从 1999 年开始，徐旭常团队连续主持四项"973 计划"项目，有力地推动了我国燃煤污染防治的基础研究工作。

进行燃煤污染物防治研究的同时，徐旭常关注到另外一个问题：石灰石–石膏湿法以稳定、高效等优点成为世界上最成熟、应用最广泛的脱硫工艺，但这种工艺会产生大量副产物——脱硫石膏，其露天堆积不仅会占用大量空间场地，还可能因为风吹而导致二次污染，那么该如何低成本地处置呢？

在 1995 年的一次国际交流中，徐旭常了解到，东京大学定方正毅、松本聪等学者提出了利用脱硫石膏进行土壤改造的想法，当时中国还没有脱硫石膏，于是在我国东北取土样寄往东京做了盆钵试验，取得了良好效果。这让徐旭常非常兴奋，在人口众多的中国，扩大耕地面积是关乎国计民生的大事，如果能用脱硫石膏改良盐碱地，可谓一举两得的好事。

从此，他的书架上又多了有关土壤和农业的书籍。通过进一步学习和了解，徐旭常提出了自己的想法：能否使用普通的农耕技术，将脱硫石膏播撒到广袤的盐碱地中？为了实践这个想法，他不辞辛苦地奔波了近两年，才终于找到愿意跟他合作的内蒙古农业大学。1999 年，他带着团队来到内蒙古托克托县伍什家乡毡匠营村，开始在多年荒芜的重度碱化土壤上进行大田试验，试验面积 40 亩。

就在徐旭常来到这里的两年前，在伍什家乡旁边，曾经有人投资建了 1 万亩农场，想把荒芜了百年以上的盐碱地改造为良田，可是因不知道这是重碱地，仍旧使用传统的深挖沟、大水灌排方法来改造，最终因效果欠佳而放弃。徐旭常能够成功吗？大田实验，不可能采用日本学者深挖、取土、混合、再回填的方法，只能直接撒播脱硫石膏，其他如耕、耙等操作，都与普通农田耕作方式并无二致。

据徐旭常的学生回忆，他每一次在决定进入新领域时，都已经至少观察和思考了 10 年，所以他要么不出手，一旦出手，就说明信心比较充足。这次也不例外，施用脱硫石膏的当年，40 亩试验田出苗率就达到了 60%，秋后取得了丰产，第二、三年出苗率分别为 80% 和 100%，产量也有了大幅度提高。当地农民见到改良后第一年的收成就惊讶地说："这和用灌排法连续改良 30 年后达到的产量差不多。"

于是，这种盐碱地改良技术一炮而红，从内蒙古到宁夏，再到黑龙江、辽宁、天津、吉林、新疆等 10 余个省（自治区、直辖市），改良规模从最初的 40 亩发展到 2021 年的 136 万亩。2022 年 5 月，我国农业行业标准《土壤调理剂及使用规程　烟气脱硫石膏原料》（NY/T 3936—2021）正式实施。已经跨界转型为土壤专家的徐旭常在接受媒体采访时颇为欣慰地说："美国同行听到我们用脱硫石膏改良碱土取得突破，都吃惊地瞪大眼睛。"

# 严谨治学，桃李天下

徐旭常在学术问题上事必躬亲，带学生下工厂、钻锅炉、爬脚手架，样样不差。

清华大学教授禚玉群做本科毕业设计时，有一个几万句的程序总是无法运行，他就把代码打印出来，标出可能有问题的语句向徐旭常请教。几天后，徐旭常在几万句的计算机英文程序里标出了所有他认为可能有问题的语句。要知道几万句的代码对于任何一个 60 岁的人都是不小的挑战，何况徐旭常年轻时学习俄语，英语是自学成才。

时至今日，徐旭常已故去多年，但我们可以看到，他曾经开创的很多教学和研究方向——燃烧学、煤的低氮氧化物燃烧和高效稳燃、燃煤污染物联合脱除、燃煤重金属污染防治以及碱化土壤改良等，都在由他的同事和年轻学者们独当一面。这一方面是因为他生前对后辈研究者进行了有意的培养，另一方面在于当初所选择研究方向的生命力和延展力。

更进一步来讲，在任何一个时间点，具备先进性的科研方向也总有过时的一天，到了那个时候，徐旭常曾经的团队还能留下什么？那就要提到徐旭常对新研究领域的选择逻辑。当前，他团队中的很多年轻学者已经在尝试进入新的领域，该如何取舍，这是个问题。"我想，一个学术带头人和一个普通研究人员的差别，就在这儿。"徐旭常曾经的学生、同事，现清华大学能源与动力工程系姚强教授如是说。他认为，徐旭常做了一辈子科研工作，最大的特点就是把科研方向真正地跟国家需求紧密结合在了一起。当然，对于什么是国家需求，可能每个人都有不同的答案，但这个底层逻辑是不变的。

徐旭常已经将它注入到自己学生们的心灵深处。那些受过他教导的学生们，早已成为各个领域的带头人和顶梁柱，继续为祖国的发展发光发热。

徐旭常院士一生只做三件事：改进煤燃烧、改善土壤、教书育人。他虽是院士，又被称为"亚洲火神"，但他在学生眼中，始终是个和蔼可亲的老师。虽然徐院士已经离开了我们，但他一生在科研中辛勤耕耘、严谨投入，在教学中和蔼可亲、默默付出，在工作中坚持而不放弃、谦虚而不张扬的精神，永远是后辈人学习的宝贵财富。

（资料收集：邱梦雪　内容修订：王淑娟、李彦、陈田）

中篇

中国工程院院士

# 探索乌金宝藏，一生奋斗无悔

## ——记采矿工程专家、中国工程院院士钱鸣高

钱鸣高（1932 年 12 月—2022 年 9 月 23 日），江苏无锡人，中国共产党党员，采矿工程专家，中国工程院院士，中国矿业大学采矿 20 力与岩层控制学科主要奠基人之一。

1954 年毕业于东北工学院采矿系，1957 年获得北京矿业学院硕士学位，1957—1970 年任北京矿业学院采矿工程系矿山压力试验室主任，1970—1980 年任四川矿业学院矿山压力研究室主任，1980 年起先后担任中国矿业大学采矿工程系副教授、教授，1984 年获评首批国家有突出贡献中青年专家，并被国务院学位委员会地、矿、油学科组评为中国煤炭系统采矿工程专业的第一位博士生导师，同年被任命为该学位委员会学科评审组成员。1987—1991 年任中国矿业大学采矿工程系系主任，1994 年获得中国科学技术发展基金会"能源大奖"。1995 年当选为中国工程院院士。1996 年获得全国五一劳动奖章。2000 年获得"全国先进工作者"称号。

怀着对党的教育事业的无限忠诚，对人民的无限热爱，钱鸣高院士扶犁躬耕九十载，求学术之心，育栋梁之材。在科学探索的道路上追求真理，在人才培养的道路上甘为人梯，开拓了中国矿山压力与岩层控制学科，书写了中国煤炭采矿科技时代篇章。

# 历经苦难，立志报国

1932年，钱鸣高出生在江苏无锡的一个小镇上，父亲是锡澄长途汽车公司的职员，在当时谋到这样的职业是很不容易的事。1937年，抗日战争全面爆发，身处沦陷区的钱鸣高院士，目睹了日本侵略者在中国的残酷暴行。那年，只有5岁的他，还遭受了父亲患肺结核离世的打击，家庭失去了主要的经济来源。少年时代的钱鸣高就深切感受到民族的苦难与生活的艰辛。"千磨万击还坚劲，任尔东西南北风"，这些磨难造就出他自强不息的性格与发愤图强的意志。在小学和初中求学阶段，他每年都以优异的成绩获得奖学金。

1945年，抗日战争结束，正步入青年时期的钱鸣高，受到科学救国思想的影响，认为只有发展工业才能救中国，并将科技强国梦深埋于心。1947年，钱鸣高考入苏州中学，这所中学先后培养出40余位两院院士，师资力量雄厚且藏书丰富。在这里，钱鸣高受到了良好的高级中等教育，广泛阅读课外书籍，不断汲取知识的营养。在姐姐的资助下，他顺利完成了高中学业。

1949年4月，苏州解放，钱鸣高获得了上大学的机会。1950年春天，东北工学院在上海交通大学招生，钱鸣高顺利通过考试并报考了机械系。4月，他和其他被录取的南方同学一道坐上了开往东北的列车。到东北的第一站，他们并没有直接走进校园，而是来到中国当时的重工业基地——抚顺，参观了当时处于先进水平的西露天煤矿、龙凤煤矿和老虎台煤矿等。对于只看到过纺织厂、面粉厂等轻工业的钱鸣高来说，抚顺的采煤工业就像一片新天地，使他更加坚信国家的富强必须走发展重工业的道路。

采矿专业是一门艰苦的专业，报考这个专业的人很少，但根据能源发展的需要，国家又急需采煤工程方面的专业人才，因此学校号召同学们在自愿的基础上改报采矿工程专业。钱鸣高并不熟悉采煤，也不知道这门学科的深浅，但是初生牛犊不畏虎，他认为越是艰苦的地方越是需要有人去开垦。于是他毅然响应组织号召，带头报名，由机械系转入人才急缺的采矿专业学习。

当时，我国的采矿科学事业几近空白，采矿手册和教材不是英文的就是俄文的。而且，更重要的是里面的学术观点、技术方法没有一条是由中国科学家提出的。在这样两眼一抹黑的情况下，钱鸣高主动加强英文、俄文的学习，将外国的技术、观点、经验消化吸收并形成自己的知识体系。四年的大学生活，使他深深感到我国在重工业建设上的落后，意识到肩上的担子有多重。

## 追求真理，实事求是

钱鸣高凭借大学期间的优异成绩和独立的科学探索能力，毕业后被分配到全国矿业界最高学府——北京矿业学院（现中国矿业大学），师从张正平教授及苏联专家洛莫夫，继续研究生阶段的学习。他非常珍惜继续深造的机会，刻苦学习，全身心地投入到科学研究中。在阜新矿区时，严重腹泻的他仍坚持下井测定数据，长期的超负荷运转状态，使他的身体难以支撑。1956年初，经医院检查，钱鸣高患上了空洞型肺结核。几经周折，学校将他送往北京的"亚非学生疗养院"治疗。经过近半年的疗养与治疗，病情终于得到缓解。

1957年，钱鸣高出院后，组织决定将他由研究生转为助教，留校任教。在那个技术相对落后的年代，矿井工作基本上是人工操作，非常危险，频繁发生的矿难事故使钱鸣高着力钻研对煤矿安全生产至关重要的矿山压力及其控制方向，不断思考工作面矿压形成的原因及解决办法，下定决心破解行业难题。

在科学研究的道路上，钱鸣高始终坚持追求真理，实事求是。虔诚地进入科学殿堂是他对学生的告诫，更是他身体力行的真实写照。采矿学科是一门实践性很强的科学，研究者不仅要具备扎实的理论基础和深入现场的素质，还要将实践过程中千变万化的现象提炼成反映事物本质的力学模型。为此，1958—1964年，他先后在阜新、开滦、阳泉、大同等矿区一线搞技术研究，置身于工人、工程技术人员中间，学到了他们理论联系实际、踏踏实实的工作作风及解决实际问题的能力，丰富了对矿山压力控制的感性认识。

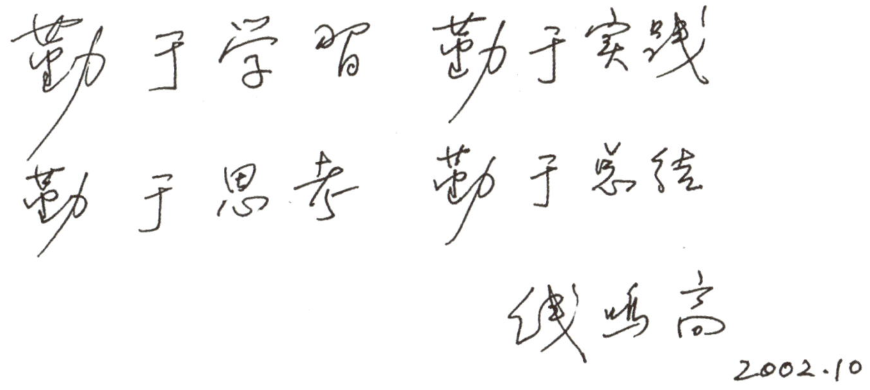

勤于学习　勤于实践
勤于思考　勤于总结

钱鸣高

2002.10

2002 年 10 月，钱鸣高院士留下的笔记

钱鸣高不断深入煤矿生产一线，测得 10 万多个岩层的移动数据。经过20 多年的持续探索，他发现问题的关键在于，层状坚硬岩层随着工作面推进破断成块状后，其运动有一定的规律性，而破断岩块由于边界条件限制互相挤压有可能形成承载结构，而此结构形态的稳定与否和状态的改变将表现为工作面矿山压力。他用结构力学方法获得了老顶破断岩块相互"铰接"形成结构的力学模型的解释，并确定了稳定条件。1978 年，该模型在孔庄煤矿实测中得到了验证，后又在矿井试验中取得圆满成功。

1982 年，在英国纽卡斯尔大学国际岩层力学讨论会上，钱鸣高宣读的论文《岩壁开采上覆岩层活动规律及其在岩层控制中的应用》得到了与会科学家的一致赞同。来自美国、土耳其、印度等国家的科学家将该理论称为"钱氏理论""鸣高模型"。他提出的采场上覆岩层的"砌体梁平衡假说"以及老顶破断规律及其在破断时在岩体中引起的扰动理论，得到了国内外采矿工程领域专家学者的高度认可，把中国的矿压研究推进到了国际先进水平，荣获煤炭行业第一个国家自然科学奖，成为煤炭开采从技术上升到科学的标志，使人们意识到煤矿开采不只是一门技术，更是一门科学，不只需要有经验，更需要有理论。

2002 年，钱鸣高（中）向"211 工程"验收组介绍实验室

从 1954 年开始研究采矿到享誉国际，60 多年的时间里钱鸣高始终坚守一线，以科技创新实现了煤炭工业化的科学跨越和转型发展，书写了我国煤炭采矿科学的新篇章。钱鸣高作为中国矿山压力及其控制学科的主要奠基者和开拓者之一，创立的"砌体梁"力学模型，突破了传统的定性假说；建立的悬露"板"力学模型，为顶板来压预测预报奠定了理论基础；提出的"支架—围岩"关系监测原理，开创了主动控制矿山压力的新方向。钱鸣高在采矿工程学科建设及矿山压力理论和实践中所做出的这些系统、全面而具有开创性的成果，推动了中国煤炭科技产业的发展和进步，为保障煤矿在复杂困难地质条件下正常生产，为保障煤矿工人的生命安全和高产高效工作做出了重大的历史性贡献。

## 言传身教，甘为人梯

1957 年任教以来，钱鸣高历任北京矿业学院助教、讲师，四川矿业学院讲师、副教授，中国矿业大学副教授、教授、采矿工程系系主任，全身心投入煤炭行业人才培养，从未离开过三尺讲台。钱鸣高参与编写采场矿山压力理论体系与工程实践著作 10 余本，主编的《矿山压力及其控制》教材，获煤炭工业部优秀教材一等奖、国家高等学校优秀教材奖。

钱鸣高年轻时在现场教学

　　钱鸣高把对祖国的热爱、对科学的挚爱、对煤炭工业的钟爱融入教育事业，辛勤耕耘数十载，育得桃李满园香：他于1962年培养出我国煤炭系统第一名采矿工程硕士研究生；于1987年培养出我国煤炭系统采矿工程专业第一名博士研究生。如今，他已是桃李满天下，很多学生已经成长为院士，或者我国煤炭行业、国内外大学及科研机构的中坚力量。

　　在为师为范的道路上，钱鸣高始终坚持言传身教、甘为人梯，包容并蓄、宽厚待人。他把自己的全部知识、情感都投入到开拓学生思想、启迪学生智慧中，还经常亲自带着学生下井实践。学生从他那里获得的不仅是知识，更是感动和力量。他对青年教师更是倾力相助、大力提携，手把手地教会大家如何做学问、如何做科研、如何申请项目，对别人的学术争论更是表现出了极大的欢迎。他还不定期地举办讲座，利用一切机会为培养人才尽心竭力。

钱鸣高在课堂中指导讲解

　　钱鸣高告诫青年学子，从事科学研究要有虔诚地进入科学殿堂的精神，才能排除名利的干扰，才能逐步形成正确的思路。而正确的思路源于实践，创新的灵感源于对前人知识的汇集与现实的碰撞，研究的成果也必须得到实践的检验。科学研究是一个"实践—理论—再实践"的完整过程。要保持勤奋，勤于实践、勤于学习、勤于思考、勤于总结，四方面缺一不可。在科学研究过程中还要注意"整体—局部""森林—树木""现象—本质"的关系，这样才能少走弯路，避免钻牛角尖。

　　钱鸣高认为，煤炭行业还有太多技术难点有待解决，急需专业技术人才。采矿工程等煤炭主体专业学生的知识面窄，导致只见树木不见森林。由于煤炭开采的复杂性，煤炭主体专业的学生仅靠书本上的基础知识，很难应对井下复杂的工程环境，为此，就需要"实践—理论—再实践"全过程培养。钱鸣高强调，采矿工作者的事业心是煤炭行业的灵魂。我国地质条件复杂造成煤炭开采难度大。行业需要人才，人才需要事业心，全社会应该在煤炭科技方面付出更大的努力，这样才能提升煤炭行业的社会形象。

　　此外，煤炭行业更需要既懂煤炭开采和利用，又懂科技、经济、管理和法律等知识的综合型人才来推动煤炭行业的可持续发展，总结"煤炭黄金十年"发展的经验教训，研究资源经济、环境经济，积累资金和资本。

耄耋之年的钱鸣高院士，仍心系煤炭行业发展、采矿学科建设和人才培养，他经常去学校和学生们一起分享国际上最新的学术动态，还会参加一些国内外的会议，为煤炭行业发声。正是在钱鸣高院士品德、修养、情操的影响和感召下，才有一批又一批优秀煤炭人为国家的社会进步和经济、科技发展做出重要贡献。钱鸣高院士不仅为煤炭行业科技工作者"注满了一桶水"，更为他们在煤炭科学前行的道路上"点燃了一把火"！

## 绿色开采，紧跟时代

进入 21 世纪，中国经济进入高速发展阶段。基础设施建设对电力、钢筋和水泥需求量猛增，而这些都需要煤炭的支撑。我国煤炭年产量很快由近 10 亿吨提高到 40 亿吨，接近全世界产量的 40%~50%。但与此同时，大规模的开采和利用也超过了环境容量，对空气质量和开采地的水资源、土地以及区域环境带来严重影响。煤炭在为国民经济发展做出重大贡献的同时也受到社会的责难。

党的十八大做出了"大力推进生态文明建设"的战略决策，提出经济建设、政治建设、文化建设、社会建设、生态文明建设"五位一体"总体布局，实现以人为本、全面协调可持续的科学发展，要坚持人与自然和谐共生，形成节约资源和保护环境的空间格局、产业结构、生产方式、生活方式，还自然以宁静、和谐、美丽。习近平总书记在党的十八届五中全会第二次全体会议上提出了"创新、协调、绿色、开放、共享"的发展理念，绿色发展注重的是解决人与自然和谐问题。

污染防治攻坚战深入推进，对煤炭行业提出了高质量发展的新要求。煤炭是自然的宝贵馈赠，作为中国主体能源地位仍未改变。在"去煤化"呼声涌起的背景下，煤炭革命的路究竟该怎样走？钱鸣高也有深入思考。

钱鸣高强调，煤矿开采是人类获取自然资源的手段，但与其他行业相比，煤炭行业建设周期长、退出机制不完善、对环境负面影响较大。此外，在"获取—使用—回归"循环中，人们往往对"使用"特别感兴趣，因为它直接与自身利益有关，而"获取""回归"与人们赖以生存的环境有关，但是，目前环境价值在市场经济中又难以用价格来衡量。正是由于处理燃烧废弃物的利润有限，"回归"环节没有得到重视，"回归"过程中超出了环境容量，且处理无序，不仅危害自然，对人类自身的伤害更大。

钱鸣高在科学发展观论坛上

经过多年探索，钱鸣高形成了关于煤炭行业绿色发展问题的系统思考，要在环境容量内开发和利用煤炭资源，在人类从自然环境中对资源"获取—使用—回归"的整个循环中，必须尊重自然意志、遵循自然规律，时刻不忘回馈自然和养护自然，在人类和自然之间建立起复合的生态平衡机制。

2003年，钱鸣高率先提出了绿色采矿、科学采矿的理念，并界定了绿色开采的内涵是努力遵循循环经济中绿色工业的原则，形成一种与环境协调一致的，努力实现"低开采、高利用、低排放"的开采技术。提出以控制"关键层"为基础的煤矿绿色开采技术，包括煤与瓦斯共采、保水开采、控制地表沉陷、矸石减排等，更好地协调煤炭开采与资源环境的关系。

著名采矿专家A.K.Ghose对此专门作了评论："中国专家在绿色开采技术方面的创新性发展是基于'关键层'理论。'关键层'理论巧妙地把岩层移动和上覆断裂岩层中瓦斯和水的渗流及流动结合在一起。这些技术为减少采矿对环境的破坏提供了方向，有望改变煤矿开采作为环境破坏者的面貌。"

钱鸣高强调，中国从"站起来"到"富起来"的历史进程中，煤炭行业做出了奠基性的不可磨灭的贡献，在"强起来"的新时代，还将发挥基础性的不可替代作用。这就要求煤炭行业必须实现高质量发展，研究煤炭的经济规律，严格管理，尽量减少负外部性，研究和完善煤炭开采和利用与环境相协调的科学技术。这样，煤炭行业不仅能为社会做出巨大贡献，而且会成为被社会尊重的行业，这是值得煤炭科技、经济和管理工作者思考的问题！

　　正如苏东坡所言："博观而约取，厚积而薄发。"在泱泱中华大地上，无数仁人志士在不断探索中丰富了自我，也为时代增添了光彩。雄则有力，健则致远，钱鸣高院士的名字注定与中国采矿事业相连。心怀梦想，努力前行，去创造不一样的世界，去探索不一样的未来！

（资料整理：李佳佳　内容修订：曹胜根、陈田）

134

# 躬行践履，金属导体筑梦者

## ——记金属导体专家、中国工程院院士黄崇祺

黄崇祺，1934 年 11 月出生，江苏省苏州市常熟市人，金属导体专家，上海电缆研究所研究员级高级工程师。中国共产党党员。1957 年 8 月毕业于东北工学院，同年 8 月进入国家机械工业部上海电缆研究所工作至今，研究员级高级工程师，曾任副总工程师，现任特种电缆国家重点实验室专家委员会主任委员、科技部"高性能合金导电材料"专项技术总指导。兼任联合国工业发展组织全球创新网络专家委员会委员、上海市新材料产业发展战略咨询专家委员会特聘领衔专家、上海市产业基础再造战略咨询委员会专家、上海超导制造业创新中心学术委员会主任委员、国际智联网络系统学会战略委员会委员等职。1997 年，黄崇祺当选为中国工程院院士。

主要致力于电工用铜、铝及其合金、超导材料、双金属和再生铜压力加工制品的研究、开发和应用。涉及架空导线及其试验、电气化铁路用接触导线、电工用铝导体及其稀土优化综合处理技术、电工用铜合金和铝合金导体、双金属导线、铝连续挤压、高温超导电缆、废杂铜直接再生制杆和集成电路用高性能铜合金导线、高性能碳纤维在电缆工业中的应用等。发表论文 100 余篇、出版著作 7 本。曾获省部级科技进步奖一等奖 3 项、国家科技进步奖二等奖 2 项、全国科学大会奖 2 项和第四届上

海科技博览会金奖 1 项，如下所示。

黄崇祺主要科技成果获奖情况

| 序号 | 获奖项目时间（年） | 获奖项目名称 | 获奖情况 |
|---|---|---|---|
| 1 | 1978 | 铝包钢线研究及生产 | 全国科学大会 |
| 2 | 1978 | 330 kV 扩径架空导线研究 | 全国科学大会 |
| 3 | 1981 | 高导电电工用铝 | 国家第一机械工业部科技进步奖一等奖 |
| 4 | 1985 | 提高国产铝导体性能研制电工用铝的研究 | 国家科学技术进步奖二等奖 |
| 5 | 1990 | 导电用稀土铝导线研究 | 国家机械电子工业部科技进步奖一等奖 |
| 6 | 1991 | 稀土优化综合处理在电工铝导体中的应用研究 | 国家科学技术进步奖二等奖 |
| 7 | 1997 | 稀土优化综合处理在电工铝导体中的应用研究 | 97 第四届上海科学技术博览会金奖 |
| 8 | 2006 | 一种制造非热处理型高导电耐热铝合金线的方法 | 授权发明专利（专利号：ZL02137138.5） |
| 9 | 2012 | 高速铁路超细晶强化型铜镁合金接触线关键技术研究（简称高铁接触线） | 北京市 2012 年科技成果奖一等奖 |

此外黄崇祺还曾获国务院表彰的"为发展我国工程技术事业做出突出贡献的工程技术人员"证书，获"上海市科技精英提名奖"证书、"上海市优秀科技工作者"奖励证书。

黄崇祺使用非电工级高硅铝实现电工铝生产的技术创新，为中国电工铝导体和稀土电工铝导体提高导电率，解决量大面广的国产材料来源，并达到工业化稳定生产，使中国电工铝导体生产达到国际先进水平。创新开发高性能镁铜合金接触线，在国内外电气化高速铁路上获得广泛应用，创国际先进水平。为我国开创铝包钢线、超高压扩径架空导线的生产。经三代人 20 年研发的高温超导电缆于 2021 在上海这个特大城市的中心城区，实现了全商业化的应用。无论从其长度、承载电流能力等均属国际首创的先进水平。废杂铜火法精炼直接再生制杆和"以铝节铜"的研究生产和发展做出了巨大贡献。集成电路用高性能铜合金导线的研制和生产，为我国集成电路的发展提供了导线材料的必要保证。

## 辛勤耕耘，天生我材必有用

"我并不聪明，更无天才，只能笨鸟先飞，在科技战线上做一名辛勤的耕耘者；我没有成功之路可给人以借鉴，但我喜欢的是认真、实践、集思和真诚坦率；我不喜欢做事拖沓毛糙，喜欢的是仔细，言必行，行必果；我自认做得不满意之事，不会去交给别人，让人浪费时间和精力；在我65年的工作历程中，虽然在家之日不多，但我有一个温馨的家，妻子善解人意，忍让支持，真是家和万事兴；我虽多次获得荣誉，但我尚清醒，世界之大，天外有天，楼外有楼，我只是代表这个集体的一员。"这是黄崇祺对自己不平凡一生的朴素描述。

他不平凡的一生要从他的家乡苏州常熟开始说起。黄崇祺在小学考初中时，第一门考算术，自认考题不难，感觉良好，早早地交了卷，哪知卷子的背面还有数道应用题未做，为此痛失总分，受到老师和家长的严厉批评，这个马虎毛糙的教训让他终生难忘，并在今后的学习工作中始终引以为戒。

1953年，黄崇祺考入东北工学院有色金属系有色金属压力加工专业。回顾黄崇祺在东北工学院的四年求学和以后的工作经历，可以用四个关键词来描述。

第一个关键词是"实践"。黄崇祺曾写道，"我深深感受到，从事工程技术的人，离开实践就将无所作为，更谈不上有什么创新。实践是创新之本，实践、提高、再实践、再提高，不断循环完善，就是创新的过程。实践有间接的实践–信息和资料，直接的实践。一个人搞科研不可能做到事必躬亲，因此日积月累地查找信息，占有资料，进行科学分析，有助于开阔思路，加速研究进程，走创新之捷径。"大学期间，黄崇祺以钉钉子精神努力学习力求闯出新天地，在工作中始终将实践放在第一位，在实践中成长、在实践中学习、在实践中充实自我，从实践中追求和发展真理、寻找答案和办法，再从答案的指引下，一步步地实践，从而加快自己的科研成果快速转化。

第二个关键词是"创新"。智慧源于勤奋，伟大出自平凡。关于"创新"，黄崇祺认为，"创新是长期的任务，要从小加以培养。上课要静心地听，力争当堂消化。一个民族或一个人最可怕的就是缺乏创新意识。有的国家很小但科技却非常发达，这就是从小开始培养创新意识的成效。以前，我们国家把世界上一些先进装备都引进来，看似发展快了，却丢掉了独立自主自力更生的精神。完全靠国外是不行的，况且真正的尖端技术人家是不会卖给你的，还得要靠自己解决。创新还有个人因素，不是聪明就有创新意识，并不是每次考试考第一名就一定有创新意识。"黄崇祺举例说："我挑选学生，宁愿要成绩考八九十分思维活跃的，也不要考一百分死读书的学生。只有思维活跃的人，才有进一步创新的可能。"黄崇祺在东北工学院求学期间，"不满足"于现有成绩，时刻将"创造新东西"的意识放在心间。故而他在毕业分配时填的第一志愿都是上海、北京、昆明的研究所。

第三个关键词是"运动"。谈到运动，黄崇祺总结了自己和观察了有关人群，认为："保持身体健康是非常重要的"，他认为有的人非常聪明，很有创造力，但身体不好，力不从心，这将影响思维，影响创新，影响成果的诞生。他强调搞科研要获得出彩的成果，8点上班5点下班，仅靠8小时是不可能的，如果这样，你肯定成不了一个优秀的、出类拔萃的人，所以一个科研工作者，既要有艰苦奋斗的精神，坚韧不拔的毅力，也要有健康的体魄，保持健康的体魄关键在自己。黄崇祺深有体会地说，读书要挤时间，锻炼身体也要挤时间，至今他还坚持每天要挤出1个小时的时间进行适当的运动。

第四个关键词是"交流"。作为学生，黄崇祺在东北工学院的四年学习生涯，偶尔也会遇到小挫折，老师的谆谆教诲和热心帮助、同学之间的相互交流都给了他莫大的支持。这四年的求学生涯虽短，但是这段学习经历为黄崇祺今后的集思广益的科研之路奠定了坚实的基础。

时隔几十年后的广东某厂，在电工铝导体生产中出现前所未有的表面缺陷，致使三个车间停产。当时该厂对问题的观察和分析，众说纷纭，无从着手。对这类问题，黄崇祺在其他厂见过，只是没有如此严重，也亲手处理和解决过。根据现场观察分析，凭他的实践经验，主要症结点应该在铝连铸连轧生产线的连轧部分，由于严重刮铝，致使制品产生内部缺陷。根据这个判断，全厂工人、技术人员和领导日夜奋战，反复拆机器、排故障、加措施、做试验，搞得大家筋疲力尽，凭以往的经验可彻底根除的问题还是没有彻底解决，只是有了好转。实在是时间不等人，于是不同的分析和解决办法又相继被他提了出来。黄崇祺确信主要原因还是在刮铝，要捕捉的目标没错，对故障症结点还需过细地找，粗心会坏事的，要找个水落石出，不能动摇。于是，大家又重新拆卸、安装和试验，终于在导管中找到了手摸不着、一眼看不见，要对着灯光仔细观察才能发现的比小米粒还要小的刮铝点。从轧件上刮下的铝屑，造成表面内伤，轧出的铝杆在表面上已看不到外伤，但在继续拉细加工后在表面上就暴露出来了。同时，随着刮下的铝屑积少成堆，堵塞通道，最终致使轧件拉断停机。至此，问题已彻底解决了，全厂一片欢腾，人们在三天的工作中已连续工作了七个班次，第四天全厂有关人员开技术总结会，与会同志一致认为，找到解决问题的方向，还必须仔细操作，不能粗心大意，否则将前功尽弃。同时，他们又由表及里，进一步综合分析，找到了造成症结点的根本原因。

自新中国成立以来的 30 年间，我国没有电工铝，致使铝导体性能达不到国际先进标准水平的要求，为解决电工铝的难题，经机械部和冶金部交流和沟通共同成立联合攻关组。黄崇祺挺身而出，首先在技术上找到原因，经深入研发，生产出了中国的电工铝，但由于中国的铝矿资源含硅量太高，当时冶金系统的深脱硅技术尚未掌握，不可能大量生产电工铝，以满足市场的需求。为此上海电缆所电工铝研发团队，在国际上首次创造了一种"电工铝生产及其稀土优化综合处理技术"，在电缆厂的铝连铸连轧生产线上打开局面，实现了质量稳定的大生产，达到了国际先进水平，这一技术在国际上独树一帜，获得了由科部颁发的国家级科技进步奖二等奖。这种电工铝材料，为我国高压、超高压和特高压架空输电线路的发展提供了关键的材料保证。

我深深感到，从事工程技术的人，脱离实践就将无所作为，更谈不上会有什么创新。实践是创新之本，实践提高，再实践，再提高，不断循环完善，就是创新的过程。实践有间接的实践——信息和资料，也有直接的实践，一个人搞科研不可能做到事必躬亲，因此日积月累地了解信息、占有资料，进行科学分析，有助于开阔思路，加速研究进程，走创新之捷径。

——黄崇祺

2000 年 10 月 17 日，黄崇祺在上海电缆研究所的工作感悟

## 路程虽远，踏实行则终将至

　　黄崇祺认为从事工程技术的人，脱离实践就将无所作为，更谈不上会有什么创新。国外早在 20 世纪 60 年代中期已在实验室中发现稀土铈可提高铝的导电率，但未实现工业化的应用。我国在研究和应用稀土材料的初级阶段，在电工铝导体的试验中并没有获得预期的技术效果，这是由于应用稀土不当，但我们在"提高国产铝导体性能，研制电工用铝"的研究和生产中，通过大量的生产实践、材料配方改变和数据积累，基本上已搞清了稀土与材料中的杂质元素、工艺因素和制品性能的关系，从而掌握了物尽其用、因材施用的方法。由于材料来源的不同和各种杂质不同，不可能用一个稀土元素解决全部电工铝导体的生产问题。对综合症，就要用综合治疗的方法去解决，于是就萌生了"稀土优化综合处理"的思路。新思路必然导致采用新方法，由此使稀土在电工铝导体生产中的应用研究很快获得了突破性进展。有进展要稳定生产也非易事，必须再提高，要解决生产中一系列实际问题，开发出相应的配套技术，例如，原材料和辅助材料、工艺、装备、精确测定导

139

电率的方法和质量保证体系，要使之相辅相成，以获得完善和稳定。所以从这个意义上说，工程技术的创新也体现着集体智慧的结晶。

黄崇祺在实验室中

20 世纪 60 年代末至 70 年代，黄崇祺主持研制"压合包覆法铝包钢线生产线及其制造工艺"，在成型压合、钢铝结合偏心和连续清洗生产线的关键技术上有中国式的独创，这种铝包钢线解决了跨越我国大江大河的 17 条大跨越输电线路的关键技术问题。70 年代中期，黄崇祺负责研制"33 万伏扩径架空导线"，最终其成功地应用于从关中到刘家峡电站的输电线路上，线路通过 2200 米的乌鞘岭，解决了线路的电晕放电问题，从而不仅节约了导线的原材料铝，也提高了线路的技术经济效果，这种导线在我国大西北地区的 33 万伏高压架空输电线路上一直沿用至今。90 年代，黄崇祺负责研制的"导电用稀土铝导线"，用高硅普铝（非电工级铝）可生产出导电率达国际先进标准水平的导线，解决了国际难题，技术经济效益巨大，解决了量大面广国产材料的来源，并实现工业化的稳定生产，使中国的电工铝导体达到了国际先进水平，荣获国家机械电子工业部科技进步奖一等奖。

黄崇祺当选为中国工程院院士后，他说道："荣誉的获得应首先归功于国家机械电子工业部上海电缆研究所及其全体职工和与我一起工作的亲密战友们，我只是代表这个集体的一员，没有集体的贡献，哪来个人的荣誉。如果说此事是'一举成名'，倒不如说是'水到渠成'似乎更为合适。水源是要大家找的，滴水汇成河，挖水渠更是众志成城。如果没有众人拾柴，哪来烈火更旺，个人如果没有集体的支持和合作，哪能出成绩，出人才。"

## 老骥伏枥，志在为国家效力

黄崇祺曾说过：我有两个'科学的春天'。退休前是我的工作和责任，退休后是我在圆梦，实现我的理想。"黄崇祺 1994 年退休，至今已有 28 年了，但仍在上海国资委—申能集团—上海电缆研究所工作。现在黄崇祺以科研项目领衔者、技术总指导和参与者的身份进行工作，下面是他最新的几项研究著作：

1.《高速铁路（350 km/h）超细晶强化型铜镁合金接触线关键技术研究》，这种铜镁合金接触线的性能超过国际先进同类产品标准的水平，制造工艺有中国特色的独到之处，产品已畅销国内外，项目荣获北京市 2021 年科技成果一等奖。

2.《再生铜火法精炼直接再生制造高导电铜杆研究》，用这种生产线制造的再生铜杆其性能可达国际先进标准（FRHC）的水平，生产线装备全可国产化，与旧的再生铜杆制造方法相比，无论在能耗、污染和产品性能方面，都有明显的优越性，是科技部力推的首选项目。

3.《集成电路用高性能铜银合金导线的研制和生产》，这是一个由科技部新材料专项招标的项目，已于 2021 年由科技部验收完成，导线性能完全达招标书的要求，目前正在扩大产业化中。

4.《35 千伏高温超导电缆及其在城市电网中的应用》，"高温超导电缆"是由三代人 20 年开发出来的精品，它是 21 世纪最具有战略意义的新产品和新技术之一。经在宝钢合金钢厂 3 年的实际应用，并建立了无人值班遥控的电站，一直安全运行，接着又在上海市中心区漕河泾开发区，实现了全商业化的运行，情况甚好。这条敷设在开发区的电力线路属世界最长（1.2 km）、输送容量最大（133 MVA），采用一回超导电缆代替了四回传统电缆的供电能力，尤其在市中心区地下空间日趋紧张的情况下，为城市电网与城市的和谐发展开辟了一条新通道。

5. 编写《中国电气工程大典（2008）》，大典由中国电工技术、机械工程、机电工程、动力工程和水力发电等 5 个学会，联合组织了电气工程各领域近 2000 位专家和学者，历时 4 年多完成。这部大典内容新颖、实用，是电气工程领域一项重要的基础工作，也是我国电气工程技术人员对社会的一项公益奉献。这部鸿篇巨著不仅具有电气工程技术的知识魅力，同时也有鲜明的时代特色。黄崇祺编写了第 3 卷第 3 篇《导体材料及其制品》，这是由他单独执笔的著作，内容集个人几十年积累的科学技术成果和专业知识及收集的国内外同类专业资料，都奉献给了祖国和同行们。

6.《高性能碳纤维在电缆工业中的应用》，高性能碳纤维具有质轻、强度特高、高耐腐蚀、耐高温等显著优点，目前正在研发之中，显然将对提高产品质量和技术经济效果是一种优良的材料。

## 心怀感恩，更要懂饮水思源

黄崇祺认为，材料学科是推动人类发展的发动机，作为材料人要有专业自豪感、使命感和奉献精神，要"立大志""长本领""成栋梁"，"报效祖国"。黄崇祺还殷切嘱咐青年学生要有坚定正确的政治方向，坚守学术道德和"严肃、严密、严格"的研究态度，坚持锻炼保持健康体魄，同时切忌好高骛远，要先"专"后"博"，正如母校校训精神所言，要重视学习与实践的知行合一，终身学习、勇攀高峰、自强不息。

2018 年 9 月 14 日，时值东北大学 95 周年校庆，黄崇祺应邀出席并在 EPM 学术报告厅作专场学术报告，材料科学与工程学院百余名师生代表聆听了报告。黄崇祺以"铜、铝导体先进制造的新进展"为题，介绍了铝锰合金包钢线，"czochralski"法铜单晶线，高导电（HC）、超高导电（EHC）和超超高导电（EEHC）三种型号的 Al—Mg—Si 合金线，铜银合金导线，铜—石墨烯、铝—石墨烯合成导线的国内外研究的进展，并提出了当今获得新导体材料的四个趋向。黄崇祺希望新一代大学生能勇于创新、刻苦钻研，为我国创新发展增添新动力。

改革开放 40 多年来，中国的发展日新月异，国家的支柱产业迅猛发展，取得的巨大成就举世瞩目。如果说电力是社会民生保障和产业发展的"新鲜血液"，那么电线电缆如人体的血管和神经连接千家万户和各个行业。黄崇祺是个电缆人，是中国电缆工业开创新的金属导体材料的先驱者之一，他为千家万户带来光明，为万千企业送去能量。

（资料整理：马亮　内容修订：黄崇祺、陈田）

# 传道授业，砥砺前行

## ——记材料学及循环经济专家、中国工程院院士左铁镛

左铁镛，1936年9月出生，北京人，材料学及循环经济专家。1958年毕业于东北工学院材料系金属压力加工专业，1958—1991年在中南工业大学（现中南大学）历任教授、博士生导师、副校长，1991—1996年任国家教委科技司司长；1995年当选为中国工程院院士，1996—2006年任中国科协副主席，1996—2004年任北京工业大学校长。现任北京工业大学学术委员会名誉主任。

1991年被评为"国家有突出贡献中青年专家"，2000年被评为"北京市先进工作者"，2006年主讲的"材料科学与工程学导论"被评为国家精品课程，2006年获中国工程院"光华工程科技奖"，2007年获"第三届北京市高等学校教学名师奖"和教育部"第三届高等学校教学名师奖"，2008年获北京市教育教学成果特等奖。承担数十项国家重大科研课题并获得重要成果，2009年获国家教育教学成果二等奖、中国产学研合作促进奖。发表SCI、EI检索论文300余篇，授权发明专利百余项，出版专著8部、丛书2套；获国家、省部级奖15项。

左铁镛从事高等教育和科学研究60余年，在难熔金属材料、稀土功能材料、铝镁材料及其加工、生态环境材料及循环经济等方面取得系列重大科技成果，是相关领域的主要学科带头人之一。近年来，参与引领首都资源循

环材料技术协同创新中心建设、工业大数据应用技术国家工程实验室建设等，指导"资源环境与循环经济"交叉学科建设和复合型创新人才培养工作，取得丰硕成果。

## 钨钼材料领域实现重大突破

左铁镛完成了多项国家重点科研项目。他结合中国国情，大力开展富有资源材料的研究工作，不仅在难熔金属材料和稀土功能材料、低塑性材料及其加工等基础研究中取得了系列创新成果，而且解决了关键工程技术问题，取得巨大的经济和社会效益，对推动我国富有资源钨、钼、稀土材料和铝加工工业的科技进步和发展做出了开拓性的重要贡献，是我国难熔金属材料和金属加工领域的主要学科带头人之一。

早在 20 世纪 70 年代初期，左铁镛就承担了冶金工业部首部稀有金属材料加工手册的主编任务，为此他和其他专家一起爬矿山、进工厂。在调查研究过程中，他发现中国占世界首位的钨钼矿产资源正处于严重流失的状态。面对这种情况，左铁镛和其他专家一起联名上书国务院，呼吁发展中国的钨钼深加工业。

发展钨钼深加工业，首先要解决钨钼的脆性问题，通过反复实验和深入研究，左铁镛终于精确揭示了钨钼材料的脆断机制，阐明了加工形变和热处理参数对脆性影响的规律，同时提出了钨钼材料的强韧化途径和具体实施的技术方案。在研究中，他建立了掺杂钨丝的"气泡强化机制"和钾泡"弥散模型"，在国内外率先提出了"过量钾在晶界富集是钨丝脆断的重要因素"的观点，给出了钾的最佳控制量，大大提高了中国钨丝质量和灯丝寿命。此后，这些成果在许多工厂推广应用，推动了钨钼加工制品产业的快速发展，首次实现中国钨钼加工制品出口创汇，创造了巨大的经济效益和社会效益，为发挥中国钨钼资源优势，改变"原料出口，制品进口"局面做出了积极贡献。

左铁镛和他的团队在稀土掺杂钼功能材料的研究中，以稀土钼取代沿用百年的工作温度高、脆性大及产生放射性污染的钍钨阴极，成功制成了世界上首个实用型镧钼阴极的 FU-6051 电子管，该成果获得 2004 年国家技术发明奖二等奖。近 40 年锲而不舍、卓有成效的研究工作使他成为我国钨钼材料界最有影响的专家之一，他连续四届担任中国钨业协会副理事长，长达 20 年。

在研究稀土、钨、钼的同时，左铁镛对其他金属材料领域的探索研究也取得了可喜成就。作为铝的连续挤压新技术"七五"重大科技攻关项目技术总负责人，他带领团队提前一年完成合同任务，并以"交钥匙工程"形式为企业提供整套的"技术—装备—工艺"，在全国推广应用后，取得了巨大的经济效益和社会效益。而且这项技术已在中国铜加工中广泛应用，并成为世界连续挤压设备工艺技术的主要供应者。据统计，目前已建成 300 多条生产线，并出口 22 个国家和地区 66 套。

正是由于左铁镛出色的科研能力和专业背景，他 1991 年被调入国家教委科技司任司长，并于 1995 年当选为中国工程院院士。

## 推动北京工业大学实现跨越式发展

1996 年，时任国家教委科技司司长的左铁镛即将卸任。面对国内众多重点大学发出的邀请，他最后接受了当时并不出名的北京工业大学伸出的橄榄枝，由此翻开了人生新的篇章。世纪之交的中国高等教育，酝酿着一场前所未有的深刻变革。科教兴国战略的提出赋予高等教育难得的发展机遇，也对高等院校的发展提出了严峻的考验。

如何走出一条富有特色的办学之路、怎样才能把握地方高校的办学方向一直萦绕在左铁镛的脑海中。到校伊始，他没有高谈阔论，而是亲自走访全部教学科研单位，调研实验室，与师生、工作人员座谈交流，了解学校基本情况和发展现状。在充分调研的基础上，左铁镛审时度势地提出了适用于地方大学的办学思路：科学定位，找准目标，办出特色，发挥优势。

对于北京工业大学的定位，左铁镛从区域、学科、层次三个方面入手，认为：北京工业大学不仅要建设成北京高层次人才的培养基地，满足北京市日益增长的人才需求，而且要建设成首都经济社会发展的重要科研开发基地。在此基础上，左铁镛进一步确立了"立足北京、依托北京、服务北京、融入北京"的办学指导思想。明确提出"两个转变""两个建设"的发展战略：一是实现从单纯教学型向教学科研型转变和从单纯工科类型向以工为主，理工、经管、文法多科型转变；二是一手以"211工程"二期为抓手，全面深入抓学科建设，形成在国内居前列的亮点学科，另一手以奥运场馆建设为龙头，全面规划校园整体建设，形成北京东南区的一个亮点景观。

从1996年到2004年的8年时间里，北京工业大学整体办学条件和办学水平实现了历史性跨越：1996年学校通过国家"211工程"预审，正式跨入国家21世纪重点建设的百所大学的行列，成为北京市属高校唯一一所跻身国家"211工程"的大学。在他担任中国地方大学教育研究会会长及全国高等学校教学研究会副理事长的10余年间，"不求大而全，但求特色鲜明"的办学理念逐渐成为共识，为地方高校后续发展和腾飞做出了突出贡献。

## 中国循环经济的有力推动者

在科学探索的道路上，左铁镛创新求变的思想一天也没有停止。作为我国著名的材料学家，左铁镛首先在材料学科与环境、经管、信息等学科的交叉融合方面贡献力量。他一直在反思："材料既是人类文明发展的重要支柱，也是环境污染的主要来源。"为了改变以往片面追求材料性能的传统研究范式，他一直呼吁要关注材料及其全生命周期的环境协调性。

1997年，他在国内最早将可持续发展、绿色发展理念融入材料专业教育，探索构建以资源节约与环境友好理念主导的材料专业人才立体化培养新模式，并多次应邀出席国际会议作特约报告，阐述我国环境材料发展计划与建议，树立了我国材料可持续发展专业教育的国际化形象。组建中国材料研究学会生态环境材料分会，出任第一届理事长，在国内外产生了广泛影响。主持完成了我国首个材料环境协调性评价的"863计划"项目，建成国内最具代表性的材料资源、能源生命周期清单数据库和评价体系。被国外专著《生态设计》列为该领域先行者之一。

2004年，68岁的左铁镛院士从繁重的学校管理岗位退下来，还来不及休息放松一下，又马不停蹄地投身到一项交叉学科——循环经济研究的构建中。作为进入著名国际组织"罗马俱乐部"最早的中国成员和中国最先提倡循环经济的学者之一，他积极在全国传播资源节约、环境友好的人才培养新理念，先后为中央、省部领导和相关学会、协会作专题报告近百次，被《欧洲时报》及日本、韩国等国外报刊，以及《中国教育报》《科技日报》《中国高等教育》等国内刊物及主流媒体多次宣传报道。

在左铁镛的积极推动下，北京工业大学成立了北京高校中第一个循环经济研究院，推动了我国"资源循环科学与工程"战略性新兴产业专业建设和发展，成立了国内首个"资源环境与循环经济"交叉学科，主编了国内首套《循环经济研究丛书》和《城市矿业研究丛书》等系列图书和教材，以交叉学科建设实际行动践行生态文明理念。他以材料科学的学科背景，亲自挂帅跨学科指导交叉学科方向的研究生，80 岁高龄仍坚持学习经济学典籍。翻开左铁镛参阅过的经济学著作，用各种颜色的笔标注了不同选题方向的研究生需要关注的重点内容，密密麻麻的文字撰写着他的心得体会，浸注着他对交叉科学青年人才培养的殷切希望。

搞科学研究要有远大理想和雄心壮志，但一切都需要从零开始，从平凡起步，扎扎实实，锲而不舍，左铁镛院士用一生的努力去攀登、去积累。铁者，金属，重而可延展，古有"铁砚未穿"比喻志向坚定，"铁杵磨针"形容持之以恒；镛者，大钟也，"声如洪钟"表示音域广阔，音色高亢。左铁镛，正如他的名字一样，坚定、沉稳、执着。他用自己的睿智、缜密和创新谱写着人生的华彩乐章，对科学、教育的深沉情感和取得的丰硕成就更令他的名字如洪钟大吕般在我国的高等教育界和科技界声名远播。

（资料整理：张博雯　内容修订：顾一帆、陈田）

# 创新无疆界，发展添动能

## ——记绿色过程工程与环境工程专家、中国工程院院士张懿

张懿，1939年6月出生于黑龙江省牡丹江市，祖籍辽宁辽阳。绿色过程工程与环境工程专家。中国清洁生产技术研究领域开拓者之一。1963年毕业于东北工学院冶金物理化学专业，1989—1990年在瑞士伯尔尼大学进修环境工程。现任中国科学院过程工程研究所研究员、博士生导师。曾任中国科学院过程工程研究所技术委员会主任、国家环境咨询委员会委员，《中国科学E辑：技术科学》《中国环境科学》等期刊编委。获国家奖5项：国家技术发明奖二等奖2项、三等奖1项，国家科技进步奖二等奖、三等奖各1项。发表SCI论文240余篇。获授权国家发明专利90余项。培养博士、硕士研究生80余名。1999年当选为中国工程院院士。

回顾我国现代铬盐工业的形成与发展历史，不难理解其技术的先进性。国外的铬化合物生产经过了一条先污染后治理的路，经过几十年的探索，为了最大限度地减少铬化合物生产对环境的污染，发达国家向集中化、规模化、自动化发展。在此背景下，她主持了我国第一个清洁工艺国家项目，在资源高效清洁转化——多级循环利用集成技术和绿色过程工程领域取得了重要的原创性成果和产业化应用突破，在国内外首次提出的亚熔盐高效清洁反应新系统和化工新过程，已拓展为处理多种资源的普适性新理论和平台技

术，对资源环境过程工程交叉学科建设和我国传统产业的绿色化生产做出了突出的贡献。她是令人敬仰的科学家，是我国绿色过程工程的重要开拓者，更是我国绿色过程工程研究领域的大师级人物，她就是张懿。

## 忧国忧民，立志报国

1939 年，张懿出生在抗战期间被日本侵略者占领的黑龙江省牡丹江市。那时，她的父亲张晨曦在哈尔滨政法大学尚未结业，就带着一家人到沈阳避难，因家庭负担过重，父亲与地下党友人奔赴解放区抗战的计划未能成行，但父亲把自己的爱国主义情操和严肃进取的处世态度深深注入了最钟爱的二女儿张懿心里。可以说，家庭教育首先帮张懿建立起忧国忧民的意识。

"我一路走来其实很幸运，也很顺利，一直都属于那种好学生。"张懿笑着回忆。在父亲的督促下，她小学当少先队大队长、初中做尖子生，1955 年以优异的成绩考取了当时东北最好的中学——辽宁省实验中学。在课堂上，张懿总是最先举手回答几何题，各科成绩在尖子班里也都是稳定的最优。这给了她宝贵的自信和勇气，帮助她在今后的科研生涯中拼搏竞争、攀登科学高峰。

而这所实验中学除了赋予她科学的启蒙，还有深刻的爱国思想。她的同学中有不少解放军干部子女，她羡慕那些同学曾追随父母保家卫国，甚至曾希望成为一名职业革命家，"为拯救人民去经受最严酷的磨炼"。得知"考大学也是国家需要"后，她选择了冶金物理化学专业。彼时，国家需要这批学生以化学工程等为知识基础解决国民经济主体产业的发展问题。张懿想："选这个专业既可以满足理科的攻坚需求，又能为东北冶金重工业服务。"

对于体验过国家危亡的张懿来说，国泰民安才是最重要的追求。报国，以任何方式，这是她心中始终如一的信念。报国的信念就像被父亲、校园和时代撒在她心中的种子，慢慢长成了参天大树。随着年龄的增长，张懿身上开始显现出强烈的责任感和使命感。

# 求实创新，勇挑重担

1978 年，在院所领导的支持下，张懿挑大梁组织了镍铬废弃物再循环课题组，解决我国航空发动机涡轮叶片电化学加工产生的污泥环境污染问题。科研成果获得了国家的认可和奖励。有些人认为既然技术发明已经拿了奖，就可以心安理得地为课题研究画上句号，并不愿意进行进一步的技术推广和示范工作。毕竟要将一项新技术推向产业是风险极高的。但铬等重金属污染的后果极其严重，对人致癌、致畸，对农作物也会产生积累性损害。张懿认为把技术创造出来远远不够，必须将其应用在各个行业才能真正解决问题。

20 世纪 70 年代末期，张懿开拓了资源—材料化学化工与环境工程交叉的综合研究方向，把资源与材料化学化工的研究方法和成果融合渗透到环境工程领域，在重金属污染控制与资源综合利用上建立了一系列新技术和应用工程，在海内外产生了重要影响。

80 年代初期，张懿在国内率先将资源与材料化学化工的最新成果和研究方法融合渗透到环境工程学领域，提出资源再生循环与无害化技术相结合的积极治理路线，建立了废弃物资源化的优秀示范工程。

90 年代初，张懿在中国科学院开拓了清洁生产技术的新领域，由工业污染末端治理转向清洁工艺源头减排和全过程污染控制研究，主持了国家"八五"攻关的第一个清洁工艺项目，两个"973 计划"项目。

哪怕是现在，从张懿学生的口中得知，在他们每次作报告之前，张懿都要求他们有新的东西。

# 以身作则，不负使命

多年来，张懿在科研一线奋力拼搏，刻苦攻关，做出创新性贡献的同时，以身作则，以求实创新、乐于奉献的实际行动，为广大科技工作者树立了学习榜样，带出一支能打硬仗，具有战斗力、凝聚力的科研团队。张懿总感觉自己有种救国救民的使命感，所以别人不愿意做的事，她愿意做。

"当时组织项目做示范工程困难很大，急得她生病，得了黄疸。"李佐虎表现出老夫老妻特有的对妻子的心疼："那我去跟她干吧！没办法，她都已经生病了嘛。"李佐虎的专业领域恰好是工程物理化学，自称半辈子都在给张懿"打工"。学生们都知道，这两位老师吵了一辈子，也相互扶持了一辈子。

企业在南方大山深处，张懿每天拖着病躯翻山上班，浑身上下一点力气也没有。为了不给团队拖后腿，她每天比别人都更早出发。大家劝她去看病，她带回的消息却是"医生说不会传染，我们先把工作完成"。

这种不达目的誓不罢休的劲头，推动张懿取得了一系列重要成果。她提出了"清洁生产工艺"研究方向，并将铬盐清洁工艺研究作为传统产业绿色化的切入点，与李佐虎研究员合作，率领课题组承担了"铬盐清洁生产技术研究与开发"项目，成为在国家攻关立项的第一个清洁生产项目，在中国科学院开拓了"清洁生产技术研究"的前沿领域。该项目列入中国科学院"九五"重大和特别支持项目，于2001年12月进入国家"十五"期间"863计划"。1万吨/年产业化示范工程，是对中国科学院解决国民经济重大问题能力的考验，也是对科研人员创新能力和全面素质的实战考验。他们经受住了这一严峻考验，向国家和人民交上了一份优秀答卷。

向上争取资源，向下带团队项目，几百人的大课题组张懿组织得井井有条。她的学生郑诗礼说："直到现在，张老师还在科研一线，对自己的要求还是那么高，材料都是自己一个字一个字认真地修改。"

## 节能减排，引领前沿

环境友好的铬盐清洁生产新工艺运用绿色化学化工技术、绿色产业链接技术和工业生态学原理，在国内外首次实现铬化工生产的铬渣零排放，技术经济、环境指标达世界领先水平，而这一成果是在张懿的率领下完成的。回顾那段艰苦的科研历程，她不禁感慨万千。

事实上，在20世纪90年代初张懿就提出"生态化工"新方向，并以铬盐清洁生产为首选课题，经过十几年的努力，对铬盐生产工艺及设备进行了全面更新，完成了多项工业性试验，最后形成了"亚熔盐液相氧化与钾碱再生"的铬盐清洁生产技术新体系，在重化工铬盐行业首次实现了"清洁生产"和铬渣的零排放，使铬的工业回收率达到98%以上，比传统工艺提高了20%，较国际上最先进的无钙焙烧技术提高8%~10%，能耗下降了20%。

鉴于铬的战略价值和在经济中的重要作用，主要发达国家美国、英国、德国、日本、意大利等都是世界铬盐生产大国。

铬为重要战略性资源，铬盐工业为无机化工与冶金材料交叉的重点行业，铬盐系列产品作为化工、轻工、高级合金材料的重要基础原料，是我国重点发展的一类化工原料，广泛应用于高性能合金、电镀、皮革、颜料、印染、陶瓷、防腐、催化、医药等多种部门，涉及国民经济15%的商品品种。

当时我国铬化工生产工艺技术落后，仍沿袭20世纪50年代的传统工艺，主金属铬转化率仅为75%，资源利用率不足20%，处理1吨矿要产生2.0~2.5吨高毒性铬渣，所含致癌性六价铬为国家排放标准的数千倍，严重污染水体、土壤和大气，已成为社会广泛关注的焦点。铬渣已成为危险废弃物之首。

鉴于环保压力和对高品级铬产品需求的增长，主要发达国家一直重视该行业的技术改进。20世纪80年代以来，美国、德国、日本的几家世界级大公司（产量在5万吨以上）先后开发了第二代改进型工艺，如少钙粉料二次焙烧法、无钙焙烧法、熔盐液相法等，但都存在使用上的局限性。

张懿领导开拓的低温亚熔盐液相氧化—反应/分离耦合强化—介质再生循环—资源全组分深度利用的铬化工清洁生产集成技术，于2002年7月在河南义马建成万吨级示范工程并生产出第一批合格产品。中蓝义马铬化学有限公司和中国科学院过程工程研究所共同合作，经过6年多的持续改进和整体优化，万吨级铬盐生产线实现了良好的运行效果：铬回收率从传统有钙焙烧工艺的75%提高到99%，反应温度从传统有钙焙烧工艺的1200 ℃降至300 ℃，铬渣削减80%，并副产脱硫剂高值化产品，首次实现铬渣零排放。该项目的突破性重大进展得到相关政府部门、铬盐生产行业和国内外专家学者的高度评价。

## 不懈追求，无私奉献

继1千吨/年铬盐清洁生产中试工程通过鉴定后，1万吨/年产业化示范性工程在河南义马建成并试车运行成功，标志着我国铬化工技术位居世界领先地位。张懿和她的课题组为此付出了大量心血。她长期超负荷运转，一心扑在科研工作上，不知度过了多少个不眠之夜。由于长期在工程现场，她和家人离多聚少，女儿和其他家人因病住院也顾不上照管。

"铬化工清洁生产技术研究"为世界性难题，在日本、美国尚处于实验室研究阶段，长期没有解决技术难点。为攻克这一难关，她带领科研人员每天在化学毒性环境下连续工作十几个小时，重复着成千上万次看似单调、枯燥的试验，没有节假日，没有休闲时。他们把执着的追求与科学的方法相结合，一个又一个难关迎刃而解，一项又一项技术产生重大突破，终于解决了美、日等国尚未解决的熔盐液连续液相氧化的反应—分离难点问题，技术经济指标明显优于国内外同类技术，使我国铬化工技术进入国际领先水平。

最难得的是，张懿带领课题组长期奋战在工程一线，工程实施比实验难度更大。从设计、设备安装到试车，整个过程，她都亲自参加。她经常吃睡在车间，和年轻人一样倒班，夜以继日地工作，有时累得病倒在现场，仍然一边治疗一边坚持工作。

由于现场工作条件艰苦，研究所规定有现场补贴，但她自觉从严要求，坚持不拿，而是用于资助合作企业的困难职工。她与工厂技术人员和工人师傅亲密无间，同甘共苦，受到了企业的高度评价，也增强了企业对项目实施的信心，为中国科学院赢得了荣誉。河南义马市政府专程给中国科学院过程工程研究所送来了锦旗、奖牌、慰问信和慰问品。

清洁生产工艺集成技术涉及多学科的综合，需要多方面专业人才的协同配合才能完成。因此，她积极倡导并组织了跨研究部（实验室）的联合攻关，将化学化工、资源环境相关学科老中青科技人员组合在一起，充分发挥学科交叉融合优势。这一举动，在研究所为促进课题组整合、争取重大项目带了好头。

作为项目负责人，张懿重视在团队中营造宽松自由的科研氛围和团结协作的合作精神。

她关心团队中每一名职工和研究生，从工作到生活，倾注自己多年积累的科研经验，给予大家指导和帮助。她正是凭借高尚的人格魅力和无私的敬业精神，带出了一个有凝聚力、有创新突破能力和良好文化氛围的团队。一大批优秀科技精英加入到团队中，他们被张懿的个人魅力和团队和谐的文化氛围深深吸引，有的甚至放弃国外优厚的工作生活环境或其他单位更高的薪金待遇，愿意在这个充满生机活力的集体中奉献自己的智慧和才华。

张懿（中）和绿色过程与工程实验室团队成员

## 步履不停，勇攀高峰

面对已经取得的成就，张懿并不感到满足，科技工作者的神圣使命激励着她向着更高的目标攀登。"中原经济圈—郑洛三工业走廊矿产资源加工型重化工业循环经济关键技术研发与产业化集成"是她的新目标。

在铬化工清洁生产方面，拟完成亚熔盐法铬化工清洁工艺与集成技术的产业化放大与行业技术替代，建立3万～10万吨级铬盐清洁生产基地，行业覆盖率达到30%，资源转化率提高20%，能耗下降20%，生产成本下降15%，实现高毒性铬渣的综合利用与零排放。

在铝行业节能减排方面，开展（铝土矿、氧化铝、电解铝、铝加工）循环经济关键共性技术研究，资源利用率较传统工艺提高10%，生产成本下降 10% 以上，实现氧化铝赤泥的资源化利用，建成万吨级赤泥资源化示范工程，大幅度削减铝行业污染。

在稀有金属方面，研发红土镍矿全组分综合利用生产镍、钴、铬、铝、铁等金属及其化合物的清洁生产技术，建成 150 万吨 / 年产业化示范工程，综合回收铬、铝转化率大于 80%，镍、钴回收率大于 95%，综合生产成本低于现有工艺，并与特种钢企业联合构建循环经济产业链。

在循环经济上，开展有色冶金—煤化工—水泥—耐火材料行业节能降耗与典型污染物控制集成技术研发和循环经济—生态工业示范园区建设，实现节能减排目标和可持续发展。

## 不忘初心，淡泊宁静

盛名之下的张懿，目前仍然安安静静地做着研究，她和学生们不辞辛苦地到全国各地推广清洁生产技术。她被中国科学院评为首届"创新文化建设先进个人"，所在课题组被中国科学院和人事部联合授予"先进集体"荣誉称号。

作为一名杰出的科学家，张懿先后获得国家科技进步奖二等奖和三等奖各 1 项、国家技术发明奖二等奖 2 项和三等奖 1 项、中国科学院科技进步奖一等奖 2 项等。她始终坚持国家战略需求与学科发展前沿的统一，想国家所想，急国家所急。她有着精彩的人生，却是最平实的学者。她获得过诸多荣誉，却有颗淡泊的心。

张懿的模范事迹和为科研事业做出的突出贡献，得到各级政府和有关部门的奖励，被中央国家机关和中国科学院授予"优秀共产党员"荣誉称号，还被中国科学院评为首届"十大女杰"、"巾帼建功先进个人"。

张懿在图书馆

张懿对环境工程与绿色过程工程交叉学科建设与传统产业的绿色、循环、低碳转型的技术支撑和循环经济工业生态网络设计做出了重要贡献。在环境电化学生物耦合技术、二氧化硫减排与利用和循环经济工业生态网络设计等前沿方向做出了开拓性工作。她主持了中国第一个清洁生产工艺国家项目，在资源高效清洁转化——多级循环利用集成技术和绿色过程工程领域取得了重要原创性成果和产业化应用突破，对资源环境过程工程交叉学科建设和中国传统产业的绿色化提升做出了开创性贡献。

（资料整理：张博雯、王晓英　内容修订：张懿、阎文艺、陈田）

# 报国图强多壮志，领军材料真风采

## ——记超导及稀有金属材料专家、中国工程院院士周廉

周廉，1940年3月出生于吉林省舒兰县（现吉林省舒兰市）。1958年8月至1963年8月就读于东北工学院有色金属压力加工专业，毕业后分配到北京有色金属研究院。1969年8月，响应国家三线建设调入宝鸡有色金属研究所（西北有色金属研究院前身）工作至退休。其间，1978年11月—1981年12月由教育部派往法国国家科研中心（CNRS）低温研究实验室（CRTBT）进修。1994年当选为中国工程院首批院士，1988—2000年任中国超导专家委员会首席科学家，1999—2007年任中国材料研究学会理事长，2002—2004年任中国钛业协会首任会长，2002—2006年任中国工程院冶金、化工与材料学部主任，2004年当选为国际生物材料科学与工程学会会士，2005年被授予法国约瑟夫·傅立叶大学名誉博士学位，2005—2007年任国际材料研究联合会（IUMRS）主席，还曾担任中国有色金属学会副理事长、世界钛会国际执委会委员、中国材料研究学会名誉理事长等职。是第九、第十届全国人大代表。担任西北工业大学、东北大学、西安交通大学、同济大学等国内10余所重点大学兼职教授，现任西北有色金属研究院（NIN）名誉院长、陕西科技大学名誉校长、南京工业大学先进材料研究院院长等职。

共荣获国家发明奖、国家科技进步奖、有色金属奖等奖励22项，国家发明专利30余项，发表论文400余篇，已培养硕士、博士生100余名。荣获"全国先进工作者""国家有突出贡献的出国留学人员""国家有突出贡献中青年专家""全国有色金属工业特等劳动模范""何梁何利基金科学与技术进步奖""桥口隆吉基金奖""西安市科学技术贡献奖"等荣誉。

参加工作至今，周廉院士长期致力于超导和稀有金属材料的研究发展工作，在超导材料研究方面创造了3次世界纪录并在国内率先实现了其产业化。近年来，研究方向还涉及钛及钛合金、材料加工和制备技术、生物工程材料等多个领域，在基础研究、工艺技术及实用化研究和产业化发展方面成就显著。积极参与国家材料领域科技政策与规划的制定和咨询等工作，为中国材料科学的进步和国际影响力的提升做出了巨大贡献。他把大半生的心力都无私奉献给国家材料科学发展事业，在国内外材料科学领域享有很高声誉。

## 心存志向，钻研好学

1940年，周廉出生于吉林省舒兰县水曲柳镇的一个普通家庭。少年的周廉，在学习、文艺、宣传等各方面都很活跃。高中骑车上下学时，他看见街上有拉京胡的，便对中国古典音乐产生了浓厚的兴趣。高二时，他买了一本书，动手仿制了一把二胡，开始自学拉二胡，后来和班上几个同学搞了个小乐队，还被吉林市人民广播电台请去录制节目；后来，亲戚送了他一把小提琴，他又开始学习小提琴。大学期间，他入选了东北工学院管弦乐队，1959年随乐队前往鞍钢进行慰问演出。进入北京有色金属研究院后，院里每年要搞很多次活动，其中就有和中央乐团的同志们一起迎宾，著名指挥家李德伦、郑小瑛、韩中杰等也参加了演出，他从中收获颇丰。1964年5月4日，他入选中央国家机关合唱队，作为合唱队的小提琴演奏者，在人民大会堂为刘少奇等领导人表演。在冶金工业部的毛泽东思想宣传会上，他又拉了8个月小提琴。到宝鸡以后，他被推荐为乐队指挥，参演样板戏《红灯记》，一共演了 3 个月。周廉认为，音乐对提高一个人的修养、情操很有帮助，特别是对学习英文也大有裨益。

高考时他以高出录取分数线 70 多分的成绩，被东北工学院录取。他在大学里刻苦攻读专业知识，每科都取得优异成绩，为以后的工作打下了坚实的理论基础。

## 吃苦拼命，崭露头角

1963 年，周廉毕业被分配到冶金工业部直属的北京有色金属研究院，在 214 室 644 组从事钽丝研究制备工作，开始接触稀有金属材料研究。作为一名初出茅庐的年轻科技者，进入这个尖端科学领域，只有不断学习、实践，才能尽快掌握本领、胜任工作。参加钽铌细丝研制工作初期，没有太多经验和资料可以借鉴，他一边在老同志的指导下进行阳极氧化、拉伸工艺的攻关，一边拼命、用心地做好每一次实验、每一组数据分析，从中找规律、找方法，逐渐形成了具有自己独到观点和见解的理论与思路，并果断地应用到实践中。在研制过程中，他不因循旧路，创造性地提出了无氧化膜拉伸工艺，用于钽丝生产，制出直径 9 $\mu m$ 的细丝，达到当时国内最高水平。工作初始便显露锋芒，这更增强了他探索创新的斗志，为他今后的事业奠定了良好的开端。后来，他又参加并完成了贵金属及合金线材的试制，通过复铜工艺研制出直径 10 $\mu m$ 的金丝，为当时国内最高水平，满足了国家"04 工程"的关键需要。这些工作对他以后从事超导线材研制打下了坚实的基础。

1965 年，冶金工业部选派优秀年轻骨干学习英语，周廉被选送到冶金工业部英语培训班脱产进修。进修期间，他摸爬滚打、潜心钻研，整天埋在课本、字典上，视线全部聚集在无涯的学海里。虽然由于一些客观原因培训被迫中止，但经过短短的 3 个月他已经具有一定的英文听、说、读、写能力。

## 宝鸡三线，从事超导

1969 年，国家三线建设布局，将北京有色金属研究院拆分成几部分，分配到祖国各地进行建设。年轻的周廉和许多热血青年一起积极响应支援三线建设的号召，和夫人毅然放弃了北京优越的工作条件，来到西北腹地秦岭山下的宝鸡，参加宝鸡有色金属研究所的建设。

当时的西北院在一个贫瘠的山沟里，生活条件相当艰苦，科研条件十分有限。初到这个艰苦的新创业环境中，就面临艰巨任务的挑战。国家重点项目"303工程"受控核聚变装置急需一批 NbTi50 单芯线，线的直径为 0.37 mm，线芯直径为 0.25 mm，长度要大于 1000 m。在当时，超导这个国际前沿研究领域刚刚起步，如此高要求的超导线材从未做过，任何可以借鉴的现成资料都没有。面对这项时间紧、要求高、难度大、国外刚刚研制成功、国内尚为空白的重任，周廉作为攻关组组长，拎起铺盖卷就住进了实验室，带着全课题组 20 多个人，白天做样品、搞试验，晚上查资料找原因、计算数据、修正方案。研制初期，一个个难题横在面前，多少次受阻于制约材料性能的难关——超导电性能技术指标低。作为负责人，周廉带动大家集思广益，经过上百次测试和分析，通过系统深入地研究铌钛合金的组织、性能和钉扎机理，创造性地提出并采用"强烈冷变形、低温长时时效处理以及附加冷变形的最佳时效"形变工艺，使线材超导性能大幅度提高，临界电流密度达到国际先进水平。线是做出来了，但长度还要大于 1000 m，这又成了必须攻克的一大难题。线坯在拉拔过程中严重断裂，经过一次又一次的大胆假设、测算分析和改进加工工艺，才最终制服了这个拦路虎。100 多个日夜，第一批 250 kg 铌钛超导线材终于诞生了，平均长度达 5500 m，最大长度达 20000 m 以上，临界电流密度达到当时美、日等国先进水平。随后，超导线材实现了批量生产，满足了受控核聚变反应堆用超导磁体的急需，为我国第一台 400 kVA 超导同步电机的成功研制做出了突出贡献，该项成果荣获全国科学大会奖。他们当时组织生产的 1.8 t 铌钛超导线材，价值近 400 万元。

由此，这一新兴、前沿学科成了他一生主攻的方向和事业，为他后来成为国家超导专家委员会首席科学家乃至成为院士奠定了坚实基础。

## 中法合作，走向世界

1979 年，周廉被公派法国留学，他硬啃了 4 个月，通过了语言关。

在法国的 2 年零 2 个月中，他充分利用国外的实验条件继续进行国内的超导材料研究工作，完成了 4 项课题，撰写出 6 篇论文和报告，参加了 3 次国际重大学术会议。

1981 年 12 月，周廉圆满完成了留学任务，如期回到祖国。他抓住学术交流的机会，充分利用国外先进条件进行试验，将国内的样品与国际水平反复比较，不断改进、提高。同年 9 月，国际应用超导会议在美国召开，他再一次自豪地向世界超导同行介绍道，中国的铌钛超导多芯复合线材临界电流密度性能达到当时世界纪录，使中国超导材料研究当之无愧地跻身于世界超导技术先进行列。因此，他被国家教育委员会授予"有突出贡献的出国留学人员"荣誉称号。

1984 年，周廉被任命为西北有色金属研究院副院长。在他的支持下，NIN 与 CRTBT 达成了合作协议，双方相继开展了低温超导磁体的合作研究，由此开启了中法超导合作的序章。

在高温超导研究方面，他创造性地发明了以 PMP 法为核心，包括 211/011 相包覆粉制备技术、无坩埚区熔、定向生长工艺在内的三种具有自主知识产权的新制备技术，使 YBCO 超导体块材的性能达到世界领先水平，实现了高温超导体材料应用的重大突破，并荣获 1999 年国家技术发明奖二等奖（第一名）。

2002 年，中法超导合作迎来了高潮。在周廉、Hebral 教授和 Tournier 教授的策划下，中法"国际超导体与磁性材料应用实验室"成立。2003 年 9 月 26 日，中国科技部徐冠华部长和法国科技部 Bernard Laarouturou 部长出席了签字仪式，法方 CNRS 总部主任、法国格勒诺布尔国立理工学院院长和中方科技部高新司邵司长、周廉正式签订了协议。在此协议框架下，法方的合作单位从 2 个实验室扩大到 8 个实验室和 2 所大学。合作研究领域也由超导和磁性材料扩大至钛合金、难熔金属、表面改性、有色金属等领域。

在中法合作如火如荼之际，NIN 于 2003 年发起成立了中国第一个大规模、具有完全自主知识产权和国际水平的现代化超导材料高新技术产业基地——西部超导科技有限公司（WST），标志着中国超导材料研究已经走向产业化。

中法超导合作模式与成果得到了中法两国政府的高度肯定。2004 年 11 月，法国总统希拉克访华时谈道"法中科技合作项目在人类基因组研究、超导材料、信息技术和应用数学等领域都已达到国际最高水平"。对于在中法合作中做出巨大贡献的两国科学家授予了极大的荣誉。法方 Tournier 教授、Hebral 教授分别于 2006 和 2008 年获得中国国家友谊奖；周廉也于 2005 年荣获约瑟夫·傅立叶大学名誉博士学位，同时被授予法国格勒诺布尔市荣誉市民。

在周廉的主导下，NIN 先后建立了与美、日、德、澳、奥等国的合作交流关系。他在项目合作、学术交流、人才培养等方面，都发挥了显著的作用，打开了 NIN 乃至中国超导材料和多种材料研究走向世界、进行交流、获得认可的大门。

## 战略引领，创新驱动

### 开启搬迁西安，科教兴院新篇章

这些年来，很多人赞誉周廉不仅是一位科学家和教育家，更是一位企业管理家。周廉在担任领导、从事管理工作的过程中，以工程技术促进科技成果转化为生产力，充分展示了他超乎常人的大局意识、战略眼光、担当勇气和实施魄力。

随着改革开放和社会主义市场经济的推进，过去"好人好马上三线"的时代特点发生了深刻的转变。面对对外合作交流困难、科研设备难以充分发挥作用、不利于申报和实施重大项目、人才流失严重、名牌高校的专家人才和优秀青年不再愿意来此开展工作与就业等诸多不利因素，周廉作为单位主要管理者，审时度势、深谋远虑，紧紧抓住当时国家开展三线单位调整搬迁的历史机遇，经过充分考察、全面论证，提出了将研究院主体搬迁到西安进行二次创业发展的战略性决策。他始终以集体决策、集体利益为重，坚持正确方向，积极争取上级政策支持，团结广大干群力量，力排种种困难，于1995 年完成了西安一期生活区住户和科研区院机关、科研主体部分的搬迁工作，2000 年基本完成了一期工程的全面收尾。固定资产从建院初期的 4000多万元增至 1.3 亿元，相当于为国家新建了两个同样规模的研究院。特别是，软硬件的巨大改观给研究院今后的人才引进培养、国内外科技交流合作、科研与生产更好结合、综合实力快速提升打开了崭新局面，实现了西北院二次创业的远大规划目标。

1995 年，周廉被任命为常务副院长。在院长的大力支持下，针对全国科教兴国战略热潮和发展社会主义市场经济的新形势，他把握时代脉搏，大力度、全方位加速研究院改革，提出了"科教兴院"的发展战略，启动了"四个一工程"。当年就实现了阶段性跨越，生产综合总收入 7244 万元，打破了几年徘徊的局面；获奖科研成果和专利数量最多、等级最高，完成科技收入 1092 万元，属历史最高水平，被国家科学技术委员会确定为首批 90 家国家级重点科研院所之一；同时，他身体力行地集中班子力量和优势队伍艰苦奋战了 26 个月，研究成果发表了 8 篇中文论文和 2 篇英文论文，"稀有金属材料加工国家工程研究中心"立项成功，争取到世界银行支持的国家重大发展规划项目，西北院成为第一批国家级成果转化中试平台，在稀有金属材料加工领域占据重要地位，并带动了全行业的加工技术进步和装备水平提高。

此外，他还先后主抓运行了 09-Ⅲ 工程项目、11 号工程项目、"九五"国家重点攻关项目、国家新材料发展规划项目等一大批重大项目，并取得重大进展。

面对科技体制改革，周廉作为单位主要管理者，充分发挥了一名战略方向引领者和改革规划总设计师的角色作用，推动院所转制。他站在最前线，走访有关领导和部门，充分汇报想法，积极争取支持，最终确保西北院不进企业、不回地方，带领西北院走上了独立发展的奋斗道路。2000 年 7 月，西北院下划给陕西省管理。2001 年，周廉任西北有色金属研究院院长。他代表西北院多次与省委、省政府主要领导和部门进行沟通交流，最终将西北院作为转制院所试点单位，独立运行发展，还专门研究了研究院的定位及后续管理问题。随后，周廉又与有关领导、部门协商，落实了西北院干部由省委组织部管理，资产由省财政厅管理，党关系从有色西安公司党委管理转为省委科技工委管理，业务由科技厅指导。至此，历时 3 年多的转制定位彻底收官。这便是周廉坚韧的意志品质、高超的领导能力和细致的运作技巧的最好例证，为研究院后来的改革发展搭建了坚实而广阔的舞台。

从此，周廉作为西北院党委书记、院长，开始了西北院全新改革发展模式的设计与实践。此后的 5 年，他科学规划、探索实施了一大批具有超前意识和影响深远的改革发展举措，包括科技成果转化政策、人事用工和分配制度、产权多元化（"混合所有制"）、股权激励、资本运作等，西北院由此走上了全面、快速的发展轨道。

他通过产权多元化、科技人员持股、无形资产入股并将 40% 股份量化分配给个人、按公司法建立现代企业管理运行机制等多种改革方式，极大提升了科技人员转化成果、积极领办企业的积极性和创造性，形成了西北院产业公司集群发展的大格局。

周廉还持续优化"以人为本"的现代科学管理办法，在科研、生产、管理等各方面分类施策，制定了很多富有创新性的业绩考核、薪酬激励、人员奖惩等办法。他选贤任能，大胆提拔年轻干部，注重人才培养，开展合作研究。特别是，他提出并实施了"兴院富民"发展理念，兼顾国家、集体、个人三者利益，让改革发展成果惠及广大职工。他积极倡导的"求实、创新、拼搏、高效"西北院文化精神，成为凝聚全院上下的强大精神力量。

西北院的"科研、中试和产业化三位一体的发展模式"享誉全国，作为"转制院所的成功典范"被广泛推广。2004 年，西北院被授予"全国五一劳动奖状"；2005 年，周廉荣获"全国先进工作者"；2006 年，他被陕西省委任命为西北有色金属研究院名誉院长。

### 振兴材料学会，国际舞台展风采

1999 年，周廉被推举为第三届中国材料研究学会理事长。周廉上任后带领秘书处工作人员多次与科协领导沟通，最终使中国材料研究学会成为中国科协的正式成员。他想方设法扩大学会影响力，带领学会加强与政府间的沟通合作，积极参与中国科协、国家发改委、科技部、基金委的新材料战略发展规划制订、咨询、院士推荐、基金委创新群体推荐等活动，编写了《学科发展蓝皮书——新材料部分》《中国新材料产业发展报告》等报告，深受从事新材料研究、开发、应用和管理的工作者的欢迎。周廉多次亲自筹划学会的个人会员和团体会员的发展，积极发展二级分会和地区学会，把理事候选人人数同该团体会员人数挂钩，把竞争引入推选理事程序，吸引了一大批有能力召集会员和带动学会发展的材料科学家。在周廉的积极组织和指导下，环境材料、计算材料、金属间化合物与非晶、超导材料和磁性材料等多个二级分会先后成立，极大地促进了学会发展。

2005 年 5 月 30 日，周廉从西北有色金属研究院领导岗位退了下来，他便将更多精力投入中国材料科学发展领域。周廉非常重视学会这块"金字招牌"，他强调要把学会发展成中国材料界的代表品牌，要举办"中国材料大会"这样的品牌会议，要代表国内最高学术水平，要办自己的大型新材料展览会和国际一流学术期刊。

周廉也非常重视与国际材料界的交往和交流，积极参与各项国际学会组织的活动。2002 年 6 月，周廉在西安召开的 IUMRS 全体会议上当选为 IUMRS 执委，2003—2004 年任第一副主席，2005—2006 年任主席。上任后，周廉推动 IUMRS 于 2005 年加入国际科学联合会（ICSU），使 IUMRS 在世界科学界的地位得到进一步提升。

为了使中国材料界在国际上有所作为，他多次主持召开国际会议，包括 2002 年国际材联电子材料大会（IUMRS-ICEM），2004 年中日环境材料、循环产业与循环经营研讨会，2004 年国际稀土研究和应用会议，2004 年北京国际镁会议，中日韩材料科学战略研讨会，2006 年北京国际材料周等。

2005 年 7 月，新加坡 IUMRS–ICAM 2005 会议期间，IUMRS 执委会通过了周廉提出的设立国际材联世界材料峰会（IUMRS-World Materials Summit）的建议。该峰会每两年举办一次，参会代表和报告均为邀请，主要议题为国际材料界关心的、与社会可持续发展相关的热点问题，如能源材料、环境材料等。

2006 年 5 月，由于身患癌症，需要动手术，周廉亲自写好了年度主席报告，针对如何解决 IUMRS 面临的问题提出了建设性建议，由韩雅芳教授在法国尼斯举行的 IUMRS 执委会议上代宣，并得到通过。

周廉任 IUMRS 主席期间运筹帷幄、认真负责，E-MRS 的 Paul Siffert 教授评价，周廉教授对 IUMRS 的发展做出了重要的里程碑式的贡献。

## 中国钛材料界，树立一面新旗帜

1978 年，周廉出任宝鸡有色金属研究所科研办公室副主任，并担任中国引进斯贝发动机钛合金材料攻关组组长，开始了系统、深入且全面的航空钛合金研究工作。在他的领导或直接指导下，西北院钛合金团队先后开发出高温钛合金 Ti600、阻燃钛合金 Ti40、高强高韧 TC21，为保障我国航空工业发展做出了重要贡献。1998 年，周廉作为大会主席主持召开了国际钛会（Ti'1998），这是中国第一次召开此类国际会议，中国钛界走上了国际舞台。

进入 21 世纪，中国钛行业伴随国民经济的高速发展进入崛起期。作为中国钛行业工作者的代表，周廉积极奔走，促成了中国有色金属工业协会钛业分会的成立，并被推举为首任会长，确立了由钛行业骨干企业（常务理事单位）轮流担任协会会长的模式，极大地调动了企业的积极性。

周廉抓住一切机会，广泛开展国际交流，扩大和提升中国钛工业在世界的影响，与其他国家的钛协会及钛企业建立起广泛的合作关系。因为他的努力，中国成为国际钛标准委员会的发起国，而他也成为"中国钛材料界的一面旗帜"。

## 战胜病魔，涅槃重生

2006 年春天，周廉因患肝癌住院。但他凭借着顽强的毅力，战胜了病魔，从此涅槃重生，开启了更加精彩的人生。

2007 年 3 月，周廉参加全国人大会议

2022 年 3 月 30 日，周廉参加材料学会换届会

从求知创业到硕果满载，从进退维谷到柳暗花明，数十载有多少艰辛荣辱、起伏跌宕。周廉凭一颗心奉献祖国与事业、一双手造就理想与奋进，以永不服输的坚韧意志和拼搏奉献的精神风范，为材料科学事业不断注入能量，让人生在开拓与超越中闪光。

（撰稿：郑树军、贾豫冬、武文军）

# 挺起中国钢铁"脊梁"

## ——记冶金专家、中国工程院院士王国栋

王国栋，1942 年出生于辽宁省大连市，东北大学教授、博士生导师，轧制技术领域国际知名专家。1966 年 9 月毕业于东北工学院，1968 年 10 月—1978 年 10 月在鞍钢小型厂从事棒材和周期断面型材轧制技术工作与管理工作，1978 年 10 月—1981 年 12 月在北京钢铁研究总院攻读硕士学位，毕业后到东北大学任教，1987 年破格晋升为副教授，1989 年破格晋升为教授，1993 年 1 月赴美国匹兹堡大学作高级访问学者，2005 年当选为中国工程院院士。

王国栋现任中国金属学会常务理事，中国金属学会轧钢分会副理事长，东北大学轧制技术及连轧自动化国家重点实验室学术委员会常务副主任，钢铁共性技术协同创新中心副主任、工艺与装备研发平台主任，《轧钢》编委会主任，*Steel Research International* 以及《钢铁研究学报》《东北大学学报》《冶金自动化》《塑性工程学报》等期刊编委或顾问。

钢铁，工业之粮食，大国之筋骨。同样产钢，有的企业拼产量，有的企业拼质量，好钢身价要高于普通钢几十倍。如，汽车车身用钢要求很高，挑剔的国外大牌车企曾对中国钢不屑一顾。然而，却因为一个人、一个实验室而发生了转变。他就是中国工程院院士、东北大学教授王国栋。

翻开日程表，王国栋每年有近一半的时间奔波于企业解决技术问题、参

加项目论证、参加行业会议做技术交流……这位被誉为"中国超级钢之父"的科学家，还在不断攀登，征服一个又一个科技巅峰。

## 熔铸在骨子里的钢铁情结

说起与钢铁的渊源，王国栋自言是一种"耳濡目染"。1950年，8岁的王国栋跟随到鞍钢工作的父母来到鞍山。新中国成立伊始，百废待兴，鞍山肩负着为国家建设输送"工业食粮"——钢铁和向全国新建的钢铁厂输送技术、人才的重任。"钢都"的强大气场，潜移默化地影响着王国栋的思想和行动，鞍钢的"大型""无缝""七高炉"……是他幼小心灵中一座座巍峨的殿堂。高考后在家人的支持和鼓励下，王国栋毅然填报了东北工学院钢铁冶金系钢铁压力加工专业，并被顺利录取。进行一次淬火，重塑一个自我。

1968—1978年，王国栋在鞍钢小型厂度过了化茧成蝶的青春岁月。当时的小型厂主要轧制螺纹钢，劳动强度大、危险性高。王国栋回忆起那段岁月，仍是记忆犹新。他笑着说："小型厂以前被称为'阎王殿'，可以想见当时工作的辛苦和危险。也由此，鞍钢的领导和工人们都懂得技术的重要性，都很尊重知识分子。大家都感觉到，现有工艺水平严重制约了产量的提升，工厂和工人都有着强烈技改需求。"初到生产一线的王国栋并没有技术革新的任务，但他把问题看在眼里，记在心上，用自己的知识做有益于人民的事的想法更加强烈了。很快，他从小型厂前辈那里找到了努力的方向。

在20世纪50年代，小型厂出了两个享誉全国的劳动模范——王崇伦和张明山，他们都是善于创新、用科技推动生产力提升的典型代表。其中，张明山从1950年初开始，与两名老工人连续苦战3个寒暑，终于研制出"反围盘"自动喂钢装置，并在1952年9月试轧出直径19毫米和25毫米的圆钢。而轧机"反围盘"自动喂钢装置的诞生，也结束了小型厂27年手工喂钢的历史，初步实现了自动化喂钢。

榜样的力量，不断激发着王国栋的创新意识。一年后，这个勤奋好学的年轻人被调入技术革新小组，厂里为他配备了钳工、电工做助手。哪里有问题，他就到哪里，一点点推动着小型厂的技术进步。

鞍钢技术图书馆，是鞍山的标志性建筑。初到小型厂工作，王国栋便被技术图书馆深深吸引，因为那里有着当时与时代同步的前沿钢铁科技图书。"我的工作业余时间，还有几乎所有的周日休息时间，都是在图书馆里看书、查资料度过的。在那里，我了解到当时国际上钢铁行业最新的技术变革情况，也认识到我们和发达国家之间的差距。"王国栋如饥似渴地在技术图书馆吸取着养分，他不但自己学习，还经常把这些文献翻译过来，在《国外钢铁》等杂志上刊出，让这些先进的知识为更多的人所知所用。

就是在那个时期，王国栋对中国钢铁工业有了更直观、深刻的认识，也被中国钢铁工人的匠心所感动。"中国的钢铁工人勤劳智慧，跟他们在一起我受益很多。就拿我自己来说，因为是在一线生产车间，即使每天下班后都要洗澡，但回到家中，还会发现自己的眼圈是黑的，需要再认真洗一次。与工人们在一起，我能体会到他们的辛劳，更知道他们的需要。而工人的知识、品质、经验，对于技术人员的发展提升同样重要。"

王国栋意识到，知识分子和工人结合在一起，必然产生巨大的能量。"你研发出来的产品，必须要用到一线去，这是个朴素的认识。而正确的科研，都是从实践中来，到实践中去，不可能凭空想象。"当时小型厂二车间生产一种用于国产汽车前桥的周期断面钢材，由于不能在周期开始点将钢材送进轧机，原本可以轧制出4个周期解放汽车前桥的坯料，只能轧制出3个整周期和2个半周期，成材率只有75%；用于黄河汽车时，本可以轧制3个整周期的坯料，却只能轧制出2个整周期和2个半周期，成材率不到67%，浪费现象比较严重。

王国栋主动请缨，根据所学知识和小型厂工人师傅的实践经验，设计制造出一套用在轧机上的连锁装置和夹持装置，实现了轧件装置与轧机传动系统的联动，将周期中间喂入钢材改为周期开启时喂入，得到4个或者3个整周期钢材，保证了成材率。这一工艺上的革新，使周期断面钢材的轧制取得突破性的进步，被誉为鞍钢"企业领导干部、技术人员、工人三结合"的重大成果。

## 潜心科研，钢铁领域先行军

1978年，王国栋考取北京钢铁研究总院压力加工专业的硕士研究生。毕业后,他又回到母校东北工学院任教。1987年破格晋升为副教授,1989年破格晋升为教授。1989年开始,他参加轧制技术及连轧自动化国家重点实验室的申报、立项论证工作。1991年正式立项后,参加实验室的建设工作,任东北大学轧制技术及连轧自动化国家重点实验室(建设阶段)副主任,主持实验室的建设和科学研究工作。1996—2004年任实验室主任。

王国栋长期以来从事钢铁材料轧制理论、工艺、自动化等领域的应用基础和工程技术的研究,先后主持和完成多项国家重点基础研究发展计划("973计划")项目、国家高技术研究发展计划("863计划")项目、攻关项目、自然科学基金重大项目等,取得了许多创新性的成果。

(1)承担"973计划"项目"新一代钢铁材料的重大基础研究"的一个课题"新一代钢铁材料轧制过程中实现晶粒细化的基础研究",该课题目标是通过轧制与冷却条件的控制,将屈服强度200 MPa级的普碳钢升级为屈服强度400 MPa级的超级钢。提出晶粒适度细化、复合强化等学术思想,解决了提高材料抗拉强度、降低屈强比和在现有轧机上生产超级钢两个关键问题,完成了板材及棒线材生产工艺制定、原型钢研制、热轧超级钢轧制、产品工业应用等系统研究工作。研究思想应用于宝钢、鞍钢、本钢等企业,已批量工业生产超级钢数百万吨,并在汽车和建筑等部门使用,其中与第一汽车集团公司合作应用超级钢制作汽车底盘承重梁等部件,已纳入企业标准。这些工作产生了巨大的经济效益和社会效益,为我国超级钢的开发、生产和应用走在世界前列做出了贡献。2004年获国家科技进步奖一等奖。

(2)在承担国家重大技术装备研制项目"首钢3500 mm中厚板轧机核心轧制技术和关键设备研制"期间,负责中厚板轧机核心轧制技术研究,重点在于形成具有我国自主知识产权的中厚板轧机核心轧制技术,实现重型中厚板轧机的国产化。项目完成过程中,形成了具有我国自主知识产权的成套中厚板轧机核心轧制技术,闯出了大型中厚板轧机实现国产化的新路。国家验收鉴定认为,"总体上达到了国际先进水平"。该研究成果已在远南、唐钢、南钢等中外20多家工厂得到应用。2005年获国家科技进步奖二等奖。

(3)承担国家"九五"攻关项目中"热轧工艺的模拟和优化""人工智能在轧钢中的应用"等课题,目标是依据轧制过程提供的海量信息,在不改动或少改动硬件的情况下,利用人工智能、有限元、组织性能预测等技术,通过软件优化轧制过程。该成果应用于宝钢，1580 热连轧机板形封锁率由 1.62% 降低到 0.5% 以下，2030 冷连轧机厚度超差造成的废品量降低 50%，2050 热连轧机卷废率由 2.91% 下降到 0.44%。应用于抚钢、本钢等生产线，建立智能优化系统，提高产品的尺寸精度。2001 年获国家科技进步奖二等奖。

（4）导出辊系变形的影响函数，提出轧辊弹性变形的矩阵解法，为板形控制理论的进一步发展奠定了基础。推导了变断面连轧张力微分方程，发表的论文对于统一观点、结束 20 世纪 80 年代初我国关于连轧张力微分方程的讨论起到了一定的作用。参加了有限元理论和实践的研究，与同事一起提出将非线性方程组简化为线性方程组进行有限元计算的新方法；建立了变形区入口增设超薄单元处理第一类奇异点的新方法；提出了伪形函数的新概念和处理方法；建立了多重耦合数值轧机模拟系统。

（5）基于超快冷的新一代 TMCP 理论、工艺及应用研究，新一代 TMCP 工艺与以往的生产工艺相比，不再以添加合金元素为调控其力学性能的主要手段，而是更加注重通过生产工艺手段来调整和控制产品最终显微组织结构，从而使其性能达到甚至超过以往同类产品。该技术已成功应用于中厚板、热连轧、棒线材、H 型钢、钢管等 90% 以上的热轧钢材领域。可实现在保持或提高钢铁材料韧性和使用性能的前提下，80% 以上的热轧钢铁材料产品强度指标提高 100 ~ 200 MPa，或钢铁材料主要合金元素用量节省 30% 以上，吨钢节省成本 150 元以上，吨钢减排 $CO_2$ 约 100 kg，实现了钢铁材料性能的全面提升，为企业创造了可观的经济效益。2017 年获国家科技进步奖二等奖。

（6）研发现代轧制技术、装备和产品创新平台，为企业插上腾飞的翅膀。经过 10 多年的努力，王国栋院士带领科研团队攻克了热轧、快速冷却、温轧、冷轧和连续退火等五大技术难题，构建了高强板带材、高品质硅钢极薄带材工艺技术、装备和产品两大研发创新平台，五大系列研究装备。平台的工艺研究能力覆盖钢铁轧制生产全流程，平台设备的工艺参数和技术指标超越现有生产装备，为生产工艺、技术和产品创新提供了发展空间，形成了创新的工艺路线，整体性能国际领先。已经在鞍钢、宝钢、首钢、太钢、武钢等 16 家国内著名钢铁企业推广应用，研发的工艺装备和高附加值产品为企业创造了巨大经济效益。2012 年获国家科技进步奖二等奖。

（7）中厚板辊式淬火成套装备技术开发与应用。2006 年以来，自主研发出国内首套中厚板辊式淬火机之后，不断突破创新，系统开发出系列多功能中厚板辊式淬火成套装备、先进热处理工艺技术和高端中厚板热处理产品。研究成果解决了长期以来制约我国高端中厚钢板热处理生产技术及装备的难题，突破了同类进口装备生产钢板的厚度下限，使我国成为除瑞典外掌握4 ~ 10 mm 极限薄规格高强调质钢板生产技术的极少数国家之一，大幅降低了国内相关高端产品的市场价格，变"贵族钢板"为"大众钢板"。成套装备及技术已在太钢、宝钢、南钢、新钢、涟钢、酒钢等企业推广应用 13 套（含改造进口设备 1 套），为企业创造了可观的经济效益和社会效益，支撑了我国大型工程机械装备、能源战略储备、国防军工等行业的发展。2014 年获国家科技进步奖二等奖。

王国栋在办公室备课

担任国家重点实验室主任期间，王国栋在管理上勇于探索，大胆实践，知人善任，宽容个性，带头成功地实践了由学科交叉和管理模式交叉而成的多支队伍协同作战的学术团队的管理模式和机制，不仅凝聚了队伍、会聚了人才，还培养了成员，造就了团队。他准确把握实验室的发展方向，加强研究平台建设，带领实验室面向国民经济主战场，形成了深入现场、躬行实践、争创一流的实验室特色。在王国栋的带领下，轧制技术及连轧自动化国家重点实验室已成为促进我国轧制技术发展和钢铁工业进步的重要力量。

王国栋曾获国家科技进步奖一等奖 2 项、二等奖 6 项，国家技术发明奖二等奖 1 项，省部级科技进步奖二等奖以上奖项 21 项，冶金科技奖二等奖以上奖项 13 项。授权发明专利 23 项。出版专著 6 部、译著 4 部。发表论文被 SCI 收录 90 余篇，EI 收录 150 余篇。培养研究生中获博士学位者 100 余人、获硕士学位者 80 余人。

## 让国之重器不再受制于人

在东北大学轧制技术及连轧自动化国家重点实验室，年轻的科研人员都称王国栋为不老的"钢铁侠"。因为 80 岁的王国栋迄今依然奔忙在钢铁技术研发一线，他每年有近一半的时间出现在企业研发现场。他深信，进行科学研究必须始终坚持问题导向。走过这么多年的教学和科研道路，王国栋对做科研有着深刻的理解。"科研中有这样不好的倾向，那就是不从实践中寻找问题，而是从国外文献中找。这不是不可以，但这都已经是二手的问题。这些已经被研究的问题，是否符合我们的需求？是不是我们具体能碰到的问题呢？无论做哪个方面的研究，都离不开实践，离不开企业的合作。"

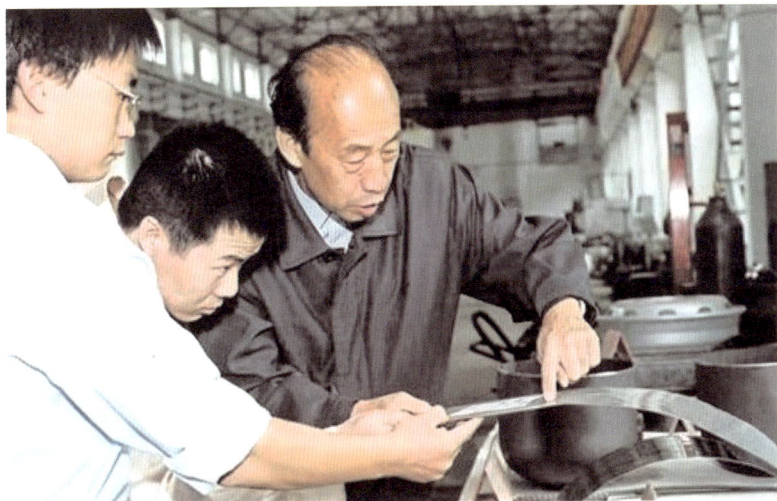

王国栋（右一）带领科研团队探讨、解决科研问题

王国栋认为，我们的科学研究要面向世界科技前沿、面向经济主战场、面向国家重大需求、面向人民生命健康，就一定要深入到企业和实践中，否

则就是无源之水、无本之木。从企业一线发现问题，再筛选出关键共性问题，上升到理论研究，然后和企业结合转化到生产实践中，科研成果必然会受到企业欢迎，转化自然不是问题。

1998年，国家"973计划"项目——"新一代钢铁材料的重大基础研究"立项，其中"铁素体—珠光体钢实现晶粒细化的基础研究"课题落在东北大学王国栋科研团队的肩上。

与日本等国追求晶粒极度细化不同，王国栋创新性地提出"晶粒适度细化和复合强化"的学术思想。经过近一年的实验室研究，王国栋与他的科研团队破解了提高材料抗拉强度、降低屈强比和在现有轧机上生产超级钢两个难题，采用传统控轧控冷技术，研发出新一代钢铁材料原型钢——超级钢。

随后，他们与宝钢合作，在2050热连轧机生产线上实现了400 MPa超级钢热轧带钢的工业试制和生产。在与一汽集团公司合作的过程中，应用超级钢制作的汽车底盘承重梁等部件不仅各项指标全部满足要求，而且每吨钢可以降低成本200~300元。

这个课题，连创国际竞争的4个第一：第一次在实验室条件下得到原型钢样品；第一次得到钢铁工业生产的工艺窗口；第一次在工业生产条件下轧制出超级钢；第一次将超级钢应用于汽车制造。而且一举摘得国家科技进步奖一等奖，打破了钢铁科研部门10年的沉寂。这一研究成果应用于宝钢、鞍钢、本钢等大型钢铁生产企业，实现批量工业生产超级钢数百万吨，产生了巨大的经济效益和社会效益。

王国栋在攻关过程中发现，在晶粒细化实现强化之外，还可以通过轧制与冷却过程来控制析出、相变，进一步改善钢材的性能。在他的眼中，钢材是一种大有潜力可挖的材料，直到今天，他还沉浸在对钢材的研究中。正是因为中国钢铁材料人的努力，我国在桥梁钢、管线钢、高层建筑用钢以及航母等大国重器用的高端钢材上，真正摆脱了被"卡脖子"状态。

2017年，王国栋团队又一新成果闪亮在港珠澳大桥上。"港珠澳大桥主体工程全线贯通"入选2017年国内十大新闻。这座世界总跨度最长、施工难度最大的跨海大桥，对桥梁钢的高强度、大规格、易焊接、抗疲劳、耐腐蚀等要求极为严苛，扛大梁的正是王国栋团队基于新一代控轧控冷工艺研发的高性能绿色桥梁钢。

从 2012 年申报组建，到 2015 年正式运行，年逾七十的王国栋担负起了"2011 钢铁共性技术协同创新中心"的重任。981 钻井平台、观音岩大型电站、新一代舰船、南海荔湾深海油气田厚壁管线、驰骋北冰洋的高技术船舶、"华龙一号"第三代核电技术全球首堆示范项目……这些光彩夺目的国之重器，凝聚着王国栋团队的心血，更是他们心中的骄傲。

## 实现黑色冶金的"绿色"逆袭

目前中国钢产量占全球一半，而钢铁企业是排碳大户。王国栋长期从事钢铁材料轧制理论、工艺、装备与产品方面的研究，就是要研发绿色化工艺与装备，开发重大工程高性能绿色化产品，支撑国民经济和战略性新兴产业可持续发展。

王国栋（右一）与科研人员交流

"我们要促进传统材料转型发展，成为 No.1，创新开发高新材料，成为 only one，重视高端材料和复合材料开发，使中国成为绿色、智能、高端钢铁技术的全球领跑者。"王国栋认为，当前钢铁行业的重大任务就是要实现工艺绿色化、装备智能化、产品高质化。其中，工艺绿色化是指节省资源能源、减少排放、环境友好；装备智能化是指钢铁工业要实现信息深度感知、智慧优化决策、精准协调控制，具备自主智能学习的能力；产品高质化是指实现钢铁材料减量化、高性能、耐腐蚀、无污染、长寿命、易循环。

说起来容易做起来难。一个产品的难度系数，如果在计算机上模拟是1，在实验室做出来就是10，现场生产出来就是100。而真正稳定、大批量、高精度、高可靠性地出产品，更难。王国栋说："正是因为难，别人没做出来，才给我们留出了创新的空间！"

王国栋带领科研人员跟进全球科技，从国情出发确定主攻方向。洁净化冶炼、高品质连铸、热轧组织性能控制……一个个难题在无数次研发试制中被破解，一项项新工艺、新设备应用到钢铁企业中，一批批国家急需的高端、重点品种钢材，源源不断地送到祖国的四面八方。

鞍钢中厚板厂两条生产线最早一批应用了他们研发的超快冷却技术，生产出的海洋平台用钢、舰船用钢、水电用钢、桥梁用钢等在国家经济建设和国防安全方面发挥了重要作用，企业也在2014—2016年，3年新增利润8582万元；在本钢、鞍钢，大规格轴承钢、高铁重轨钢、车轴钢等的合格率大幅度提升；辽宁省30亿吨以上复杂难选铁矿资源将被盘活，仅鞍钢东部尾矿工程年利润即可达5亿元；在本溪、朝阳，铁矿资源的优质优用比传统工艺节能减排70%以上……

"创新，是引领钢铁行业走出寒冬、绿色发展的第一动力，更是高碳排产业向低碳化发展的必经之路。通过设备升级和新技术开发，不断提高钢铁生产的质量和效益，实现绿色、低耗钢铁生产，由跟跑到并行，直至成为领跑。"

## 为中国钢铁工业领跑而努力

王国栋初心如一。"我国的钢铁工业要从并行到领跑，必须做好原创性、前沿性、颠覆性的研究，在从0到1的研究上下真功夫，攻下被国外垄断把控的技术山头。"

在材料突破上，2018年，王国栋所在的东北大学轧制技术及连轧自动化国家重点实验室，在国际上率先研发出2000 MPa级汽车用热冲压高强钢；在液化天然气低温容器用钢上，世界上普遍采用的材料是9Ni（镍）钢，在保证钢材性能的前提下，实验室与企业合作，用5Ni钢做出了9Ni钢的性能，大幅节约了成本。在生产工艺上，研发出薄带连铸、无头轧制等新流程、新工艺，正在向企业转化，可应用于多个重要钢种的生产。

2021年，王国栋接受采访阐述工业互联网需要新一代信息技术支持的观念

科研创新必然要依托先进的平台，东北大学轧制技术及连轧自动化国家重点实验室与国内众多钢铁企业合建研发平台和近工业化的试验平台。同时，通过学科交叉进行钢铁行业的智能制造探索。目前，东北大学牵头承担着国家原材料领域3个智能制造重大科研项目。

2021年9月26日，由东北大学轧制技术及连轧自动化国家重点实验室技术孵化的金属材料研发企业——育材堂（苏州）材料科技有限公司研发总部正式启用。王国栋院士、李德群院士、毛新平院士等众多专家和企业代表出席会议。王国栋表示，"热冲压钢高韧性铝硅镀层技术"是易红亮教授和育材堂团队另辟蹊径坚持创新的重要成果，创造性地通过重构镀层的特征，极大地推动了热成形技术的进步。

2021 年 9 月 26 日，王国栋（前排右三）参加车企-育材堂轻量化技术联合实验室揭牌仪式

创新，永远没有尽头。王国栋和他的团队持续瞄准钢铁行业绿色化、减量化大方向，聚焦"新一代轧制控制冷却技术"这一热轧钢材最重要的关键共性技术，最大限度地挖掘钢铁材料的潜力，减少生产过程中的消耗和排放。

王国栋认为，创新性课题不是计划出来的，而是从实践中来再到实践中去。他赞同袁隆平所说的"不能没有书本，也不能没有计算机，但书本和计算机上种不出稻子来"。他说："不能把成果当贡果，真正为国家负责是把成果从纸上落到大地上。"对于未来，王国栋充满信心。

## 协同创新引领青年人成长

王国栋学风正派，勇于开拓，治学严谨，教书育人，忠诚于党的教育事业，为我国钢铁工业发展和科技进步做出了重大贡献。曾获国务院政府特殊津贴、辽宁省科技功勋奖、冶金工业部有突出贡献的中青年专家、辽宁省优秀专家、辽宁省优秀科技工作者、宝钢教育奖、辽宁省特等劳动模范、辽宁省优秀教师、沈阳市劳动模范、沈阳市振兴奖、辽宁教育人物等荣誉。

在王国栋看来，科研创新离不开人才的培养，早在"双一流"建设方案发布之前，王国栋就十分关注协同创新、科教融合、内涵发展等与人才培养相关的话题。至今，在他的电脑中，还保存着不同版本的 PPT。

"我给校领导讲，给兄弟院校讲，给师生们讲……"王国栋说，核心思想只有一个，就是呼吁大力开展协同创新，在新时代的科技创新与人才培养中走出一条有中国特色的道路。

2022 年 4 月 26 日，王国栋作题为《协同创新
攻克钢铁关键共性技术 促进中国冶金科技登上世界最高峰》的主旨演讲

王国栋认为，我们应树立搞科研、培养人才为社会主义服务的观念。中国科学院根据习近平总书记对"四个率先"的批示，在"四个率先"的前面，又增加了"四个面向"——面向世界科技前沿、面向经济主战场、面向国家重大需求、面向人民生命健康。这是党和国家对我国科研人员的基本要求。我们要注重原始创新的重要性。我国科研在长期跟跑的情况下产生了一定的依赖性，要从跟跑转向并跑、领跑，更重要的是原始创新。年轻人有无穷的创造力，教师要鼓励学生产生自己的想法。我们在国际合作中还要有竞争意识。既要学习又要提倡竞争，不竞争到不了领跑的位置。在合作中有竞争意识，有超越意识，才能实现超越。

针对科技创新与人才培养的中国特色，王国栋认为，高校最紧要的事情是通过科教融合，实现内涵式发展。要实现内涵式发展，高校必须做一流科研，在一流科研中培育一流人才，其核心是一流科研、科教融合，从而实现科研育人。

党的十九大和二十大报告先后提出"加快一流大学和一流学科建设，实现高等教育内涵式发展"和"加强基础学科、新兴学科、交叉学科建设，加快建设中国特色、世界一流的大学和优势学科"的目标任务。高校应鼓励教师从事一流科研，出一流的科研成果，同时鼓励学生参加进去，在科研中培养学生素质，使其成长为一流人才。"空谈误国，实干兴邦"，实干是高校协同创新的根本。"干""真""实"三个字最重要。对教师、学生的要求都是"实干、实际、实效"。在40余年的从教生涯里，王国栋培养硕士、博士研究生百余人，大批成长起来的年轻人渐成主力。

王国栋认为，人才培养的一个重要经验是协同创新。要调动企业团队的动力，鼓励他们不但要在技术上给教授出主意，还要帮助高校培养人才。大学教授是专家，但企业人员直接面对生产实践，对某些点上存在的问题和需要改进之处，可能比教授了解得更清楚。现场人员的实际经验和知识，对学生、教师都是非常宝贵的。

高校的工程科技教育也会在科技成果转化的过程中实现。工程科技是工科学生必不可少的本领。高校在成果转化中，通过与企业合作解决问题，可以培养学生的工程能力，学生将来在工作中遇到问题时，就会有自己的见解和解决方案。这些想法会比较切合实际，比较周全，少走弯路，对于创新、应用、转化都有帮助。

今天的工厂已经逐步实现自动化、无人化，并向智能化、数字化发展。未来的工科教育如果能在平台上实现科研、教学、实验、实习等，将是一个产教融合、科研育人、内涵发展的教学改革的利器，王国栋对此深表期待。

"超级钢之父"、不老的"钢铁侠"……这些"成功标签"是王国栋始终践行初心，潜心科研岗位，做行业先行军的最好证明。然而王国栋并不喜欢别人赋予他太多头衔，他认为："做人，就要脚踏实地。"奔腾的钢花日夜飞溅，雄伟的轧机阵阵轰鸣……这是王国栋最喜欢也最熟悉的场景。挺起民族钢铁的"脊梁"，让国之重器不再受制于人，他紧盯着世界发展的前沿，时刻感受着国家和企业的需求。凭借对科技发展的敏感性和对国家、人民的责任感，王国栋在每一个关键时刻，总能找到赶超世界先进水平的目标，提出闯过"无人区"创新的方向。

登高才能望远，创新才能颠覆！让中国成为钢铁科技的领跑者，是王国栋矢志不渝的目标。

（资料整理：张旭华　内容修订：王国栋、王凤辉、陈田）

# 矿物加工技术的引领者

## ——记矿物加工工程专家、中国工程院院士孙传尧

孙传尧，1944 年 12 月出生于黑龙江省饶河县，祖籍山东东平，矿物加工科学与技术国家重点实验室主任。

1968 年本科毕业于东北工学院，1981 年硕士毕业于北京矿冶研究总院。1985 年 1 月—1985 年 10 月，担任北京矿冶研究总院科研处处长；1985 年 10 月—1988 年 2 月，担任北京矿冶研究总院副院长；1988 年 2 月—2007 年 2 月，担任北京矿冶研究总院院长。1991 年 12 月，当选为俄罗斯圣彼得堡工程科学院院士。2008 年，担任北京矿冶研究总院矿物加工科学与技术国家重点实验室主任。2000 年，荣获"全国劳动模范"荣誉称号。2003 年当选为中国工程院院士。

历经磨难，初心不改，心无旁骛，廉洁无私。一步一个脚印，在矿物加工这条道路上留下拼搏奋斗的人生足迹。矢志不渝，不畏艰难，在可可托海的磨炼中建功立业、创造历史，为矿冶事业的发展和教育奉献一生。他就是矿物加工工程专家、矿物加工技术的引领者——孙传尧。

## 锲而不舍，矢志不移

1952 年 9 月，孙传尧进入佳木斯第一小学读书，开始了学生时代。当时正是抗美援朝战争最激烈的时期，各家各户和学校教室的玻璃窗上都贴满了米字形的防空袭纸条，不时就有防空警报响起，一旦警报响起，学生们便立刻钻到课桌底下，待警报解除再坐下学习。当时相当一部分学生不能考上中学，孙传尧却由于成绩优异，跳级提前一年小学毕业，考上佳木斯二中，初中时他学习成绩仍然名列前茅。1960 年初中毕业，孙传尧被保送到本校高中。进入高中后，他学习兴趣依然高涨，还当上了学习班长。孙传尧不仅课内学得扎实，而且酷爱课外书，代数、几何、三角、物理、化学的习题汇编更是爱不释手，俄语也学得极好。回到家里干完家务活就做课外题。在孙传尧和几个要好同学的带动下，班级的学习风气十分浓厚。有时放学路上为了一道题解争论不休，即使已到家门口也返回学校找老师评判。1963 年高考，孙传尧所在班级近三分之一的考生考入全国重点大学。

1963 年 9 月，孙传尧考入东北工学院（现东北大学）有色冶金系选矿专业。此时，三年困难时期已过，国民经济开始复苏，大学教育已非常正规，以基本概念、基础理论和基本技能为核心狠抓教学质量，完成未来工程师的严格训练。学校要求老师不能教死书，学生也不能死读书，要把教学的重点放在培养学生分析问题和解决问题的能力上，现在看来这种教学方法是非常正确的。在这样的教学环境下，学生不满足于书本知识，而是有意开发自己的创造性，孙传尧也在这样的环境下大受裨益。

物理化学是一门比较难学的专业基础课，孙传尧却很有兴趣，并且学得很好。结业考试时老师出了一道实验题：用活性炭吸附醋酸，验证是否符合弗罗因德利希吸附等温式。教材上要求连续摇动吸附 20 分钟，孙传尧按要求完成了实验，得出吸附等温式。但他并不满足，于是加做了吸附动力学特性的实验，这是老师在考试中没有要求的。结果令他大吃一惊，不需要 20 分钟，3 分钟内就可以达到饱和吸附；孙传尧接着往下做，1 分钟之内同样可以达到饱和吸附。老师在总结时说："教材上规定 20 分钟的吸附时间，不知道是谁规定的，是从哪年开始的，但这次叫孙传尧给打破了，一两分钟就足够。"

1968 年 12 月，孙传尧大学毕业了。被分配到最边远、最艰苦的地方接受工人阶级再教育。1978 年，国家招收第一批研究生，当时孙传尧所在的新疆可可托海 8766 选矿厂 6 名领导中有 4 人在外，由孙传尧主持工作，他根本无心报考，也无时间复习。在同学们拉他作陪考的鼓动下，孙传尧匆匆上了考场。好在孙传尧大学期间基础扎实，况且"陪考"也没有压力，他以专业第一名的分数考上了北京矿冶研究总院的研究生，师从著名选矿专家、东北工学院 1952 年毕业的吕永信先生。

## 敢于吃苦，苦中有乐

1952 年冬天，雪下得很大，孙传尧家的大院里积满了雪。孙传尧父亲失业在家，居委会干部让他父亲把大院的积雪用车运到郊外。当时正好是孙传尧小学一年级的第一个寒假，8 岁的孙传尧在前边拉车，52 岁的父亲在后边推车，用了十几天时间把大院内的积雪打扫干净，赚了 10 元钱补贴家中生活。

后来，孙传尧的父亲开始做小生意。20 世纪 50 年代，佳木斯的北市场就如北京的天桥一样，说评书的，唱西河大鼓的，唱评剧、京剧的，唱二人转的，耍驴皮影的，拉洋片的，耍杂技的，白天晚上热闹非凡。父亲在一个大茶社门前摆了一个不小的摊位，经营烟、糖、水果和饮料之类。那时孙传尧不过十一二岁，经常利用放学后的时间独自替父亲看摊。这段历练增强了孙传尧了解社会、吃苦耐劳，坚韧不拔、诚实守信的作风。

1958 年，佳木斯组建铁道兵团筑路指挥部到双鸭山市羊鼻子山修铁路，被称为钢铁运输线，孙传尧随佳木斯二中的许多师生参加了这次大会战。当时是冲锋号一响，筑路大军便像战场上的战士一样挑着土篮往前冲。

这次大会战，孙传尧由于表现出色，被佳木斯铁道兵团筑路指挥部评为市级筑路模范，受到了嘉奖，那一年孙传尧才仅仅 14 岁。当时的奖品有一块毛巾、一个水杯，还有一个精致的硬皮笔记本，孙传尧将其一直保存到现在。

从初中开始，孙传尧便勤工俭学为父母分忧。他利用暑假时间，到市郊的农村干农活，铲地、种菜、拔草、垛草，这样辛苦疲惫的一天也只能挣到1元钱。高中时，为减轻父母生活压力，16岁的孙传尧决定利用寒假去松花江北岸打草赚钱。早晨，孙传尧吃点用菜叶子或制糖厂的甜菜渣和玉米面混合做的饼子，然后拉着爬犁迎着刺骨的西北风，沿着冰冻的松花江面西行，在二道江口的地方停下，站在一尺多深的雪地里打草。中午，将打好的草装好爬犁，开始吃中午饭：从后腰里取出一块用自身体温防冻的饼子，这是母亲心疼他，专门为他特制的一块不含任何菜、渣的纯玉米面饼子。饥饿难忍的他几口就吃完饼子，再吃上几把雪，然后一个人拉着装满草的爬犁往回走近10里路，遇到上坡就等着几个素不相识的打草人相互帮忙把爬犁盘过去，傍晚拉着爬犁返回到江边一个柴草市场把草卖掉。这样一天下来能够打六七十捆草，也能赚上5~8元钱。每天晚上孙传尧母亲把汗水浸透的棉裤放在炉子上烤干，第二天穿上继续干。一个寒假下来，孙传尧靠打草赚的钱不但够一年的学杂费，还贴补了家庭生活。高二暑假，孙传尧到东北林学院实验场建筑工地为架子工和瓦工当小工，不仅赚钱补贴了家中生活，还学会了瓦工的操作技能，以后在新疆派上了用场。

## 克难攻坚，成果卓越

### 初到新疆可可托海

大学毕业时，孙传尧与20多名同学一起被分配到了新疆。到达乌鲁木齐之后，再乘汽车北行3天，来到阿尔泰山腹地富蕴县的可可托海矿务局，开始了十年难忘的工作与生活。

这座坐落在中、俄、蒙三国交界地带的小城，是国家一级保密单位，神秘得几乎不被世人所知。然而，这也是一个蕴藏着丰富宝藏的地方。闻名国内外地质界并被列入矿床学教科书的新疆阿尔泰3号伟晶岩脉就在这里。该矿体上部的岩钟部分以石英核为中心向外呈环状沿空间分布，每一环带都显现不同特征并且蕴藏锂、铍、钽、铌、铷、铯、锆、铪等稀有金属矿物。这里的稀有金属资源是航天航空国防尖端工业的特种原料。另外，此地还盛产多种宝石原料，可谓蕴藏丰富的宝地。

这里的矿产资源是上好的，但气候十分险恶，号称中国的冷极。冬季一般都在 -40~-30 ℃，孙传尧管生产时经历过 -58 ℃，听说还有 -60 ℃的天气，积雪一般在 1~1.5 米厚左右。冬日漫长的严寒令人望而生畏，然而更加使人难熬的是这里的物质生活十分匮乏。

## 在可可托海的成就与磨炼

虽然环境艰苦，但孙传尧在可可托海矿区工作 10 年间练就了一身本领。前 6 年，孙传尧先后当过装卸工、搬运工、房屋修缮工，井下的采矿工、掘进工，选矿厂的磨矿工、重选工、磁选工、浮选工和值班长。许多艰苦的第一线的工作，孙传尧都干过。当装卸工运粮、油、面时，孙传尧一次扛 7 袋面 140 公斤。干采矿工和掘进工时，冬天住帐篷，有时早晨起来，发现一夜的大雪几乎把帐篷埋上，门都出不去。正是由于在生产第一线工人岗位上的磨炼，孙传尧练就了一身工艺操作和设备维修的技能。这为以后 30 多年从事工程技术工作奠定了坚实的实践基础，以至 1984 年孙传尧以北京矿冶研究总院工程师的身份在广东凡口铅锌矿搞工业试验时，不少人还误认为他是一个机械工程师。

几年以后，孙传尧和同学们的实力得到领导和工人们的认可，先后从工人岗位上调出来从事技术工作。在 1974 年前后，8859 选矿厂处理低品位的锂矿石，因流程结构和工艺条件不适应，在相当长一段时间内浮选的锂精矿均为废品，冶炼厂拒收，产品质量成了瓶颈。孙传尧当时只有 30 岁，无任何人授意，他独自在实验室搞科研并在老工程师李金海和厂长周宝光的支持下组织工业实施，使原矿含氧化锂 0.32% 时，所获得的浮选精矿含氧化锂达 4.42%（达 4.0% 就是合格品）。此生产指标在国内外绝无仅有，不仅结束了锂精矿长期废品的历史，而且为提高低品位锂资源的利用率提供了技术保证。

1975 年夏，为了最终确定建设中的 8766 选矿厂 1 号系统的浮选流程，冶金工业部下达命令，要求可可托海矿务局与广州有色金属研究院合作尽快完成选矿工业试验，为大选矿厂最后的设备安装提供依据。可可托海矿务局把这项现场工业试验负责人的重担压在孙传尧肩上。厂里浮选机不够，在那个边远的地区，去东北采购计划外的设备已无可能，唯一的办法就是自己设计、自己造。孙传尧带领一批技术人员和工人日夜奋战了 20 多天，10 台崭新的浮选机终于按期安装到位。刻苦的攻关、勤劳的汗水终于开花结果，工业试验开车后一次成功，保证了大选厂的建设进度。

1975 年秋季，经过 10 年设计和建设，我国最大的稀有金属锂铍钽铌选矿厂——可可托海 8766 选矿厂终于竣工剪彩。

从 1975 年冬季开始，孙传尧担任 8766 选矿厂的技术总负责人，接着于 1976 年 10 月出任生产技术副厂长。孙传尧和李金海厂长带领工程技术人员和工人完成了上百项大大小小的技术改造，先后解决了 –60~–50 ℃的严冬水源地供水、非保温矿浆管道两相流输送、粉矿仓冻结、尾矿库冰下沉积放矿等关键性的工程技术难题和大量的工艺、设备改造任务，终于使全厂打通流程，1 号系统铍锂浮选分离工业试验及转产成功，获全国科学大会奖，为该厂的成功投产做出了重要贡献。孙传尧的某些成果一直沿用至今。

1975 年，孙传尧（右一）在 8859 选矿厂实验室

## 在北京的成果

在硕士学位论文中，孙传尧提出了矿物浮选的晶体化学观点，受到专家

的关注与好评。在 1982 年秋季召开的全国首届工艺矿物学学术会议上，孙传尧以霓石和铁矿物为例论述了矿物的晶体结构、表面特性和浮游性之间的关系，引起会场的轰动。一个来自天津的老工程师称孙传尧的报告"一鸣惊人"。会议执行主席、东北大学陈祖荫教授好像突然发现一匹黑马，破例将规定 20 分钟的论文宣读时间延长，让孙传尧讲透，结果讲了 35 分钟。紧接着陈教授做了讲评，说他多年来想干而未干成的事，由孙传尧干成了。

1983—1993 年，孙传尧与李凤楼、赵纯录等合作对我国铅锌选矿开展技术攻关，创造性地提出异步混合浮选法，在我国最大的凡口铅锌矿首获成功，并获得 1989 年国家科技进步奖二等奖。在铅锌分离方面，也接连创造出新技术，成功地用于西林、浑江、锡铁山等矿山，多次获部级科技奖。这些成果带动了我国铅锌选矿的技术进步，填补了这一领域的某些技术空白。

从 1992 年开始，孙传尧致力于开展电化学控制浮选综合技术研究并主攻工业化应用，该项技术在西林铅锌矿等矿山获得成功，并获 1996 年国家科技进步奖二等奖。

孙传尧全面组织领导和参加国家"八五""九五"重点科技攻关项目——湖南柿竹园复杂多金属矿选矿科技攻关，与科研、设计及企业的同行合作，历经 10 年奋斗，与肖庆苏、程新朝、李长根等研究成功我国独创的钨钼铋复杂多金属选矿新技术——柿竹园法，解决了钼铋硫化矿，黑、白钨矿物和萤石的综合回收技术以及含钙矿物浮选分离的难题，这是世界钨选矿技术的重大突破，获 2001 年国家科技进步奖二等奖。

2002—2005 年，孙传尧作为项目负责人与王福良、赵纯录、周秀英等合作研究成功云南会泽铅锌矿高品位富锗硫化—氧化铅锌混合矿石的选矿工艺。依据研究的新工艺技术已建成年处理能力 65 万吨矿石的新型选矿厂并投产，又获行业科技进步奖一等奖。

孙传尧在锂铍钽铌、铅锌、铜镍、钨铋钼和铁等复杂多金属矿石和硅酸盐矿物选矿科研及工程技术领域所做的工作得到了工程技术界及同行的认可，2003 年当选为中国工程院院士。近年来孙传尧提出基因选矿、和谐选矿和智能选矿的学术思想，在业内已产生良好的影响。

孙传尧作为北京矿冶研究总院副院长、院长的 20 多年间，领导组织或指导多个科研项目，为选矿科技进步做出了重要贡献。

## 致力矿业，培育英才

孙传尧作为教育科研工作者，理论研究方面，在已初步形成的矿物浮选的晶体化学原理这一思路的基础上，与印万忠博士合作，应用矿物晶体化学原理和键价理论，系统研究了五大类硅酸盐矿物的晶体结构、表面特性与浮游性之间的关系，发现了一些重要规律。在此基础上，出版了一部目前国内外在该领域唯一的学术专著《硅酸盐矿物浮选原理》。

孙传尧已发表学术论文 150 多篇，独著或合著《选矿工程师手册》（四册）等 7 部专著。

他培养了硕士研究生 5 名、博士研究生 55 名（其中已毕业 38 名）。1989年、1996 年、2001 年，2014 年 4 次荣获国家科技进步奖二等奖；2000 年荣获"全国劳动模范"荣誉称号；2003 年获得一枚象征北京矿冶研究总院最高荣誉的矿冶勋章；2006 年获光华工程科技奖。

孙传尧自述："这不仅是我个人努力的结果，我发自内心地说，是东北大学、矿冶总院乃至新疆有色金属公司的培养，以及几十年来社会各界的合作者对我的支持和关爱，是他们托起我来，摘取了这枚光环。"孙传尧对待科研始终抱有本真的态度，无论什么样的荣誉，都把它看作过去，而事业前进的每一步都是从零开始。

## 廉洁无私，受人爱戴

大学阶段学校注重对学生的政治思想教育，雷锋、王杰、焦裕禄等英雄人物的行为和精神深深刻在了孙传尧的脑子里。

孙传尧面对工作总是兢兢业业、废寝忘食、无私奉献。选矿厂刚投产时问题多，在最困难、最紧张的时候，孙传尧在现场经常通宵达旦地一干就是十几至二十几个小时。

孙传尧多次看到工人同志现场抢修设备排除故障时表现出忘我牺牲精神，亲眼看到在超过 -50 ℃的严寒中，维吾尔族电铲司机为了方便抢修不得不摘下手套，裸露双手在电铲底盘下操作，几分钟后接触冻铁的双手和小臂上已是一道道红黑色的冻伤痕；他也看到在寒冬深夜的风雪中，一个哈萨克族老工人在尾矿库的旷野中巡查的情景。孙传尧心疼这些工人同志，这一幕幕的动人场面深深地刻在他的脑海里，他由此提高了责任感，也更加严于律己。

孙传尧对身边的人产生了积极正向的影响，身边的人对他有很高的评价。1978年，离开矿区去北京读研究生报到的那个秋日的早晨，孙传尧不想惊动其他人，在妻子、孩子和朋友的陪伴下来到民航站乘去机场的班车。可万万没有想到，竟有数十人在民航班车前等着他，大清早赶来列队为孙传尧送行。

回顾几十年来风风雨雨的奔波，孙传尧院士感慨万千："人有各种各样的活法，我追求的是：不白活一生，不白上大学，不白学专业。能做到这一点，我知足了。矿冶事业是资源开拓的艰难和铺路基石般的奉献融为一体的事业，能为国家的矿冶事业尽力是我莫大的荣幸。"

（资料整理：李佳佳　内容修订：孙传尧、陈田）

# 干劲冲天搞科研，勇攀高峰摘桂冠

## ——记中国冶金材料专家、中国工程院院士干勇

干勇，1947年8月出生，祖籍资阳，汉族，冶金材料专家，中国共产党党员。教授级高级工程师，博士生导师。1994年至今任连铸技术国家工程研究中心主任，2001年4月至今任钢铁研究总院院长。现兼任中国金属学会理事长。2002年当选为中国共产党十六大代表、主席团成员，2007年当选为中国共产党十七大代表。2010年6月当选为中国工程院副院长，第十二届全国政协委员及人口、资源与环境委员会副主任，现任国家新材料产业发展专家咨询委员会主任。

长期从事冶金、新材料及现代钢铁流程技术研究，是我国材料、冶金、现代钢铁流程的学术带头人之一。先后获国家科技进步奖二等奖2项及省部级科技进步奖一等奖5项，获准专利24项，其中发明专利15项，发表论文200余篇，出版著作17部。曾获国家级有突出贡献的中青年专家、国家"八五"科技攻关计划"全国先进工作者"和国家"九五"科技攻关计划"全国突出贡献者"等称号。主持国家"十一五"重大支撑计划项目"新一代可循环钢铁流程工艺技术"的研究工作，并担任钢铁行业技术创新战略联盟理事长和中国科协先进材料学会联合体主席、国家科技创新2030重大项目"重点新材料研发及应用"编制专家组组长。

2001 年当选为中国工程院院士。

作为我国一流材料专家，中国工程院院士干勇在材料研究领域坚守了 30 多年，身先士卒。他是在高效连铸、薄板连铸技术与装备国产化、工业化方面做出突出贡献的科学家。为我国钢铁行业不断做大做强呕心沥血，并率领团队展开我国新材料的前瞻性战略研究，不断做出交钥匙工程。

## 艰苦岁月，磨砺坚强意志

20 世纪 40 年代末，干勇出生于重庆市一个知识分子家庭，幼年时随父母工作调动来到四川省内江市，就读于内江二中。中学时代，他不仅学习成绩优秀，还是享誉内江地区的运动健将，是学校"德、智、体"全面发展的三好学生。

1965 年初秋，干勇考入东北工学院（现东北大学），与同龄人一样，怀着钢铁报国梦想，就读于钢铁冶金系冶金炉专业，开始了五年大学学习生活。

1970 年大学毕业后，干勇被分配到吉林天宝山铜铅矿机电厂工作，成为一名电炉炼钢工。1972 年夏天，调回家乡内江电力修造厂，当上了炼钢技术员。工作的需要，让他自学了炼钢专业在大学阶段应该学习的冶金物理化学、电炉炼钢工艺学等。炉前工作是辛苦的，但让他积累了丰富的现场工作经验，奠定了继续深造学习炼钢专业的基础，养成了自学知识的习惯，培养了基础理论研究与工业应用相结合的思维方式。

1977 年底，国家恢复高考制度，这一具有重大历史意义的决定，改变了几代人的命运，对专业知识有着强烈渴求的干勇也成为千千万万的受益者之一。很快，厂区里一间废旧小平房出现了"攻关者"漫无目标地猛攻英语、电工基础、理论力学等书籍的身影。空气混浊的小平房内夏天密不透气，冬天冰凉刺骨。重拾知识的日子，干勇白天坚持上班，只有充分利用晚上、周末及节假日刻苦自学，埋头钻研到深夜两三点成了家常便饭。

1979 年 8 月的一天下午，上海工业大学冶金系硕士研究生的录取通知书寄到厂里，全厂轰动了，母校内江二中轰动了，干勇全家沉浸在无比欢乐的氛围中。

从内江来到上海工业大学，重新回到大学校园，干勇非常珍惜这难得的机会，如饥似渴地学习着，每天不是在实验室，就是在图书馆查阅资料，把自己在工厂操作中遇到的问题和革新设想，通过理论研究进行检验和实践。按照常规，硕士研究生一般要 3 年才能完成学业。但是在导师徐匡迪教授的严格指导下，干勇更加勤奋刻苦，竟然提前 11 个月把《铁水喷粉脱硫》硕士论文圆满完成。

1982 年 9 月，在钢铁研究总院炼钢室副主任知水教授的动员和推荐下，干勇又考取了冶金工业部钢铁研究总院博士研究生，继续攻读博士学位，师从中国钢铁冶金新工艺的开拓者和奠基人李文采院士，从事薄板坯连铸方向的研究工作。当时，薄板坯连铸在世界范围内刚刚起步，国内尚处于争议阶段。在李先生的悉心指导下，干勇开始了亚快速凝固机理及薄板坯连铸工艺基础方面的探索研究。经过 4 年多的不懈努力，确定了薄板坯连铸工业化的可行性，为该项技术立项攻关奠定了理论基础。1987 年 12 月，干勇顺利通过博士论文答辩。徐匡迪和李文采两位导师的创新思维方式、对科学问题的认知与提炼、严谨治学的态度、诲人不倦的大师风范在干勇的科技人生中得到了广泛实践和传承。

## 科技创新，打造"大国筋骨"

干勇博士毕业时，国家计委已经将薄板坯连铸技术列入国家"八五"攻关计划，组织钢铁研究总院、冶金自动化研究院、兰州钢厂等单位对该项技术进行攻关研究。毕业后的干勇没有选择出国继续深造或到薪酬比较高的国外公司工作，而是选择留在冶金工业部钢铁研究总院工作。面对人生道路的第二次选择，干勇依然选择了自己喜欢的"钢铁"，这里最吸引他的是薄板坯连铸技术工业化开发的机遇。用干勇的话说，"深造的机会今后会有，挣钱的机会今后更多，从事自己喜欢并有机会形成工业化技术的机会人生或许仅有一次"。

连铸是钢铁工业生产流程中非常关键的技术，连铸技术的先进水平直接标志着一个国家钢铁工业的发展水平。20 世纪 80 年代以前，我国钢铁企业的连铸技术一直靠从国外引进，直到1989年，干勇率先在国内开展了对连铸技术的基础研究。他组织了我国第一台薄板坯连铸机组的工业性试验。经过不懈的努力，我国第一块使用连铸技术生产的薄板钢坯终于诞生了。

干勇在从事科研工作的同时，也展示出非凡的管理才能。1990年，干勇任连铸技术国家工程研究中心主任，1992年任炼钢研究室主任。1994年，干勇担当负责人的国家科技攻关项目"高速高效连铸技术研究"取得重大突破，形成了完全由我国拥有自主知识产权的方坯高效连铸产业化技术及其相关的系统设计软件。谈到科研实践，干勇认为："我们之所以能够在冶金研究领域取得成绩，主要是因为我们的研究紧密结合了我国工业发展的实际，不断用高新技术改造传统产业。科研始终要定位在对社会、对国民经济有贡献上。"在干勇的带领下，连铸技术国家工程研究中心的研究成果源源不断地输送到生产第一线，通过对全国20多个大中型钢铁企业的35台铸机进行高效化改造，使企业经济效益大幅提高。其中广州钢铁公司年增效益达2500万元，首钢则达到7900多万元。

干勇长期从事材料冶金领域基础理论研究、技术研发及推广应用工作，在薄板坯连铸、高效连铸、电工钢（无取向、取向）生产新工艺、熔融还原、电磁冶金、新一代钢铁冶金工艺流程的理论基础与技术集成等方面做出了重要成绩，为薄板坯连铸连轧技术的应用和发展，传统连铸技术的开发和应用，电工钢、超超临界火电用钢等高品质特殊钢的研制，钢铁可循环生产流程技术的集成和推广做出了较大贡献。作为我国材料冶金、现代钢铁冶金工艺流程的学术带头人，干勇先后负责或参与国家科技计划项目近10项。作为项目负责人，"八五"至"十五"期间，干勇负责并完成的攻关项目主要有：中宽度薄板坯连铸技术，高速、高效连铸技术，高效连铸技术（双重），薄板坯连铸连轧电工钢性能控制技术；国家攀登计划项目：熔融还原技术基础研究。"十一五"期间，主持并完成了重大支撑计划项目"新一代可循环钢铁流程工艺技术"的研究工作。他对自己的研究成果进行总结和归纳，获准专利24项，其中发明专利15项，发表论文200余篇，出版著作17部。

干勇在科研领域取得的成就得到了国家及有关部门的肯定和国内同行的认可，入选国家级有突出贡献的中青年专家，获国家"八五"科技攻关计划

"全国先进工作者"称号、国家"九五"科技攻关计划"全国突出贡献者"称号，先后5次获冶金行业科技进步奖一等奖，1996年和2001年两次获国家科技进步奖二等奖。

## 开拓创新，打造现代企业

1993年开始，干勇走上了领导岗位。1995年4月任钢铁研究总院常务副院长，2001年4月任钢铁研究总院院长。在新的起跑线上，他又开始了另一番征程。钢研总院探索由科研经营型向研究院领办高技术产业集团和由事业单位管理向企业化管理转变，确定了"以效益为中心，以市场为导向，以科技为基础，实现产业化、工程化、一体化、国际化，攀登世界科技高峰"的办院方针。1995年以后，随着科技体制改革的深入，钢研总院又制定了"一院两制三体系"的总体发展模式，为钢研总院的生存、发展、振兴开创了新路子。1998年以来，钢铁研究总院步入了快速发展的历史性转折时期。根据国家科技体制改革的统一部署，钢研总院由事业单位的科研院所转制为中央直属的大型科技企业，坚持"科技是立院之本，产业是强院之路"的指导思想，确立了"突出技术创新，建立高技术企业集团，形成高技术产业群；致力于行业共性技术、关键技术研发，成为冶金行业技术创新基地；发挥综合优势，成为国民经济及国防军工所需先进材料的研制基地"的战略定位。为此，全院进行了新的重大体制结构调整，组建安泰科技股份有限公司，并成功上市，形成了以"五所五中心"为主体的研发与成果转化体系，以安泰科技为主体的产业体系，以实业公司为主体的社会化后勤服务体系。并通过一系列制度创新推动科技创新和企业发展，实现了钢研总院从科研事业单位向现代科技企业的历史性转变。

"望重授荣，无以为报；承鼎驭舟，唯诚尽力"，干勇这样说也是这样做的，他用自己的激情、智慧和劳动默默地为钢研总院奉献着。多年来，钢铁研究总院在干勇的带领下始终以促进我国科技事业发展，以国民经济、国防军工和钢铁工业的发展服务为中心，充分发挥钢铁研究总院在国家创新体系中产业科技创新的源头作用，取得了多项科研成果，为我国核能、航天、航空、舰船、军用电子、常规武器等国防军工事业的发展做出了重要贡献；开发出以"高炉喷煤技术""球团（小球）烧结技术""高效连铸技术""转炉溅渣护炉技术""钢带连续热镀技术"等为代表的一批冶金行业共性技术并广泛应用于钢铁企业的技术改造，为国民经济的发展研制了一大批新材料及制品，在"新一代钢铁材料""熔融还原"等行业前沿技术的开发工作中取得了重大进展，为钢铁工业的发展壮大做出了贡献。在原国家科委对全国工业类科研机构评定中，钢研总院综合科技实力和运行绩效多次名列前茅。

## 放眼全球，谋划发展战略

干勇在从事科研工作的同时，也身兼多职。2006年，当选为中国工程院化工、冶金与材料工程学部主任。2010年6月，担任中国工程院副院长。2012年4月，出任中国稀土行业协会第一任会长。现任中国金属学会理事长、中国科协先进材料学会联合体主席（含11个全国有关材料的学会）、国家新材料产业发展专家咨询委员会主任。

干勇在担任钢铁行业技术创新战略联盟理事长和国家"重点新材料研发及工程化"重大工程方案编制专家组组长期间，注重新材料、新技术的应用推广工作。在全国相关企业和高校作有关制造业强国新材料发展战略的学术报告，为我国新材料的推广和应用做出了重要贡献。

在担任中国工程院副院长期间，围绕国家经济社会发展以及工程科技发展中的重大问题，干勇组织院士专家开展了一系列战略研究和咨询工作，产生了一批意义重大、影响深远的咨询成果。其中不但包括对事关国计民生的全局性问题和经济社会发展中的重大问题开展的战略性、前瞻性和综合性的咨询研究，如中国工程院与工信部、国家质检总局联合开展的"制造强国战略研究"项目，为实施"中国制造2025"，为加快我国从制造大国向制造强国转变等提供的咨询建议；也包括围绕国民经济建设中的重大工程科技决策，特别是行业领域的重大科技决策开展的咨询研究，如"新材料强国2035战略研究""中国标准2035""材料延寿与可持续发展战略"等，为国家科技决策提供准确、前瞻、及时的建议。

更值得一提的是，2002年，干勇当选为中国共产党十六大代表、主席团成员；2007年当选为中国共产党十七大代表；当选为第十二届全国政协委员并任该届政协人口、资源与环境委员会副主任，积极为国家新材料产业和智能制造战略建言献策。

　　干勇始终不忘自己是东大人，不忘东北大学对自己的培养之恩，尤其是当选为院士以后，尽管工作十分繁忙，他还是十分关注东北大学的发展，多次应母校邀请参与和指导学校的教学和科研工作，为师生作学术报告。他还欣然接受母校聘请，担任东北大学轧制技术及连轧自动化国家重点实验室学术委员会主任。2013年9月，在东北大学建校90周年校庆之际，干勇院士被推选为东北大学第三届校董会主席。2018年9月，再次当选为东北大学第四届校董会主席。

（资料整理：李鹤　内容修订：肖丽俊、陈田）

# 探索中国自动控制领域的领军人

## ——记控制理论与控制工程专家、中国工程院院士柴天佑

柴天佑，控制理论与控制工程专家，美国电气与电子工程师协会会士（IEEE Life Fellow），国际自动控制联合会会士（IFAC Fellow）。曾任 IFAC 技术局成员及 IFAC 制造与仪表技术协调委员会主席（1996—1999），国家自然科学基金委员会信息科学部主任（2010—2018）。现任东北大学学术委员会主任，《自动化学报》主编，流程工业综合自动化国家重点实验室主任，国家冶金自动化工程技术研究中心主任。

长期从事复杂工业过程控制、优化和综合自动化与智能化的基础研究与工程技术研究。提出了多变量自适应解耦控制理论与方法，建立了生产全流程多目标动态优化决策与控制一体化理论与方法；主持研发了智能解耦控制技术及系统、重大耗能设备智能运行反馈控制技术及系统、生产全流程智能优化控制技术及系统和综合自动化系统，并成功应用于流程工业，取得了显著的社会效益和经济效益。

发表 IFAC 会刊和 IEEE 汇刊论文共计 210 余篇，其中 1 篇论文获国际控制技术顶级期刊 IFAC 杂志 Control Engineering Practice 2011—2013 最佳论文奖。应邀在美国、英国、加拿大、日本等国举行的 IFAC、IEEE 国际会议上作大会特邀报告 30 余次。以第一完成人获国家自然科学奖二

等奖、国家技术发明奖二等奖、国家科技进步奖二等奖共 5 项，省部级特等奖、一等奖 12 项，2002 年获何梁何利基金科学与技术进步奖，2003 年获辽宁省科技功勋奖，2010 年获第一届杨嘉墀科技奖一等奖，2007 年在 IEEE 系统与控制联合会议上被授予控制研究杰出工业成就奖。已授权发明专利 85 项，2022 年获辽宁省专利一等奖。已培养博士百余名、硕士 260 余名，1993 年获全国优秀教师荣誉称号，2017 年获亚洲控制协会 Wook Hyun Kwon 教育奖。2022 年获辽宁省研究生教学成果特等奖。两次获得全国五一劳动奖章，2005 年获全国先进工作者荣誉称号。

他是国际知名的控制理论与控制工程专家。年轻时他曾经下过乡，当过工人，却始终不放弃对科学的执着追求。怀着对知识和技能的无限渴求，他用两年多一点时间读完了大学四年的全部课程，率先在国际上提出了多变量自适应解耦控制理论，始终瞄准国民经济重大需求，为我国流程工业的发展做出了巨大贡献。他学高为师，身正为范，用实际行动诠释着师德典范的全部内涵。他就是被誉为"来自中国的控制领域第一人"的柴天佑院士。

## 好学笃行，志存高远踏征程

1947 年 11 月 20 日，柴天佑出生于甘肃省兰州市。他从小就喜欢看书，居里夫人、牛顿、爱迪生等遨游科学世界、推进世界文明进步的故事，激起了他对未知世界的无限向往，在他幼小的心灵里埋下了对科学事业无限热爱、孜孜以求的火种。他天资聪颖，勤奋好学，以优异的成绩考上了辽宁省实验中学。然而，"文化大革命"阻断了他的求学路，已经高二正准备冲击高考的柴天佑不得不中断学业。1970 年，柴天佑成为沈阳兴工电表厂的一名普通工人。天性好学、肯于钻研的他苦学各项技能，很快就成为年轻的业务尖子。两年后，他被破格提拔为工厂的技术负责人，主抓生产技术的革新和新产品的研发。新的角色，新的舞台，激发了柴天佑创新的欲望，他利用业余时间，如饥似渴地学习理论和实践知识。为了解决高中知识无法处理的难题，他四处收集资料，自学大学的课程。柴天佑边干边学，边学边干，创新能力不断提升。"在战争中学习战争"就是他从那时起对学习的一种认识，也成为他毕生对学习始终坚守的信条。他苦心钻研，为工厂实现技术自主创新和产业拓展做出了巨大贡献。1975年，柴天佑获评沈阳市技改积极分子，1976年被授予沈阳市先进科技工作者。在生产一线从事技术革新的工作经历，不仅培养了他从事科学技术研究和应用实践的能力，更唤醒了他童年时的科学梦想。心中埋藏已久的火种燃烧成熊熊烈焰，推动他踏上了充满神奇的科学探索历程。

1977年，国家恢复高考的消息像惊雷震动神州。柴天佑意识到科学的春天即将来临，不顾已入而立之年，放弃已经小有所成的事业，毅然决然地投入到备考的洪流中。凭借在科研创新中积累的知识，柴天佑以优异的成绩考上了东北电力学院自动化专业。他十分珍惜来之不易的学习机会，时刻怀着紧迫感，完成学业，用自己的所学为祖国的工业现代化建设做出贡献。他刻苦自学各门课程，仅用两年多时间就完成了大学四年的学业，顺利地考取东北工学院研究生，师从我国工业自动化领域最著名的专家郎世俊先生。郎先生忘我的工作精神和对科学研究执着、严谨的态度对柴天佑产生了深刻的影响。他刻苦学习基础理论知识，潜心钻研专业知识，在科研实践中不断提高科研能力。他瞄准国际前沿，提出了多变量自适应解耦控制的研究方向，并提出了自适应解耦控制方法，在自动控制领域权威期刊 *IEEE Trans. on Automatic Control* 连续发表3篇论文。他于1985年获得东北工学院工学博士学位，成为我国工业自动化专业首批博士，并留校任教，开启了他在流程工业综合自动化领域孜孜不倦、披荆斩棘的探索历程。

## 科研攻关，勇往直前肯攀登

对于献身科学事业的工作者，马克思曾有过精辟的论述："在科学上没有平坦的大道，只有不畏劳苦沿着陡峭山路攀登的人，才有希望到达光辉的顶点。"柴天佑正是这些在科学高峰上勇敢前行的攀登者中的一员。多年来，他不畏艰难，瞄准国际前沿，紧密围绕国家目标和国民经济建设与发展的重大关键理论和技术问题开展研究，创造了极大的经济效益和社会效益。

酒泉钢铁（集团）有限责任公司是我国西北地区规模最大的钢铁联合企

业，其选矿厂也是我国最大的赤铁矿选矿厂。因赤铁矿石品位低、成分波动大，采用竖炉焙烧的选矿工艺，生产全流程的控制与运行管理采用金字塔式的人工方式，因而造成金属回收率低、精矿品位低、生产故障工况发生频繁。针对这种情况，公司决定对选矿厂进行自动化改造。公司总经理等一行五人在考察了柴天佑主持研发的排山楼金矿综合自动化系统后，决定将酒钢选矿厂自动化改造工程交给柴天佑团队。选矿厂远在西北大戈壁滩上，来往交通极为不便，酒泉又属于典型的温带大陆性气候，年平均气温不超过 10 ℃，且昼夜温差极大，技术人员一不小心就会生病、发烧。环境艰苦是次要的，更主要的是来自心理和外界的压力。选矿厂提出要通过自动化改造，同时提高精矿品位和金属回收率这一对互相矛盾的指标，没有现成的经验可以借鉴，工作难度极大，许多从事工艺研究的人都认为这是根本不可能完成的任务。面对困难，柴天佑没有气馁。"科技攻关，没有捷径，关键是有没有战胜困难的信念和勇气"，这是他时常激励工作人员的口头禅。坚守着这一理念，他带领课题组人员深入生产第一线，与现场人员一起摸爬滚打，了解工艺、操作与管理现状，克服重重困难，凭借扎实的技术本领和勇于创新的科研精神，经过几年的反复研究、反复试验、反复调试，研制了由选矿生产过程控制系统、生产过程管理系统和综合生产指标优化控制系统组成的全流程综合自动化系统，在选矿厂建立了生产控制指挥中心，实现了生产全流程的控制、优化、计划与调度以及生产过程管理的无缝集成，为国家创造了上亿元的经济效益，研究成果于 2006 年获得国家科技进步奖二等奖。

柴天佑带领团队不断攻坚克难，于 1992 年创立东北大学自动化研究中心，于 1997 年成立国家冶金自动化工程技术研究中心（三次评估优秀），2011 年成立流程工业综合自动化国家重点实验室（2017 年在信息领域 32 个国家重点实验室评估中排名第一，评估优秀）。在柴天佑的带领下，团队先后承担科研项目千余项，其中，国家"973 计划"项目、国家自然科学基金创新研究群体和重大重点项目、国家"863 计划"项目、国家重点研发计划项目等纵向科研项目 800 余项。在国内宝钢、首钢、酒钢等企业，国外越南氧化铝项目、巴布亚新几内亚瑞木镍钴项目等在内的冶金、选矿、电力等行业，进行了综合自动化系统应用示范，取得了显著的经济效益和社会效益。建立了流程工业综合自动化理论与技术体系，以第一单位和第一完成人获得国家自然科学奖二等奖、国家技术发明奖二等奖、国家科技进步奖二等奖共5项。通过专利许可方式将22项专利技术实现成果转化，已转化金额近1亿元。与华为、中国电信、北京东土科技等高新技术企业合作，为我国发展工业互联网和工业人工智能产业起到引领作用。开创了生产全流程决策与控制一体化新方向，被写入国际自动控制联合会（IFAC）引领未来自动化发展方向白皮书，作为未来国际自动化发展方向之一。为了使工业人工智能在智能制造中发挥不可替代的作用，加快我国制造业向数字化、网络化、智能化发展进程，提出工业智能发展方向。自2019年起，率先举办工业人工智能国际会议，至今已在沈阳连续举办三届，每年邀请来自美国、英国、加拿大、德国、法国等10余个国家和地区的70余位海外专家参会。此外，通过主持高等学校学科创新引智基地项目，从美国、加拿大、英国、日本等国引进国家级人才20余名，2020年该项目评估优秀，获批"111计划2.0"支持。

在2019工业互联网全球峰会上，柴天佑发表主题演讲

柴天佑的杰出成就，受到国际控制领域专家学者的广泛赞誉。2005年，柴天佑应邀在IEEE/RSJ智能机器人与系统国际学术会议上作题为 *An intelligently integrated automation systems for process industries and applications* 的大会特邀报告，大会总主席、大会顾问委员会主席以及IEEE机器人和自

动化学会主席对报告给予了高度评价："您是第一位在系统、机器人和自动化方面最高水平的国际会议上作特邀报告的中国学者……，您的研究课题充分证明您取得了国际领先的研究成果……"2007年，在新加坡召开的 IEEE 系统控制国际学术会议上，柴天佑院士获首届控制研究杰出工业成就奖，并应邀作题为 *A hybrid intelligent optimal control method for the whole production line and applications* 的大会报告，受到 IEEE Control System Society 前主席 John Baillieul 教授、奖励委员会主席 Lalit K.Mestha 博士的高度评价："中国独树一帜的研究特色，非常值得我们关注""为全世界控制领域树立一个成功典范"。日本测量与自动控制学会在其会刊上，称柴天佑为"来自中国的控制领域研究第一人"。

## 潜心教研，因材施教育人才

柴天佑有一个梦想，那就是将来有一天，只要一提起全流程一体化控制技术，人们马上就会想到中国，想到东北大学。他坚信，通过几代人的不懈努力，这个目标是可以实现的。他始终认为人才是第一资源，是国家创新驱动发展的关键，并在实践中不断探索适合中国国情的高水平工科人才培养模式，为国家培养了一大批自动控制领域的高水平人才。

我国著名科学家钱学森曾指出，现在中国没有完全发展起来，一个重要原因是没有一所大学能够按照培养科学技术发明创造人才的模式去办学。针对这一问题，柴天佑始终在思考如何培养具有创新能力的卓越工程师，为中国的创新发展提供人才支撑。对于每一个进入实验室的研究生，柴天佑做的第一件事就是谈心，看似随意的闲聊，他却能精准地抓住学生的专业兴趣点和特长，指导学生确定最能发挥自身优势和潜能的研究方向。他常常说，科研工作是枯燥而艰苦的，要想坐得住冷板凳，最重要的就是要对所从事的工作感兴趣，只有热爱它，才不会觉得苦、觉得累。他结合国情和国家需要，根据研究生的毕业志向和兴趣特长，因材施教地进行分类指导与培养。在他看来，人才培养不能千篇一律，应该各具特色，只有抓住学生的特点充分挖掘其在某一方面的潜力，才能培养出国家需要的卓越人才。

出于高度的社会责任感，柴天佑十分关注我国的教育改革和发展。他认为，要想提高我国高层次创新型人才的培养水平，必须从基础抓起，抓好本科生教学。在他看来，最优质的教育资源一定要为本科教学服务，真正的专家、教授不仅要在科研工作中有所造诣，更重要的是能在本科生教学工作中发挥举足轻重的作用。他积极倡导知名专家学者为本科生上课，并身体力行，为东北大学自动化专业的本科生讲授自动化导论、现代控制系统设计与实现课程，极大地提升了学生的专业学习兴趣和将所学专业知识融会贯通的能力。精美的课件、翔实的案例、生动的讲解、广阔独到的视角、座无虚席的课堂……无不彰显着学术大师深厚的学术造诣和人格魅力。

多年来，柴天佑带领团队潜心开展教学改革创新，经过不懈实践、总结、提升，终于探索出适合中国国情的高水平工科人才培养模式——以系统为核心的创新自动化专业研究生培养模式。建立以 CPS 驱动的自动化与智能化系统为核心的课程体系，研发配合新的课程体系的教学实验系统，结合新的课程体系创新教学方式，建立培养研究生创新能力的实验研究基地，加强国际学术合作，培养具有国际视野和跨学科能力的创新型自动化工程科技人才，建立起以培养创新型自动化工程科技人才为目标的研究生培养过程管理机制。

经过 30 多年的努力，柴天佑培养了大批创新型学术和前沿技术研究人才，获得社会高度认可，产生了重要的国际国内影响。他先后培养了 300 余名高质量研究生，其中，博士研究生 104 名，有 80 余名博士研究生毕业后在国内外高校任教，50 余名硕士研究生继续攻读博士学位，百余名毕业生进入国家研究机构、华为等一流高技术公司和宝钢等制造企业工作。培养的研究生在自动化领域国际顶级期刊 IEEE 会刊和 IFAC 会刊与国内高水平期刊《自动化学报》和《中国科学》发表论文 150 余篇，作为完成人获国家自然科学奖、技术发明奖和科技进步奖 10 余项，获得第 11 届国际小型无人飞行器竞赛室外组第一名（中国团队零的突破）、国际光场重建挑战赛第一名等国内外奖项，10 名博士研究生获学会和省优秀博士论文，8 名硕士研究生获学会、省和校优秀硕士论文。他培养的学生中，1 名成为中国工程院院士，2 名成为海外国家院士，20 余名成为国家级领军人才计划入选者以及"杰青""优青"等国家级人才，10 余名成为自动化领域前沿技术带头人。柴天佑成为我国培养创新型工程科技人才的典范。

柴天佑（右二）在实验室指导学生

## 榜样力量，锲而不舍树学风

在很多人眼里，柴天佑是一个精力充沛、不知疲倦的人。他科研任务繁重，在他的日历里，从来没有节假日和休息日，出差更是家常便饭。他对科研和教学工作一刻也不放松。他的日程总是排得满满的，每次出差回来，他都要拖着行李箱到实验室，安排实验室的各项工作，听取学生的科研进展汇报，与实验室师生一起探讨学术问题，从不知疲倦。一次，他要坐下午 3 点的飞机，从早上 8 点开始他就一直听取学生的科研进展情况汇报，并就相关的问题展开讨论，直到将近下午 2 点才匆匆离开，之后大家才知道，那天是他的生日。

华罗庚说过："科学的灵感，绝不是坐等可以等来的。如果说，科学上的发现有什么偶然的机遇的话，那么这种偶然的机遇只能给那些学有素养的人，给那些善于独立思考的人，给那些具有锲而不舍的精神的人，而不会给懒汉。"认识柴天佑的人都有这样的体会，他不仅思路清晰，视野广阔，而且看问题的观点和视角都超乎常人，几乎没有人能跟上他的思路。有人说他是天才，每次提及这些，柴天佑都会笑着说："我不是天才，我只是个爱学习的人。"他办公室书架上的书占据了一整面墙壁，他经常告诫自己的学生，要多学习，多读书，不仅要学习本专业、本领域的知识，更要拓宽自己的知识面，要广泛涉猎各领域的知识，触类旁通，就会从中获得很多启发。

在他身体力行的带动和影响下，流程工业综合自动化国家重点实验室迅猛发展，在国内和国际控制领域产生了重要影响。实验室在 2017 年进行的信息领域 32 个国家重点实验室评估中取得了排名第一的好成绩。2019 年，实验室获得了东北大学建校以来首个国家自然科学奖二等奖。2010 年 8 月，IEEE 控制系统协会时任主席 Roberto Tempo 教授访问实验室，在 *IEEE Control Systems Magazine* 上评价："我出访的最后一站是位于沈阳的东北大学，柴天佑领导的众多大学实验室在自动化和控制方面所做的大量研究活动给我留下了极其深刻的印象。"2015 年 7 月，IEEE 控制系统协会时任主席 Maria Elena Valcher 教授访问实验室，在 *IEEE Control Systems Magazine* 上评价："实验室晚上 9 点时工作人员的数量之多、在研究经费和科技获奖方面取得的成绩令人赞叹……，我相信柴教授及其团队取得的成就在国际自动化学术领域不可比拟。"2018 年 6 月，IEEE 控制系统协会时任主席 Francesco Bullo 教授先后访问了浙江大学及东北大学流程工业综合自动化国家重点实验室、中国科学院数学与系统科学研究院等，在 *IEEE Control Systems Magazine* 上特别评价了实验室："非常感谢中国沈阳东北大学柴天佑教授的款待。他的声誉很高的流程工业综合自动化国家重点实验室是一个真正独一无二且令人敬佩的研究中心……"

柴天佑治学严谨，作风正派，善于合作，勇于创新，为中国控制理论与控制工程学科的发展和中国工业自动化事业做出了突出贡献。他是东北大学自动化学科发展的灵魂，也是国际自动控制领域的一面旗帜，他用执着的科学追求和创造性的科研成就践行着科技工作者的誓言；他是德高望重的谦卑长者，更是深受学生爱戴的教学名师，他用严谨的治学态度和甘为人梯的崇高品德诠释着师德的全部内涵。

（资料整理：刘佳 内容修订：柴天佑、胡芳芳、陈田）

# 德行万里，龙腾海天

## ——记无机非金属材料学家、中国工程院院士徐德龙

徐德龙（1952 年 8 月 3 日—2018 年 9 月 21 日），甘肃兰州人，无机非金属材料学家。1976 年毕业于西安冶金建筑学院（现西安建筑科技大学）水泥工艺专业，毕业后留校任教，1983 年获得南京化工学院（现南京工业大学）无机非金属材料专业硕士学位，1990 年在联邦德国克劳斯塔尔大学获德国政府学位工程师资质，1996 年获得东北大学钢铁冶金系钢铁冶金专业工学博士学位。2003 年当选为中国工程院院士，2014 年当选为中国工程院党组成员、副院长。曾任西安建筑科技大学校长、党委副书记。第十二届全国人民代表大会代表。

先后荣获国家科技进步奖二等奖 2 项，国家发明奖四等奖 1 项，国家科技成果推广奖 1 项，国家教学成果奖二等奖 2 项，省部级科技进步和成果奖一、二等奖 10 余项，科技成果入选年度中国高等学校十大科技进展。获得"全国先进工作者""全国杰出专业技术人才""全国优秀留学回国人员""国家有突出贡献的中青年专家"等荣誉称号。主持完成国家自然科学基金项目等上百项科研课题，发表论文 100 余篇，获准专利 80 余项，出版专著 3 部，培养博士、硕士研究生百余名。

从一个黄河岸边长大的农家子弟到院士，徐德龙走过了一条艰难曲折但又极富诗意的成功之路。他不仅是大学教授、校长，也具备企业家的素质，曾带领团队历经28年锲而不舍、曲折艰难的探索，形成了完整的系统理论体系，并将理论应用到工程实践中，极大地推动了水泥工业的科技进步，为中国建材行业的发展做出了突出贡献。

## 黄河孕育，平而不凡

1952年8月，伴着黄河雄壮的涛声，徐德龙在金城兰州西固区一户农家出生。长辈的言传身教给了他纯朴善良、坚韧达观的性格，黄河乳汁滋润了他不屈不挠、一往无前的精神。家里给他取名德龙，是期望他能成为一条龙，一条从黄河岸边腾起，能够成就一番事业的龙。

徐德龙不负众望，从小学到中学，成绩一直出类拔萃。他投笔从戎，西出阳关，披着漫天风沙，踩着厚厚的积雪，站岗放哨、喂猪放马。部队的熔炉把他的意志锤炼得更坚更强，为他后来的人生夯实了精神基础。

1973年，21岁的徐德龙从兰州考入西安冶金建筑学院（现西安建筑科技大学）水泥工艺专业，毕业后留校任教。1982年，徐德龙以优异成绩成为南京化工学院胡道和教授的研究生，继续从事水泥工艺研究。研究生毕业后，徐德龙谢绝南京化工学院、国家建材总局等单位的邀请，重新回到本科母校。1986年，由于科研方面的突出表现，徐德龙负责承担国家"七五"重大科技攻关项目"水泥悬浮预热分解窑的理论研究"，申请成立了粉体工程研究所。

就在这个时候，徐德龙了解到一条信息：改革开放以来，我国200多家中小水泥厂引进了立筒式悬浮预热分解技术，由于产量低、热耗高，企业大面积亏损，从事水泥研究的徐德龙，深感责任重大。

在资金不足的情况下，他们加速实验室建设。没场地，借；没设备，自己动手干；人员不足，一个人顶三个人用。技术成熟，设备加工出来后，徐德龙为联系试验单位，跑了几个省份的几十家单位，不是被婉言谢绝，就是在"我们研究研究"中淡忘过去。

直到阎良水泥厂厂长出现后，情况才有了转机。阎良水泥厂始建于1970

年，企业为扭转困境，决定改建一条立筒式悬浮预热预分解生产线。徐德龙介绍了自己的科研成果后，向厂长立下了军令状："如果改造后，设计、调试完达不到指标要求，我徐德龙赔偿一切经济损失。"话说到这份儿上，厂长被感动了。

"上！"厂长拍板了。于是徐德龙马上组织人力，人不够，他请在外单位工作的同学参与，现场没有地方住，他们就住在会议室桌子上。蚊虫叮咬，热浪炙烤，他们全然不顾，有时忙过头，就吃几包方便面，啃几块干烧饼。调试设备，他和工人一起在几十米高的厂房上爬上爬下，一次又一次在水泥窑里钻出钻进，一天到晚，浑身沾满了水泥。数月艰辛，调试终于完成。结果产量提高40%，能耗降低20%，企业效益很快好转，上上下下开始对徐德龙刮目相看。国家建材总局专门在此召开现场会，经专家鉴定，其成果达到国际先进水平，国家计委、科委和经贸委下文，在全行业推广。徐德龙终于赢了，终于赶在了日本人的前面。

1991年，国家建材总局组织有关专家进行鉴定，认为该项目在水泥行业中居国际先进水平，具有独创性，命名为阎良型，并决定迅速在全国推广。1992年初，徐德龙应邀到四川内江县水泥厂。该厂亏损多年，工人拿不到工资、奖金。从第二天开始，徐德龙吃在厂、干在厂，三天三夜没睡觉，画出了40多张图纸。然后到机修车间，指导工人一点点加工成设备。设备安装时，徐德龙六天六夜守在现场。半个月后，新技术上去了，当年该厂盈利300多万元。

两年多时间，全国很多省市的水泥厂都留下了徐德龙的足迹。他的新技术如同一把神奇的"魔杖"，让这些企业迅速改变了面貌。过去企业面临亏损发不出工资，如今经济效益好了，工人收入高了，有的厂长还被授予"全国五一劳动奖章"。1996年10月，徐德龙主持研发的这项XL型水泥悬浮预热系列技术荣获国家科技进步奖二等奖。作为国家科技成果重点推广计划，XL型系列技术先后推广到全国30余家企业。

## 寄予厚望，兢兢业业

2000年元月，中国混凝土学科的一代宗师、中国工程院资深院士、著名无机非金属材料科学家吴中伟病危。徐德龙急匆匆抛开一切事务，专程去北京探望。病榻上 82 岁的吴中伟一见到徐德龙，忍着疼痛强坐起来，拉住他的手说："德龙啊！见到你，我死也瞑目了。"吴老何以如此器重徐德龙？这与他们的一项研究有关。

改革开放以来，我国钢铁行业快速发展，城市规模不断扩大。钢铁冶炼要产生大量的高炉矿渣、钢渣、粉煤灰，城市生活要产生大量的垃圾。这些废物不只占用大量场地，造成环境污染，而且极大影响企业效益。吴中伟院士曾多次呼吁水泥研究领域的科技工作者重视这一问题，并下决心解决这一问题，亲自进行了多次实际调查，也曾提出过治理方案，但因种种原因，工作未全面展开。吴中伟院士了解徐德龙的研究能力和研究方向，认定他将是中国水泥技术研究领域的领头人，因此对徐德龙寄予了莫大的希望。

徐德龙本来有许多话想跟吴老讲，但看到老人的身体，便重点向吴老介绍了自己如何完善整个工艺系统，利用高新技术，使高炉矿渣、钢渣、粉煤尘和城市垃圾变废为宝的研究状况。吴院士听完，消瘦的脸庞上绽开了久违的微笑，声音微弱但无比坚定地说："这我就放心了，有你牵头搞，一定能成功，拜托了。"

为了搞清我国的矿渣、钢渣、粉煤灰和城市垃圾的分面、成分情况，徐德龙和同事兵分几路，到全国各地进行详细考察，把重点放在几个产钢大省，如河北、辽宁、山西、湖北等。并有代表性地分析研究了酒钢、太钢、山西长治钢铁公司等单位的矿渣，对山西、陕西的一些粉煤灰，西安、郑州等大城市的垃圾进行了取样分析。经过多年研究，徐德龙摸清了高炉矿渣中高价值金属相与无机非金属相的分离规律，找到了提高高炉矿渣中无机非金属相活性的规律和途径；成熟地掌握了高炉矿渣超细粉大比例地替代水泥熟料制造高性能混凝土的配比和方法；成功地开发了高炉矿渣超细粉的加工工艺。

我国虽然采用新型干法水泥生产工艺，与传统的水泥生产工艺相比，在能耗、环保、产品质量等方面都有大幅提升，但产量还不到五成，而且这种工艺已经比较成熟稳定，改进提升空间不大。水泥生产工艺技术的整体落后和先进技术研发能力的欠缺使我国水泥工业的发展受到严峻挑战。而国外水泥技术强国早就对我国巨大的市场垂涎欲滴，纷纷加紧技术研发，大举进军

中篇

中国工程院院士

211

中国市场。

徐德龙决心为中国人争口气，一定要研发出具有中国特色的原创性成果。在发展循环经济、节能减排的目标下，对水泥生产工艺进行进一步改善，实现更低的能耗和排放，占据世界水泥技术的制高点。为此，他率领粉体研究所员工二十年如一日地进行研究和试验，终于成功研发出具有原创性和自主知识产权、国际领先的水泥工艺新技术——高固气比新型水泥悬浮预热预分解技术。

由于投资大，试验有风险，一直没有人敢第一个吃这个"螃蟹"。当时，业界有一种观点，认为这种新生产工艺即使节能效果如愿，也不能与日产2000吨、4000吨的新型干法线同日而语，因为规模大小对质量稳定性等方面有很大影响。也有人认为，搞这种千吨线最适合对立窑进行新型干法的技术改造，上千吨新型干法对立窑来说是结构调整的需要。面对这样的争论，徐德龙认为应该由实践来评定是非。他在寻找机会，建设2000吨、4000吨甚至更大的采用高固气比悬浮预热技术的生产线，这样新技术的效果才能充分地体现出来，才能大大提高中国水泥工业技术水平。

2008年12月，机会终于来了。采用高固气比预热分解新技术日产2500吨的水泥熟料生产线，在地处韩城市的陕西阳山庄水泥有限公司开始建设。2010年9月，阳山庄水泥有限公司的高固气比预热分解新技术生产线进入生产调试。2010年11月14日15时至11月17日15时，按照国际惯例，生产线进行了连续72小时生产测试，各项指标均居国际领先水平。

实践证明徐德龙提出的原创性高固气比水泥悬浮煅烧理论和自主开发的高固气比水泥悬浮煅烧新工艺是水泥工业的一项重大突破，使中国水泥工业第一次成为世界水泥技术发展的领头羊。

## 立德树人，担当大任

1998年，从西安建筑科技大学一步步成长起来的徐德龙被任命为这所大学的校长。然而此时学校正面临着重重困难——与"211工程"擦肩而过，原为隶属冶金工业部的重点大学，被划转地方，收入水平低、住房条件差，全校上下人心浮动，教学、科研骨干流失严重……

面对新形势、新挑战，徐德龙与校领导班子成员一道，组织带领师生员工开展了一场"更新教育观念，深化教育改革"的大讨论。通过深入讨论，大家逐步认识到，学校的根本出路，不在于隶属关系，而在于自强不息、奋发有为地加强自身建设。

1998年底，学校提出了改革发展的新思路——以提高教育教学质量求生存，狠抓学科建设上水平，适度扩大规模求效益，深化内部管理体制改革促发展。

作为一校之长，徐德龙在办学思路上不断迸发的智慧火花常令同行刮目相看。"不急功近利，不好高骛远，不急于摘果子，不自私浮躁，而要甘心为学校的发展当好奠基石。"这是徐德龙反复讲的一句话。他说，我们既要像中医一样对学校逐步进行调理，又要像西医一样对一些棘手的问题快刀斩乱麻。

按照上述思路，"跨世纪校园建设工程、教育教学质量工程、学科建设工程及创新工程"四大奠基工程相继启动，同时展开校园管理体制改革，西安建大这艘巨轮在市场经济的波涛中开启了艰难且富有诗意的二次创业历程。

在步入新世纪的头几年，建大校园里，新图书馆、粉体楼、南阶教室、逸夫楼、土木实验中心、工科大楼纷纷拔地而起，校园管网、道路等设施全面改造，学校办学条件极大改善，综合实力显著增强。在校生规模、博士点数量、校园面积、校园建筑面积等衡量学校办学实力的重要指标实现了翻一番。院士、国家重点学科、博士后流动站、教授资格审批权相继取得零的突破。一个充满生机与活力的新建大在阔步前行。

2006年9月下旬，前来参加学校办学110年并校50周年校庆的领导嘉宾、广大校友们从古朴厚重的新西大门走进学校，听着徐德龙对学校办学现状的介绍，看着学校天翻地覆的巨大变化，称赞不已，感动不已。

"杜鹃夜半犹啼血，不信春风唤不回。"徐德龙将这句诗作为在教育部对建大本科教学水平评估意见反馈会上发言的题目，其饱含深情的言语，是建大人在过去几年里以评促建、努力提升办学质量的真实写照，也是获得评估"优秀"等级的生动注脚。

徐德龙认为，大学，是社会的大学，也是历史的大学。学校坚持"走出去，请进来"的思路，立足行业，服务地方，与多个省市签署全面合作协议，与多家大型企业联合技术攻关、培养研究生，设立中冶人才学院，承办国家机关青年干部赴美培训班，在瑞典开办孔子学院，极大地提升了学校的社会影响力，也让社会看见了西安建大开阔的视野和宽广的胸怀。

大学有责任，学者有担当。2008年汶川地震后，学校立即组织强大的专业力量赴灾区抗震救灾。徐德龙带领由师生组成的专业队伍来到受灾的汉中地区，冒着余震的危险，带头走进受损房屋进行技术评定，真正把专业学科优势用在灾区需要的地方。

大成之道，人文化成。徐德龙大力倡导人文教育，全面提升学校文化氛围。他主持创办了人文学院，邀请著名作家贾平凹担任首任院长；倡导建设的校史馆、建筑博物馆、贾平凹文学艺术馆、艺术馆等多个文化场馆交相辉映，衍化出文化育人的"场效应"；倡议开展的图书捐赠活动形成了建大师生爱校建家的光荣传统；发起的"春天，我与诗相约"诗歌会活动成为一张具有建大特色的文化名片；创新探索的现代书院制办学模式和国学经典诵读活动成为大学生素质教育的有效实践。

每年毕业典礼时，徐德龙常勉励广大毕业生，人生不能忘记母亲、母校和祖国，人生也永远不要说我不会、我不行、我不能。

在担任西安建筑科技大学校长的15年中，徐德龙扎扎实实打基础，聚精会神创特色。和班子成员一起，以极大的魄力和智慧，带领全校师生员工，深入推进学校教育教学质量工程、学科建设工程、人才队伍建设工程等六大奠基工程，明确发展思路，深化综合改革，实现了各项事业新的突破，带领学校走出了一条"企业做大做强，资源支撑办学，学校引领社会"的特色发展之路。

## 创新之魂，源之于根

徐德龙说过："第一个螃蟹不好吃，但是必须吃，只有这样中国才能真正成为一个创新型国家。中华民族的复兴，不是一句空话，需要脚踏实地，一步一个脚印，做出实实在在的成绩。"

"自强、笃实、求源、创新"是徐德龙担任校长时凝练提出的校训，也恰恰是他波澜壮阔事业精髓的最好注解。"搞科研要脚踏实地""不能以空对空"，徐德龙经常告诫同事们，"从基础做起，从实事、小事做起，从解决问题的根源做起。"从粉体所成立到现在，先后承担的大小项目不计其数，每一个项目都力求尽善尽美，虽然成功源于科研人员多方面的努力，但"善、诚、勤、仁、严、细、实、高"的作风无疑是徐德龙带领的粉体所团队成功的一大法宝。"树高千丈，源之于根""创新是民族生生不息的灵魂"，他认为如果没有技术基础理论的原创性，就不可能有原创性的技术创新的产生。徐德龙秉承这样的理念，并把它时时贯穿于科研和教育中。高固气比理论技术的诞生，大大突破了人们对预热预分解技术的认识。完整的理论演绎、完美的技术构想、合理的结构布局，令水泥工程界赞叹。殊不知高固气比理论是由徐德龙院士首先完全从数学和物理理论上推证出来的。正是有了理论上的原创性突破，才有了高固气比技术这个原创性技术成果的诞生。

到中国工程院工作后，徐德龙全面布局，精耕细作，致力于解决科技与经济"两张皮"的问题，强调产学研用深度融合，强调工程科技服务地方经济社会发展，强调面向西部经济欠发达地区加大支持力度。深入调查研究，重视地方院士服务联络机构和科技合作平台建设，倡导整合资源，促进统筹协同，完善了中国工程院的科技合作协同体系。鼓励科技合作，注重成果转移转化，有力地提升了科技合作的质量和效益，为工程科技思想库建设发挥了重要作用。在徐德龙的积极倡导推动下，中国工程院 2015 年实现了院地战略合作关系在全国各省（自治区、直辖市）的全覆盖，2016 年实现了中国工程院院士工作站在全国各省（自治区、直辖市）的全覆盖。徐德龙主持的"秦巴山脉绿色循环发展战略研究"重大咨询项目，提出多项重大措施建议，得到党和国家领导人的批示，有关建议被国家"十三五"规划采纳，为秦巴山脉绿色循环发展提供了切实指导。徐德龙院士主持领导了中国工程院"会泽历史地段保护规划与建筑整治研究""会泽传统民居保护与安全性提升策略研究""绿色制造发展战略研究"等战略咨询项目的研究，为努力打造"中国特色、世界一流"的高端工程科技智库，献出了自己的全部精力和智慧。

几十年来，徐德龙以沧海般的襟怀、闪光的才智、庄严无畏的独立思想和不甘平庸的灵魂，自觉肩负起国家与民族复兴的使命，在中国水泥工程科学领域创造出一个又一个令国内外专家刮目相看的奇迹。渊博的学识、深厚的专业知识、先进的技术理念，使这位学术泰斗声名远播，桃李满天下，他矢志不渝的精神值得后人称颂。

（资料整理：张博雯　内容修订：高瑞龙、陈田）

# 中国"大建造"保驾护航人

## ——记土木与建筑工程管理专家、中国工程院院士丁烈云

丁烈云，土木与建筑工程管理专家。华中科技大学教授，曾任华中师范大学党委书记、东北大学校长、华中科技大学校长。现兼任国务院学位委员会委员、国家自然科学基金委管理科学部主任、湖北省科学技术协会第九届委员会副主席。第十二届全国政协委员。第十三届全国人大代表。长期从事数字建造、工程安全理论与技术研究。作为第一完成人获国家科技进步奖二等奖 2 项、省部级科技进步奖一等奖多项。2015 年当选为中国工程院院士。获 2018 年"复旦管理学杰出贡献奖"。

丁烈云 1982 年毕业于武汉工业大学（现武汉理工大学），是我国恢复高考后的第一批本科毕业生。大学毕业后，他一直深耕于工程建造领域，从事科学研究和教学管理工作。他致力于推动我国建筑业转型升级实现高质量发展，潜心于数字建造、工程安全理论与技术研究，为高水平专业人才培养殚精竭虑。

## 笃行致远：助推工程建造转型升级

我国工程建造快速发展，在建筑、桥梁、铁路、隧道等领域创造了诸多

"世界奇迹"，建筑资产规模已经位居世界第一。但是我国工程建造总体上仍然是粗放型生产方式，亟须转型升级，实现高质量发展。

丁烈云说："对大众而言，'中国建造'相对陌生，但其实它遍布在我们日常生活的方方面面。"比如，高铁是中国制造的靓丽名片，殊不知这张名片的背后也离不开"中国建造"的功劳。高铁时速超过 300 千米，铁轨对路基的变形范围有极其严格的要求。在铁路铺设的过程中，逢山开隧道，遇河架桥梁，这些都属于建造的范畴。

"'中国建造'是人民群众生产生活、国民经济发展的根本保障和重要支柱。"丁烈云指出，我们必须清醒地看到，在产品质量与性能上，例如建筑寿命、资源消耗等方面，我国与发达国家相比仍有较大差距。我国城市建筑垃圾占到垃圾总量的 30% ~ 40%，其资源化利用率仅为 5%，而发达国家则已经达到 90%。

下一步"中国建造"应如何发展？丁烈云认为，我们需要加强顶层设计，推动转型升级。他建议，应由住建部牵头，联合相关部委共同制定"中国建造"2035 高质量发展规划。应在国家层面制定以智能建造为技术支撑、以建筑工业化为产业路径、以绿色建造为发展目标的"中国建造"发展战略。

"目前已经进入数字化、网络化、智能化的时代，各行各业都在抢抓新一轮科技革命的机遇，建造行业也不应该例外。"丁烈云说。展望未来的"中国建造"，在工厂里像生产工业产品一样生产建筑部件，再在工地进行"组装"。"这样利用工业化方式生产，不仅质量可控制，还能减少边角余料，也能将工地上的各种污染减至最少。"

丁烈云主持完成了中国工程院重大和重点咨询研究项目"中国建造高质量发展战略研究""中国建造 2035 战略研究"，住建部课题"建筑业'十四五'期间发展趋势研究"。他还主编了《数字建造》丛书，这是国内外该领域第一套专著，获第五届中国政府出版奖图书奖。丁烈云明确指出："大力发展智能建造，推动建筑产业变革，是一个复杂而艰巨的历史性征程，对于持续推动我国工程建造高质量发展，迈向工程建造强国具有决定性的意义。"

# 务实求真："顶天立地"的科学家

在不到 20 年的时间里，我国的地铁建设走过了发达国家走了 100 年的路。地铁建设是一项重大的民生工程，如何通过科学有效的管理在规模大、节奏快、风险高的地铁施工中保证安全生产？这是丁烈云花了 20 年时间，今仍在探索的问题。

针对地铁工程建设安全风险"识、警、控"难题，丁烈云带领研究团队揭示了地铁工程建设系统安全风险的"能量—耦合"规律，提出了能量"动态隔离"控制方法，实现了地铁工程建设安全管理的物理、事理和人理一体化。这项"地铁施工安全风险控制成套技术及应用"的研究成果于 2014 年获国家科技进步奖二等奖。他的研究成果在我国多个地铁建设工程中成功应用，并推广应用到其他土木建筑工程，为提升工程建设安全风险管理水平做出了重要贡献。

融合人工智能，物联网技术，N 维可视化数据模型，风险识别、风险预警和风险控制等信息技术，丁烈云团队研发出工程建设安全风险"识、警、控"技术体系。借助工程物联网和智能摄像头，辅以标准化的人工巡视，施工现场角角落落的信息都能实时直接传输到预警平台，进行综合性的模型分析，从而及时发现关键风险源，对施工现场进行预警。有了这个平台，参与地铁建设的设计方、施工方、监理方等多家主体，也能实现协同管控，形成一股合力。

武汉地铁 2 号线穿越长江的隧道是当时国内直径最大、世界第三大的盾构隧道，也是我国首条公铁合建的越江隧道。在隧道施工过程中，需要对直径达 15.76 米、重达 550 吨的刀盘完成从地面下降 45 米的吊装作业。这一作业过程完全在操作员的视线盲区中进行，一方面需要避免超大、超重刀盘吊装过程中的失稳；另一方面要保证吊装精度，使这一庞然大物准确放置在预留的盾构机拼装空间，刀盘距离结构最近只有 20 厘米。在丁烈云的指导下，团队开发了与 BIM 技术结合的便携式安全物联网感控一体化装备，借助"识、警、控"技术体系，成功实现了这一极限工况下吊装过程的安全风险可控。与 BIM 结合的便携式安全物联网技术在全球 200 多个项目中脱颖而出，一举夺得中国香港建造业议会创新奖国际大奖。美国马里兰大学教授、国际权威期刊《建造自动化》（*Automation in Construction*）主编斯基布涅夫斯基（Miroslaw J. Skibniewski），在分析了近10年来国际上发表的相关论文后发文评价：丁烈云教授团队是"引领近10年来建设安全管理信息化研究领域的两个团队之一"。

丁烈云（左二）获2018年"复旦管理学杰出贡献奖"

"从工程中来，到工程中去"是丁烈云一以贯之的治学方法。工程管理不能脱离工程实践，特别不能脱离国家的重大工程实践。要想理论联系实际，就得了解工程，参与工程，在为工程服务的过程中找到学术问题，经过提炼、研究和攻克，研发出新的技术反哺工程建设。既解决了科学问题，也解决了实际工程问题，丁烈云认为，这样的研究才称得上"顶天立地"。

"要写好两篇论文，一篇发表在高水平的学术期刊上，还有一篇要发表在祖国大地上，于我而言，后者更为重要。"2011年，武汉地铁2号线过江隧道建设进入关键时期。采用冻结法施工，这条江底联络通道的建设将面临很大的安全风险，国内外也找不到先例，一旦冻结施工失效，江水泥沙就会涌入隧道，后果不堪设想。丁烈云提出，要用物联网技术对施工的安全风险进行管控。"元旦那天，正好是冻结施工的第一天，施工现场赶工期，没有节假日，不挑日子。"华中科技大学土木与水利工程学院数字建造与工程管理系教授周诚记忆犹新，那天丁烈云带着相关研发人员，一起进入地下45米的冻结现场，在第一线指导风险管控系统的安装调试。

华中科技大学王红卫教授与丁烈云共事近20年，最为叹服他对于学术的敏感性和前瞻性："土木工程管理与系统工程交叉、土木工程管理与信息技术融合，他很早就看出了学科交叉的价值，为'老'学科注入'新'力量。""科学技术发展是具有相通点的，即学科的交叉融合。交叉融合最重要的就是与信息技术融合，与生命科学融合。"丁烈云团队在土木工程与信息技术融合方面做出了卓越成就。下一步，他们还将继续与生命科学融合，提出智能健康绿色工程产品建造与服务。目前，丁烈云团队已牵头获得科技部医学口的重点研发专项项目，实现了在土木工程领域医工结合的新突破。

## 言传身教：桃李天下的"老"教师

2018年3月，全国人大代表丁烈云出现在第十三届全国人民代表大会会议上："能解决中国难题的就是一流大学""大学排行榜是一种外部压力，但不能被绑着走""高校不能千校一面，要办出各自的特色"……审报告、提建议、写议案，关注大学建设、学科发展和人才培养，此时的科学家丁烈云，以一位教育工作者的身份，为人们所熟知。作为教育家，他敏锐地认识到培养智能建造创新型工程科技人才是实现我国工程建造高质量发展目标的重要保障和战略关键。"智能建造是信息技术与工程建造融合的创新结果，其人才培养也应当采取创新的模式和方法。"因此，丁烈云多次强调高校和企业应当密切联系，共同培养出既掌握科学技术发展趋势和前沿技术，又能适应建筑产业变革需要的高水平、创新型智能建造工程科技专业人才。

从进入洪湖的一所中学成为一名数学教师算起，丁烈云已经在教育行业干了40年。根据专业背景、知识背景的差异，结合每个人的专长，做出有针对性的指导和引导，一直以来，"尊重学生，因材施教"都是他最基本的教育原则。"学生至少可以分为两类：一类跟着团队一块成长，愿意多参加工程实践；另一类就是喜欢自己琢磨（前沿问题）。"对第一类学生，丁烈云引导他们更多参与工程实践，以更好地把在现场发现的问题上升为学术问题。对另一类学生，丁烈云也充分肯定，鼓励他们不能只会"纸上谈兵"，还得结合实际数据解决工程问题。

科研本是一件坐穿冷板凳的苦差事。学生说："在外人看来，土木行业又土又木，实在枯燥乏味，但丁老师总是能从烦琐中找到乐趣。"对丁烈云来说，能解决实际问题就是他做研究的最大动力。施工安全得到保障，新的地铁线路顺利开通，都能给他极大的成就感。这也是他承担重要行政职务的同时，几十年如一日潜心科研的原因。学生说："丁老师的学术热情很有感染力，让我们也觉得每天的工作很好玩，不苦也不累。"

2011年，丁烈云调任东北大学校长。到新岗位后，行政工作千头万绪，大部分时间都在沈阳忙碌，他只能做学生的"云导师"。参加各类学术会议时，有学生总是会被问："你们丁老师去了东北，是不是就不怎么管你们了？""完全不是，管得一点都没少。"学生回答。丁烈云每个月都会抽个周末来实验室指导学生，每逢连着几天的假期，他基本上都会从早到晚和学生一起泡实验室。即使在东北，丁烈云也经常通过视频或电子邮件和学生交流联系。"东北的冬天叫'猫冬'，下午5点钟吃完饭一直到凌晨，回去也没人说话，我正好做学术。"提起这段经历，丁烈云乐了："每天独处的七八个小时里，学术积累还更快更扎实了。"

2014年，丁烈云又调回曾经工作过的华中科技大学，出任校长。在谈到如何做好人才培养工作时，丁烈云说，办大学应遵循客观规律，如何将自身的优势和社会需要相结合，培养出创新型人才，是大学的使命和高等教育的共性问题。作为一名新校长，自己需要花时间去更全面更深入地了解华科大，尽自己所能去营造关爱学生、尊重学者、崇尚学术的软环境，建设学生的大学、学者的大学、学术的大学，让更多"大家"能来华科大执教。大学的"学"字实际上包含了三方面要素：学生、学者和学术。学生是立校之本，学者是立校之道，学术是立校之魂。这三者是紧密相关的。拥有大学者和大学术，目的都是培养学生。而培养优秀学生、培养具有创新素质的学生，就是大学的使命。所以，大学就是学生的大学、学者的大学和学术的大学。

丁烈云儒雅豪爽，谦和厚道。他长期担任高校领导，同时坚持做科研，在工程建设与管理领域攻坚克难，屡有重大贡献，深得学界和业内人士好评。报效国家，服务人民，丁院士没有更多的豪言壮语，只有志存高远的抱负和脚踏实地的勤奋。他是一个奋斗不止勇攀高峰的人，一个有着真才实学不务空名的人。

（资料整理：李鹤　内容修订：丁烈云、孙峻、陈田）

# 一次选择，一生无悔

## ——记煤炭装备技术专家、中国工程院院士王国法

王国法，山东文登人，1960年9月生于山东省文登县。1982年1月毕业于山东工学院（现山东大学）机械系，1985年东北工学院（现东北大学）流体机械专业硕士研究生毕业。现任东北大学机械工程与自动化学院院长、特聘院士，中国煤炭科工集团首席科学家，开采装备技术研究所所长，中国矿业大学（北京）兼职教授。中国煤炭行业煤矿支护设备标准化技术委员会副主任委员，

中国煤炭工业协会支护专业委员会专家组成员。2015年"全国先进工作者"荣誉称号获得者。2016年荣获中华国际科学交流基金会第二届"杰出工程师"称号。2017年当选为中国工程院院士。

矿难频发、煤炭污染，这些人们并不陌生的情形，有可能因为他的科技创新而被遏制，甚至是杜绝。在公众的印象中，煤炭是不可再生且污染严重的能源，而千百年来，井下采煤恶劣的环境和频发的安全事故，也让大家对煤炭更多停留在"脏累苦险"的认知。数据称，中国因煤炭开采而失去生命的矿工达到20万人，煤炭开采行业被认为是"高危行业"，煤矿安全成为永远绕不开的话题。

如何实现煤炭绿色开采，如何让矿工从高险的工作中、从苦力劳动中解放出来，实现无人化开采，是王国法30年前进入煤炭行业之后，一直从事

的工作。

## 知识改变命运，勤奋创造未来

王国法的家在山东省文登县小观农村，1977 年 6 月，王国法高中毕业回乡务农，这是农村中学毕业生的唯一选择，当时设想如有机会找一个"亦工亦农"的工作就是最高理想了。虽然那时农村人民公社、生产队的劳动组织与生产模式尚未改变，实行计划性的集体生产劳动，报酬还是按所获得集体劳动工分分配，但是大家依然信奉"小车不倒只管推"，埋头苦干才是好农民。当党中央和有关部门酝酿恢复高考的消息在城市传开的时候，他们在乡下却浑然不知。直到当年 10 月份广播里传出恢复高考的消息时，王国法和老师同学都顿时喜出望外，大家急切地互相打听有关参加高考的事情。

高考前不久，王国法原来就读的学校组织了为期两周的高考辅导班。参加了这次短暂的备考复习。回想起当年的考题，现在看比较简单，但在当时对大多数考生来说，语文作文尚且有基础，而数理化却是像"天书"一般，大家心里不免有些忐忑。

参加完高考，王国法又照常在生产队劳动，参加冬季的农田基本建设，但心里却默默期待着好消息。到了当年 12 月底，王国法接到中学的通知，要求到县医院参加体检，同时填报高考志愿。但当时并未公布高考成绩，他也不知道究竟考了多少分，该填报什么学校、选择什么专业，完全不知如何选择。记得还是在上小学时第一次写作文，题目就是"我长大了做什么？"他写的是"想当科学家"。当科学家是童年就埋在王国法院士心底的梦想！所以，他第一志愿填写了家乡的山东工学院（后合并到山东大学）。

1978 年元月的一个中午，从田间劳动后回家。刚刚放下小推车，村里的邮递员就送来了一封沉甸甸的挂号信。当时王国法的心情无比激动，连忙打开信封，一看是山东工学院的录取通知书，王国法被录取到冶金系轧钢专业。

后来得知，小观公社中学当年应届毕业生 400 多人，他是唯一被本科院校录取的。这个春节，王国法家充满了喜庆气氛，父母每天都高高兴兴，为儿子考上大学感到十分自豪。王国法也明白，父母对他的未来充满了期待。

100

传承与轨迹
——从东北大学走来的院士风采录

226

记得中学老师当时还送给他家一副楹联："喜送子女踏新程，笑迎新人创奇篇。"这表达了学校老师、乡亲和父母寄予的厚望，他也下定决心，绝不让大家失望！

1978年3月初，王国法带着一种从未有过的新感觉走进了山东工学院的校门。班里同学年龄相差很大，有三分之一是"老三届"（1966年至1968年的初、高中毕业生）的老大哥同学，还有一半是1969年至1976年的毕业生，他们有很多是农村民办教师、退伍军人、下乡知青，还有工厂工人。他当时只有17岁，是班里年纪最小的学生之一。当时的农村中学各方面条件都很差，睡的是大通铺，吃的是自己从家里带来并交到中学食堂的玉米、地瓜干等粗粮，一个萝卜丝菜汤2分钱，还有很多同学舍不得吃。这种艰苦生活也练就了王国法吃苦耐劳、勤俭朴素的品格。到了大学，学生宿舍八个人一个房间，分上下床，每人有一个小桌子。经济上有了国家的助学金，吃上了商品粮，有了较好的伙食。这对于农村孩子来说，能有机会考上大学，有这么好的学习条件，王国法从内心对党和国家充满感激之情，所以在生活上始终保持着勤俭节约的好习惯。

王国法青年时期的照片

有人曾说，这次恢复高考考上大学的学生是多年积淀的"璞玉"，是千里挑一的幸运儿。同时王国法相信，知识就是力量，知识改变命运。因此，同学们都无比珍惜宝贵的学习深造机会，如饥似渴地学习。基础课一般都是多个班的学生一起上大课，上课的学生很多，每次都会早早地去占座位，还常常帮年长的同学占座，星期天绝大部分时间也都在教室学习。整个大学期间，他和同学从未到外面的餐馆吃过饭。当时很多同学有不同的压力，相比之下，少数应届生（1977年高中毕业生）年龄偏小，又没有别的负担，就知道一心扑在学习上。那时他就觉得，没有比在大学读书更神圣的事了。

"我在中学时基本上没有学过英语，所以大学英语是我花费时间最多的课程。早晨在校园树荫下，晚饭后爬上千佛山，我都拿着单词本背英语单词。虽然我下的功夫很大，但学的是'哑巴英语'，听力和口语都不好，然而，功夫不负有心人，到了第三学期，我的英语成绩在班里已是名列前茅了。几个学期的基础课，大学普通物理、理论力学、材料力学等科目考试我也都是满分。"王国法说。

上大学一年后，因为院系调整，王国法被分配到一机系机械制造工艺及设备专业学习。学校依旧保证了专业的高水平师资力量，不仅教给学生们专业知识，也教为人、治学之道，创新之思维、方法。他们的教诲至今仍让王国法记忆犹新，并受益一生。王国法也十分感恩母校和老师。

毕业设计时，王国法所在的小组被安排到济南第一机床厂。小组共十个人，任务是完成一台日本进口车床的测绘和设计绘图。指导老师除了系里的专业老师外，还有工厂的工程师，他们都非常认真，对每一张图纸、每一尺寸都有严格要求。虽然毕业设计要分别给每个人打分，但小组的同学并没有特别考虑自己的成绩，大家互相协作。王国法的设计任务完成得又快又好，有个别年龄较大的同学比较吃力，他主动对其提供帮助。毕业设计，王国法所在的小组大都取得优秀成绩，这个过程也初步培养了王国法"责任、创新、协同"的工程师精神。

## 立足创新发展，持续引领行业

王国法的科研实践，含有中国科学家的普遍逻辑和价值取向。他断言，当前是中国要从集成创新向原始创新迈进的一个转型期。

创新是社会发展的不竭动力，科技创新是发展生产力的第一要素。"我们国家改革开放40年来快速的发展，得益于创新。但是我们的创新大多数是从引进消化吸收、创新、集成创新到再创新的这样一个阶段。我们的原始创新不足。"王国法关注着外部世界的形势变化，他说，当前中国面临的外部困难，对科研事业是警醒，"技术的源头还在别人的手里，基础研究的欠账太多，所以就容易被卡住脖子，'万河之水始于源、参天之木立于根'，要加强在基础理论、基础研究、基础材料等方面的创新。解决问题的能力是创新力的核心，是创新人才的根本价值所在。我们能够实现的，只能够是我们内心最渴望的东西。只有创新的激情，加上科学的方法，才能够实现我们的目标。"

王国法掌握着一组数据：化石能源目前仍然是世界的主要基础能源，在世界一次能源消费结构中仍然占 86%。石油、煤炭、天然气三分天下。非化石能源和可再生能源实际上发展得很快，但是仍然只占 14%。而中国已经成为世界前六位的产煤大国，煤炭成为中国的主体能源。目前，煤炭在中国一次能源生产和消费结构中仍然占 70% 或 60% 以上。最高领导层也曾指出，中国的国情，是在相当长一段时间内，甚至从长远来讲，还是以煤为主的格局。因此，对煤的注意力不要分散，在发展新能源、可再生能源的同时，还要做好煤炭这篇文章。

王国法称，可以通过技术来消除煤炭对环境的负面效应，实现安全高效绿色的开发和清洁高效利用。他举例：比如目前清洁高效燃煤发电技术，包括超超临界发电、循环流化床发电、IGCC 发电。"这些技术已经取得了重要的突破，已经可以实现有害气体的近零排放"，"IGCC 发电甚至可以实现二氧化碳的近零排放。"

他指出，智慧煤矿建设是煤炭工业技术革命、产业转型升级的战略方向和目标，智能化开采是智慧煤矿的核心技术。"必须牢牢抓住新一代信息技术带来的发展机遇，将数字矿山建设与煤炭安全高效开发，与煤炭清洁利用的技术创新和管理改革相结合，利用信息化、数字化、物联网、人工智能、大数据等新技术提升和改造传统采矿业，不断开创安全、高效、绿色和可持续的智慧煤矿发展新模式。"王国法寄希望于智能化的开采全面实现后，能够更好地吸引到年轻人才的流向。

## 深入植根基层，放眼世界发展

据了解，当初王国法几乎走遍了全国所有矿区，一年出差要在 200 天以上，而且经常连续 12 小时待在井下，有时需要连续奋战 24 小时。也因此，王国法见证、参与了中国煤炭开采由落后到世界领先的发展过程。他带领团队开拓了我国煤炭安全、高效、绿色、智能化开采理论、技术和装备体系，使煤炭生产效率提高 30 倍以上，安全生产条件得到根本保障，为国家经济社会发展提供了近 70% 的一次能源；把中国煤炭开采成套技术和装备出口到澳大利亚、德国等全世界主要产煤国家。

他崇尚这样的工程科学技术之路——植根基层，放眼世界；立足实践，创新发展。老子曰"大丈夫处其厚，不居其薄；处其实，不居其华"。以此为鉴，坚持"为学以道而至上，为人以德而至高"，人生一定无怨无悔！

## 一路风雨兼程，满载希望荣光

1960 年出生的王国法院士，看上去还很年轻，但他可是一位拥有重大科研创新成就的领军科学家。1985 年东北大学研究生毕业，1995 年破格晋升煤炭部首批研究员，2000 年被正式聘为煤炭科学研究总院采矿工程专业博士生导师，指导博士生 9 名，已授博士学位 4 人。

20 世纪 80 年代中期，他开始参与了我国煤炭综采技术和装备引进、消化、国产化研制和试验的全过程。90 年代初，主持创新研发了新型高效低位放顶煤液压支架和系列高效综采关键技术装备；首次提出了液压支架与围岩"强度耦合、刚度耦合、稳定性耦合"的"三耦合"原理和设计方法；主持设计研发了世界最大采高的 8.2m 超大采高综采和 20m 特厚煤层综放、世界最小采高的 0.6~1.3m 薄煤层智能化综采和最大倾角的 55° 大倾角综采等系列技术与装备；主持的黄陵一矿智能化开采总体设计项目，首次实现常态化工作面有人巡视、无人操作的智能化采煤，获得中国工业大奖；主持建立了我国综采和液压支架技术标准体系，实现成套技术完全国产化，研发的产品出口到世界主要产煤国家，主要技术指标达到国际领先水平。

王国法一直从事煤矿综合机械化开采、工作面支护技术与装备的研究开发，主持完成国家各类技术攻关和技术创新项目30余项，主持了煤矿支护设备标准体系的建设，负责起草液压支架国家和行业标准十几项，主持横向技术开发和技术咨询服务项目达数百项。出版《液压支架技术》等专著多部，在国内外发表学术论文80多篇，第一发明人发明专利20余项。十几项成果获得国家和省部级科技进步奖，其中获国家奖和省部级一等奖八项。被评为煤炭部首批专业技术拔尖人才，中国煤炭学会青年科技奖。1993年获国务院政府特殊津贴，2000年被评为国家级有突出的中青年专家，2015年被评为全国劳动模范。

2019年9月16日，王国法院士在东北大学作了题为《智能制造与智慧矿山智能装备发展暨创新团队建设》的学术报告，涉及"智能制造推动煤矿智能化发展""煤矿智能化研究与实践""煤矿智能装备及煤矿机器人研发"等学术前沿课题，并受聘为东北大学机械工程与自动化学院院长、特聘院士。

## 一次无悔选择，激情开拓事业

"激情是创新的催化剂。我们干任何事情、干任何事业都需要有激情。创新更需要有激情。"谈到所从事的煤炭事业，王国法表示："我并不是因为喜欢而选择煤炭事业，而是因为选择而爱上煤炭事业，一次选择、一生无悔。我敬佩煤炭工人特别能吃苦、特别能战斗的精神，我喜爱煤炭人甘于奉献、敢于创新的品格。"

"每个人都面临选择，人生的道路有千万条，或直线、拥挤，或曲折、孤寂，没有人能预知哪一条路距离成功更近，但应该坚信，只要方向正确，只要坚定踏实地走好每一步，都会向目标靠近，条条道路都得有人走，条条道路都可能通向成功。"王国法院士的这段话有其人生经历作依据，他自己早年是非煤院校毕业的，本科是山东大学冶金系轧钢专业，研究生是东北大学流体机械及流体动力工程专业，毕业后被分配到煤炭科学研究总院北京开采研究所，从事煤炭综合机械化开采技术与装备研发，而不是因为喜欢煤炭才选择了这个行业。

在中煤科工集团开采装备技术研究所所长（液压支架研究室主任）的职位上，王国法一干就是 20 年，他说正是这种不变，成就了认真钻研一件事，努力做好一件事的意志。

## 殷殷肺腑之言，寄予青年厚望

回忆 40 年走过的历程，王国法想与青年学生分享的体会是：人生可以选择的道路有千万条，或直线、拥挤，或曲折、孤寂，没有人能预知哪条路离成功更近。应当坚信，只要方向正确，只要坚定踏实地走好每一步，都会向理想目标靠近。条条道路都得有人走，条条道路都可能通向成功的彼岸。王国法回忆在大学毕业前已作好了考研准备，但不巧的是，临考前得了较严重的肠胃炎，连续几天腹泻，状态很不好，因此影响了考研成绩，没被录取。1982 年 1 月毕业后，王国法被分配到山东省第二轻工业学校任教，但他希望继续学习的初衷未改。经过努力，王国法于 1983 年考取了东北工学院硕士研究生，攻读流体机械及流体动力工程专业。1985 年研究生毕业后，王国法被分配到煤炭科学研究总院北京开采研究所，从事煤炭综合机械化开采技术与装备研发，从此开始了他的"煤炭人生"。

但是煤炭工程领域目前面临人才瓶颈，年轻人不愿意进入这个行业，这是让王国法感到忧心的事情。他指出："目前我国教育体系不适应创新人才培养需求，缺乏崇尚创新精神的文化环境，体制机制制约创新。导致我国关键装备、关键部件、关键技术受制于人，基础理论、基础研究、基础材料等基础保障力不强。"

青年人才是科技创新的主力军，是希望之星。王国法说，当代青年尤其是大学生，具备了创新意识、创新能力，在当下处于第三次工业革命与第四次工业革命的历史交汇期，以人工智能、大数据、互联网＋为标志的新技术革命浪潮滚滚，青年人是可以在建设绿色＋智慧矿业的道路上，发挥创造力、建功立业的。

作为我国煤炭高效综采技术与装备体系的主要开拓者之一和煤矿智能化的科技领军者，王国法为我国煤炭工业机械化、智能化做出了重大

中篇

中国工程院 院士

231

贡献。他的科研经历，应和了那样一句话：哪里需要就往哪里搬。王院士用燃烧的青春谱写煤炭事业新篇章，在实践中不断成长，攻破难关，取得一个又一个的成效。当人生目标确定后，要不畏艰难，时刻保持清醒的头脑，并坚定地一直走下去！

（资料整理：刘佳　内容修订：马英、陈田）

# 稀土科技领军人物

## ——记有色金属冶金专家、中国工程院院士黄小卫

黄小卫，1962年1月出生，湖南省临澧县人，长期从事稀土冶金与材料研究、工程化开发与应用，我国著名有色金属冶金专家，中国工程院院士，有研科技集团有限公司教授级高级工程师、首席科学家，稀土国家工程研究中心主任；兼任中国有色金属学会副理事长，中国稀土学会副理事长、稀土化学与湿法冶金专业委员会主任；《中国稀土学报》(中英文版)副主编。1979年9月考入中南矿冶学院（现中南大学）有色金属冶金专业；1983年毕业，分配到北京有色金属研究总院稀土所工作，先后任工程师、高级工程师、教授级高级工程师；1996年加入中国共产党；1997年担任稀土材料国家工程研究中心副主任；2001年担任有研稀土新材料股份有限公司副总经理；2008年获得东北大学博士学位；2014年获中国首届"杰出工程师奖"；2015年担任稀土材料国家工程研究中心主任，并被评为"全国劳动模范"；2017年获"全国创新争先奖"，当选为中国工程院院士；2019年当选为亚太材料科学院院士；2021年获"光华工程科技奖"。

她，深耕稀土30余载，执着于实现稀土行业的绿色发展；她，打造创新团队，在稀土清洁提取、绿色分离等方面创新不断，硕果累累。在科研中，她始终认为，成功就是干一行，爱一行，勇往直前，永不言败。她就是

2017 年成功当选为中国工程院院士的稀土科技领军人物——黄小卫。

## 执着稀土创新，绿色发展

1962 年，黄小卫出生于湖南省临澧县。1983 年从中南矿冶学院（现中南大学）毕业后，她进入北京有色金属研究总院稀土所工作。自 1983 年以来，她一直从事稀土湿法冶金、分离提纯，稀土材料研究、工程化开发及应用推广。

稀土是战略性矿产资源，因其独特的磁、光、电等物理化学性质，被广泛应用于航空航天、国防军工、新材料、电子信息、现代交通、节能环保等领域，是 21 世纪的材料宝库。然而稀土行业的快速发展也带来了许多世界性难题，例如在稀土的开采、提取和分离中出现的"三废"污染问题难以解决、生态环境破坏严重、产业结构不合理等，这些问题都阻碍着稀土行业可持续发展。

创新是科技进步的核心动力，也是企业不断发展壮大的生命源泉。为推动稀土行业绿色发展，黄小卫和她的团队始终将创新作为第一要务。在稀土资源高效清洁提取、绿色分离提纯等方面，她发明了非皂化萃取分离稀土新技术、离子型稀土原矿浸萃一体化技术、碳酸氢镁法冶炼分离稀土等低碳低盐无氨氮分离提纯稀土的专利技术，在国内外数十家稀土企业应用，为我国稀土工业发展及科技进步做出了突出贡献，产生了显著的经济效益和社会效益。

## 亲自带头实践，勇于奉献

与研究人员及研究生讨论稀土分离试验进展；指导研究生撰写试验研究方案；召开离子型浸出液高效萃取富集技术攻关方案专题讨论会；上午 11 点 10 分从三河市燕郊高新区有研稀土高技术有限公司准时出发，赴厦门参加中国稀土行业会议……这些满满当当的日程安排早已成为黄小卫院士的日常。钟爱稀土事业的她，恨不得把自己的每一分每一秒都投入到稀土研究中。

不论身上的科研任务、学术交流、技术咨询等多么繁重，黄小卫每年都会花大量时间到技术实施的矿山、冶炼分离企业现场了解进展情况，进行技术指导。她经常和团队成员翻山越岭、并肩作战，将研究论文写在了祖国大地上。

## 致力团队打造，创新发展

"国家的富强，没有科技创新是不行的。我一直相信，别人能做到的我们也能做到，这就要靠我们每个人去努力去奋斗。"在技术创新的道路上，黄小卫和团队成员不畏艰苦，攻克了一个又一个难题，突破了一个个核心关键技术，一项成果从小试、中试、工程化开发到产业应用，至少要奋斗 10年。

一个人的力量终归是有限的，为了稀土事业的发展，黄小卫一直致力于打造一支具有创新能力、敢打敢拼的团队。"我们这个团队中有教授级高工 6人、高级工程师 7 人、工程师及在读研究生近 50 人，平均年龄 30 多岁，是一支充满活力的创新团队。"说起自己的团队，黄小卫由衷地自豪。与此同时，她用乐观直率、平易近人的性格凝聚团队，用坚定信念、隐忍顽强的意志影响团队，用合作共进、价值认同的目标带领团队。

在她的带领下，这支队伍勇于实践、勇于变革、勇于创新，攻破了一系列稀土冶金工艺难题，在稀土资源高效提取、绿色分离提纯等方面取得多项具有原创性的研究成果，并广泛应用于稀土工业生产，多项工艺成为行业主流技术，从源头消除氨氮废水及放射性废渣污染，大幅提高稀土资源回收率。现在，许多团队成员已经在学术研究上独当一面，承担多项国家级科研项目，多人入选国家级青年人才计划、中国科协青年托举人才工程、北京市新世纪领军人才计划、北京市科技新星和优秀人才计划等。

恒者行远，思者常新。未来，黄小卫院士将带领团队瞄准资源综合利用、节能减排及稀土高端材料等重大需求，探索创新，进一步提高我国稀土资源开发利用水平和稀土产业国际竞争能力，为稀土行业绿色低碳、高质量发展做出更大贡献。推动我国由稀土生产大国向稀土科技和产业强国转型，实现稀土强国之梦。

2018年7月5日，黄小卫（右）做客东北大学95周年校庆百场报告会暨"靳树梁讲座"第二期，并作主题为《稀土资源绿色高效开发与应用》的学术报告

  黄小卫扎根科研一线近四十年，从稀土的战略地位、稀土资源开发与绿色发展、稀土新材料及应用以及稀土发展趋势与展望等方面进行深入研究并提出了相应的解决方案。她带领团队攻坚克难、不断探索创新，攻克了系列稀土冶金工业技术难题，开发出系列重大创新成果，在50余家大型稀土企业推广应用，有力推动了中国稀土资源绿色高效开发利用，引领稀土工业绿色发展！

（资料整理：张博雯、王晓英 内容修订：黄小卫）

# 铁矿资源的战略推动者

## ——记铁矿开发专家、中国工程院院士邵安林

邵安林，1963 年 9 月出生，汉族，黑龙江肇东市人，矿冶工程专家。1985 年毕业于鞍山钢铁学院。2004 年获东北大学工学博士学位。北京科技大学博士生导师，东北大学特聘教授，2015 年当选为中国工程院院士。先后任鞍钢东鞍山铁矿总工程师，眼前山铁矿矿长，矿业公司经理，鞍钢集团有限公司副总经理。历任中国铁矿业中长期发展规划领导小组组长，中国矿业联合会主席团主席，中国冶金矿业发展研究中心主任，全国铁矿石与直接还原铁标准化技术委员会主任委员，中国冶金矿山企业协会会长、名誉会长。

长期从事铁矿资源技术开发、工程管理与战略研究。主持攻克贫铁矿开发关键技术瓶颈，研发提铁降硅、协同开采、地下采选一体化等核心技术，建立较为完整的铁矿资源开发技术体系。创立"五品联动"矿冶系统工程模式，开辟一条贫铁矿规模绿色高效开发的系统创新之路，引领了行业技术进步和可持续发展。以超前思维和世界眼光谋划矿业发展，构建多元产业格局，打造绿色智能矿山，组织建成国内全面领先的铁矿行业龙头企业。致力国家资源保障战略研究，牵头编制我国首个铁矿行业中长期发展规划，主持多项国家和行业标准制定，对于加快铁矿产业结构调整，重塑矿冶工业布局，提高资源保障能力，构建国家资源

保障体系，维护产业经济安全起到积极推动作用。

获国家科技进步奖二等奖 4 项，省部级科学技术奖特等奖 1 项、一等奖 15 项、二等奖 19 项。发明专利 5 件，出版专著 5 部，在重点期刊发表论文 16 篇。获全国劳动模范、全国优秀科技工作者、全国优秀企业家、国家百千万工程领军人才等荣誉。

清瘦、严谨，看起来颇具学者气质和风度，身为中国铁矿业的领军者，邵安林院士为人低调，却在业内颇具威望。作为全国优秀企业家，以超前思维和世界眼光谋划矿业发展，构建多元产业格局，打造绿色智能矿山，组织建成国内全面领先的铁矿行业龙头企业；作为行业技术进步引领者，主持攻克贫铁矿开发关键技术瓶颈，推动中国贫铁矿资源开发技术跻身世界领先水平；作为矿冶工程管理专家，创立矿冶系统工程理论，开辟一条资源绿色高效开发的系统创新之路，推动了冶金产业转型升级；作为中国冶金矿山行业发展的领航人，以高度的责任感和使命感，主持制定我国首个铁矿行业发展战略规划，吹响了中国铁矿业与世界矿业巨头争夺话语权的号角，为构建国家资源保障体系、维护产业经济安全做出突出贡献。

## 开启系统创新之路

1985 年，年仅 22 岁的邵安林来到鞍钢矿山工作，从此便与铁矿资源开发结下不解之缘。在近 40 年的职业生涯中，他始终坚持建设钢铁强国的理想和使命，保持高度的事业心和进取心，从最基层的技术人员做起，不停努力奋斗，逐步成长为一名集科学家、企业家、战略家品质于一身的复合型人才和领军型人物。

辽宁鞍山，这里及周边蕴藏着储量高达 270 多亿吨的铁矿资源。但是由于对铁矿山的长远发展缺乏足够的思考，铁矿业长期以来仅仅被视为服务于钢铁企业生产需求的"原料车间"，创新不足、管理落后、产业分散、可持续发展潜力不足，束缚了鞍钢矿业的发展，这也是中国铁矿业发展困局的时代缩影。

彼时出现了令人奇怪的"两极分化"：拥有国内铁矿石资源最多，但铁矿山建设滞后、技术不过关、成本居高不下，资源开发利用率较低。鞍钢拥有铁矿石资源量占全国的19.1%，而产量却只有4%，部分铁矿山处于过度开采阶段，有的矿山服务年限仅为5年左右，面临"无矿可采"的尴尬局面。

2006年，邵安林临危受命，从此开启了几乎全年无休的工作模式，将所有精力扑在企业发展上。"铁矿业发展存在的诸多问题，不能'头疼医头、脚疼医脚'，必须运用系统思维来解决面临的各种问题。"在邵安林看来，现代企业的发展要用系统理论来指导，用战略思维去谋划。

2007年，堪称鞍钢矿业发展史上的"遵义会议"召开。邵安林召集30余名来自技术和管理层的骨干代表，花了2个多月时间，反复讨论3个问题：我是谁？我要成为谁？我要如何成为谁？

经过市场需求、价格走势、行业背景、资源开发现状、自身优势等综合分析后，鞍钢矿业按照"掌控资源、开发资源、经营资源"的总体思路，明确了打造世界级铁矿山企业发展目标，构筑以资源开发为核心的产业多元化格局，做强做大资源产业。随后，《铁矿山建设规划》《石灰石矿山规划》《体制机制创新规划》《科技创新规划》《数字化矿山建设规划》等推动鞍钢矿业跨越发展的系列规划陆续出台，鞍钢矿业由此开启以企业战略为主导的系统创新之路。

经过十余载默默耕耘，鞍钢矿业实现华丽转身——资源总量世界第一，采掘总量世界第二，成为国内集勘探业、采矿业、选矿业、民爆工程业、采选工程业、矿山设备制造业、资源综合利用产业和物流贸易为一体且具有完整产业链的龙头企业。2008年以来，鞍钢矿业效益贡献375亿元，上缴税金229亿元，巨变的数字背后凝聚着邵安林的心血。

## 破解世界性贫铁矿难题

中国铁矿资源储量居世界第四位，但其中97%是含铁30%左右的贫铁矿，资源利用率不到10%。怎样才能在降低成本的前提下，将这样的矿石提纯为品位65%以上的铁精矿，实现贫铁矿的大规模开发和高效利用，是制约中国铁矿企业发展的共性问题。国内没有成功实践，国外也没有成功先例。

面对挑战，2003年开始，邵安林组织在国内率先实施了"提铁降硅"攻关，组织研发了"磁选＋反浮选"新工艺、新型选矿药剂和浮选设备，取得了"国产铁精矿提铁降硅（杂）的系统研究与实践"重大科技成果。在此基础上，进一步研究开发"阶段磨矿、粗细分选、重选—磁选—浮选"组合流程，成为贫铁矿选矿普遍采用的基础流程。鞍钢"提铁降硅"实践，被誉为选矿领域的一场技术革命，精矿品位提高到67.5%以上，达到国际领先水平。该成果获国家科技进步奖二等奖。

针对露天井下不能同时开采的世界性难题，邵安林突破传统设计理念，首创露天井下协同开采技术，走出了一条在复杂地质条件下实现贫铁矿规模化开发的新路。为彻底解决环境影响问题，他提出"将选矿厂建在地下"的设计理念，发明地下采选一体化系统，建立短流程集约化自循环工艺，"采—配—选—排"活动全部在地下进行，用废石和尾矿充填采空区，地上无选矿厂、排岩场、尾矿库。目前正组织世界规模最大的地下铁矿山——西鞍山建设工程，设计规模达3000万吨/年。针对西鞍山矿体赋存特点，邵安林提出采用全尾矿充填采矿法和多中段、多采区同时开采的全新工艺技术，解决"三下"矿体无扰动开采问题。项目建成后将成为技术领先、绿色智能、无废、无扰动的地下铁矿山，对维护国家资源安全具有积极作用，被列为"基石计划"重点项目。

随着技术瓶颈的突破，邵安林基于工程哲学思想建立了一个集系统观、生态观、社会观和技术、管理诸多要素于一体的矿冶系统工程，被业界称为"五品联动"矿冶系统工程模式，持续突破技术瓶颈和管理短板，实现系统最优、价值最大，应用该模式建成国内产量规模最大、精矿品位最高、生产成本最低、环保效果显著的世界特大型贫铁矿区——鞍山东部矿区，实现了传统矿冶工程管理的颠覆性变革，为我国贫铁矿开发提供了可推广的技术与工程管理模式，对我国矿冶工程乃至流程工业工程建设都具有借鉴意义，被评为世界钢铁产业十大科技要闻，被誉为钢铁工业的战略支点，荣获2014年国家管理创新成果一等奖。

# 打造世界级成本竞争力

历史总是惊人的相似。2008 年的国际铁矿石价格如同 1996 年前后，从超过 1300 元 / 吨的价格"自由落体"般直降至 500 元 / 吨。市场矿价已低于当时鞍钢矿业 637 元 / 吨的铁精矿完全成本线，国内很多中小铁矿山被迫关停。作为中国最大铁矿山企业的"一把手"，当时的邵安林承受着巨大的压力。作为新中国成立后第一个投入生产的矿山企业，鞍钢矿业是一个拥有近 70 年历史、40 多个县处级单位、3 万名职工的"老国企"。改变这样一个企业，管理者要有勇于担当的超常魄力和驾驭全局的高超能力。

他顶住各种压力，每天带领管理团队，深入基层，引导全员广泛开展与世界矿业巨头对标，查找管理体系、管理流程、运营模式等短板，构建以战略为主导、以推进管理升级为主线、以信息化平台为支撑、以高效执行文化为引领、以提升全员素养为保证的鞍钢矿业精细化管理模式。这个"老国企"的管理变革由此拉开序幕。

他打破追求局部优化、硬性挤压的成本管理模式，创造性地实施基于价值链的战略成本管理，填补了我国工业企业采购价格管理的空白。鞍钢矿业依靠全链条、全流程的创新管理，铁精矿制造成本行业排名由 2007 年的第七位跃升为第一位。

他用信息技术改造传统产业，打造智慧矿山。邵安林把信息化建设归纳为"战略＋管理＋技术"的系统工程，在国内率先实施"智慧矿山"发展战略，联合国内著名高校及科研院所成立智慧矿山联盟，打造面向制造业的"互联网＋产业生产体系"，主持建成国际先进的矿山信息化管理系统，在国内铁矿行业首创云计算技术，推动了传统矿山向智慧矿山转型升级。他领导的鞍钢矿业被确立为首批国家级智能制造试点示范单位。

从生产、设备、物流、成本、信息化到环保、文化等一项项颠覆性创新举措出台，形成全方位、全过程、全系统整体提升模式和以信息管控平台为依托、以价值链管控为主线的运行体系。2008 年以来，鞍钢矿业铁精矿成本由 637 元 / 吨降至 500 元 / 吨左右，使我国自产矿可以与进口矿同台竞争，创效能力居同行业之首。有 7 项成果荣获国家级管理创新成果一、二等奖。

中国企业联合会副会长、中国企业管理科学基金会理事长尹援平说，全面创新提升管理水平，不仅是鞍钢矿业的成功进步之道，也是国有大型铁矿山企业经营发展之道。

## 构建国家资源保障体系

2014年3月，工信部、中国冶金矿山企业协会鉴于鞍钢矿业的成功实践，委托邵安林担任领导小组组长，牵头编制我国铁矿行业首个中长期发展规划，绘制行业发展蓝图。作为中国最大冶金矿山的掌舵人，邵安林再一次被推到风口浪尖。

"要彻底结束受制于人的局面，必须系统思考铁矿业发展对于国民经济和钢铁行业的意义，战略性地规划铁矿行业发展，通过系统创新，整体提升竞争实力，构建我国铁矿石资源保障体系。"邵安林坚持顶层设计，系统推进，在对全国铁矿行业进行全面分析诊断的基础上，确立了通过多元化"组合拳"突围，全面构建国家铁矿资源战略保障体系的战略构想。

邵安林牵头设计的行业发展蓝图已经取得突破性进展。以总体规划为顶层、以专项规划和重点区域规划为支撑，中国铁矿行业中长期发展规划体系已经建立，东北区域规划样本、全国铁矿业管理、科技创新等子项规划已经完成，将为我国钢铁行业战略安全提供保障。

他坚持用标准规范秩序，引领行业转型升级。邵安林瞄准全球矿业市场竞争，牵头制定完成了9项国家标准和11项行业标准并通过审定，接轨国际标准，用标准抢占国际同行业竞争的制高点。

他汇聚行业智慧，组建了全国首个冶金矿山行业发展研究中心，发挥智囊团、智力库作用，系统解决好产业政策、产业战略、产业规划、产业布局、产业组织、产业经济、产业运行等影响冶金矿山行业发展的重大问题，支撑我国钢铁工业转型升级。

他注重矿业人才培养，创新校企联合人才培养模式，为中国矿业发展培养后备力量。2017年，邵安林院士兼任东北大学智慧矿山研究中心主任、特聘教授。他注重工程实践和自主创新能力的培养，指导学生成功参与重大工程项目和科技攻关课题，培养采选人才36人，形成高水平科研团队，先后承担"高碳酸盐难选铁矿石选矿关键技术与装备研究""地下矿山新型崩落采矿技术与应用""铁矿尾矿减排利用技术"等 7 项国家"十二五"科技支撑课题和国家项目。

邵安林在全国钢铁行业庆祝建党 100 周年座谈会上说:"在建党百年之际,业界共同回顾钢铁工业艰难的历史和辉煌的成就,我觉得心潮澎湃。在党中央的领导下,中国钢铁工业实现了从无到有、从小到大、从弱到强的历史性跨越,构建了全世界最大最全的钢铁工业体系,为国民经济的发展做出了巨大贡献。在新时期,中国钢铁人一定会走出一条绿色低碳、智能化发展的新道路,继续为中华民族伟大复兴的中国梦做出钢铁人应有的贡献。"毫无疑问,以邵安林为代表的中国铁矿人仍将一路披荆斩棘,构筑出铁矿业的中国梦,托举起中国钢铁行业的时代重任,必将书写新时代的传奇。

（资料整理：李佳佳　内容修订：邵安林、陈田）

# 向下扎根，探索深部

## ——记岩石力学专家、中国工程院院士冯夏庭

冯夏庭，1964 年 9 月出生于安徽安庆潜山县，1982 年到 1986 年，在东北工学院采矿工程专业攻读本科，获得学士学位；1986 年到 1992 年，在东北工学院岩石力学专业读研究生，获博士学位；1996 年，破格晋升东北大学教授；1998 年，受聘于中国科学院武汉岩土力学研究所工作；2001 年荣获中国青年科技奖；2008 年获光华工程科技奖；2017 年 8 月，任东北大学党委常委、副校长；2019 年 11 月，当选为中国工程院院士；2021 年 2 月，任东北大学党委副书记、校长。

国际岩石力学学会会士，兼任国际地质工程联合会主席、国际岩石力学学会设计方法委员会主席、中国岩石力学与工程学会理事长。曾任国际岩石力学学会主席、中国科学院武汉岩石力学研究所所长、岩土力学与工程国家重点实验室主任。长期从事岩石力学与工程领域的研究工作。在深部地下工程稳定性分析理论、设计计算方法、工程实验技术以及岩爆监测预警与动态控制等方面做出了突出贡献。荣获国际岩土力学计算机方法和进展协会杰出贡献奖，国家杰出青年科学基金获得者，国家级领军人才计划特聘教授。

科学有界，科学家探索的心无界。岩石亦刚硬，但终究抵不过冯夏庭院士科技报国的决心与不断探索钻研的脊梁。生于潜山，蓬勃于白山黑水之间，岩石力学巨才，向地球深处出击！

## 勤勉自律，立鸿鹄之志

冯夏庭的家乡位于安徽省安庆市潜山市余井镇马道村，据余井镇党委书记冯玉常介绍，马道村历史文化悠久，村名来源于东汉末年的赤壁之战，一代枭雄曹操的兵马曾在此驻扎操练。20世纪七八十年代，这里考古发现三国古墓群，出土大量护胸镜、大刀等兵器文物，保存在潜山博物馆供游人凭吊。至今，余井镇境内还沿袭着三国时期的落马桥、撵曹沟等地名。而在余井镇西有三千万言通俗小说大家张恨水，现在东边又出了个中国工程院院士。不得不说，潜山真是一个人杰地灵的好地方。

父亲常年奔波忙碌以及家里缺衣少食的情景，在童年冯夏庭脑海里留下深深的烙印，从小他就立志好好读书，改变命运。在本村上小学时，一天步行四趟，来回走15里路，有些同学坚持不了辍学了，但他风雨无阻每天上学。陈绍前是冯夏庭初中语文老师兼班主任。提起冯夏庭，陈老说得最多的一句话就是学习很用功，"在那个学风不是很浓的年代，有的同学吃不下苦逃学了，但他不，无论是天寒地冻还是刮风下雨，总是早早来到学校，成绩在班上也名列前茅。"

一分耕耘，一分收获。1982年冯夏庭参加了高考，并被东北工学院录取。那个年代能考上大学是一件极其轰动的大事，时隔多年，说起大弟考上大学时的情景，姐姐脸上至今还洋溢着自豪感。

冯夏庭考上大学后一直保持着农家子弟勤奋好学的韧劲，每年放假期间都带回各类表彰证书。30多年来，他攻读研究生、博士，后留校任教一直到担任博士生导师，始终保持着勤奋、稳重、好学的劲头，取得了诸多成就，各种荣誉纷至沓来。无论多忙，冯夏庭每天都要和父亲通电话报告自己的行程，一来给家里老人报平安，二来问问老人身体状况。当选为院士的消息也是第一时间告诉了父亲，与父亲分享这来之不易的成就。在拼搏奋斗的同时，冯夏庭也心系家庭，过年回家陪伴家人是他最朴实的愿望，也是对父母最诚挚的孝心。

## 攻坚克难，铸科研丰碑

冯夏庭是最早在我国提出智能岩石力学研究的学者，他从事的智能岩石力学是国际上新兴的学科研究方向，其目的是针对当前岩石力学研究的两大瓶颈问题——岩石的参数选定问题和模型的建立问题，开辟一条全新的研究途径。研究成果得到国内外知名专家学者的广泛推崇。

在谈到个人取得的成就时，冯夏庭显得非常低调："林韵梅教授、王咏嘉教授、徐小荷教授等我的导师与前辈们给了我很多指导，教育并要求我作为科研工作者该如何做科学研究。"冯夏庭表示，东北大学为他的研究和发展提供了一个自由宽松的研究氛围和良好的科研平台，这些都为科研成果的取得起到了很好的促进作用。国家的需求为科研提供了很多机遇，而国际学术前沿课题给科研提供了很好的推动力。做研究必须要有兴趣，国家需求与前沿问题有很多，科学研究要面向国家的需求，面向国际的前沿。

冯夏庭曾担任国家"973"项目"灾害环境下重大工程安全性的基础研究"首席科学家，运用他提出的智能岩石力学理论和方法，我国成功地解决了三峡工程、清江水布垭水利枢纽工程等一些重大工程技术难题。通往地球深部的路充满荆棘，摸清地下岩石的"脉搏"不是一件容易事。井下作业条件十分艰苦，40公斤的监测设备需要人力运输，调试设备徒步上万米也不稀奇。2008年，"西电东送"的标志性工程锦屏二级水电站建设长大深埋引水隧洞群，平均洞线长达16.67公里，最大埋深2500多米，是当时世界上施工难度最大的水工隧洞之一，施工过程具有极高岩爆风险。冯夏庭深入一线，慢慢摸清了深部工程围岩剧烈破坏的"脾气"，掌握了调控措施，将实验室的成果应用到强烈岩爆频发的现场，一举攻克了这个世界性深地工程难题。他带领团队将微震监测技术引入水电工程，经过近4年的不懈努力，实现了整套关键技术的成功应用，提高了岩爆孕育过程中微震源定位分析的稳定性和精度，第一次将岩爆定性预警提升到了定量预警，支撑该工程顺利完工。

川藏铁路巴玉隧道的拉萨至林芝段的控制性工程在海拔3500米，地处板块缝合带，是世界首座重度岩爆铁路隧道。修建过程中，一度遭遇每天20

次岩爆的险情，重达 4 吨的开挖台车被震得整个飞出，被称为"石头炮弹隧道"，工程方先后更换了 7 支施工队。冯夏庭带领团队挺进现场，用自主研发的高精度岩爆监测预警系统，现场监测持续 918 天，为铁路隧道装上预警"听诊器"，为施工人员人身安全撑起"防护罩"。得益于监测预警的准确性，监测区域未出现因岩爆造成的人员伤亡事故，施工效率提高 20%。

冯夏庭（左三）在工作一线

2009 年 5 月 18 日，国际岩石力学学会理事会在香港大学召开，冯夏庭作为一名中国科学家，在激烈的国际竞争中成功胜出，当选为第十二届（2011—2015 年）主席。这是自学会成立以来，中国人第一次当选为该学会主席。2017 年 10 月 4 日，国际岩石力学学会主持召开了会士授予仪式，冯夏庭被授予"国际岩石力学学会会士"的荣誉称号。2018 年 7 月，国际岩石力学与岩石工程学会报道宣布冯夏庭当选为国际地质工程联合会主席，任期四年，冯夏庭是首位担任此联合会主席的中国人。

## 注重党建，创样板标杆

冯夏庭作为党的二十大代表，自觉把思想和认识统一到党的二十大精神上来，用党的二十大精神武装头脑、指导实践、推动工作，深入贯彻落实党的二十大关于教育、科技、人才三位一体统筹部署，深刻把握"国之大者"对高等教育的新要求，进一步将党的二十大作出的重大战略部署在学校实际工作中转化为政策、细化为措施、实化为行动，带领全校干部师生积极推动一流大学建设各项工作落实，为学校未来发展注入强大动力。2022年12月，冯夏庭通过党委常委会（扩大）会议、党委理论学习中心组（扩大）学习会议、专题报告会、专题党课、思政课等形式向全校领导干部、科技工作者、统战成员、师生党员传达党的二十大精神，全面掀起全校学习宣传贯彻党的二十大精神热潮，为奋力开创学校高质量发展新局面汇聚起强大的精神合力。

2022年12月11日，冯夏庭以"学习宣传贯彻党的二十大精神，做有理想、敢担当、能吃苦、肯奋斗的新时代好青年"为题作专题报告

冯夏庭高度重视基层党建工作，确定了支部工作一切围绕中心工作开展的党建思路，强调要加强和改进思想政治工作，创新党建模式，不断增强党的创造力、凝聚力、战斗力，打造充满活力的创新团队。冯夏庭所在的党支部创立了样板标杆，在全国高校教师党支部书记"双带头人"高级研修班上作为四个代表之一向来自全国百所高校的百名党支部书记学员分享工作探索与实践经验；党支部作为基层党建先进典型在东北大学庆祝建党98周年表彰大会暨"讲述·东大人的故事"典型推介会上进行典型推介。

冯夏庭身体力行，带头讲党课，带领学习习近平新时代中国特色社会主义思想、党的二十大精神，以及女排精神、抗疫精神、华为底气等，传承创新老一辈东大采矿人"54 煤"精神，凝心聚力，树牢新时代实验室人"建一流采矿学科，向地球深部进军"的初心使命。2016 年 8 月，当中国女排通过艰苦拼搏重获奥运冠军，冯夏庭敏锐地意识到，这是打造团队精神、增强团队凝聚力的典型事迹。他第一时间组织开展了"两学一做"学习教育之"女排精神"研讨会，并带领讲授了主题党课。其间，党支部成员结合团队发展和心得体会进行了充分交流分享，研讨会气氛热烈，极大地鼓舞了人心。

冯夏庭通过规范化建设和特色活动，塑形铸魂，打造大团队创新，充分发挥组织凝聚力和战斗堡垒作用，争先创优，推动团队高质量发展，在实验室平台建设、科研创新、人才培养等方面做出了突出贡献。

## 不拘一格，探育人之道

在人才培养方面，冯夏庭大力推广人才培养经验，不断探索创新人才培养模式。2012 年，获得东北大学特色党支部创建项目支持，开辟出一条本科生走进实验室，本、硕、博传帮带培养机制。吸收成绩优良、能力强、有兴趣的本科生到实验室协助研究生参与科研工作，并亲自通过培训、座谈等方式培养学生科研创新思维。

2016 年，冯夏庭作为东北大学资源与土木工程学院院长，打破传统计划招生模式，建设采矿工程创新实验班，制定了详细的培养方案并亲自指导，多方筹集资金支持优秀学生出国深造。他培养毕业的博士生，其中不乏优秀青年科学基金获得者、国家杰出青年科学基金获得者、中国青年科技奖获得者。

人才培养是大学的核心目标，是高校的初心使命所在。冯夏庭认为，要成为"大先生"，就要做到既能在实验室里攻克一个又一个"卡脖子"难题，又能在课堂上培养出一批又一批青年才俊，对于新时代高校教师而言，这是一种使命、一种挑战，更是一种趋势。谈到做科研工作时，冯夏庭告诉青年学者和广大学生，在进行科学研究的时候一定要有持之以恒的信心，善于创新，充分利用各种平台不断提高自己的科研水平和能力。担任东北大学副校长后，冯夏庭分管人事工作，在人事制度方面进行了大胆的改革创新。

2020 年疫情来袭，冯夏庭带领团队在网上协同科研。"不因疫情影响研究，这个时候我们更要奋力攻关，坚定不移走自主创新之路，把中国建成科技强国。"在冯夏庭看来，将为国家解决重大科技问题作为目标，做有意义、有价值的事，是一个科学家一生不变的责任。

有些人被困难打败，却也有人迎难而上。"世上无难事，只怕有心人。"冯夏庭和他的团队犹如一队攀登者，不断地去向岩石力学与工程领域的"珠穆朗玛峰"进军，哪里有困难便奔赴哪里。科学家们用自身追求科学的精神，为社会贡献力量，为国家发展、人民幸福前赴后继。这就是科技工作者的人生追求，令人感动，更令人敬佩。

（资料整理：李佳佳　内容修订：展成、陈田）

# 致广大而尽精微

## ——记自动控制学家、中国工程院院士戴琼海

戴琼海，1964年12月出生，上海人，自动控制学家。1994年、1996年分别获得东北大学计算机应用专业硕士学位和自动化专业博士学位。现为清华大学教授。

瞄准人工智能、计算成像和脑与认知国际交叉前沿，提出新一代人工智能与光场智能成像理论，通过原始创新取得了一系列突破性成果，研制的"两芯一器"引领了本领域国际前沿。承担多项国家级重大项目，包括国家自然科学基金委基础科学中心"认知计算"、国家重大科研仪器设备研制专项"多维多尺度高分辨率计算摄像仪器"、国家重点基础研发计划"复杂条件下飞行器进近可视导航的基础理论研究"、科技部新一代人工智能重大项目"脑记忆环路映射的机器智能"等。

曾获得多项国家级奖励，包括国家技术发明奖一等奖1项（2012）、国家技术发明奖二等奖1项（2008）、国家科技进步奖二等奖1项（2016）、全国创新争先奖（2017），培养了一批中青年骨干人才（国家级领军人才计划入选者、"杰青"等18名），入选全国高校黄大年式教师团队（2021）。

理学思维融合工科实践，交叉领域践行原始创新；

基础研究领跑科学前沿，科技报国培养一流人才；

原创仪器领跑国际合作，自主芯片支撑寓军于民。

这三句话 24 小时显示在成像与智能技术实验室门口的大屏幕上，是 20 多年来团队文化的高度凝练，并一直传承着。

## 攀科学险峰，育原始创新

"世之奇伟、瑰怪，非常之观，常在于险远，而人之所罕至焉。"戴琼海带领团队 20 多年来在人工智能、计算成像到脑与认知基础理论与关键技术的持续投入，终至"人之所罕至"而现"非常之观"：提出了新一代人工智能与光场智能成像理论，通过原始创新取得了一系列突破性成果，研制的"两芯一器"引领了本领域国际前沿。

"光电芯片"，为 AI 而生，进击国民经济主战场：在国际上首次提出基于光学衍射的神经网络系统，研制的光电计算芯片突破传统电子芯片计算长延时、高功耗等技术瓶颈，算力有望提升 3 个数量级，能耗下降 6 个数量级。"成像芯片"，边海空天，锤炼国家安全撒手锏：提出了片上非相干光孔径合成原理，研制了"时—空—角"自适应融合的光场智能成像芯片，有望实现大规模高速高分辨率巡天观测和低轨高速运动卫星跟踪监视，服务于边海空天安防事业。"显微仪器"，生物医药，打造人民健康破冰船：提出了多维多尺度光场智能显微原理，研制的显微仪器 RUSH 在国际上首次实现活体全脑神经成像，为生命科学规律的观测提供了利器，同时建立了数字自适应光学理论，创造了活体显微观测的世界纪录，填补了显微成像领域高端显微仪器在肿瘤和免疫研究中的空白。

戴琼海带领团队 2001 年开始布局立体视觉与光场重建研究，重建精度连续 7 年国际排名第一。2008 年布局信息与脑科学交叉研究方向，成果发表在《细胞》《自然·光子学》《自然·方法》《自然·机器智能》《自然·生物技术》《自然·通讯》等顶级刊物，被《自然》和《细胞》系列期刊评述为"突破了视场与分辨率矛盾""打破了活体成像的一系列壁垒"。与斯坦福大学联合建立了脑与认知研究中心。光计算研究工作以《自然·光子学》封面文章刊发，被评述为"速度效率均超过顶尖 GPU"。率团队发表论文 500 余篇，授权国内外发明专利 500 余项，获国家技术发明奖一等奖、技术发明奖二等奖、科技进步奖二等奖。

## 为学人憔悴，衣宽终不悔

"夙兴夜寐，靡有朝矣"，是对戴琼海多年来工作状态的贴切描述。实验室同学们凌晨 4 点收到戴老师发来的对科学难题的思考和讨论已是常态，关于戴老师何时开始工作、何时入眠的讨论始终无定论，但也似乎有了定论——他一直在工作。

成像与智能技术实验室创立伊始，戴琼海从欧美发达国家对新兴科技的布局中敏锐地感觉到，以对"自然世界逼真重现与机器理解"为核心的立体视觉时代即将到来，这将是中国信息技术实现源头创新、赶超发达国家的一次绝佳契机，而突破国外专业软件钳制，对大范围自然场景的多视点采集及重建装置设计和基础理论的突破将是实现"弯道超车"的核心关键。在系统搭建时，面对"相机越多立体感越好"与"数据量庞大无法处理"的尖锐矛盾，牢牢抓住光线变化与立体重建精度之间的主要矛盾，在国际上首次提出视觉场理论，建立了视角、光照和事件的关系，"鸟笼"由此诞生。到 2010年，基于该系统实现的三维建模误差小于 0.3 毫米，在由美国国家科学基金会等多家权威机构组织的国际评测中，重建精度连续 7 年排名第一。

时间来到 2008 年暑假，戴琼海带领团队开赴深圳，开始了为期一个月、主题为"材料、生命科学、脑科学是最后的疆域"的学术调研，从而揭开了实验室发展的新篇章——"活体生命运行规律观测、分析与调控"。于是，以"新型生命科学成像仪器"为主题的国际调研、走访、分析、凝练与研究轰轰烈烈地开展起来。2012 年，团队得到国家自然科学基金委重大科研仪器设备研制专项"多维多尺度高分辨率计算摄像仪器"的支持。历时 4 年，包含4000 个零部件，与 15 个光机工厂、2 个电子工厂紧密协同，第一代脑科学观测仪器研制过程中的艰辛自不必说，单是每日凌晨2点，涵盖组装、校正、数据处理、通信等7个小组的线上会议就持续了2个多月。戴琼海的心路历程，从2018年春节时给实验室同学们的寄语中便可见一斑：

听到了2018时间督促的脚步，2017也随之飘去，太短暂了，留下了太多的深刻思考。这一年，我们默默无闻地度过，这一年我们刻苦努力地徘徊，1月20日的仪器中期，给我们留下了太多的期望，给我们留下了太多的向往。然而却是那么不幸，像是发着高烧的婴儿，有苦说不出。坚持的代价太过痛苦和伤人，可能在这个世界上，坚持是一种奇迹！

说得清楚的叫故事，说不清楚的就叫理想吧！

蒙楼是永远的记忆！我们都应该反思，但也不必总沉浸在负面的情绪里，我们要勇往直前，做到时刻体会教训的一个团队，几代人筚路蓝缕艰苦奋斗，把梦想做成结果，也足以证明我们是一个机制健康、砥砺前行的团队，是一个实现梦想的团队，我们不进步还有谁进步！

我坚信：问题驱使是原创，方法改进只是进步；

我深知：理学思维工科实践是发现和实证最好的伴侣；

我思考：哲学艺术等文化是无用之大用，潜变你的世界观；

我想说：只有学术上的成就才值得大学惠存，只有优秀人才的培养，才是大学的目标。

你们一定会成为有思想境界、战略思维、宽广胸怀、善良助人、疑问不断的勤奋科学家！

用我们的血汗来报答清华对我们的厚爱，用我们的成果报答祖国对我们的希望！

## 颠覆性研究，博大而精深

2021年4月清华大学110周年校庆期间，习近平总书记在考察成像与智能技术实验室时指出，"中国教育是能够培养出大师来的。我们要有这个自信"；"重大原始创新成果往往萌发于深厚的基础研究，产生于学科交叉领域，大学在这两方面具有天然优势。要保持对基础研究的持续投入，鼓励自由探索，敢于质疑现有理论，勇于开拓新的方向。"

戴琼海不仅身体力行，更是"逼着"学生去琢磨"颠覆性研究"。"所谓'颠覆性研究'有三个标准：是否改变了科学研究的路径，是否改变了产业发展的方向，是否可以写进教科书。"戴琼海要求实验室的青年教师和学生，必须去想"图（图灵奖）诺（诺贝尔奖）问题"。

实验室有着"致广大、尽精微"的六字箴言：基础研究要致广大，交叉探索要尽精微；科学战略要致广大，研究战术要尽精微；头脑思想要致广大，落实践行要尽精微；技术创新要致广大，服务人民要尽精微。

穿过风淋室吹掉灰尘，才能进入一间洁净的实验室，里面摆放着一台庞大的设备，这就是实验室自主研制，目前世界上视场最大、数据通量最高的显微仪器 RUSH——高分辨光场智能成像显微仪器。国际同行研制的显微仪器每秒拍到千万像素，RUSH 可达百亿像素，是国际上首个能实现小鼠全脑皮层范围神经活动高分辨率成像的仪器。通过 RUSH，生命科学家可以在 1 平方厘米的范围内观察活体小鼠的大脑，研究大脑功能信号和脑血管舒张是否存在关系；可以观察小鼠脑部免疫细胞迁移过程，帮助医生研究人体的免疫病理反应；可以分析癫痫病人病变区域产生的癫痫波，揭示病理发生机制。"掌握了工具就等于掌握了武器，工具的突破可能带来一系列连锁反应。"戴琼海说。目前，在 RUSH 的助力下，生命科学家正陆续取得诸多重要科研成果。

2021 年 5 月 25 日，在习近平总书记考察清华大学一个多月后，《细胞》杂志发表了清华大学成像与智能技术实验室的最新研究成果，介绍了另一款自主研制的新仪器 DAOSLIMIT——扫描光场显微镜。这套超级显微镜实现了活体三维、长时间、高分辨率的显微观测，为未来更多生物的发现提供了可能。肿瘤细胞的转移过程，也在镜头下无处可藏，这为肿瘤早期诊断和治疗开辟了新路径，更为揭示神经、肿瘤、免疫新现象和新机理等生命科学重大问题突破提供了变革性工具。《自然·方法》杂志评价 DAOSLIMIT："打破了活体成像的一系列壁垒。"

"我们有一大批顶尖科学家在顶尖刊物上连续发表研究成果，整个科学家群体都在快速冲刺。"戴琼海说，"我们培养的这批'90后''00后'，一定会扛起历史重任，他们有理科思维、工科实践、哲学表达的能力。"戴琼海喜欢用数学家弗里曼·戴森"飞鸟与青蛙"的比喻教导博士生:"先做'青蛙',再做'飞鸟'"——在前三年安心扎透一个问题,像青蛙一样专注;后几年专心培养找到前沿问题的能力,像飞鸟一样视野开阔。这样培养出来的科研人员"胸怀宽、境界高、眼光远",能够以国际前沿和国家需求为重。

凌晨5点,戴琼海办公室的灯又亮了。

（资料整理:王晓英　内容修订:戴琼海）

# 工业智能与系统优化的教育先行者

## ——记工业智能与系统优化专家、中国工程院院士唐立新

唐立新，1966年8月出生于黑龙江省兰西县，中国工程院院士，现为东北大学副校长（科技规划、国际合作），东北大学控制科学与工程（自动化）国家一级重点学科负责人、控制科学与工程国家"双一流"学科建设领导小组组长，智能工业数据解析与优化教育部重点实验室主任、工业智能与系统优化国家级前沿科学中心主任和首席科学家、计算机软件国家工程研究中心工业软件首席设计师。兼任国务院学位委员会第八届控制科学与工程学科评议组成员、教育部科技委人工智能专委会副主任、中国科协优化算法与软件决策咨询首席专家、中国运筹学会副理事长兼智能工业数据解析与优化专业委员会主任、中国金属学会副理事长、清华大学自动化系咨询委员会委员。2017年获全国五一劳动奖章。

1984年考入东北工学院自动控制系工业自动化专业，同年被选入东北工学院首届尖子班学习，1986年起担任工业自动化二班班长，1988年获工业自动化专业学士学位；大学期间因成绩优异，作为自动化专业唯一免试生被推荐到东北工学院自动控制系系统工程专业学习，师从杨自厚教授，1991年获东北工学院系统工程专业硕士学位；1996年获东北大学控制科学与工程博士学位，在博士研究阶段师从张嗣瀛院士和杨自厚

教授，获得优秀博士生一等奖学金。

主要研究方向为工业智能与系统优化理论方法，包括工业大数据科学、数据解析与机器学习、深度学习与进化学习、加强学习与动态优化、凸优化与稀疏优化、整数与组合最优化、计算智能优化等理论方法，智能工业全流程生产与库存计划、生产与物流批调度、生产过程操作优化与最优控制等系统优化技术，过程监测、设备诊断、产品质知等质量解析技术，图像理解、语音识别、可视仿真等工业智能技术，以及在钢铁制造、机械制造（装备／芯片制造）、能源工业、物流系统、信息工业中的工程应用。

现为6个国际工业智能与系统优化领域重要SCI期刊 *IISE Transactions*，*IEEE Transactions on Evolutionary Computation*，*IEEE Transactions on Cybernetics*，*Journal of Scheduling*，*International Journal of Production Research*，*Journal of the Operational Research Society* 的 Associate Editor，国际期刊 *Annals of Operations Research* 编委，国际期刊 *Asia-Pacific Journal of Operational Research* 区域主编(Area Editor)。发表在国际工业与系统工程旗舰期刊 *IISE Transactions* 的论文被评为 2017 年度"最佳应用论文奖"( Best Applications Paper Award )。

## 带领团队获批国家自然科学基金创新研究群体

从 20 世纪 80 年代开始，唐立新教授及研究团队秉承着"扎根工业，献身学术"的研究理念，长期稳定持续地从事智能工业数据解析与优化的核心基础理论、关键系统技术、工业软件平台、工业应用转化、学科系统优化五个方面的工作，进行了 30 多年的深耕细作。2013 年，唐立新教授带领研究团队获批国家自然科学基金创新研究群体。

国家自然科学基金创新研究群体是国家自然科学基金委通过高强度持续稳定的支持，培养具有突出创新能力的杰出科学家，打造具有国际竞争力的知名学术品牌，造就引领国际科学前沿的创新团队，在教育部一级学科评估和"双一流"指标体系中具有重要地位。该群体是2013年基金委所在学部唯一获批的创新群体，群体成员全部来自唐立新教授团队，其发展历程分为三个阶段。

第一阶段为钢铁制造系统生产计划与调度系统优化。1988年，经冶金工业部批准，东北大学成立了系统工程研究所，我国著名系统工程专家杨自厚教授为第一任所长，主要从事钢铁生产计划与调度的理论方法研究和应用实践；1996年，唐立新教授担任系统工程研究所所长，继续从事钢铁生产计划与调度的理论与应用研究。

第二阶段为钢铁生产与物流系统优化。2005年，为适应国家和工业发展需要，东北大学成立了物流优化与控制研究所，主要在原有生产计划和调度研究基础上，拓展了仓储、运输、倒垛、装卸、配载等物流作业优化方向；2008年，获批辽宁省制造系统与物流优化重点实验室，主要致力于全流程生产与物流集成计划调度研究。

第三阶段为钢铁生产、物流、能源系统优化。2013年获批国家自然科学基金创新研究群体，在钢铁生产与物流调度研究基础上，开展了钢铁能源综合优化配置计划与调度研究；在此期间，唐立新教授作为东北大学系统工程国家重点学科负责人，研究所调整为工业与系统工程研究所，在研究方向上加强了生产、物流和能源的系统优化研究，也开拓了产品质量解析与生产过程操作优化研究。

项目按期完成后，2020年被国家自然科学基金委评为"优"，2021年被国家自然科学基金委选为基金委资助项目优秀成果，并被遴选到《国家自然科学基金委员会2021年度报告》的"十三五"优秀资助成果回顾，2022年被国家自然科学基金委选为科学基金资助项目标志性成果，并入选国家自然科学基金委绩效评价代表性突出成果。

## 带领团队获批高等学校学科创新引智基地

2015年，唐立新教授带领研究团队申报并获得教育部和国家外专局联合批准的"智能工业数据解析与优化"学科创新引智基地（"111计划"）。引智基地人员来自美国、加拿大、英国、法国、意大利、西班牙、澳大利亚、新加坡等12个国家和地区的世界著名大学和高水平研究机构，包括美国的卡内基梅隆大学、佐治亚理工学院、密歇根大学、南加州大学、马里兰大学、佛罗里达大学、Argonne国家能源实验室，加拿大的英属哥伦比亚大学、约克大学，英国的华威大学、拉夫堡大学，德国的汉堡大学、多特蒙德工业大学，法国国立昂热大学，意大利博洛尼亚大学，西班牙胡安卡洛斯国王大学，澳大利亚皇家墨尔本理工大学以及新加坡国立大学等。其中，美国工程院院士4名，加拿大院士3名，国际质量学会院士2名，INFORMS、IISE、SIAM和AIChE等著名学会会士（Fellow）16名。

在唐立新教授的带领下，引智基地面向国家重大战略需求，按照国家战略科技力量的建设要求，构建核心基础理论、关键系统技术、工业软件平台、工业应用转化、学科系统优化五位一体的STEEM国际化创新模式。引智基地与国际著名研究机构的知名学者开展了高层次高水平的广泛国际合作，把国际前沿的智能工业数据解析与优化技术与东北大学控制科学与工程优势研究相结合，创造性地吸引了国际高端人才，并卓有成效地开展科研合作、人才培养和教学工作。引智基地与国外机构搭建了长期稳定的国际交流合作平台，与美国卡内基梅隆大学联合获批国家留学基金委创新型人才国际合作培养项目、与韩国建国大学联合获批韩国科学基金委合作项目；引智基地邀请海外成员开展大量的专题报告、主题研讨、专业课程、科研合作等学术交流活动，并派引智基地教师、博士生和硕士生赴美国、英国、法国、意大利参加学术会议交流和科研合作，通过高质量的国际合作，形成了一支具有国际视野和良好创新潜力的国际化人才队伍；充分发挥引智专家的国际化视野，根据国际前沿发展动态，针对研究生教学课程体系和培养体系进行重新设计与建设，在教学改革实践创新方面取得显著成效。经过5年的建设，引智基地在验收中获得优秀评价，并获得滚动支持。

## 获批工业智能与系统优化国家级前沿科学中心

工业智能与系统优化国家级前沿科学中心是经教育部批准建设的国家级一类科技平台，按照国家战略科技力量的建设要求，依托东北大学控制科学与工程国家"双一流"建设学科，以东北大学人工智能与大数据研究院、智能工业数据解析与优化教育部重点实验室为主体，开展前瞻性、战略性、前沿性基础研究，并带动计算机、软件、冶金、材料、机械等相关学科发展，促进学科深度交叉融合，打造新型国家级科技创新基地。唐立新教授担任前沿科学中心主任和首席科学家。

前沿科学中心的战略定位是：立足智能工业应用实际，面向国家重大需求，瞄准国际学科前沿，建设一支长期稳定从事工业智能与系统优化前沿基础和应用基础研究的国家战略科技力量，通过合作和交叉研究的机制创新，打造优势特色工业的引领技术，开拓新兴战略工业的前沿技术，努力建成核心基础理论、关键系统技术、工业软件平台、工业应用转化、学科系统优化五位一体的高水平研究机构。

前沿科学中心以建设国家战略科技力量为目标，面向国际学科前沿基础研究和国家"卡脖子"关键技术需求，主攻方向为系统优化与数据解析融合核心理论、制造循环工业的多目标决策优化方法、多尺度产品质量科学与动态优化技术、工业智能的共性系统技术及工业软件。在唐立新教授的带领下，前沿科学中心先后承担国家自然科学基金重大项目、国家自然科学基金创新研究群体项目、国家重点研发计划课题、国家自然科学基金重点项目、国家杰出青年科学基金项目等20余项国家重点课题。负责完成的国家自然科学基金项目被国家自然科学基金委4次评为"特优"。

前沿科学中心面向国民经济主战场，针对智能工业提质增效的迫切需求，从工业智能化的国家重大战略需求出发，围绕区域经济和老工业基地发展，实现传统基础工业进化升级、新兴战略工业迭代引领、新兴与传统工业循环赋能。在改造升级"老字号"方面，针对传统工业的智能化转型升级，以物联网实现的企业信息-物理融合系统为载体，利用传感器通过网络收集现场感知的数据，根据获得的数据信息，利用数据解析技术对生产、能源、物流过程进行准确理解、计量、诊断和预报，在此基础上对生产计划、调度优化决策和操作执行（精准控制），实现工厂的智慧能力。在深度开发"原字号"方面，面向制造循环工业系统，将具有供需关系的制造企业之间，通过资源、能源、物流和信息等载体要素转换与传递，构成具有立体网状结构特征的制造业集群，实现系统优化，促进制造业高质高效循环。在培育壮大"新字号"方面，面向新兴战略工业，研究以人工智能、大数据、物联网、工业互联网等为代表的新一代信息技术，构建基于 5G+ 工业互联网的大数据平台，开发高效可视仿真技术，为数字工业化提供技术支撑，赋能传统工业结构调整与数字化经济转型。

前沿科学中心基于科教融合的理念，培养了一批具有科研创新能力和工程应用转化能力的综合型创新人才，培养的研究生分别在中国和国际著名大学做博士后或任教，在华为、京东、阿里巴巴、腾讯、百度、顺丰、网易、中兴、字节跳动等著名机构和公司任职，以及在宝钢、国家电网、中国航发、中国银联及美国 AT&T、德国 PSI 等大型企业工作，从事工业智能与系统优化的设计、实施和管理工作。

## 长期投身控制科学与工程学科建设工作

唐立新教授现为东北大学控制科学与工程（自动化）国家一级重点学科负责人、控制科学与工程国家"双一流"学科建设领导小组组长，兼任国务院学位委员会第八届控制科学与工程学科评议组成员、教育部科技委人工智能专委会副主任，从 2002 年开始长期负责东北大学控制科学与工程一级学科建设工作，执笔控制科学与工程一级学科的立项、建设与评估材料，为学科的建设和发展做了大量的系统规划、方向凝练、专家研讨、组织实施、材料撰写工作。基于在国家重点学科建设和发展方面做出的突出贡献，唐立新教授被授予"辽宁省国家重点学科建设先进个人"荣誉称号。

在系统工程国家重点学科申报与建设方面，2002 年，唐立新教授在控制科学与工程的二级学科系统工程申报辽宁省重点学科过程中，负责整个材料的设计、撰写和答辩工作，使该学科获评辽宁省重点学科。2007 年，作为系统工程学科申报国家重点学科的执笔人，负责申报组织和材料撰写工作，该学科成功获批为国家重点学科。由于系统工程二级学科获批国家重点学科，再加上原有的国家重点学科——控制理论与控制工程二级学科，恰好符合教育部当年国家一级重点学科认定政策（如果一级学科所属的二级学科有两个或两个以上为国家重点学科，则该一级学科被认定为国家一级重点学科），使控制科学与工程一级学科直接被认定为国家一级重点学科。

在控制科学与工程一级学科评估方面，2012 年，唐立新教授在控制科学与工程国家重点学科评估过程中，负责整个材料的设计、组织和撰写工作，评估结果为全国第二。2016 年，唐立新教授在控制科学与工程国家重点学科评估过程中，负责整个材料的设计、组织和撰写工作，评估结果为 A。2021 年，唐立新教授作为学科负责人在控制科学与工程国家重点学科评估过程中，负责整个材料的设计、组织和撰写工作。

在控制科学与工程学科"211 工程"建设方面，2008 年，唐立新教授作为执笔人，负责控制科学与工程学科"211 工程"三期建设方案的设计、组织和撰写工作。2012 年，唐立新教授作为执笔人，负责控制科学与工程"211 工程"三期建设项目总结报告的设计、组织和撰写工作，建设成果在国家验收中排名全国信息组第四。

在控制科学与工程学科"985 工程"建设方面，2004 年，唐立新教授作为执笔人，负责控制科学与工程学科"985 工程"二期建设方案的撰写工作，在教育部评审中，申请书获得一次性通过。2008—2012 年，唐立新教授作为执笔人，负责控制科学与工程学科"985 工程"三期建设项目的预研究方案、建设研究报告和阶段性检查的设计、组织和撰写工作。2013 年，唐立新教授作为执笔人，负责控制科学与工程学科"985 工程"三期建设项目学校验收报告的设计、组织和撰写工作，验收结果为优秀（全校仅 2 项），使学科获得了学校专项奖励。

在控制科学与工程学科"双一流"立项方面，担任信息科学与工程学院院长期间，控制科学与工程学科入选学校唯一的国家"双一流"建设学科，唐立新教授担任控制科学与工程学科群负责人，学科群覆盖计算机科学与技术、软件工程、生物医学工程、管理科学与工程、机械工程等学科。唐立新教授多次牵头组织专家凝练学科方向，并负责控制科学与工程学科"双一流"一期建设方案的设计、组织和撰写工作。

在控制科学与工程学科"双一流"一期建设方面，唐立新教授作为控制科学与工程学科群负责人，多次召开研讨会论证学科方向建设，2019 年，作为执笔人负责控制科学与工程学科"双一流"一期建设项目中期检查的设计和撰写工作。2020 年，唐立新教授在控制科学与工程学科"双一流"一期建设项目总结中，负责总结报告的设计、组织和撰写工作。2021 年，控制科学与工程学科建设情况被教育部评为"成效显著"，进入"一流学科培优计划"

建设候选行列。

在控制科学与工程学科"双一流"二期建设方面，2021年，唐立新教授担任控制科学与工程国家一级重点学科负责人和控制科学与工程国家"双一流"学科建设领导小组组长，主持控制及相关学科召开6次学科建设会，讨论总体方向设计、专题方向凝练、建设方案研究，与计算机、软件、机械等学科教授和学科带头人召开120余次方向与撰写研讨会，参与人员达500人次，凝练研究方向和具体写作，为控制科学与工程学科的建设与发展做出了贡献。

## 作为院长带领信息科学与工程学院勇于创新与开拓发展

唐立新教授于2015年11月—2017年10月担任信息科学与工程学院院长。信息科学与工程学院是东北大学最大的学院之一，唐立新教授在任期间，学院有全日制在校本科生1700余人、硕士生900余人、博士生600余人。学院拥有控制科学与工程、电子科学与技术、电气工程3个一级学科。控制科学与工程学科为首批国家重点一级学科，在2002年全国一级学科评估中位列为第一，2006年和2012年位列第二。

唐立新教授担任信息科学与工程学院院长期间，秉承着"扎实做事，勇于创新"的理念，不断加强和深化内涵建设，进一步明确了新时期学院的战略发展定位：立足工业应用实际，面向国家重大需求，瞄准国际学科前沿，通过合作和交叉研究的机制创新，努力建成服务工业的创新人才培养基地，努力建成高水平的研究机构，努力建成国际一流的学科高地。通过资源配置、学科建设、平台建设、科学研究、队伍人才、国际战略、精细管理等工作的有序实施，为学院、学科的持续科学发展奠定了基础。基于上述突出贡献，唐立新教授荣获"全国五一劳动奖章"。

在资源配置方面，经过充分调研、精心设计，从学科战略利益和广大教职工的现实利益出发，遵循"资源配置服务战略创新"的理念，按照"共享空间、动态空间、立体空间"的思路，以"用现有物理空间争取发展时间、用高效发展争取潜在物理空间"为原则，使整个资源优化配置改革工作在时间上无缝连接，在空间上精准对接。在分配政策上充分尊重广大教职工的知情权、参与权、表决权和监督权，分配政策获得了全院教职工的广泛支持，支持率95.03%。资源优化配置为学院未来的战略发展与"双一流"建设奠定了基础，并为学校总体资源优化配置工作起到了引领作用。

在学科建设方面，挖掘东北大学控制科学与工程学科特色与优势，洞察学科的未来发展趋势，捕捉国际控制科学与工程学科的前沿发展动态，满足国家工业智能的战略发展需要，围绕智能工厂、物联网、互联网、大数据等前沿科学方向进行学科布局优化。以第四轮学科评估为契机，拓展科技平台，完成基层学术组织调整，优化师资队伍与资源，提高人才培养质量，加强科学研究水平，提升社会服务与学科声誉，进一步提高学术影响力，在控制科学与工程国家重点学科评估过程中，负责整个材料的设计、组织和撰写工作，评估结果为A。在国家第一轮"双一流"建设中，控制科学与工程学科入选东北大学唯一的国家"双一流"建设学科。

在平台建设方面，集中优势资源，支撑和完善国家级科研平台的高质量建设与发展，组织学院教师参与流程工业综合自动化国家重点实验室和冶金自动化国家工程技术研究中心评估工作。流程工业综合自动化国家重点实验室在2017年科技部信息领域32个国家重点实验室评估中排名第一，冶金自动化国家工程技术研究中心运行评估结果为优秀。

在科学研究方面，承担国家重大重点课题方面取得突破，新增国家自然科学基金创新群体1支、滚动创新群体1支，新增"111基地"1个、国家重点研发计划项目1项、国家自然科学基金重大科研仪器研制项目1项、国家自然科学基金重点项目2项、国家自然科学基金重点国际合作项目2项，国家基金经费获得显著增长。获得国家技术发明奖二等奖1项、第十四届中国青年科技奖1项，发表在国际工业与系统工程旗舰期刊 *IISE Transactions* 的论文被评为"最佳应用论文奖"（Best Applications Paper Award）。

在队伍建设方面，实施专任教师科研能力提升计划，开展青年教师成长成才系列活动，营造人才成长环境，建立了一支基础理论研究与应用技术研究密切结合的高水平研究队伍，为该学科先后独立培养4支国家自然科学基金创新研究群体奠定了重要基础，对国际学术界和我国流程工业界产生了重要影响。新增国家级领军人才计划特聘教授2人、国家杰出青年科学基金获得者2人、国家级青年人才计划入选者1人。

在人才培养方面，注重内涵，深化教学改革、培育教学成果；深耕细作，加强研究生培养教育研究探索；科学育人，实践教学工作取得显著成效。建成国家级教学团队 1 个、国家实验教学示范中心 1 个、国家级精品资源共享课 3 门，获得国家级教学成果二等奖 2 项，获校本科教学成果奖 7 项，其中特等奖 3 项，新增校级实践教学基地 3 个。学生在省级以上科技竞赛中获奖 230 人次。

在国际合作方面，以国际一流学科的科学／技术维度为参照系，广泛开展国际交流合作，新增"111 基地" 1 个，新增重点国际合作项目 1 项。学院教师及研究生 200 人次到麻省理工学院、普林斯顿大学等 40 多所著名高校进行合作科研与联合培养。邀请 IEEE 控制系统协会主席、国际自动控制联合国（IFAC）前主席、运筹学与管理学研究学会 INFORMS 副主席、美国工程院院士、加拿大工程院院士、欧洲科学院院士、图灵奖获得者等海外教授来访 300 余人次，对教师学术视野、合作科研、指导学生产生了深远影响。

在精细管理方面，提出"开启学术丝绸之路，搭建国家需求之网，铺设工业合作之桥"的组织创新理念，实施科教服务精细管理计划，细化、清晰、规范学院科教管理部门的业务流程，设立交叉和交界管理地带的双层防线，构建教学科研安全工程管理网络体系；强化"继承＋交叉＋涌现"模式，优化学科全局设计，消除教师与外部世界之间的障碍，打通学科内的藩篱，共享学科资源，将组织从束缚创新的盒子转变为激发教师研究活力的平台，为建设创新人才培养基地、高水平研究机构和国际一流学科高地提供了重要的组织创新和管理保障。

## 作为东北大学副校长基于系统工程进行科研创新管理

唐立新教授担任副校长（科技规划）工作期间，认真贯彻习近平总书记关于科技创新的重要论述精神，积极落实教育部关于高质量科技发展和有组织科研的要求，以实现高水平科技自立自强为己任，努力打造国家战略科技力量培养与创新模式。提出并践行"系统规划、精细管理、工程控制、高效创新"的科研理念，运用系统工程方法，构建科学—技术—工程深度融通的全链条创新模式，强化科技创新顶层设计和系统布局，高效推进有组织科研管理，实现学校科研工作格局高质量的时代创新。唐立新教授担任副校长期间，学校获批建设工业智能与系统优化国家级前沿科学中心；科研进款累计超33亿元，实现年度科研经费从2017年6亿元向2021年12亿元的快速增长，5年内将近翻一倍；历史首次以第一完成人、第一完成单位获得国家科技进步奖一等奖、国家自然科学奖二等奖。唐立新教授提出的科研组织创新和高质量科研管理模式被教育部作为典型在教育部官方网站报道，同时引起中央电视台的关注和报道。

系统规划，战略布局。在科技战略方面，提出HSEV科技创新计划，通过合作和交叉研究的机制创新，实现系统性、整体性、协同性跨越。在智能化方面，设计H计划，将H左端自动化与H右端工业化以中间智能化为纽带，构建面向智能制造的数字经济与实体经济深度融合交叉创新；在链条化方面，强化S计划，融合产业链和创新链，实现供给侧与需求侧、流程工业与装备制造业、区域与行业创新协同，战略层面解决高端防卡、运作层面解决高质防堵、平台层面实现循环增效；在生态化方面，构建E计划，面向"双碳"目标，实施资源、制造、材料、物流、能环五位一体的创新生态；在科学化方面，打造V计划，按照应用研究倒逼基础研究（V左端）、基础研究引领应用研究（V右端）的研究范式，建立科学、技术、工程分时融合的创新模式。基于HSEV的有组织科研相关工作成效2022年7月被教育部选为典型代表，并推荐到中央电视台进行报道。

精细管理，组织创新。构建与实践组织创新，实施资源整合、流程再造与优化配置，成立科学技术研究院，包括国家项目部、国防科研部、工业合作部、战略发展部和运作管理部等五个部门，落实唯一责任人制度，建立责任—结构—功能界面清晰、目标明确的组织机构。面向世界科技前沿、面向经济主战场、面向国家重大需求、面向人民生命健康，通过组织创新，开启学术丝绸之路，搭建国家需求之网，铺设工业合作之桥。以构筑大平台、凝聚大团队、承担大项目、形成大成果为重点，提升学校创新体系整体效能。唐立新教授提出的组织创新和科研管理模式被教育部官方网站报道，2019年12月受到中央电视台的关注和报道。

工程控制，真抓实干。面向工业"卡脖子"技术和重大实际难题，持续有效推进"基础研究—技术创新—应用转化"创新体系建设落地。通过立体网状的有组织科研模式，推进学校开展广泛工业合作和科技成果转化。依托"高等学校科技成果转化和技术转移基地"，构建了"评审分类、评价分级、专利导航、成果挖掘、人才引育、流程管理"六位一体的高价值知识产权创造与管理体系，提升高价值专利运营质量，推动专利技术向现实生产力转化。在以上模式作用下，学校建立了钢铁共性技术协同创新中心、鞍钢东大先进材料工程研究院、河钢东大产业技术研究院等校企合作机构；与宝钢、鞍钢、河钢、沙钢等钢铁企业，中国石油、中国石化等能源企业，中国铝业、金川股份等有色企业，中航工业、中国一重等装备制造企业，华为、百度等信息企业共 300 多家开展深度科技合作，为推动产业链、供应链高质量发展提供重要支撑，显著提高了企业的经济和生态效益。2017 年，"零排放清洁生产氧化铝系列技术"首次实现单项转化额 1 亿元；2018 年和 2019 年，东北大学成果转化典型经验入选科技部《中国科技成果转化年度报告》；2019 年，东北大学获批教育部首批高等学校科技成果转化与技术转移基地；2020 年，东北大学入选中国科学技术协会"2020 全球百佳技术转移案例"；2021 年，东北大学成果转化典型经验获评教育部、国家知识产权局、科技部"提质促转"典型经验；2022 年，"铝电解质中锂盐提取技术"实现单项转化额 1 亿元。横向项目累计到账经费超过 17 亿元，转化交易额 5.08 亿元，位列"双一流"高校前 10 位。东北大学校企协同促转化典型经验入选教育部、工信部、国家知识产权局典型案例。

高效创新，提质增效。开展基于系统工程的有组织科研管理，在重大科技成果方面，2018 年、2019 年两年内获得国家科技奖励 11 项，其中，获国家科技进步奖一等奖 1 项、国家自然科学奖二等奖 3 项；在国家级科技平台方面，获批建设工业智能与系统优化国家级前沿科学中心；在成果转化方面，自主研发的基础原材料、关键技术和核心装备成功应用在国产大飞机、港珠澳大桥、航空发动机等国家重大工程中，成果转化入选国家发改委全面创新改革试验百佳案例，大学科技园在全国绩效评价中获评"优秀"。

（资料整理：高广　内容修订：唐立新）

# 无声凯歌，志载报国

## ——记航空材料专家、中国工程院院士宫声凯

宫声凯，1956 年 7 月出生，航空发动机高温金属结构材料与热障涂层专家，辽宁盖州人。1982 年本科毕业于东北工学院，1988 年于日本东京工业大学获博士学位。现任北京航空航天大学教授。

从事航空发动机高压涡轮叶片用金属间化合物基单晶合金、单晶叶片和热障涂层材料技术与设备等方面的研究工作，带领团队研发出新型高承温低密度 $Ni_3Al$ 基单晶合金和超气冷单晶叶片，支撑我国新一代先进航空发动机研制；研发出长寿命和超高温热障涂层材料技术和新型电子束物理气相沉积涂层设备，支撑生产单位实现我国航空发动机叶片热障涂层的批量应用，研究成果作为主要申报内容，获国家技术发明奖一等奖 1 项、省部级以上科技奖励 5 项。发表论文近 300 篇，获授权发明专利 80 余件。

2019 年当选为中国工程院院士。

（资料整理：张旭华）

# 煤海放歌，守正拓新

## ——记矿物加工工程专家、中国工程院院士刘炯天

刘炯天，1963年1月出生，河南南阳人，工学博士、教授、博士生导师、中国工程院院士，现任河南省政协副主席、郑州大学党委书记。中国共产党十九大、二十大代表，中国共产党河南省第十届、十一届委员会委员。

主要研究领域为矿物加工工程，长期从事分离过程强化与微细粒矿物分选的理论研究与工程实践。发明旋流-静态微泡柱分选设备与短流程工艺，形成具有中国特色的微细粒分选技术；发明矿物-硬度法难沉降煤泥水绿色澄清技术，创立以硬度为主导的循环煤泥水溶液化学体系；开发煤脱硫与深度降灰工艺，推动我国高效选煤工艺进步及煤基材料产业发展；创立多流态梯级强化浮选柱式选矿技术，形成贫杂难选矿开发的技术与产业体系。先后主持国家"973计划""863计划"和国家科技支撑计划以及国家杰出青年科学基金等国家级项目20余项，以第一完成人获国家技术发明奖二等奖2项、国家科技进步奖二等奖1项，以主要参加人获国家科技进步奖2项，获国家教学成果奖1项，发表研究论文300余篇，授权发明专利30余件，出版著作与教材6部。

先后获"全国五一劳动奖章"、何梁何利基金科学与技术进步奖、孙越崎科技教育基金能源大奖、第七届光华工程科技奖、国家级领军人才

计划人选、全国模范教师、全国优秀科技工作者、中国青年科技奖、国家级教学团队带头人、河南省科技杰出贡献奖等荣誉称号与学术奖励。

兼任国务院学位委员会委员、国家自然科学基金委员会战略咨询委员会委员、国家煤加工与洁净化工程技术研究中心主任。

（资料整理：李佳佳　内容修订：马睿）

# 超导先锋，谱写传奇

## ——记实用化超导材料专家、中国工程院院士张平祥

张平祥，1965年3月出生于陕西宝鸡。1993年2月至1996年3月在东北大学材料物理专业学习，获工学博士学位。2019年当选为中国工程院院士。现任西北有色金属研究院党委书记、院长。他长期从事超导材料与应用技术研发、工程化和产业化，取得了一系列有国际影响的学术和工程化技术成果。

阐明了实用化超导材料磁通钉扎控制机制，提出改变反应前驱物、人工引入Y211粒子诱导缺陷产生的创新思路，首创制备YBCO的粉末熔融生长技术（PMP），获得国际最高临界电流密度（Jc）的实用化材料；通过对高均匀合金熔炼、多组元复合体塑性变形和磁通钉扎控制研究，开发出低温超导长线制备的核心技术并实现产业化，将NbTi线最大单根长度从5千米提高到9万米，将Nb3Sn线在4.2K，12T下性能从实验室样品的650 A/mm$^2$提高到长线的2800 A/mm$^2$，国际热核聚变实验堆（ITER）用NbTi和Nb3Sn线材综合性能指标及性能稳定性达到国际领先水平，完成了我国承担ITER项目任务；开发出超导磁体电磁设计和制备全套核心技术，批量制备出100余类高性能特种异形超导磁体，成功应用于我国高能加速器、大尺寸电子级单晶硅制造、磁悬浮、电力等重点领域，批量向美国、日本和欧盟出口高性能超导磁体200余台。

张平祥作为主要完成人，先后获得国家技术发明奖二等奖2项、省部级科技一等奖5项。获授权发明专利100余项，发表研究论文200余篇，培养研究生30余名，被遴选为全国杰出专业技术人才、国家级领军人才，获全国创新争先奖状。

（资料提供：贾豫冬）

# 海外 院士

# 荣誉等身的传奇教授

## ——记材料工程及电化学专家、澳大利亚工程院院士窦世学

窦世学，1939年2月出生，汉族，黑龙江青冈人。澳大利亚工程院院士，伍伦贡大学杰出教授，伍伦贡大学超导与电子材料研究所（ISEM）创始人，伍伦贡大学亚洲科研大使；澳华科技协会名誉会长、中国科学院首批聘任的海外评审专家及国务院侨办聘任的海外专家咨询委员会委员；纳米结构材料与纳米科学、超导与电子材料、储能与电池材料、快速离子导体方面的专家，世界超导和能源材料领域最具影响力的科学家之一。

窦世学是世界能源储备材料领域最有影响力的科学家之一，他在促进产业、民族和国际交流方面做了大量工作，并在材料科学界扮演着领导者的角色。他建立了世界级的实验室，为澳大利亚超过13个科研机构提供支持。他培养出的学生深耕在材料和工程领域，并做出了巨大贡献。

## 不惧风雨，终获顶级殊荣

窦世学出生在中国东北一个偏远的村庄，母亲经常告诫他："如果你只想着贪玩而虚度光阴，你将会悔憾终身。"这与《钢铁是怎样炼成的》中的一句话类似："人的一生应当这样度过：当他回首往事的时候，不会因为虚度年华而悔恨，也不会因为碌碌无为而羞愧。"这在年幼的窦世学心中播下

了火种，他的人生座右铭是"要做一个努力奋斗的人"。这一点在他的求学生涯中得到了很好的印证。从小学直至国外读博士，他的每一步都拼尽全力，努力奋斗。窦世学回忆："我记得寒假期间，我曾坐在家附近一所小学校的空教室里准备大学入学考试，当时室内温度是 −30~−20 ℃。"

1963 年，窦世学毕业于吉林大学化学系，被分配到东北工学院任教。1981 年，窦世学作为访问学者赴加拿大国家研究院和达尔豪斯大学从事化学研究。"一般情况下，在北美攻读博士学位需要 4~5 年，而我只用了 2 年 8 个月。读博的最初两年以课程为主，我每天都在实验室努力工作，一周 7 天。"窦世学这样描述他的博士生涯。1984 年，窦世学获得博士学位归国，出任东北工学院化学系主任，后晋升为教授。1986 年，47 岁的窦世学赴澳大利亚新南威尔士大学进行科学研究，当时还是博士后研究员的窦世学得知高温超导体后，每天都在实验室钻研，并在澳大利亚率先制造出一种可用于确认超导体在液氮上的转变温度的材料，这在当时是澳大利亚的重要新闻。

1989 年，他由博士后研究员被破格提拔为教授，并连续三届担任澳大利亚政府资助的超导重点项目联合体的首席科学家，1993—1997 年、1999—2003 年、2007—2012 年 3 次获得澳大利亚科学研究委员会（ARC）澳大利亚教授研究员奖励基金。

1994 年，窦世学被澳大利亚伍伦贡大学（University of Wollongong）聘任为超导与电子材料研究中心主任。作为纳米结构材料与纳米科学、超导与电子材料、储能材料与高能电池、快速离子导体材料专家，窦世学于 1994 年 10 月被澳大利亚技术科学与工程学院评选为院士。

窦世学 1998 年获得澳大利亚新南威尔士大学科学博士荣誉。2003 年被澳大利亚政府授予"在材料与工程领域为澳大利亚社会做出杰出贡献的世纪奖章"（Australian Government's Centenary Medal）。2008 年获得大学校长奖。2012 年获得优秀工业合作伙伴奖。2018 年获得澳华科学会评选的终身成就奖。2019 年获得澳大利亚政府颁发的澳大利亚员佐勋章（AM），以表彰他在材料科学与工程领域对社会的杰出贡献。

2020 年，窦世学被《澳大利亚研究杂志》评选为澳大利亚前五的物理科学领域终身成就科学家。他是澳大利亚汽车自动化研究委员会 2020 年电气化项目和澳大利亚可再生能源署 2016—2020 年智能钠电池存储系统项目的首席科学家。

2021 年，窦世学在国际低温材料委员会（International Cryogenic Materials Commission，ICMC）两年一度的会议上荣获 ICMC 终身成就奖。这一奖项表彰了他在高温超导体领域，特别是碳化硅结合二硼化镁方面的突破性研究。同年，他被《澳大利亚研究杂志》评选为澳大利亚纳米材料科学、材料工程及电化学三个学科领域的世界领军科学家。毫无疑问，窦世学已成为澳大利亚乃至世界范围内相关领域的优秀华人代表。

## 开创先河，引领尖端科研

窦世学成功地创建并领导了伍伦贡大学超导与电子材料研究所（ISEM），研究方向主要集中在超导与电子材料、纳米材料在能源存储和转换领域的应用、钠离子电池产业化研究、超薄二维材料的制备及表征，以及电子和超导材料的研制及在电子器件中的应用等。"1994 年我们搬到伍伦贡大学，建立了超导与电子材料研究所，该研究所自建立起发展迅猛。开始只有两个职员和少数学生，后来在巅峰时期达到了 180 人，培养了 240 名博士毕业生，获得过 80 个极具竞争力的澳大利亚研究委员会的'优青'，future fellow，澳大利亚教授研究员奖励金，包括'桂冠级教授'和'科学院院士'。"窦世学回忆最初任职于伍伦贡大学的情景时，不禁感慨。

窦世学在储能材料和电子材料领域的开创性工作对科学界和工业界都具有重大而持久的影响，极大地促进了其产业转化和商业化应用。在窦世学的领导下，超导与电子材料研究所取得巨大的成功，其对伍伦贡大学的自然指数排名得分贡献了 46%（2020 年），科学基金比例为 31%（2016—2019 年），伍伦贡大学高被引研究人员比例为 78%（7/9，2021 年）。窦院士介绍："超导与电子材料研究所为澳大利亚和世界做出了重大贡献，伍伦贡大学在锂/钠离子电池和超导体等最具竞争力的领域完成了 30% 以上的研究产出和引用率。伍伦贡大学电化学、材料工程和纳米技术领域在澳大利亚排名第一，二硼化镁超导体领域的研究产出排名世界第一。我们用纳米技术在二硼化镁的实际应用研究上取得了非常重要的突破。"

2019 年，窦世学（左二）邀请薛其坤院士参加伍伦贡大学
超导与电子材料研究所成立 25 周年庆祝会

窦世学发表学术论文 1000 余篇（包括 *Science*, *Science Advances*, *Nature Chemistry*, *Nature Communications*, *J. Am. Chem. Soc.*, *Angew. Chem. Int. Ed.*, *Adv. Mater.*, *Nano Lett.*, *ACS Nano* 等国际学术重要期刊），文章被引用 83000 余次，H 指数（H-index）为 138，连续多年入选全球高被引科学家，2021 年入选化学学科与材料科学学科全球高被引科学家，受邀在世界各地作大会主题报告 100 余次。他长期担任新西兰皇家科学基金会、美国国家科学基金会、俄罗斯科学委员会及香港科学基金会评委，长期担任中国科学院海外评审专家，以及 *Science*、*Nature* 等国际著名学术期刊审稿人。窦世学先后指导 100 余名博士和 70 余名博士后/访问学者。他们广泛分布在世界五大洲，对科学和技术做出了重大贡献，尤其是在中国，很多都成了各自领域的领军人物。

## 培养人才，讲究"无为而治"

如何培养创新型人才？窦世学看重老子的哲学思想"无为而治"，给研究人员和学生提供一个平台，为他们提供机会，不要过多干涉和控制。他用"榕树"来比喻研究所对学生的培养。学生就如榕树的根须垂下，从柔弱的根须，慢慢变成更牢固的茎，与主根一起盘根错节，形成一个强劲的网络。

在 2019 年湖南大学物理与微电子科学学院客座教授的受聘仪式上，窦世学做客创新与创业讲坛，作题为《材料设计、加工和应用展望》的报告。窦世学以自己和所培养学生的成长为切入点，分享了他的学术体会。他认为，扎实的理论基础、浓厚的好奇心、强烈的事业心是研究者从事科研事业的根本动力。鼓励同学们积极投身科学研究，热爱祖国，在科研创新中追求人生价值。报告深入浅出，多层次、多视角地解读了能源材料和超导材料的设计、处理和应用，让师生深受启发，现场掌声不断，给大家留下了深刻印象。

## 应用技术，推动学科发展

正是有一些像窦世学一样的优秀科教人员存在，伍伦贡大学的工程、材料科学相关专业才能为广大学子打造顶尖的学科质量与学习体验，并在世界排名中节节攀升。2021QS 世界大学排名显示，伍伦贡大学位居世界第 183 位，能源科学和技术、材料科学及纳米科学与技术相关专业更是分别位列全球第 20，36，51~75 名，跻身全球前 100 名的优质顶尖行列！

窦世学获得科研基金总额超过 2000 万澳元。2012 年获得澳大利亚汽车自动化研究委员会的五年研究项目，与其他研究机构分享 5000 万澳元研究基金，开发以清洁能源为基础的电动汽车。他在澳大利亚可再生能源署智能钠电池存储系统项目中担任首席科学家（项目经费 420 万澳元）。

窦世学还积极推动工业界、国家和国际研究机构之间的合作，他领导的超导与电子材料研究所与中国科学院、北京航空航天大学、复旦大学、四川大学、华中科技大学、中国科学技术大学、南京工业大学，美国凯斯西储大学、马里兰大学，日本物质材料研究所（NIMS），新加坡南洋理工大学，韩国成均馆大学，澳大利亚悉尼科技大学、昆士兰大学、昆士兰科技大学和阿德莱德大学等世界著名大学和科研机构建立了合作关系，并取得了显著的科研成果。这些深入而广泛的合作在促进科技进步、产业发展，以及民族文化交流等方面做出了巨大贡献。

2013 年 9 月中旬，东北大学材料与冶金学院邀请窦世学院士在冶金馆会议室为东大师生作了题为《纳米尺度下单一系统中相对元素共存的研究》的学术报告，报告会取得圆满成功。近年来，中澳两国的研究人员在材料、物理、化学、生物等研究领域始终保持着密切、广泛的合作，目前已经取得大量重要研究成果。窦世学在自己的研究领域继续发光发热，他积极促进中澳先进材料相关科学领域发展以及学术交流合作，带领团队将实验室的研究成果成功转化为工业应用，为产学研一体化树立了榜样。

2018 年，窦世学与刘化鹍访问东北大学并作学术报告

## 贡献非凡，凝练人生信条

2022 年 5 月 2 日，窦世学教授和妻子刘化鹍教授以非凡的人生、非凡的职业生涯以及对伍伦贡大学的非凡贡献，同时被授予名誉教授职位。在伍伦贡大学毕业典礼上，窦世学发表了获奖感言寄语毕业生。

窦世学父亲去世时，没有留下任何财产，但父亲给予的精神财富对他的生命弥足珍贵。父亲反复教导他："滴水之恩当涌泉相报。"这种精神贯穿了他的一生。他和妻子从父母那里得到了最好的爱和支持，他们衷心感谢祖国为他们提供高质量义务教育，感谢澳大利亚给予他们的良好工作环境，二者的完美结合让他们能够实现梦想。虽然他们不能把爱回馈给所有人，但他们会把大家的爱传递给下一代，传递给他们的学生和同伴。两年前，新冠肺炎疫情突然爆发，一些年轻的合同制职员面临严重的失业危机。他和妻子决定捐出两年零四个月的薪水，即 100 万澳元，帮助有困难的研究员度过危机。

2022 年，窦世学获伍伦贡大学名誉教授

　　男人第二珍贵的财富是爱情和婚姻。窦世学和妻子已经结婚 55 年了，他们彼此相爱，更重要的是，他们都在关键时刻为彼此做出过牺牲。第一次见面时，窦世学对刘化鹍一见钟情，遗憾的是她对窦世学并非如此。更糟糕的是，他没有通过研究生选拔考试，而她毕业两年后考试通过了。在那个时代，只有 1% 的毕业生可以进入研究生阶段学习。然而，窦世学并没有放弃，经过 6 年漫长的追求，他们终于结婚了。正如莎士比亚所说，"真爱无坦途"。当开放政策出台时，他们都很兴奋能出国。显然，有了研究生资格，她应该更有优势。然而，刘化鹍不仅将这个机会给了窦世学，还接管了他所教的课程，这些教学课程她以前从没教过。妻子的举动让他能够集中精力准备出国选拔。刘化鹍留在家里照顾两个孩子，并承担教学和管理工作。三年留学期间，直到窦世学结束博士论文答辩时，他们才通了一次电话。

　　从窦世学的非凡人生经历及对毕业学生的寄语中，体会到他的三点人生信条：第一，要为事业和生活努力拼搏，坚持自己的追求，永远不要放弃梦想；第二，做一些别人通常不做的事情，这样更容易有新发现；第三，准备好为你的婚姻、家庭和整个国家做出牺牲，你将会为自己一生的成就而感到自豪。

（资料整理：邱梦雪、王晓英　内容修订：窦世学、陈田）

# 储能、换能领域的顶尖学者

## ——记能源存储和转换领域专家、
## 澳大利亚工程院院士刘化鹍

刘化鹍，澳大利亚技术科学与工程学院院士，澳大利亚大学杰出教授，能源材料研究组负责人，主要研究方向为金属离子二次电池和氢能源材料与器件（燃料电池、储氢），是世界能源存储和转换领域的顶尖专家之一，致力于发展高效和可持续的能源存储技术。分别于1994—1998年、1999—2003年、2003—2005年、2006—2010年连续四次获得澳大利亚科学委员会最具竞争力的澳大利亚教授研究员奖励基金。因其出色的研究成果和培养博士研究生的贡献，2013年10月被澳大利亚技术科学与工程院评选为院士，并于2018—2021年担任澳大利亚工程院院士评审委员会评委。2013年获得伍伦贡大学杰出研究校长奖，2017年获得伍伦贡大学荣誉科学博士（Doctor of Science），2018年获得澳华科学技术学会终身成就奖，2019年被《澳大利亚研究杂志》（*Australian Research Magazine*）评为材料科学领域高被引科学家前五名之一，2022年获得澳大利亚政府颁发的澳大利亚员佐勋位（AM）。

刘化鹍是澳大利亚储能材料及应用方面的杰出女性科学家，她曾在1994—2019年连续多次获得澳大利亚奖励基金，2013年被澳大利亚技术科学与工程院评选为院士和获得伍伦贡大学杰出研究校长奖。"谁说女子不如男，巾帼亦能胜须眉。"和先生窦世学一门双杰，各有风采，同样致力于国际能源尖端科研领域。

## 非凡人生，成就梦想

刘化鹍出生在中国东北的一个工程师家庭，1960—1968 年在吉林大学攻读本科和硕士研究生，毕业后在东北工学院任教。1986 年，她和先生窦世学移居澳大利亚并在新南威尔士大学工作，随后于 1994 年在澳大利亚伍伦贡大学从事能源材料的研究。对于当时的决定和选择，刘化鹍表示，"这是一个非常好的研究氛围"。

2022 年 5 月 2 日，刘化鹍获颁澳大利亚员佐勋位（AM）

刘化鹍在伍伦贡大学创建和领导的能源材料研究中心始于 1994 年，由空白发展成为被澳大利亚和世界所公认的先进能源材料研究团队，完成澳大利亚科学委员会（ARC）及其他项目 50 余项。经她培养、指导的 98 名博士研究生全部受聘于世界著名研究所、高等院校和能源材料公司。从 1994 年开始，刘化鹍教授发表学术论文 800 余篇，文章被引用 7.2 余次，H 指数（H-index）为 137，连续五年被汤森路透评为材料科学领域的高被引科学家，长期担任 ARC 等项目评审人，以及国际著名学术期刊审稿人。尤其重要的是，刘化鹍领导的能源材料研究中心发表的学术论文在澳大利亚独占鳌头，学术论文数量占据全澳发表总量的35%，被引用率超过总引用率的40%；伍伦贡大学和澳大利亚在钠离子电池领域发表的学术论文数量在全球机构和国家中排名第5位。

2022年，刘化鹍获颁澳大利亚员佐勋章(Member of the Order of Australia, AM)，以表彰其在科学研究和高等教育领域做出的卓越贡献。

## 科研成果，造福社会

作为澳大利亚伍伦贡大学能源材料研究组的创始人，刘化鹍的主要研究方向为金属离子二次电池和氢能源材料与器件，是世界能源存储和转换领域的顶尖专家之一，致力于发展高效和可持续的能源存储技术。

刘化鹍教授致力于为发展电动汽车研究高能量密度、高功率和长循环寿命的锂离子电池和智能钠电池，促进了钠离子电池的产业转化研究和商业化应用。她的研究方向包括清洁能源材料、材料科学与工程、电化学与应用等。她所带领的团队是国际能源领域的领导者，创造了许多先进的材料和新技术，已应用于锂电池、超级电容器、燃料电池、储氢和混合动力电动汽车。

2016年，刘化鹍（左一）与家人在伍伦贡大学毕业典礼上合影

刘化鹍一直积极推动能源材料研究中心与企业的合作，已经与十余家企

业建立了合作关系，支持工业联合项目，促使研究成果商业化，带动关键材料产业及应用的绿色化和低碳化发展。自 2003 年至今，作为澳大利亚研究委员会的教授研究员，参与澳大利亚汽车自动化研究委员会 2020 年电气化项目研究和澳大利亚可再生能源署资助的智能钠电池存储解决方案项目，极大地促进了钠离子电池的产业转化和商业化应用。

2019 年，刘化鹍（右四）与先生窦世学（左三）共同出席上海上创超导科技有限公司院士专家工作站揭牌仪式

在新冠肺炎疫情前，刘化鹍和窦世学每年都会来到中国的高校进行访问，交流学术和研究经验，对发展中国和澳大利亚的友好关系做出贡献，并希望与国内各知名大学多交流、多合作。

## 无私奉献，孜孜不倦

作为能源材料研究领域的杰出教授，刘化鹍为全球培养了很多能源材料领域的优秀人才，这也是让她引以为傲的。她说："这些年培养的 98 名博士研究生毕业之后，一部分留在澳大利亚，大部分回到中国，还有的在世界各地发展，比如在欧洲和其他国家的。这是我觉得值得骄傲的地方，我们的博士研究生分布在世界各地，做出杰出的贡献。"

刘化鹍和先生窦世学与培养的博士研究生们

在疫情防控期间，刘化鹍和先生窦世学都在他们各自第二个任期里选择中途退休，以便让大学可以将更多的资金用于科研。两年前，当新冠肺炎疫情袭击全球，一些年轻的研究人员面临失业威胁，"我们决定放弃两年零四个月的100万澳元薪酬，以挽救一些研究人员的工作。"但是即使夫妇二人选择中途退休，他们仍然为澳大利亚伍伦贡大学免费工作。

刘化鹍与丈夫窦世学一同在教学和科研领域深耕50余年，伉俪情深，相伴意长。她以多年培养学生成长的学术体会，总结出研究者从事科研事业的根本动力——扎实的理论基础、浓厚的好奇心和强烈的事业心，并始终致力于推动女性教育和科研训练的机会平等，可谓女中豪杰。

（资料整理：尚育名、邱梦雪　内容修订：刘化鹍、陈田）

# 硕果累累，华人骄傲

## ——记新材料及纳米专家、新西兰皇家科学院院士及工程院院士高唯

高唯，1946年出生，祖籍江苏常州。1967年毕业于东北工学院（现东北大学）精密合金专业，1981年获得北京钢研总院硕士学位，1985年留学英国，1988年获得英国牛津大学（University of Oxford）博士学位（材料科学）。1988—1992年在美国麻省理工学院（MIT）任主任研究员，材料激冷及快速凝固研究室主任。曾任四川大学讲师、英国牛津大学研究员、英国皇家学会客座研究员、英国科学工程协会（SERC）研究员、新加坡国立大学访问教授等职。

1992年至今任新西兰奥克兰大学教授，曾任奥克兰大学工学院副院长及材料系副主任、新材料及纳米技术研究中心主任，新西兰华人科学家协会荣誉主席，新中高科技创新研究院院长。研究领域包括纳米材料及纳米表面技术、轻金属合金（镁、铝、钛）、氧化物薄膜及其他电子材料、高温超导材料、高温氧化、腐蚀及防护、表面镀层、非晶态材料、能源材料、环境材料，以及计算机在材料科学中的应用。

2001年高唯被选为新西兰皇家科学院院士（Fellow of Royal Society NZ）、新西兰工程院院士（Fellow EnNZ），2016年获新西兰国家科学技术

荣誉勋章（Officer of New Zealand Order of Merit），任国务院海外专家咨询委员会委员，国际薄膜材料学会副主席，美国材料研究学会（MRS）、美国材料矿冶协会（TMS）、美国金属学会国际协会（AMS）、澳新大洋洲腐蚀学会（ACA）资深会员，新西兰材料学会秘书。并被聘为许多国际学术杂志编委及大学名誉教授（上海交通大学、西北工业大学、北京科技大学、华南理工大学等）。因科学技术杰出贡献荣获 2001 年新西兰政府及皇家科学院颁发的勋章（Scott Medal）、皇家科学院 James Cook 研究奖（2005）、皇家科学院研究奖（Marsden，2001，2004，2009，2010）、中国科学院金属研究所（沈阳）"李薰讲座奖"（2006），"中国杰出材料科学家（2009 北京科技大学及国家自然科学基金会）"等。

作为一位华裔教授，高唯院士可谓硕果累累、声名显赫、著作等身，并且有非常广泛的国际交流及合作关系。已发表国际 SCI 期刊研究论文 620 多篇，获美国及其他国际专利 16 项，作国际会议特邀报告 200 多次。著有专著《电子及离子材料》《材料的高温腐蚀及防护》《先进材料百科全书》及其他编著 8 部。并获得新西兰政府、皇家科学院及专业学会的许多著名奖项。学业履历让人仰慕的同时，高唯也是非常成功的教育家，带出了 60 多名优秀博士生和 40 多名硕士生。

## 海外游子心系强大祖国

牛津大学博士毕业、曾在美国 MIT 工作、奥克兰大学华人教授、拥有 14 项专利、新西兰皇家科学院院士、获新西兰国家荣誉勋章……很多人知道高唯，是因为他是学术领域的权威。但很少有人知道，这位纳米材料界的"大神"海外游子的故乡情。

高唯出生在江苏常州的知识分子家庭，1 岁时跟随父母迁居上海，后又前往沈阳，1967 年于东北工学院精密合金专业毕业后，被分配至位于青白江的成都钢铁厂，成为一名钢铁工人。前往成都之前，很多同学劝他留在东北工作，但他执意出去闯一闯。"当时对成都印象很好，这种好印象一直保留至今。"

在钢铁厂工作 8 年，他从炼钢车间炉前工做到车间技术主任，但是对科研的热情，并未被日复一日的工作磨灭。1977 年对他来说，是人生的一次转机。那年，国家恢复高考。离开学校 10 年后，高唯决定考研，并得到家人支持。"我学习成绩一直挺好的，还没使出'洪荒之力'，没有系统复习。"这位"学霸"考入北京钢研总院的研究生。

在北京钢研总院，高唯努力学习，他的导师是合金钢领域著名的赵先存教授，课题是稀土元素在钢中的应用。几年里他炼了 40 多炉钢，加入了钇、铈、镧及混合稀土，最后发现稀土元素对不锈钢的高温氧化性能改善最为显著，特别是钇，可以使钢的氧化速度降低到 1% 左右。那时正好他的儿子出生，他就给儿子起名为高钇，以回忆那一段努力奋斗的经历。

毕业后，高唯回到成都，成为四川大学的一名教师。在此工作 3 年后，被牛津大学录取，在不到 3 年的时间里，获得了牛津大学的博士学位，然后在麻省理工学院任研究员。说起成长的经历，高唯很是感慨。对他来说，是祖国故乡给了他动力："这份情一直记在我心中。"

1987 年，高唯和儿子高钇在英国

2019 年 10 月 1 日，庆祝中华人民共和国成立 70 周年大会在北京天安门广场隆重举行，奥克兰大学华人科学家高唯接受新西兰中华新闻社采访时表示："看了国庆大阅兵和群众游行，非常感动，居住在新西兰的华侨华人共同为中国的振兴崛起、发展强大而深感自豪。我深深地感受到了中国 70 年的巨变，祝福中国经济发展、社会稳定、人民安居乐业。"

# 新西兰华人的优秀代表

2016 年高唯荣获新西兰国家科学技术荣誉勋章（Officer of the New Zealand Order of Merit）。新西兰国家党国会议员杨健博士向高唯表示热烈的祝贺。杨健博士介绍："高唯教授是具有很高国际声誉的华人科学家，在材料科学与工程学领域为新西兰做出了杰出贡献。高唯教授被授予国家荣誉勋章不但是他个人的荣誉，而且是新西兰华社的骄傲。"

杨健议员介绍："高唯教授从 1992 年至今，一直在奥克兰大学从事教学与科研工作，并在多所世界著名大学兼任顾问教授。目前，高唯教授是新西兰皇家科学院院士和新西兰华人科学家协会荣誉主席。高唯教授长期致力于建立和维护新西兰与其他国家特别是中国的大学及科研机构的合作，为新西兰和中国的科研事业国际化做出了重要贡献。"他认为，"高唯教授是新西兰华人的优秀代表。近年来，越来越多的华人同胞被新西兰政府和社会机构授予各种荣誉。这充分说明，华社业已成长为促进新西兰社会经济发展和多元文化繁荣的重要力量，华人同胞的贡献得到了主流社会日益广泛的认可和赞誉。"

高唯出席学术会议

高唯的研究涵盖了纳米材料、电子材料、薄膜及表面涂层、能源及环境材料等一系列尖端科技，他的研究成果为新西兰、中国和其他国家应对当前能源、环境、工业技术等方面的重大挑战做出了重大的贡献。他先后培养出60多名博士和40多名硕士，其中大约三分之二是华人学生。他们中许多人都已回国，担任重要的科研和技术领导岗位。他还长期致力于建立和维护新西兰与其他国家，特别是中国的大学及科研机构的合作，为新西兰、中国的科研事业国际化做出了重要贡献。他认为，能够在国外为祖国培养高水平的学生，也是为祖国的科技发展出了力。

## 高端科学技术项目报国

作为新西兰皇家科学院院士和新西兰华人科学家协会荣誉主席，高唯一直致力于建立和维护新西兰与中国 60 所大学及科研机构的合作，真正实现高端科学技术的国际化。

从 1992 年开始，高唯就在新西兰奥克兰大学从事教学与科研工作。在他看来，新西兰虽然国土面积不大，但在生物医学技术、药物、材料、环境、水处理、能量传输等先进科研方向有丰富的科研成果。无奈新西兰的工业规模不大，因此用工业支持科研落地的难度不小。

"所以，学校支持我们把发展出来的新技术拿到国外推广，比如我带来的一项纳米材料技术。"高唯介绍，在机械的日常使用中，摩擦不但消耗能量，还对设备造成损坏。"有三分之二的零件都是因为摩擦带来的损耗而不能使用。使用高性能表面涂层涂在零件上，就能够有效减缓摩擦，延长使用寿命。同时节约材料，节约能源，对现代社会的可持续发展非常重要。"高唯表示，目前这项技术已经应用在多个国家，他希望借国际交流的契机推广到国内。

如何让国外的先进技术和人才在国内扎根落地？高唯表示，平台很重要。高唯所在的新西兰华人科学家协会，拥有各个领域的 100 多名会员。高唯曾经和协会的会员一起，努力将研究成果推广到国内。"因为当时缺少一个有力的平台，留不下科研人才，所以效果不够理想。"分析原因，高唯坦言，任何一项成果从实验室走向市场，都有一个漫长的过程，其中，需要得到从政府到企业的支持，更重要的是需要有人能够打开市场应用。目前，他有一个比较大的科研团队，其中大多是博士生。"搞了这么多年科研，大家都希望去能够提供有利科研环境和发展潜力的地方，我有责任为他们介绍和创造条件。"

作为新西兰华人科学家协会的会长，高唯认为，中国和新西兰有着良好的外交关系，中国为海外青年科学家搭建的平台越来越宽、越来越好，他们很感谢能有机会回国与国内更多的高校和科研院所合作，尽己所能为科技发展贡献自己的力量。

高唯说："中华民族是一个聪明而勤劳的民族，中国的留学生一直是善于刻苦钻研的代表。"对于如何帮助国内大学提升世界地位，高唯也很有想法："我们可以通过与国内大学一起撰写高水平的论文、联系世界知名专家参加在中国举办的国际学术会议、协助创办在国际上有影响力的杂志以及发展学术组织等方式，推动国内大学走向世界先进水平。"同时，"期待祖国能够为海外科学家提供一个大平台，既有资金和政策上的支持，又有企业的合作。梧桐树枝繁叶茂，自然有凤凰飞来栖息"。

作为一位华裔教授，高唯可谓硕果累累、声名显赫、著作等身。谈到纳米科学，高唯有着说不完的话题。从1992年一直到今天，高唯在新西兰奥克兰大学任教授，并曾任工学院副院长、材料研究中心负责人、系副主任等职。高唯在奥克兰大学有一个实力雄厚的20人左右的科研团队，这个团队有很多科研成果。最主要的研究方向是各种先进材料及纳米技术研究。高唯教授当年是留学生，现在他的研究生里也有相当一部分是中国留学生，作为一位著名教授，他怎样评价自己的学生？怎样评价中国留学生？

奥克兰大学目前有很多留学生，其中相当一部分来自中国，他们有的由中国留学基金会资助，包括来回路费和生活费。高唯的组内许多课题都是学生完成的，对于特别好的学生或者没有奖学金的学生，他会尽量用科研经费来支持他们的学费和生活费。科研经费每年为100万~150万元。高唯的团队由他自己牵头，其余都是博士生和博士后。中国学生比较认真，工作时间要比新西兰学生长。虽然跟他们那个时代比起来不能算刻苦，但是时代不同了，现在的社会机会多，学生的想法也很多，不能要求现在的学生像以前那样，一心一意放到科研工作上。

高唯对于学生还是很满意的，当然学生的水平也是参差不齐，有些学生很聪明，很有创造性。有一个学生非常出色，很想留住他，但是由于家庭的原因，他最后还是回去了。大部分人会比较认真地做工作，也可以发表几篇科学论文，有些就慢一些，也没有关系。

作为一名导师，高唯属于比较宽松的类型。他希望学生能够自觉学习，劳逸结合，利用业余时间了解新西兰的文化习俗，欣赏新西兰的美丽风景，过好研究生的阶段。他也注意了解学生的愿望，以及他们的长处和弱点，帮助他们达到他们的目的。

高唯觉得搞高科技研究不需要太高的天分，只要认真做事情就可以了，当然需要有较为踏实的基本功和学习能力。他在牛津大学和麻省理工学院都待过，认为自己的导师和那里的绝大部分教授、研究员都是"普通人"。科学家也并非比别人聪明多少，就是用符合逻辑的方法，认真、努力地工作。真正的天才，比如"过目不忘"的人很少见。

高唯认为年轻人需要勇敢创业："我常鼓励我的学生毕业后结合自己所学，回国创业，因为这是人生中非常宝贵的经历和财富。"当然，身为科研工作者也需要考虑科研成果转化过程中要遇到的各种各样的问题，高唯提醒："我们也要认识到，实验室中的成果转化为企业生产，到市场上的产品还是有很远的距离的，需要考虑社会能不能接受、技术有没有完全成熟、有没有投资、有没有市场需求。"他希望能够把国外的先进技术引进到国内。

## 表达学生归国发展看法

高唯的学生里面，选择回国创业的中国学生占多数。绝大多数中国学生很认真，也都做得不错，当然他们有的时候有一些弱点。高唯倒不认为中国学生动手能力差，只是交流能力稍微欠缺些，有的时候比较腼腆，所以经常会帮助他们积极地与外界沟通，锻炼锻炼也就好起来了。

他有不少学生回国后在工业企业工作，发展得很好。其中有两个博士生回国后在深圳创业很成功，虽然还在奋斗阶段，但总体来说已经成规模了，厂子很大，设备也都齐全。他们的产品是光学纳米材料和器件，做得还是挺不错的。

高唯深耕材料领域热门研究方向40多年，早在20世纪80年代，高院士就利用稀土元素添加到钢中使合金的高温抗氧化性能获得极大改善。在超导材料方面，高院士采用新方法制备出的超导材料，极限电流密度打破了当时的世界纪录。近年来随着纳米材料的发展，高院士的研究团队将纳米氧化物和纳米复合材料应用于废水处理、传感器、表面处理、自愈合镀层、储能材料等方面，取得了一系列突出成果。高院士真可谓我们华人的骄傲！

1987年，高唯（左）与钱学森先生（中）在英国皇家学会

2013年，高唯与师昌绪先生（左）在北京

1987 年，高唯与牛津大学材料系主任 Sir Peter Hirsch 教授（中）

2014 年，高唯与杨振宁先生（左）

高唯与女儿高丹（中）和妻子余强（右）

（资料整理：高广　内容修订：高唯、陈田）

# 积蓄创新能量，实现人生梦想

## ——记爆破专家、加拿大工程院院士杨瑞林

杨瑞林，1956 年 11 月出生于内蒙古四子王旗朝克文都乡中闪丹村。东北工学院 1977 级采矿系本科毕业。1981 年考取出国研究生。出国前在东北工学院跟随徐小荷教授做岩石破碎研究。1984 年赴澳大利亚昆士兰大学 JK 矿物研究中心学习，以爆破碎石移动和爆堆形成的模拟为课题，1990 年获得博士学位。之后在澳大利亚 CSIRO 岩石力学数学模拟组做短期研究。1991 年赴加拿大 Queens 大学采矿系做博士后，两年期间建立了岩石爆破脆性损伤模型，为模拟坚硬岩石，运用不同炸药爆破机理提供了新的方法，至今被业界广泛引用和持续研发。1993 年加入 ICI 加拿大分公司，后转属 Orica 公司，是目前全球最大的民用炸药及爆破器材研发、生产和爆破技术创新公司。在该公司长期从事炸药和岩石爆破的科研开发、技术咨询及现场应用。他在优化爆破设计的理论和实践方面做出了诸多创新。所建立的多项爆破理论模型和现场测量系统，已在世界范围得到广泛应用，对提高爆破功效、安全生产和环境保护发挥了重要作用，并取得了显著效益。现居美国，任公司首席科学家和研究员。迄今他在国际学术刊物和学术会议发表论文百余篇，获专利数项。任国际学术期刊及出版物的编委。因他在世界爆破领域做出的系统性、创新性和有影响力的重

要贡献，2021 年当选为加拿大工程院院士。

当杨瑞林被选为加拿大工程院院士时，前任 Orica 全球采矿技术研究总经理 Stephen Boyce 先生表示祝贺："这是对您充满重大科技创新职业生涯的高度认可，对您是当之无愧、实至名归的。"现任 Orica 技术与创新总监 Angus Melbourne 先生代表 Orica 给杨瑞林发来祝贺："您因多年的技术创新和对科学进步的贡献得以圆满当选为加拿大工程院院士！我们 Orica 非常自豪，并非常感谢您的贡献。"

## 人生启蒙，知识逐梦

杨瑞林的家乡内蒙古是一个连接着宽广草原、半农半牧的村庄，地处偏远，从小长辈和父母就教导他要认真读好书、掌握真本领才能改变处境。故他从儿时起就牢固地树立了靠知识改变命运的决心。

父母勤劳朴实、忠厚善良的品行，是对他人生最好的启蒙、做人最佳的榜样，更是他天天向上的力量源泉。朴实勤劳的家风潜移默化地影响着他，使他自幼养成了扎实勤奋的品行和咬定青山不放松的个性。在日常艰苦的农耕劳作和野外放牧中，在极其有限的学习资源和夜晚昏暗的油灯下，他都自强不息地认真学习，做到灵活切实地掌握知识。

初中阶段的两位老师对他的成长产生了重要影响。一位是班主任兼语文课的孟秀琴老师，另一位是数学课的李生贵老师。他们为人师表，教学有方，激发起杨瑞林强烈的求知欲，自此学习成绩脱颖而出。老师的引导和鼓励使他对学习更充满热情，对前途充满信心。

进入高中后，有幸遇到陈新和李登文两位德才兼备的恩师。他们因材施教，积极地调动他的学习潜力，主动为他提供宝贵的课外书籍，并给予悉心指点。加上自学钻研和努力，他完成和掌握了高中数理化课程和部分高等数学、普通物理等课程知识，为未来的学业进取打下了扎实的基础，并得以在 1977 年恢复高考制度后，入读东北工学院采矿专业。

大学期间，他十分珍惜宝贵的学习机会。要求自己精通所学的各门知识，尤其是基础课和专业基础课的知识。遇到问题，他不拘一格，不耻下问地探索，常常带着问题请教各科的老师和教授。比如，利用课外时间多次登门求教数学系的纪延瑞教授，经常拜访英语系的里佐亨教授，主动讨教工程力学的杨荣生教授，屡屡请教岩石力学的郑永学和郑雨天教授等。各位教授的精辟讲解、诲人不倦的学者风范，令他受益良多。正是这种认真探索、勤学好问的治学精神和学习方法为他大学本科学业打下了坚实的基础。

1981 年，从入大学时的英语零基础，到英语和专业考试都获得相对优秀的成绩，他得以考取出国研究生。出国前他在东北工学院跟随采矿系徐小荷教授做岩石破碎研究。在徐老师的悉心指导下，学会了如何依据相关课题设计实验，以及将实验数据和结果整理分析，在学术期刊发表论文。徐老师甘居幕后，为学生铺路的高风亮节，使得杨瑞林在此期间完成了 3 篇论文，并成功地在国内不同科技杂志上以单一作者的名义发表。

## 学业求精，扎实前行

1984 年赴澳大利亚昆士兰大学 JK 矿物研究中心学习。杨瑞林利用两年时间在昆士兰大学地球物理系修课，并做了以地球物理方法刻画岩体形态的应用研究。取得了入读博士学位的资格。博士论文题目为：《露天矿爆破碎块移动和爆堆形成的模拟》。由于其直接针对矿业公司亟待解决的问题，他得到了工业资助的奖学金。论文首次提出了一种全新的模拟方法：基于对宏观运动学现象的观察，采用爆破设计的所有参数三维模拟现场爆破碎石移动和爆堆形成。开创了该项理论和技术的现场应用。因其能够预测爆堆形成和品位边界移动，从而优化提高了矿山开采效率，并应用于改善环境和节能。1990 年获得博士学位时，该模型已经在澳大利亚的数家矿山得到使用和推广。

1991 年，为进一步深造提高，杨瑞林赴加拿大 Queens 大学采矿系岩石力学和矿山设计组，跟随加拿大工程院院士 William Bawden 教授做博士后。两年期间建立了岩石爆破脆性损伤模型，后被业界广泛引用和继续研发。

在研究生和博士后期间，他经常在大学旁听或选修应用数学和工程力学及计算机等课程，充实和拓宽自己的理论知识，为进一步拓展业务能力奠定基础。

# 工业需求，科技建树

自 1993 年加入 Orica 以来，在 30 年的职业生涯中，杨瑞林以解决工程爆破设计的疑难问题为出发点，创立和开发了多种先进的爆破理论和模型，对该领域的科技进步做出了重大推进。

杨瑞林提出的软岩中的冲击波爆破理论，解决了长期无法解决的煤矿软岩交感传爆和爆破烟雾问题。针对 Powder River Basin（PRB）煤矿长达数十年难以解决的交感传爆造成的多个炮孔无序和 / 或整个爆区爆炸同时发生，对高墙稳定的过度冲击，破碎的岩石爆堆不能适当投掷，并对周围环境和社区造成过度干扰的严重问题，通过广泛的现场测量，他发现，岩石越软，冲击波在炮孔周围存在的范围越大，压力幅度也越大。当一个炮孔交感传爆引爆邻近的爆炸孔，两个冲击波相互叠加时，它们可以产生复合冲击波，由于冲击波的非线性，其压力幅度会远大于原始叠加波的总和。强冲击波可以引爆邻近的炮孔，冲击波滚动叠加，压力波幅会越来越大。所以交感传爆一旦发生，将会链式传播，难以控制。这一发现为消除交感传爆的爆破设计提供了有效依据，极大地提高了煤矿爆破的安全性和生产效率，减少了爆破对环境的污染，从而大大改善和提高了采矿的生产率和安全性。

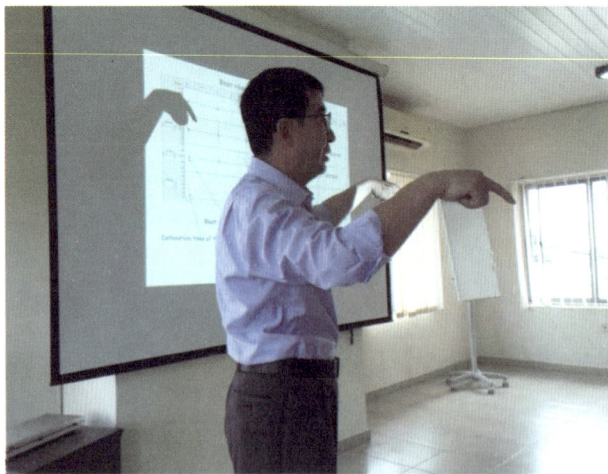

杨瑞林在非洲加纳讲解爆破理论和模型

杨瑞林发现了在某些特定地质条件下相邻药包起爆产生的电磁场对电子

雷管的特别影响。2016 年日本 Kajima 公司在 Minowo-Nishi 隧道掘进爆破中,发现雷管在外壳和起爆药完好无损的情况下无法起爆,而雷管内部的电容烧坏了。这种不安全因素严重影响了整个项目的进展。杨瑞林与 Kajima 团队合作,仔细审查其中的原因。他联想起自己阅读过的一篇文献,60 年前发表却从未使用过的理论,从而意识到,爆炸孔产生的高压电磁场可能在爆破过程中通过岩石裂缝的通道传播,类似于雷管遭到了雷击,导致相邻炮孔中的雷管失效。在通常的地质条件下,岩石和地下水是有效的导体,电磁场的电压在到达邻近的炮孔之前会消失。而 Minowo-Nishi 的地质条件特殊,电压不能通过现场特定的岩石迅速消散,随后的现场测量证实了这一理论。这一发现已被应用在其他条件与 Minowo-Nishi 隧道类似的场地,进而更新了电子雷管的设计,提高了雷管使用的安全性和可靠性。

基于相对位移和应变的联系,他发现了三维爆破振动与三维动态应变的关系。按照理论,用多于 4 个在非同一平面上、时间同步的三维振动监测仪,所测得的质点振动可以计算测点所包围的体积内的平均应变,从而建立了爆破振动的向量速度峰值与最大应变的关系。这一发现为以后的多炮孔岩石爆破破碎模型奠定了基础。

根据爆轰炮孔动压和雨贡纽关系,他将近场球形药包爆破振动的向量速度峰值与药重比例距离的关系拓展到炮孔周边。这一方法使许多炮孔周围的爆破现象(最大应变、岩石破碎、压力等)得到有效的估计和分析。这项发明使爆破可以通过现场的实际数据来分析,也为多种爆破模拟开辟了途径。

杨瑞林发明了多子波爆炸振动模型(MSW),这个模型既适用于离爆破近距离振动的预测,也适用于远距离振动的预测。现有的"单子波"模型只适用于离爆破远距离振动的预测,而不能用于爆破对近距离边坡高墙的振动预测。MSW 因能准确预测振幅和波形(频率)而得到爆破界的广泛认可和应用。

鉴于现有的模型过于简单或基础理论模型拘泥于微细,难以实施,因而都不能进行模拟实际爆破设计,为此杨瑞林创建了爆破建模的实用运动学方法。该方法使用容易测量的爆破参数,依据宏观现象和比较容易确立的相关性来建立模型。他所建立的多个爆破模型,能够模拟实际爆破中所有设计参数和复杂的几何边界,是同领域文献和应用中绝无仅有的。模拟多炮孔多药包的毫微秒相互作用及边界影响，是急需解决的最有应用价值的课题之一。

杨瑞林发明了多炮孔（全爆破参数）岩石破碎模型（MBF），被业界认为是现有"单炮孔"模型（如 Kuz-Ram）的飞跃性进步。MBF 能够模拟所有爆破设计参数和三维几何形状，既适用于地上爆破也适用于地下爆破。MBF 能够准确预测破碎度，从而能对矿山优化从爆破到磨矿的过程起到关键性的作用。他还发明了多炮孔药包起爆前所受动态压力的模型（MBDP），以减轻药包所受的来自先爆药包的动态压力，提高炸药的爆破效率，避免失爆和交感传爆。发明的多炮孔三维爆堆和品位边界移动（3DMuck）模型，在博士论文的基础上有了进一步发展，并一直应用于露天煤矿、金属矿爆堆和品位边界的预测。

2014 年杨瑞林开发了静态应变技术，基于目标坐标的 GPS 测量，改进了离散点位移监测。智利政府认同这项技术改善了矿山安全，并为项目实施提供了资金。Los Colorados 矿场继续使用该技术将爆炸振动历史与边坡应变变化联系起来，以检测爆破积累效应对边坡稳定的影响。

最近几年，他又提出了几种新的采矿方法，使用无线电起爆，以达到减少矿石贫化，简化操作，提高安全性，并且正在推进这些方法的实施。

以上理论和模型都是针对爆破行业急需解决的课题而开发和建立的。这些理论和模型已在美国、加拿大和世界各地的许多矿山和民用建筑工地实施应用，取得了良好的效益。

## 服务企业，贡献社会

一直以来，杨瑞林的研发工作始终着眼于解决工程项目的实际问题，深入现场亲手掌握第一手资料，分析立论，提出解决方案。并注重在应用中获得反馈，使理论和技术得到改进和完善，其中几个实例如下：

利用 MSW 模型，日本 Kajima 公司得以成功安全地在密集住宅区和核电站下方挖掘隧道。Cloud Peak Energy 公司能够变不能为可能，在十分靠近铁路主干线的地方开采煤炭。使用 MSW 模型，Syncrude Aurora Canada 公司在大坝附近实现安全爆破。DeBeer Victor 矿山将爆破震动对边坡高墙的影响降至最低。IOCC 铁矿能够于医院附近在不超过振动限度的条件下，保持最大生产率。借助 MSW 模拟，杨瑞林开发了使用电子雷管改变爆破振动频率的理论和技术，有效地降低了爆破振动对边坡和周围环境的影响。该技术成功地被世界各地的煤矿和金属矿采用。

2017 年，杨瑞林在 Barrick 公司于多米尼加的 PVDC 矿山，通过监测单炮孔近场爆破振动来评估预裂爆破对边坡的减振效果，成功地提供了破碎软岩预裂爆破的新的、有效的评估方法。该项目每年节省资金 1745 万美元。沿用这种方法，在 Kinross 于阿拉斯加的金矿和 Teck Resources 于加拿大的铜矿，通过同时模拟控制振动和破碎块度，将边坡稳定控制和生产爆破结合起来，极大地简化了采矿作业，有效地降低了生产成本。

当年加拿大 Mt. Polley 矿山 Wight 矿坑的上壁台阶中发现了一个单独的形如肾状的高品位矿石块，总量约为 16.5 万吨。由于矿块悬挂在高壁上，对其接近和凿岩爆破极其困难。因此，完成矿块切割回收必须实行一次爆破。杨瑞林应用他的爆破模型在有效地控制爆破振动、石块降落对高墙边坡的冲击及碎块分布和投掷范围的情况下，安全成功地完成了矿块切割回收，取得了良好的爆破效果，回收了约 800 万美元的富矿矿石。该项技术通过对岩石破碎块度及其定向分布的准确预测，为有序的采矿计划的实施提供了保障。

杨瑞林的模拟分析还成功地完成了 Barrick Goldstrike 矿山的简化采矿项目。该项目的目标是对整个采场一次钻孔的单次大爆破，而不再进行多次小爆破，以显著提高生产效率。然而它可能对上盘围岩产生过度振动，导致矿区失稳。此外，还必须评估碎石膨胀及预留空间是否适当。杨瑞林通过模拟分析，提供了关键的技术保证。其设计的大规模爆破方案将振动水平在上盘和关键结构上控制在常规安全爆破的范围内，使一次钻孔一次大爆破成功实施。此后一直被该矿使用。该项目为 Barrick 节省了大量资金。

1997 年，他为加拿大 IOCC 铁矿解决了一个重大的环保相关问题。该矿在气泡敏化乳化炸药装入炮孔一周多之后发现，药柱在每个炮孔下降超过半米。IOCC 和加拿大环境部担心炸药泄漏到地下，会造成严重的环境污染。通过对孔内药柱静压力和温度的多点监测，杨瑞林计算出药柱下降是由冷却收缩造成的。消除了乳化炸药泄漏到地下的担忧，解答了加拿大和世界其他地方的类似问题。

自从爆破首次用于岩石开采以来，揭示爆破机理和预测爆破结果一直是

海外**院士**

305

人们重视的课题。而爆破机理，受岩石性质、炸药性能等多种因素的影响，非常复杂。我们可能永远都无法完全揭示详细、具体的爆破机理。正如20世纪著名科学哲学家波普尔（Karl Popper）所说："科学是一种可以被描述为系统性的极其简化的艺术。"杨瑞林认为，岩石爆破的科学同样需要系统性的大力简化。由此杨瑞林提出了实用爆破建模的基本原则：要抓住爆破的主要机理和现象；模型应该输入现场岩石的地质特征参数，而这些参数可以通过最简单的单孔爆破实验来测量；优化爆破需要对完整的爆破设计参数进行建模，少数难以测量的演示爆破参数应该经过现场校准，以此来弥补建模时某些假设所引起的偏差。

提高和强化数理化基础理论和学习计算机新语言技能是杨瑞林的一贯坚持。他认为，基础理论是认识和解决复杂工程问题的基础和钥匙，而计算机新语言技能是快速试验新概念和具体实现新技术的重要工具和手段。

2007 年，杨瑞林在国际会议上作学术报告

## 名师引领，务实求真

在跟随东北工学院采矿系徐小荷教授做岩石破碎研究期间，徐老师言传身教、扎实严谨的学风和注重逻辑及基础理论在科研中的指导作用的优秀品质，对杨瑞林建立踏实稳健的科研作风产生了深刻的影响。

在澳大利亚昆士兰大学 JK 矿物研究中心攻读博士学位和博士后的五年多时间，他深受 JK 矿物研究中心创始人、澳大利亚工程院院士 Alban Lynch 教授的指导和引领。Lynch 教授重视科研技术和系统模拟的工业应用，以及他对杨瑞林到北美进一步深造的具体建议，对杨瑞林确定业务发展方向起到了重要的作用。

JK 矿物研究中心的两位主任研究员，杨瑞林的博士生导师物理学博士 Alex Kavetsky 和数学博士 William Whiten 对他在数学计算机模拟方面的指导，为他后来的科研和计算机模拟能力及发展做了良好的铺垫。

在 JK 读博期间，杨瑞林幸遇加拿大工程院、英国皇家工程院和美国工程院三院院士 Evert Hoek 教授到访。他和来自津巴布韦的朋友 Gideon Chitombo 博士向 Hoek 教授提问了不少采矿和岩石力学方面的问题。当问到应该如何从众多可以选择的研究课题中做出选择时，他永远不会忘记 Evert Hoek 教授的回答："选择一个研究课题，就像依据当前的经济技术条件和社会需求而选择矿床开采一样。"他的启发性和切实性的回答，对杨瑞林注重实际的研发生涯产生了重要的影响。

1991—1992 年在加拿大 Queens 大学跟随 William Bawden 教授做博士后期间，Bawden 教授重视科技开发与实际应用，并善于联合世界上最优秀的学者，利用最有效的技术资源来完成一些复杂的课题，使杨瑞林视野开阔，所学甚多。

哲学思维和方法探索也对杨瑞林职业生涯有着重要的影响。读东西方哲学及哲学史等书籍是他的一项业余爱好。杨瑞林注重实际效果并进一步完善理论，理论与实践相辅相成，相得益彰。

307

## 协作交流，服务社会

除了研发性的工作，杨瑞林还积极帮助培训分布在世界各地的现场工程师：有集中上课的理论讲解，也有现场示范的技术指导。他被邀请到世界各地矿山现场，足迹遍及五大洲，讲解实施他所开发的新技术，目前世界各地都有他的技术实施和推广者。

杨瑞林注重与同行的交流互动，及时了解和分享业内的新技术、新进展，经常参加国际会议，并在科技杂志上发表论文。他担任 *Rock Mechanics and Rock Engineering*，*Blasting and Fragmentation*，*International Journal of Mining and Mineral Engineering* 等国际学术期刊的编委，积极参与稿件评审。他还很关心祖国的发展建设，关注国内的行业进步。多次回国参加爆破学术会议，与国内同人学习和交流最新研究成果，曾受邀到国内大学进行讲座和参加座谈，并多次积极协助国内组织国际学术会议。

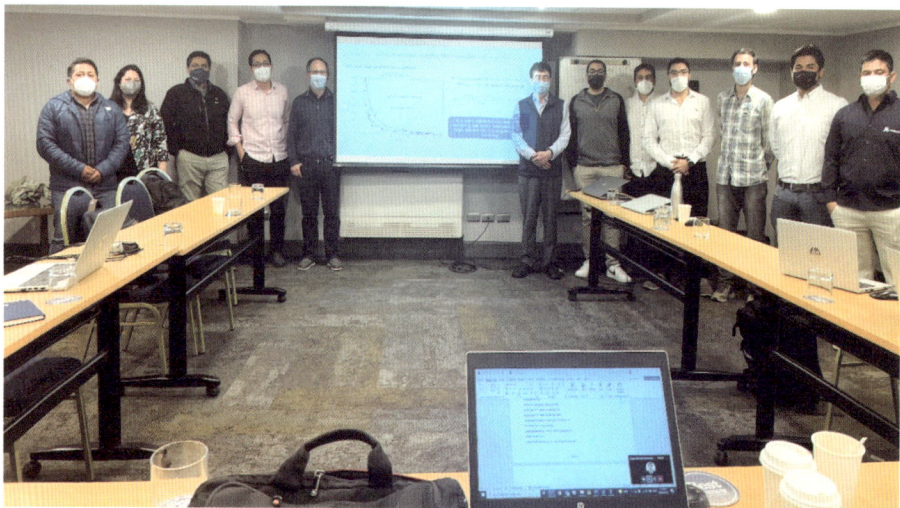

杨瑞林新冠病毒感染疫情期间在南美现场示范技术指导

　　他还与大学合作开展联合培养研究生项目。2002 年，杨瑞林与科罗拉多矿业学院（CSM）合作，在 CSM 实验矿井中建造了一个地下室，用于爆炸后烟雾测试。这是世界上第一个以爆破面为死胡同的岩石爆破室，在这里 Orica 许多产品都经过了测试。2002 年，他在另一个项目中与 CSM 合作指导博士后并开发了最早的创造性人工智能采石场爆炸设计应用程序，他的参与和辅助得到了合作单位和所在公司的高度评价。

2022 年，杨瑞林在欧洲培训计算机模拟骨干

杨瑞林不断坚持努力学习、勤奋工作，力争保持站在本专业的科技前沿，继续更好地服务社会，为本专业高效安全生产、节约能耗和环境保护做出持续性的贡献！

（资料整理：张竞文　内容修订：杨瑞林、陈田）

# 厚德明理，兼容惟新

## ——记计算机专家、欧洲科学院院士王义

王义，瑞典乌普萨拉大学教授，东北大学计算机科学与工程学院教授、博士生导师，国家高层次人才计划入选者，欧洲科学院院士，国际电气与电子工程师协会会士（IEEE Fellow），美国计算机协会会士（ACM Fellow），曾任东北大学计算机科学与工程学院院长。

1982 年毕业于东北工学院自动控制系计算机专业，获学士学位；1988 年获瑞典查尔姆斯（Chalmers）理工大学计算机系副博士学位；1991 年获瑞典查尔姆斯理工大学计算机科学博士学位；1992 年起，在瑞典乌普萨拉（Uppsala）大学任教，1994 年任副教授，2000 年任教授，2009 年任讲席教授；2007 年，2011 年分别入选两项国家高层次人才计划；2015 年被增选为 IEEE Fellow，并入选欧洲科学院院士；2015—2021 年任东北大学计算机科学与工程学院院长；2020 年入选 ACM Fellow。

王义曾兼任中国科学院软件研究所、新加坡国立大学、联合国大学澳门软件研究所客座教授。主要从事实时系统的模型检测、多处理器调度与分析、多核实时系统、汽车电子、数字医疗等领域的研究，是国际上实时系统及模型检测领域有影响力的计算机科学家与学术带头人之一。

王义在嵌入式实时系统领域取得了开拓性的研究成果：他是实时进

程代数 TCCS 理论及随机系统测试理论的创始人，并为嵌入式系统的设计建立了一套完整的理论体系与开发工具；他带领团队做出了一批国际领先的重要理论成果，解决了多个前沿技术发展中的理论难题，其中包括一个本领域学术界 40 年未解决的多核调度问题；他领导的研究组历经 20 余年开发了一个实时系统建模、仿真和验证工具 UPPAAL，UPPAAL 的用户遍布世界各地，已被下载超过 8 万次，被成功应用于汽车电子、航天航空、数字医疗等重要领域安全关键性系统的设计与验证；开发的嵌入式系统的调度分析和代码生成工具 TIMES 于 2002 年法国举行的欧洲软件理论与实践大会（ETAPS）上获得最佳软件工具论文奖。

在外界眼中，他是被荣誉的光环笼罩的院士；在同事眼中，他是激情勇毅的战友；在学生眼中，他是严谨又贴心的导师。从一个懵懂孩童到一个在尖端科研领域从事研究的科学家，他一步一个脚印走出了丰盈的人生。而在他看来，自己只不过是在人生道路上不停地实现很多个小目标。在行进的道路上，他始终践行着东北大学"自强不息，知行合一"的校训精神，开拓进取，敢为人先。他就是东北大学计算机科学与工程学院教授，欧洲科学院院士王义。

## 一路向前，心无旁骛

1961 年 7 月 1 日，王义出生于内蒙古自治区赤峰市，孩童时的他宛若一张白纸，并未显示出天赋异禀，但如今白纸上已写就华章。

在王义眼里，学校就像深巷里的老酒，只有喝过它的人才知道有多醇美。在他求学时，现在已负盛名的这座学府的校名还是东北工学院，他于 1978—1982 年就读于自动控制系计算机专业并获学士学位。1984 年出国至今，他已在瑞典度过了近 40 年。在瑞典的学习阶段，也是他科研之路的开端，1988 年获瑞典查尔姆斯理工大学计算机系 Licentiate 学位（副博士），1991 年获瑞典查尔姆斯理工大学计算机科学博士学位，1992 年于丹麦奥尔堡大学完成博士后研究工作。学业完成后，在面对从学业到事业发展的第一个转折点时，他在 1992 年选择了到瑞典乌普萨拉（Uppsala）大学任教，继续自己的科研之路。

从进入乌普萨拉大学任教开始，王义的事业就按下了"加速键"。他在 1994 年晋升瑞典乌普萨拉大学副教授；2000—2009 年任瑞典乌普萨拉大学教授；2009 年任瑞典乌普萨拉大学讲席教授，达到大部分科研工作者奋斗的人生目标，但是王义并没有停下自己前进的脚步，而是继续为自己的目标而不懈奋斗，继续书写着自己闪耀的科研之路。

作为一名顶级学者，王义有着勇攀高峰、敢为人先的创新精神，有着追求真理、严谨治学的求实精神，有着淡泊名利、潜心研究的奉献精神，有着集智攻关、团结协作的协同精神，有着甘为人梯、奖掖后学的育人精神。他心系祖国，积极响应祖国的召唤，投入到祖国的科研建设事业中；在 2002—2006 年曾兼任中国科学院软件所访问教授；2006 年和 2011 年，王义入选两项国家高层次人才计划。2015 年，他在母校东北大学担任计算机科学与工程学院第一任院长，为东北大学的科研发展和计算机学科建设贡献力量。

## 默默耕耘，累累硕果

日复一日，年复一年，王义始终抱着坚定的信念，在科研道路上默默耕耘，30 多年的辛勤付出，也收获了累累硕果。王义在实时计算机系统建模、设计与验证领域做出了奠基性的原创理论贡献，并把理论成果转化为计算机软件，影响遍及国际学术界和工业界。王义主持了多项欧盟研究基金、瑞典自然科学基金、瑞典战略基金、瑞典技术开发委员会基金、中国国家自然科学基金支持的重点和重大科研项目，也在学术的道路上留下了一座又一座丰碑。

### 成为 UPPAAL 系统创始人

从 20 世纪 90 年代初期开始，王义在实时系统模型检测领域做出了若干原创性的理论贡献，创造性地使用状态空间削减、时间约束表达等多种全新的理论方法来有效地解决状态空间爆炸问题。1992 年开始，王义带领两个学生开发了著名的模型检测工具 UPPAAL 的第一个版本。丹麦奥尔堡大学 Larsen 教授 1995 年加入这个项目。经过 22 年努力，正如 CAV 奖评选委员会的颁奖词所写，"UPPAAL 系统已经是实时计算机系统的标准分析工具"。UPPAAL 系统被广泛应用于汽车、通信、航空和航天等领域中电子系统的设计与验证，如丰田汽车、ABB、美国 NASA 都是 UPPAAL 的用户。早在 1995 年，UPPAAL 就被应用于荷兰飞利浦公司的音频控制协议验证（发表在 CAV 1996），此项成果被美国卡内基梅隆大学图灵奖获得者 Edmund Clarke 教授 1996 年领导的 ACM 的一个综述评述为"实现了人们对一个人类证明进行完全自动化的猜想，而两年前人们还认为这远远超出了计算机算法所能达到的极限"（Edmund M. Clarke，et al.，Formal Methods：State of the Art and Future Directions，*ACM Computing Surveys*，vol. 28，no. 4，1996）。关于 UPPAAL 的第一篇论文，在 1972 年以来软件领域发表的 7 万余篇论文中被评为最有影响的十篇论文之一（V. Garousi，J.M. Fernandes，Highly-Cited Papers in Software Engineering：The Top-100. *Elsevier Information and Software Technology* 71，2016：108-128）。由于创立 UPPAAL 系统，王义教授与丹麦 Larsen 教授及瑞典 Pettersson 教授共同获得 2013 年的 CAV 奖（CAV 奖被认为是计算机系统验证领域的最高奖）。此外，王义还领导开发了 TIMES、CATS 等多个基于模型检测技术的实时系统建模、分析与辅助设计工具。其中，实时嵌入式系统建模、分析与代码自动生成工具 TIMES 于 2002 年获得了欧洲软件理论与实践大会（ETAPS）最佳软件工具论文奖。

## 破解了悬而未决的难题

单处理器调度可行性判定的复杂度问题是实时调度理论中最根本，但长期悬而未决的著名公开难题（Open Problem），困扰了这个领域近 30 年。2015 年，王义带领学生连续发表两篇论文，分别证明了该问题在资源利用率受限与非受限两种情况下的复杂度分别为 Weakly 和 Strongly NP 难。这两个结论为具有几十年历史的实时系统资源调度技术建立了理论基础。这两篇论文分别获得 2015 年 IEEE 实时系统年会（RTSS）和欧洲实时系统年会（ECRTS）最佳论文奖。在此之前，王义在这个领域已经做出了多项奠基性工作。早在 2002 年他就首次提出用时间自动机技术解决资源调度问题（TACAS 2002）。为了降低分析复杂度，2011 年他又把图的概念引入调度模型（RTAS 2011），并创造性地用动态规划技术解决了复杂实时系统的可调度分析问题。他在混合关键系统方面的一项工作获得 2012 年欧洲实时系统年会杰出论文奖，并被 IEEE 实时系统技术委员会选为实时系统经典论文之一。王义在多核计算机系统资源调度领域也做出了重要理论贡献，与学生合作将单处理机调度中著名的 Liu & Layland 资源利用率界限及其他参数化资源利用率界限推广到多处理机调度，解决了多处理器调度中 40 年悬而未决的著名理论难题（1973年由 Liu 和 Layland 教授提出）。并提出了多核处理器上实时任务集响应时间上界的分析方法，此结果获得 2009 年 IEEE 实时系统年会（RTSS）最佳论文奖。这些成果为多核处理器在高性能低功耗实时系统中的应用奠定了理论基础。为此，王义 2019 年获得世界实时系统领域最高学术组织 IEEE TCRTS 颁发的杰出贡献与领导奖（IEEE TCRTS Outstanding Technical Achievement and Leadership Award）（世界范围内每年仅有 1 名领域内顶尖学者获此殊荣）。

### 研究成果被写进教科书

王义于 20 世纪 90 年代初期创立了时间进程代数 TCCS（CONCUR 1990，ICALP 1991），这项工作对实时系统理论的研究产生了深远的影响。他提出的连续时间模型及操作语义早在 90 年代就被写入实时系统教科书（如 Steve Schneider，*Concurrent and Real-Time Systems*，John Wiley & Sons，Ltd.，2000）。并被应用于国际标准组织（ISO）电信系统描述语言标准 E-LOTOS（Luc Leonard and Guy Leduc, A Formal Definition of Time in LOTOS, *Formal Aspects of Computing* 10,1998：248-266）。近年来，他还在实时系统建模与分析领域做了大量工作，他带领学生提出的"量化硬件状态分析方法"，解决了现代计算机体系结构程序最坏时间分析中对缓存等关键硬件部件无法进行准确建模与分析的问题。这项研究成果于 2013 年获得"欧洲设计自动化与测试大会DATE"最佳论文奖。

## 吾生有涯，而知无涯

王义的研究能力和成果得到了学术界的广泛认可，但他没有躺在功劳簿上，他深知生命的有限，而新技术领域的空间是无限的，不能闲庭信步，必须快马加鞭。

2019 年，王义领导了一个跨学科项目，为未来先进电子领域的嵌入式软件开发一种新的系统架构。"汽车、卫星、飞机、机器人和起搏器都是由嵌入式计算机系统中的软件控制的。它们应该以一种简单的，最重要的是安全的方式进行更新，而无须更换整个装置，这对未来的技术发展至关重要。"

"我们的目标是开发新的理论和技术，用于构建可以更新而不会出错的系统。必须有可能保证它们按照我们希望的方式工作。今天，这是不可行的——我们甚至不知道如何建立这样的系统。这就是为什么需要基础研究。"王义说。

2019 年，克努特和爱丽丝·瓦伦堡基金会（Knut and Alice Wallenberg Foundation，KAW）意识到了王义所做研究的价值，并授予王义所领导的项目 2500 万瑞典克朗的资助基金。在谈及他所领导的研究未来 5 年的规划时，王义最关心的是时间、财务以及安全方面的问题。他希望通过创建一种新的、可动态更新的系统架构，并使其没有架构，来对未来先进电子领域的嵌入式软件进行改进。

"没有犯错的余地。"王义说。更新手机时的一个错误或许并不是灾难，是可以容忍的，但在更新心脏起搏器时，任何故障或缺陷都是至关重要的。如果一种心脏起搏器可以通过软件和新功能进行更新或升级，并对其能源使用进行调整，那么它就可以使用很多年。这不仅可以节省病人的时间和金钱，更重要的是，病人将不需要进一步手术。这是一个美好的目标，其中的关键问题在于，这种更新到底有多可靠。在更新的过程中，我们没有犯错的余地，因为这关系到使用者宝贵的生命。

在谈及这个项目的未来应用时，王义提道，"糖尿病是这个项目可以发挥重要作用的另一个领域。假设我们开发了一种设备，可以直观地感知病人需要多少胰岛素，并进行注射。这种设备一定是具有宝贵价值的，也可以实时对病人的状态进行调整。但是，我们必须要确保这个设备是绝对安全的。毕竟，如果胰岛素剂量过大或过小，患者都可能死亡。"

以上只是项目应用场景中的两个例子。事实上，如果我们真的成功开发出这项技术，我们所能获得的，是一个一切皆有可能的未来。王义说，他的理想目标是，在未来，人们能够按照自己的意愿，创造和改造工业产品。例

海外院士

如，人们可以设计自己的汽车，然后使用应用程序，通过添加自动驾驶的方式来更新或升级它。这个过程应该像更新手机一样简单，人们应该能够有安全感地依靠一切工作的实体。有了故障安全更新技术，未来的一切皆有可能。

2020年1月13日，美国计算机协会官网发布公告，公布了2020年当选的95名美国计算机协会会士，王义因在"实时系统的自动分析和验证方面"取得突出贡献而成功入选，全球华人中有12人入选。美国计算机协会创立于1947年，是全世界计算机领域影响力最大的专业学术组织之一。美国计算机协会会士是由该组织授予著名计算机科学家的荣誉，目的是表彰在计算机和信息技术领域取得杰出成就的学者，其审查过程十分严格，每年遴选一次。2020年，共有95人因在人工智能、云计算、计算机图形学、计算生物学、数据科学、人机交互、软件工程、理论计算机科学和虚拟现实等领域做出广泛和基础性贡献而入选美国计算机协会会士，其中包括7位图灵奖得主。

## 攻坚克难，创新突围

在自主科研的同时，王义也心系祖国，科研的目标坚持以国家重大战略需求为导向。2019年，参加全国两会的代表委员认为，"十四五"时期，中国科技创新大有作为。下一步，应强化国家战略科技力量，完善科技创新体制机制，激发人才创新活力，奋力突围，破解"卡脖子"难题。为此，王义以信息物理系统相关理论研究的积累与沉淀为基础，以拥有蓬勃生命力的东北大学智慧系统国际合作联合实验室为核心，面向信息物理系统基础理论以及关键技术国产化的重大需求，对安全关键嵌入式系统建模、设计与分析关键基础理论与设计方法学进行了研究。他想带领自己的团队，自主研发设计出突破"卡脖子"技术的关键基础软件，为我国提供安全攸关系统设计与制造的核心竞争力，解决系统设计、感知、实现等领域的关键科学问题；同时，进行科技成果转化，开发我国自主知识产权的系统设计工具以及安全关键的嵌入式系统，广泛应用于过程控制、环境控制、关键基础设施控制等多个领域。

基于这样的原因和动力，王义为东北大学智慧系统国际合作联合实验室未来的努力方向做出了如下规划：

第一，凝聚信息物理系统方向的科研资源，形成安全关键嵌入式系统建模、设计与分析关键基础理论与设计方法学，突破安全关键系统不支持更新的限制，创新性提出"发布后仍支持更新的安全关键嵌入式系统设计方法""可确保系统安全性的系统更新方法设计"等核心理论与共性关键技术。

第二，基于自主研发可更新信息物理系统设计方法，构建一套完整的自主可控的安全关键嵌入式系统设计、开发与验证工具，面向学术界、产业界共享，消除国内对国外信息物理系统设计、开发与验证工具的依赖，突破"卡脖子"技术。

第三，为面向安全关键系统开发需求提供基础技术支撑，构建可更新信息物理系统的关键构造理论与设计方法，开发支持软件功能模块的即插即用，支持对系统可靠性与安全性的高效验证以及可确保全生命周期更新与系统资源的高效利用开发工具，构建出我国自主知识产权的系统设计工具以及安全关键的嵌入式系统。

在王义的带领下，东北大学智慧系统国际合作联合实验室全力发展。在系统开发方面，研究了资源隔离技术，包括基于页着色技术的共享存储器隔离技术、基于截停技术的共享总线器件的隔离技术等。这些隔离技术使并行程序在共享器件上的访问冲突被有效隔离。此外，实验室在运行时系统中提供了对运行时验证的支撑，在运行时系统方面的研究工作形成了一个"基于micROSD混合关键多核运行时系统"软件环境，并针对"高自主无人飞行器运行时验证"开展了应用示范，展示了项目所提出的运行时技术能够有效地实现无人飞行系统对异常行为的检测与防护，能够有效地保障关键任务的安全运行。

在工具研发方面，实验室瞄准高可信人工智能技术的研发及应用，聚焦智慧系统核心技术，在"系统设计理论与方法""融合感知理论与方法""可靠决策理论与方法"三个方向具体开展研究，解决智慧系统建模、分析及构造的关键理论问题，并研发了具有我国自主产权的系统辅助设计工具，即EDA工具，以期突破相关技术瓶颈，构建"智慧系统"基础理论与技术体系，并针对工业、医疗、交通等典型行业开展应用示范。

在成果发表方面，实验室项目组针对多共享资源系统的可调度性分析、混合关键应用的性能建模与优化、运行时验证的高效监控与精确预测等关键科学问题进行了研究，在过去的 5 年中共发表学术论文 63 篇，获专利 5 项，获得 4 次国家级竞赛一等奖甚至冠军。重要、关键的研究成果发表于嵌入式系统、形式化方法领域的顶级国际会议 ICSE、RTSS、DAC、TACAS、FSE 等，以及顶级国际学术期刊 *TC*、*TSE*、*TCAD* 等；重要成果发表在国内计算机领域重要期刊《软件学报》《计算机学报》以及 CCF 嵌入式系统、形式化方法专委会的年会上。这些研究成果有效推动了多核混合关键系统基础理论、多核性能建模分析与优化理论、运行时验证理论与监控器自动生成技术等方面的发展。

在成果推广与交流方面，实验室主办和承办了香山科学会议第 597 次以"智慧系统：挑战与展望"为主题的会议、第十五届全国嵌入式系统学术会议（ESTC）、第二届全国形式化方法与应用会议（FMAC 2017）、国际学术会议 SETTA 2017，实现了对实验室研究成果的推广。

在人才培养方面，基于项目科研平台，近 3 年实验室引进青年教师 5 人，有效提高了科研团队的研究实力。青年教师与学生在多核混合关键系统设计理论、运行时验证理论、实时操作系统、嵌入式软件开发工具、机器人应用等方面获得了良好的学术训练与技术训练。大部分博士生及部分硕士生在就读期间已经发表多篇 CCF A 类期刊或会议论文，多名研究生获得各类资助赴海外知名高校访学，加强了项目组与国内外研究团队的合作。

在过去的 40 年里，王义从一名博士生到一名博士后，最后成为顶级研究科学家，迄今在顶级国际学术期刊及会议发表论文 200 多篇，论文引用次数近 1.4 万次，论文单篇最高引用次数达 2600 余次，当前 H-index 为 58。这些杰出的工作和成就和他在母校东北大学接受的出色教育是密不可分的。

从东北大学出发，王义走的不是通天大路、康庄大道，而是一条光荣的荆棘路。在这段行程里，他尽显英雄本色，把生命的光华挥洒得有声有色、淋漓尽致。现在他的步履分外年轻，他依然在这条路上无畏和骄傲地走着。在他心里，人生的旅途上，没有安乐的终点，只有一个又一个令人振奋的新起点。

（撰稿：姜徐、马国强、张喆、王磊、张怀文）

# 态度决定一切

## ——记化学工程和过程冶金专家、澳大利亚技术科学与工程院院士及科学院院士、中国工程院外籍院士余艾冰

余艾冰，1963 年生于广东开平。1982 年获东北工学院学士学位，1985 年获硕士学位；1990 年获澳大利亚伍伦贡大学博士学位。1990—1991 年在澳大利亚联邦科学与工业研究机构（CSIRO）矿物与过程工程所从事博士后研究。后执教于澳大利亚新南威尔士大学材料科学与工程学院，历任讲师（1992—1995）、高级讲师（1995—1997）、副教授（1998—2000）、教授（2001—2014）及大学杰出教授（2007—2014）。曾任学校或国家研究中心领导，包括澳大利亚新南威尔士大学颗粒体系仿真与模拟研究中心主任，澳大利亚功能纳米材料研究中心副主任，宝钢–澳大利亚研发中心技术委员会主任，中澳矿物、冶金和材料联合研究中心主任，澳大利亚国家计算颗粒技术研究中心主任等职。2014 年 5 月起转任澳大利亚蒙纳士大学副校长，并兼任蒙纳士大学苏州校区校长和东南大学–蒙纳士大学苏州联合研究生院院长。2017 年当选为中国工程院外籍院士。

这位从江门开平走出来的院士，如今已是颗粒科学与技术和过程工程领域杰出的科学家，颗粒填充、颗粒及多相流，以及计算机模拟与仿真多个研

究领域的权威，更是全球最有影响力的化学过程工程专家之一，颗粒研究的"领航者"。余艾冰的主要专长在于颗粒科学与技术，致力于理解颗粒物质的行为，并支持大量的工业和应用。

## 雄关漫道险，敢于从头跃步

余艾冰丰富的履历与人生经历，可谓众多学者与莘莘学子眼中的学习榜样。他 1982 年获东北工学院钢铁冶金专业学士学位，1985 年获硕士学位。1990 年和 2007 年分别获得澳大利亚伍伦贡大学（University of Wollongong）材料工程博士学位和新南威尔士大学（University of New South Wales）科学博士学位。1990—1991 年于澳大利亚联邦科学与工业研究机构（Commonwealth Scientific and Industrial Research Organization，CSIRO）矿物与过程工程所担任博士后研究员。他自 1986 年初出国至今，已在澳大利亚近 40 年，其间在不同的大学或研究机构工作。余艾冰说："虽然我的个人经历十分丰富，但构架我人生的重要转折点却仅有几个，正是这些重要的转折点决定了我人生的发展方向，而每个重要的转折点的到来绝非偶然，而是通过不懈的努力和修炼以及经验积累的结果。"审时度势的余艾冰在面对各种机遇时，总是能够很好地把握机会。在面对事业发展的第一个转折点时，他在 1992 年选择了在澳大利亚新南威尔士大学执教和研究。

自此之后，余艾冰的事业蒸蒸日上。1995 年他被提升为新南威尔士大学高级讲师，1998 年晋升为新南威尔士大学副教授，2001 年晋升为新南威尔士大学教授，达到大部分科研工作者追求的人生目标。他认为，自此之后所获得的成就都是可遇不可求的，都是额外获得的成就。然而，正是由于他的不懈努力，他获得的额外的成就仍是巨大的。余艾冰于 2004 年当选为澳大利亚工程院院士，2011 年当选为澳大利亚科学院院士，成为澳大利亚极少的具有工程背景的两院院士之一。如今，他又迎来人生中新的转折与挑战，成为蒙纳士大学（Monash University)副校长，兼任蒙纳士大学苏州联合研究生院院长。截至 2021 年，余艾冰已发表 1300 余篇学术论文（其中超过 800 篇发表于 SCI 国际学术期刊），为不同的国际学术会议作了数十次大会特邀主题报告。

余艾冰在面对他所取得的辉煌成就时说，任何人的成功都离不开两个"心"：在面临人生转折点时勇于选择适合自己道路的"决心"和在人生道路中不断坚持和努力的"恒心"。

# 术业有专攻，善于发挥长处

在东北大学攻读本科和硕士的时候，余艾冰的专业是冶金，真正和颗粒结缘，还是到澳大利亚读博士后的事。那时他才意识到，"颗粒是一个非常重要的研究领域"。余艾冰解释道，颗粒材料是除水之外，人类处理最多的材料类型，70%左右的工业成品和中间产品都是以颗粒形态存在的。在自然界和工业生产中，存在着多种多样的颗粒系统，比如自然界中的沙石、土壤等，日常生活中的粮食、糖、盐等，生产和技术中的煤炭、矿石、建材等，不少药品、化工品也是颗粒物质。这些材料有湿有干，颗粒大小从纳米到厘米，跨越多个数量级。正是因为颗粒系统在工业生产中随处可见，因此在理解其性质、操控其行为方面的任何微小改进，都可以带来巨大的经济效益。

颗粒是人类处理的仅次于水的第二大物质。据统计，大约70%的工业最终产品或中间产品是以颗粒形式存在的。例如，每年高于40%的化工产品附加值（约610亿美元）是与颗粒技术密切相关的。小小颗粒的玄妙何在？它们又是如何发挥如此大的作用的？在余艾冰的研究世界里，可以深刻地体会到颗粒科学的奥秘，以及计算机仿真技术对颗粒研究的奇妙推动作用。

余艾冰的主要研究领域为颗粒科学与技术和过程工程，通过严格建模和仿真来模拟不同时间和长度范围内的颗粒-颗粒和颗粒-流体相互作用的颗粒系统，来理解颗粒流动和填料的基本原理，并应用于矿物、冶金、材料行业，这一突破在过程建模和分析方面发挥了重大的作用。余艾冰采用传统的CFD模型和创新的DEM模型来描述在单个粒子尺度上耦合的粒子流体流动，进一步发展该方法，包括传热和传质，从而可以分析复杂的工业多相过程的粒子尺度的运动行为。如今，颗粒科学研究已经涉及矿业、冶金、材料、纳米、医药、能源、环保等众多领域，余艾冰的研究之路也越走越宽。

如何在日趋激烈的竞争环境中找准自己的定位？培养核心竞争力是关键。余艾冰的经验是："术业有专攻，不可能在所有方面都做到完美；人的精力有限，不可能投入到各个研究学科领域。"一言以蔽之："有所不为才能有所作为。"

在海外学习、生活和工作，语言与文化上的差异看似一条不可逾越的鸿沟，但是并不是通往成功路途的重要制约，如何驾驭并让其为己所用？余艾冰说："我赴澳搞科研30年，虽然在学术上有所成就，但要说我在语言上有什么突破则言过其实。对于我们科研工作者来说，成功的关键并不在于你能使用多么华丽的英文辞藻，能有一口多么流利的英语，而在于你能否做出一流的科研成果，能否用创新的方法去发现和解决问题，是否把自己的工作放在世界的高度并领先。这就好比在好的学术期刊上发表论文，形式、文章结构和语言表达固然重要，但是否被录用发表的关键则取决于文章的内容和观点是否具有创新性，以及是否解决重大问题。因此，我们必须扬长避短，而这个'长'将是我们的核心竞争力。"

## 目标如航灯，坚定人生信条

随着计算机技术的发展，科学家们开始采用建立数学模型的方式来进行颗粒科学和过程工程的研究，从而打开了一条更为准确、便捷的研究之路。浪潮之上，激流勇进，余艾冰正是这条研究之路上的先行者。这些年来，余艾冰的团队一直在进行颗粒系统的仿真模拟研究，即通过严格建模和仿真来模拟不同时间和长度范围内的颗粒–颗粒和颗粒–流体相互作用的颗粒系统，来理解控制颗粒行为的基本原理。在余艾冰看来，利用计算机技术、大数据进行颗粒行为的仿真模拟，实现工业过程智能，应该是未来颗粒科学技术和工业过程的重大突破口。

"态度决定一切（Attitude is everything）！"是余艾冰的座右铭，他的荣誉和成就都离不开其对人生和成功的思考与感悟。余艾冰认为，无论从事任何职业，取得成功的先决条件都是要有抱负、理想和目标，否则一切将失去明确的方向，譬如迷航之舟，而在这个方向上推动你不断前行的力量则是你的人生信条与信仰。"人生哲理是无穷尽的，但是真正能够为我所用的指导思想则取决于个人的人生观与价值观。"他始终坚信高尔基的一句名言："一个人追求的目标越高，为之付出的努力越大，他的才力就发展得越快，对社会就越有益。"这一路走来，余艾冰不断用他的成就印证了他的人生哲学。

## 共谋新发展，成果转化落地

"我成长在广东，求学于沈阳，服务于江苏。"自从 2014 年担任澳大利亚蒙纳士大学副校长兼苏州校区校长以来，余艾冰更多的时间是在江苏度过，并在苏州建立了研究所。

作为江苏科技体制改革的"试验田"，江苏省产业技术研究院创新性地提出了"项目经理制"，遴选国际一流领军人才担任项目经理，并赋予组建研发团队、使用经费的充分自主权，由项目经理牵头完成市场调研，整合创新资源，组建研发及管理团队，与地方园区对接共建专业研究所。2016 年，余艾冰牵头组建了 30 余人的核心研发团队，与江苏省产业技术研究院和苏州工业园区共建了江苏省产业技术研究院工业过程模拟与优化研究所，确定了先进计算颗粒技术、高性能计算与控制平台、过程工业信息智能化、过程强化与创新等 4 个重点研发方向。研究所立足于食品医药制备、纳米及粉体材料、化工、冶金、矿物加工、能源环保和水泥建材制备等工业过程，结合现代计算机技术提高对各种过程工业系统的认知，为各种工业过程的设计、控制、优化和进一步技术开发提供依据。在短短两年时间里，研究所已经进行了高炉炼铁、选煤工艺流程、医药干粉吸入技术、薄膜精细喷涂设备等成果的落地转化，为江苏的产业转型升级和可持续发展提供了有力支撑。

目前，余艾冰还有一个身份——东南大学—蒙纳士大学苏州联合研究生院院长。在两校联合培养人才的过程中，余艾冰正努力吸取双方的优势，为江苏、为中国打造出更多有学术积累又有创新能力的人才，为江苏高校的国际化进程探索出一条新路。

下篇

海外院士

323

## 科技要创新，不可急功近利

"科技创新涉及人才培养、技术研发，这是一个长期的过程，切不可急功近利。"在鼓励科技创新、培养人才方面，余艾冰认为有个思路亟须厘清，那就是首先应区分"科学"和"技术"。"我们现在很多科研人员不能清楚区分科学与技术的关系，科学是原创性的思想和发现，只有第一没有第二；而技术可以复制，是对科学想法的实施，可以有好坏优劣之分，技术的引进或者扶持才能产生出经济效益。"余艾冰认为，将两者混为一谈深刻地影响了科技人才的培养与科研管理体制，这是影响我国创新研发能力的关键因素。"科学注重新的 idea、新的理念，技术则侧重如何把想法实施和应用。"余艾冰建言，鼓励科技创新的政策要意识到两者的差异，因此要有所区分。一方面是鼓励坐冷板凳的基础学科研究和做原创研发的政策，另一方面是鼓励将科学研究成果落地、尽早产生市场价值的政策。厘清这两者的关系，政策就会更清晰、更有针对性，避免混为一谈后带来的种种问题。

科学的原创性意味着科学家永远是少数。"科学家不是培养出来的，而是自己有兴趣干出来的，这是长期甚至一辈子的事情。"谈及青少年创新意识与能力的培养，余艾冰指出，动手能力、独立性与创新性的培养，得从小抓起，"读书期间是一个培养自己独立性和创造性的好机会，从长远发展看，这是一个长期的、很重要的过程，需要脚踏实地去实践。"

截至 2021 年，余艾冰已经培养 40 多名博士后、130 多名博士及 20 多名硕士，直接领导着一个由 15 名教研人员及 40 多名研究生组成的世界级研究团队。

## 饮水要思源，心怀母校之恩

前行不忘来时路，余艾冰始终铭记并感恩母校对自己的精心培育。"东北大学培养了我高效的自学能力，这是日后学习和工作都十分重要且受用的一项能力。回看走过的路，我发现人生路上我们会遇到很多转折点，但并不知道它什么时候到来，所以建议师弟师妹们要时刻做好准备，在人生机遇降临时，把握机会，实现跃升。作为海外校友，我们时刻以母校为傲，感谢母校给我们成长成才的机会。对母校最大的期望是希望她能成为国家乃至世界一流名校。和我们的人生一样，东大也会面临诸多转折点，目前最重要的就是做好'双一流'建设，通过校领导、全校师生以及海内外校友的共同努力，在这一转折点上迈好坚实的一步。"这是余艾冰在东北大学 95 周年校庆上对母校的美好祝愿。

作为颗粒系统仿真与模拟领域的开拓者，余艾冰的科研成果被广泛应用于钢铁、材料、化工和采矿工业，创造了巨大的经济效益。在多年的教育工作中，他的人生哲学影响了一批又一批人。孔子曰："智者乐，仁者寿。"余艾冰平时待人始终面带笑容，智者和仁者的形象在这位备受尊崇的科学家身上渐渐清晰，合而为一。

（资料整理：刘佳　内容修订：朱古月）

# 开拓钢铁工业向非化石时代的转型

## ——记冶金专家、瑞典皇家工程科学院院士裴文国

裴文国，1963年4月出生，黑龙江克山人，冶金专家。1980—1984年，在东北工学院钢铁冶金系钢铁冶金专业学习，获工学学士学位；1984年，考取东北工学院钢铁冶金专业硕士研究生，并获教育部出国研究生奖学金赴瑞典皇家工学院学习；1985—1994年，在瑞典皇家工学院过程冶金系学习及参加科研与教学工作，并于1994年获得工学博士学位。1994—2001年，在瑞典维斯特罗斯市达涅利森特罗冶金公司，先后任职工程师、销售经理、总经理；2001年，加入瑞典钢铁集团（SSAB），历任瑞典钢铁集团重板公司研发部经理、重板公司炼钢厂总经理、瑞典钢铁集团执行副总裁兼亚太业务总裁。现任瑞典钢铁集团执行副总裁兼首席技术官。2017年当选为瑞典皇家工程科学院矿冶材料学部院士。裴文国院士同时兼任瑞典钢铁协会（Jernkontoret）董事兼研发与教育委员会主席。2016年主持启动HYBRIT (Hydrogen Breakthrough Ironmaking Technology)项目，并出任HYBRIT Development AB公司首届轮值董事长；主持整合瑞典冶金材料研究所（SWERIM AB)，并任董事；2021年起任董事长。

裴文国在瑞典学习并工作近40年，他所在的SSAB公司是全球高附加值

高强钢的领军企业。SSAB 与客户紧密合作，开发更强、更轻、更持久的产品。凭借优质的产品和专业的技术支持服务，在世界各地（包括中国及亚洲市场）居于领先地位。SSAB 在瑞典、芬兰和美国拥有钢厂，并在斯德哥尔摩 NASDAQ OMX Nordic Exchange 上市。

东北工学院钢铁专业 1984 届毕业照

"氢气炼铁"颠覆了传统高炉炼铁工艺，裴文国主持的"氢气炼铁"项目，或将颠覆传统高炉、转炉流程！

在瑞典波罗的海沿岸靠近北极圈的地方，一个耗资 14 亿瑞典克朗（约 1.5 亿美元）的中试厂项目于 2018 年 6 月 20 日动工建设，2020 年 8 月 31 日竣工并投入热试车。

2021 年 8 月 31 日，在竣工典礼上瑞典首相勒文（右二）前来致辞

2021 年 6 月 21 日，HYBRIT 宣布纯绿氢直接还原海绵铁中试成功

2021 年 8 月 18 日，SSAB 钢铁集团奥克隆德钢厂向客户发送第一批采用 HYBRIT 海绵铁生产的无化石钢板

2021 年 10 月 13 日，瑞典沃尔沃集团展示了第一台采用 SSAB 海绵铁生产的无化石钢板全电驱动无人驾驶自卸卡车

2022 年 4 月 1 日，HYBRIT Deomonstration 项目（年产 135 万吨海绵铁及奥克隆德电弧炉炼无化石钢）获得欧盟 IF 基金会首批财政支持。项目计划从 2026 年起向客户提供商业规模的无化石钢材。

2022 年，裴文国（右二）在 HYBRIT Deomonstration 项目合同签字仪式上

　　基于日益增长的客户需求，SSAB 集团董事会于 2022 年初决定加速公司向无化石钢的转型，批准总投资额 450 亿瑞典克朗的技术方案，在瑞典律勒欧和芬兰拉赫（Raahe）各建一条基于 HYBRIT 海绵铁的电炉短流程连铸连轧薄板带钢生产线，力争在 2030 年左右实现从高炉转炉的全面转型，从而减少瑞典 10% 和芬兰 7% 的二氧化碳排放。

　　　　　　　　　（资料整理：高广　内容修订：裴文国、陈田）

# 行者无疆，载梦远航

## ——记材料专家、加拿大工程院院士和欧洲科学与艺术院院士陈道伦

陈道伦，1963 年 8 月出生，重庆铜梁人，加拿大工程院院士（FCAE），欧洲科学与艺术院院士（MEASA），加拿大矿业、冶金和石油协会会士（FCIM），加拿大机械工程学会会士（FCSME），加拿大焊接协会会士（FCWBA），英国材料、矿物和采矿协会会士（FIMMM），加拿大多伦多城市大学 (Toronto Metropolitan University，原瑞尔森大学) 机械和工业工程系教授。

1979—1986 年就读于东北工学院材料科学与工程系，1983 年获工学学士学位，1986 年获工学硕士学位；1986—1989 年就读于中国科学院金属研究所，师从师昌绪院士、王中光教授、姜晓霞教授，获博士学位；1993 年于奥地利维也纳大学获自然科学博士学位；1993—1997 年在维也纳大学任博士后与高级研究员；1997—2000 年在加拿大曼尼托巴大学任 Research Associate；2000—2001 年在 Bristol Aerospace Ltd.（Winnipeg, Manitoba）任材料与工艺工程师；2001 年开始在多伦多城市大学任助理教授，2004 年晋升为副教授，2008 年成为终身教授。他在材料科学与工程领域取得了开拓性的研究成果：首次将奥罗万（Orowan）强化效应引入纳米复合材料模型并提出了计算屈服强度的新方法，为开发更轻、更耐用的先进复合

材料开辟了一条新的途径；提出了裂纹闭合的新概念，重新定义了疲劳裂纹扩展的有效驱动力，揭示了张开荷载以下循环荷载部分对疲劳裂纹扩展的意义，为汽车和航空航天领域使用更安全、更可靠的关键部件做出了重要贡献；开发了用于连接轻质材料的新颖焊接技术，对汽车、航空航天等许多制造领域的应用具有重要意义；提出了一个新的方程来评价加工硬化指数和重新定义材料应变硬化能力，并提出力平衡法用于计算断裂力学中无量纲应力强度因子；与母校东北大学合作开发了新型含铁羟基磷灰石／钛复合材料、陶瓷基纳米复合材料和生物材料，为开发高性能结构材料提供了重要的理论指导。曾获中国科学院自然科学奖二等奖两次、MetSoc 卓越研究奖、加拿大金属物理奖等。自 2001 年进入多伦多城市大学以来，他已指导或共同指导了近 60 名博士和硕士研究生、7 名博士后、25 名暑期研究助理、118 名本科四年级毕业论文或设计项目学生，以及多位客座教授。 2017 年当选为加拿大工程院院士，2021 年当选为欧洲科学与艺术院院士。

他，是一位行者，心怀"百二秦关终属楚，三千越甲可吞吴"的决心和壮志，躬耕于材料科学领域的创新与研发；他，是一位师者，不忘"春蚕到死丝方尽，蜡炬成灰泪始干"的初心和教诲，甘为孺子育英才。从一个平平无奇的农村孩子，到一名建树颇丰、桃李天下的知名教授，他始终践行着东北大学"自强不息，知行合一"的校训精神，开拓进取，敢为人先。过去，他以成为一名东大人为傲；如今，东大以他的成就为荣。他就是加拿大工程院院士和欧洲科学与艺术院院士陈道伦。

## 朝乾夕惕，踔厉奋发

陈道伦 1963 年出生于四川省铜梁县（现重庆市铜梁区）安居镇一个偏远贫困的村庄，他的父母都是朴实勤劳的农民。父亲陈吉云只有小学文化程度，母亲唐世芳从未上过学。由于家庭贫困和信息匮乏，他本想报考中专学校，以更保险的方式跳出农门。但他的中学校长易自立先生、孙福光老师和林远程老师以及镇文教科科长赵先生等到他家，说服他父母让他参加高考。在老师们的坚持和鼓励下，陈道伦开始备战高考。

为了跟上学习进度，陈道伦丝毫不敢懈怠，白天认真学习课程，晚上在微弱的煤油灯下自学必要的基础知识。在高中老师们的支持和帮助下，陈道伦1979年高考成绩刚好达到四川省重点大学300分的录取分数线，在未满16岁时考上了东北工学院。

来到东北工学院后，陈道伦内心百感交集。一方面，他感到很幸运，因为自己能够有幸从西南一个偏僻的小村庄来到沈阳这样的大都市，进入全国重点大学深造。另一方面，这是他第一次离开家乡来到新的城市，面对新的生活环境，一直生活在农村的他有些不知所措。初到北方，他甚至不知道在北方冬天需要褥子，只带了一个竹席。后来太原街联营百货公司的阿姨们知道了他的情况后，好心地帮他做了一个舒适柔软的褥子，这才解决了他生活上的燃眉之急。此外，由于家境清贫，陈道伦完全依靠东北大学提供的助学金生活。在本科四年的学习过程中，他只在1980年暑假回过一次家。

比起生活上的茫然和艰苦，更让陈道伦感到焦虑的是，他不知道如何在新环境中开始学习，对未来的学习和科研感到迷茫。得益于母校优秀的师资力量和良好的学习氛围，在老师的培养和同学的帮助下，陈道伦逐渐适应了大学学习和生活的节奏，他刻苦钻研，勤学好问，知识水平和专业技能有了很大的提高。他在1981年东北工学院高等数学竞赛中获得二等奖，毕业时四年累计平均成绩为91.05分，并通过了材料科学与工程硕士研究生入学考试，成为1983年材料科学与工程系9名硕士研究生之一。

进入东北工学院研究生院后，陈道伦在刘永铨教授的指导下，从事稀土元素和钼对18-8易切削不锈钢耐蚀性影响的研究。由于当时系里没有电化学设备恒电位仪来测量所需的极化曲线，刘老师联系了中国科学院金属研究所的姜晓霞教授，并邀请她共同指导陈道伦的硕士论文。姜老师曾在东北工学院给陈道伦所在年级讲授金属电化学课程，很了解陈道伦的学习情况，愿意接受刘教授的邀请，履行共同指导职责。而后陈道伦在东北工学院和金属研究所两个单位开展实验和研究，于1985年12月完成硕士论文。

这次共同指导为陈道伦提供了一个绝佳的机会。在姜教授的推荐下，陈道伦于 1986 年 3 月成功考入金属研究所攻读博士学位，师从师昌绪先生、王中光教授和姜晓霞教授 3 位导师。

根据腐蚀疲劳实验的相关要求，陈道伦需同时使用柯伟院士实验室的两台岛津疲劳实验机做疲劳实验。30 多年前，两台疲劳实验机由两个大控制柜控制，裂纹长度是通过安装在机器框架上的移动显微镜手动测量的。为了根据 ASTM E647 标准测量出疲劳裂纹扩展门槛值，实验过程中必须逐渐降低施加的循环载荷水平，直到不再发生裂纹扩展。因此陈道伦需要频繁地监控和测量裂纹长度，即使在频率相对较低的腐蚀性环境中，可能样品过早断裂而导致实验前功尽弃。

为更好地完成实验，写出高质量的博士论文，在两个多月的时间里，陈道伦每天晚上都睡在实验室，昼夜不停地连续做疲劳实验。尽管巨大的疲劳机噪声使人难以入睡，但他心无旁骛，坚守在实验一线，完成了大部分疲劳测试，为课题的研究和博士学位论文的撰写铺平了道路。正因为这种强大的毅力和决心，他在攻读博士学位期间发表了约 20 篇期刊和会议论文，取得了出色的成果。1989 年 4 月，陈道伦顺利通过了博士论文答辩，他的博士论文得到了 3 位导师和 13 位著名评审人的一致好评。

在博士论文答辩完成后，陈道伦于 1989 年 5 月中旬前往维也纳大学进行合作研究，开启了他的留学生活。这一年，他 26 岁。

## 冥冥之志，赫赫之功

1989 年 5 月 25 日，陈道伦到达维也纳。由于这天刚好是奥地利的公共假日，他的两位导师布里吉特·韦斯（Brigitte Weiss）教授和罗兰·斯蒂克勒（Roland Stickler）教授亲自到维也纳西火车站迎接他。由于 30 多年前的中国和奥地利的社会环境有很大差别，加之陈道伦未学过德语，环境和语言的双重阻碍使他的生活困难重重。

即便如此，陈道伦丝毫没有松懈，立刻投入到紧张的科研中。他在维也纳最初从事中国国家自然科学基金委和奥地利科学基金委的合作项目"短和长疲劳裂纹尖端区域的微观机理研究"。为了更好地完成实验，陈道伦抓住任何可能的时间进行实验或理论计算。为节约时间，他很少在家吃午饭，即使他的家距离实验室只有大约 15 分钟的步行路程。到了深夜，他依旧不停地进行积分方程等复杂的数学运算。无数个夜深人静的夜晚，实验室的灯光下，一直都有他忙碌的身影。那一张张演算纸上所写下的，不仅仅是数字和公式，更是他那炽热的志向与梦想。

当陈道伦开始研究裂纹闭合效应时，他发现越来越多的研究人员对传统裂纹闭合概念提出怀疑，但始终未能找出导致混乱的根本原因。为了展开这方面的工作，陈道伦查阅了大量文献，经过认真思考，决定先从测试方法入手。进行了大量实验后，陈道伦发现导致测试结果矛盾、分散的一个重要原因是传统方法对测试点的随意选择。

为了寻求解决这一问题的方法，陈道伦需要经常与两位教授讨论，因为他提出的是和已经使用了近 20 年的传统裂纹闭合概念不同的理论，所以需要更加严谨而准确的深思。他们逐字逐句推敲，每一个字、数学符号、标点符号、大小写字母等都要反复加以确认，确保用词恰当、语法正确。有时他们的科学讨论相当激烈，就是为了确保概念和方法的准确性。

经过不懈的努力和探索，陈道伦取得了关键性的突破。他从断裂力学理论出发，经过反复实验、对比，找到了测定闭合效应的有效方法——特殊小应变计法，即用跨过裂纹面并尽可能靠近裂纹尖端的小应变计来测定裂纹张开位移。这个方法提出了测试点的最佳选择，取得了可以重复的实验结果，消除了传统方法的某些不确定性。

陈道伦通过建立一种新的理论模式，在裂纹中加塞来模拟裂纹扩展。经过断裂力学计算，发现接合点以下部分在载荷条件下，对裂纹尖端也有作用，否定了传统的裂纹闭合概念。他的这一理论模型结果刚好介于当时世界顶尖材料科学家的研究结果之间，文章发表后立即引起国际同行的极大兴趣，并收到世界上许多知名研究人员的评论。如日本爱媛大学的 Hitoshi Tsukuda 教授于 1996 年 8 月 2 日写道："我们非常敬佩你的文章，这些文章描述了裂纹闭合的新评价方法以及对所提出概念的理论考虑。我们也感兴趣的是，传统的裂纹闭合概念不能令人满意地解释某些疲劳裂纹扩展行为。你的文章将帮助我们更好地理解疲劳裂纹闭合过程。"国际疲劳期刊主编之一英国普利茅斯大学的 M.Neil James 教授在 1996 年 6 月 19 日写道："它们（指陈道伦的文章）是最有趣的，我在为第九届国际断裂大会准备的大会报告论文中引用了你们的两篇论文。"美国佐治亚理工学院的 Robert Carlson 教授于 1997 年 1 月 21 日写道："你的贡献给我留下了深刻的印象。……你的研究成果卓有成效。"美国宇航局的专家认为,新设想指出了传统方法的缺陷,是适合时宜的。

陈道伦在维也纳大学的另一项开创性工作是提出了断裂力学力平衡法,这是在裂纹闭合效应研究中发现的一个出乎意料但又激动人心的副产品。他在考虑裂纹闭合现象时做了一个简单的假设,发现能很容易地推导出许多情况下应力强度几何修正因子的解析表达式,并且与断裂力学教科书和手册中给出的结果非常吻合。此外,陈道伦还是世界上最早将扫描电子显微镜背散射电子应用于观察疲劳形变后材料中位错结构的研究者之一。

研究之余,陈道伦还活跃于其他学术交流活动。1992 年,他发起并成立了中国奥地利科学技术协会,并于 1993 年 7 月 18 日组织了第一届材料科学研讨会,与其他两名博士生一起编辑了研讨会论文集。此外,他应邀出席 1995 年 10 月在西安举办的"首届海内外中华青年学者材料科学技术研讨及交流会",并在人民大会堂受到了国家主席江泽民的会见。

在维也纳的 8 年里,他先是博士生,然后是博士后,最后是高级研究科学家,发表了 60 多篇期刊和会议论文。这些杰出的工作和成就与他在东北工学院和金属研究所接受的出色教育是分不开的,为日后他在北美洲获得教职奠定了坚实的基础。

## 春风化雨,桃李芬芳

1997 年 8 月,陈道伦从奥地利维也纳前往加拿大曼尼托巴省省会温尼伯。因为对研究和教学感兴趣,他一直在努力寻找大学教师职位。大约一年半后,当得知加拿大阿尔伯塔大学要招聘一位终身制轨道助理教授时,陈道伦毫不犹豫地递交了申请,最终招聘委员会因担心他的英语口语问题而拒绝了他。为了增加找到教职的机会,他不仅每周都在温尼伯市中心学习英语口语,还选修了曼尼托巴大学关于高等教育教学的课程,并获得了高等教育教学证书。在不断的学习和努力下,陈道伦的英语口语等各项能力有了显著的提高,这给他带来了更多的求职机会。在温尼伯的 4 年里,他总共获得了 9

所加拿大大学和 3 所美国大学共计 12 次的大学教职面试机会，最后在 2001 年如愿以偿获得了多伦多城市大学机械和工业工程系终身制轨道助理教授职位。

2001 年 8 月 1 日，陈道伦前往多伦多城市大学。初到学校，陈道伦需要立刻准备 9 月份秋季学期的教学课程，并申请当年 11 月 1 日截止的加拿大自然科学与工程研究委员会（NSERC）基金。由于他是第一次用非母语讲课，需要用比其他教授多两倍的时间来准备讲义，同时还要花大量时间准备申请 NSERC 国家基金的材料。为了更好地完成任务，他利用一切能利用的时间进行准备，几乎每天都是"办公室—图书馆—家"三点一线的生活。

功夫不负有心人，陈道伦的第一个 NSERC 国家基金申请成功了。从此他开始在多伦多城市大学招收研究生并开始自己的独立研究。通过连续几轮的申请，他的 NSERC 基金一直不间断地保持到现在，同时也申请到了 NSERC 其他种类的基金及其他经费来源，如安大略省长卓越研究奖、加拿大创新基金（CFI）、21 世纪汽车卓越中心网、安大略材料和制造卓越中心以及政府实验室和工业等。

随着研究的不断深入，陈道伦建立了广泛的合作研究关系，比如与加拿大多伦多大学、阿尔伯塔大学、滑铁卢大学、曼尼托巴大学等开展校际交流，同时与中国、美国、日本、印度、巴西、沙特阿拉伯、南非等国家的大学开展国际合作，提高人才培养的质量。值得一提的是，他与母校东北大学茹红强教授和李小武教授合作，联合培养了多名东北大学博士研究生并取得优异的成果。

在教学过程中，他总是尽最大努力调动学生的积极性，把研究工作或《自然》《科学》等世界顶级期刊的最新信息结合到研究生和本科生的课程中。由于他的辛勤工作、出色的教学以及在研究和学生培养方面的杰出成就，加之大量的专业服务，陈道伦在短短两年半的时间内就提前获得了终身职位，并于 2004 年 9 月提前晋升为副教授，于 2008 年 9 月提前晋升为教授。

自 2001 年进入多伦多城市大学以来，他已指导或共同指导了近 60 名博士和硕士研究生、7 名博士后、25 名暑期研究助理、118 名本科四年级毕业论文或设计项目学生，以及多位客座教授。他的学生训练有素，取得了诸多成就：多名博士生在攻读博士学位期间取得了许多高质量的研究成果，在著名期刊上发表了 10 多篇高水平的论文；许多研究生获得了著名的奖学金，如伊丽莎白女王二世研究生奖学金、NSERC 博士后奖学金、NSERC 博士研究生奖学金、安大略省研究生奖学金等；博士生法特玛·穆克达德（Fatma Mokdad）于 2017 年获得了加拿大最高和最负盛名的研究生奖——加拿大总督金质奖章；3 名研究生曾被提名为总督金质奖章候选人；两名博士生应一位期刊主编邀请，接受了"与新兴工程师对话"的采访，其中包括现任东北大学教师季洪梅博士（与东北大学李小武教授共同指导）。在陈道伦指导或共同指导的博士生和博士后中，目前共有 16 人在中国、加拿大、日本、孟加拉国和尼日利亚的大学任教。

## 终日乾乾，与时偕行

江山代有才人出，各领风骚数百年。陈道伦的原创性研究极大地促进了材料领域中几个新的研究方向或方法的建立，其中包括金属基纳米复合材料的建模、新裂纹闭合概念、断裂力学中的力平衡方法、轻量化材料的疲劳与变形、创新的固态连接技术的发展等。他杰出的研究不仅有力地促进了材料科学的发展，也为生产用于承重结构部件和系统的更轻、更安全、更耐用的材料提供了重要的理论基础，最终为清洁制造开拓了一条新途径，带来能源效率的长期效益。

作为材料科学与工程领域的国际权威，陈道伦朝乾夕惕，在 30 余年持续不断取得突破性研究成果的过程中，共发表了 455 篇同行评议论文，其中发表在材料科学领域著名期刊上的共 368 篇，并撰写了 222 篇未经同行审议的论文或摘要和研究报告。他的研究成果对材料科学与工程领域产生了重要的影响，其中一项突破性工作已被他人称为冠有他名字的方法或模型。加拿大科学院理事会曾多次将他评为"其领域内世界上被引用最多的 1% 论文的作者"。在 2021 年 10 月美国斯坦福大学的一项研究中，他还入选了世界前 2% 的科学家名单。

正是因为这些开拓性的研究成果，陈道伦获得了多项殊荣。他曾于 1991 年和 1996 年两次获中国科学院自然科学奖二等奖，1997 年获中国国家自然科学奖四等奖，2004 年获安大略省长卓越研究奖，2013 年获萨尔旺·萨赫塔（Sarwan Sahota）杰出学者奖，2015 年获 MetSoc 卓越研究奖 ( 材料冶金领域卓越贡献奖 )，2016 年获 MetSoc 杰出材料科学家奖，2019 年获加拿大金属物理奖和达根（G.H.Duggan）勋章，2022 年获安大略省专业工程师奖 (OPEA) 研发工程奖章。同时，陈道伦作为材料科学与工程领域世界级研究人员的声誉在科学界得到了广泛认可。

社会任职方面，陈道伦被《科学》《科学进展》《自然材料》《自然通讯》等 75 个国际期刊邀请审阅有影响力的稿件，并受加拿大、美国，欧洲和亚洲国家的 15 个资助机构邀请评审各种研究申请。他曾担任 90 多个国际会议或研讨会共同主席和国际咨询、组织、程序委员会成员，是 28 个期刊的编辑、副主编或编辑委员会成员。他还曾任加拿大自然科学与工程研究委员会的基金选择委员会成员，安大略省政府研究与创新部早期研究人员奖专家组成员。他也曾应邀在奥地利、比利时、加拿大、中国、捷克共和国、法国、希腊、印度、意大利、墨西哥、葡萄牙、西班牙、英国和美国的重要国际会议上作了 70 多场大会报告、主旨演讲、命名讲座或特邀报告。目前陈道伦是加拿大工程院荣誉和奖励委员会成员，以及加拿大矿业、冶金和石油协会 MetSoc 奖励委员会成员。

在成绩面前，陈道伦首先想到的是给了他知识的老师。陈道伦出身于农民家庭，母亲一字不识，父亲只上过小学。父母只给了他温饱，是小学、中学、大学的老师给了他知识和技能，尤其是东北大学的刘永铨导师、赖祖涵教授、林肇琦教授、郝士明教授和杨胜昆教授，中国科学院金属研究所的师昌绪、王中光和姜晓霞导师，维也纳大学的韦斯和斯蒂克勒导师，曼尼托巴大学的查图尔维迪教授，以及高中时期的孙福光老师和林远程老师等。在他们的指导下，陈道伦学会了独立进行研究工作，学会了以严谨踏实的作风探索问题的本质。他十分感激那些在成长路上帮助过他的恩师，也希望自己能够成为一名像他们那样的优秀教师，培养更多的人才，将这份温暖传承下去。

谈到今后的努力方向时，陈道伦希望找到一种复合材料，达到构件的自愈合能力。目前，复合材料既是一种理想的结构材料，也是极好的功能材料，其应用程度和水平已成为衡量航空航天产品先进性的一个重要标志。有了复合材料后，一旦构件出现疲劳裂纹，其自身能阻止裂纹的扩展。这样一来，飞机、火车等机械的使用寿命，多的可以提高几倍，少的也可以提高百分之好几十。另外，由于复合材料的强度高和抗疲劳性能好，所制的构件能向轻质化和小型化方向发展，一方面可以节省材料和能源，另一方面可以减少环境污染。正如陈道伦在接受采访时所说："未来 10 年是我国航空航天技术发展的一个新阶段，材料科学技术在这项事业中将起到更重要的作用。材料科学家大显身手的时候到了。"

青衿之志，履践致远；初心如磐，砥砺深耕。陈道伦与东大结缘，从一个小小的裂纹里，找到了属于他的浩瀚星空。长风破浪会有时，直挂云帆济沧海，秉持着严谨求实、开拓进取的精神，他将继续弦歌不辍，与时偕行。

（资料整理：王晓英　内容修订：陈道伦、陈田）

# 华裔校长，风度英伦

——记材料化学家、澳大利亚技术科学与工程院院士及科学院院士、发展中国家科学院院士、中国科学院外籍院士、英国皇家工程院院士逯高清

逯高清，1963 年 11 月出生于山东东营，材料化学家。1983 年毕业于东北工学院钢铁冶金专业，1986 年在东北工学院获得硕士学位。1991 年获得澳大利亚昆士兰大学化学工程博士学位，之后进入新加坡南洋理工大学任教；1994 年进入昆士兰大学任教，先后担任高级讲师、副教授、首席教授；2000 年担任昆士兰大学纳米材料中心主任；2002 年当选为澳大利亚技术科学与工程院院士，是该院历史上最年轻的院士；2003 年被聘为澳大利亚联邦教授；2006 年入选香港《凤凰周刊》评选出的"影响世界未来 50 华人榜"；2009 年担任昆士兰大学副校长，是澳洲大学历史上首位华裔副校长；2011 年获得中华人民共和国国际科学技术合作奖；2012 年起担任昆士兰大学常务副校长；2013 年当选为澳大利亚科学院院士；2016 年当选为发展中国家科学院院士；2016 年 4 月起任英国萨里大学校长，是改革开放后的中国留学生中首位出任英国大学正校长的华裔学者。2019 年 11 月 22 日，当选为中国科学院外籍院士；同年，当选为英国皇家工程院院士。

逯高清在纳米材料制备及清洁能源应用方面造诣深厚，他在分子筛、多

孔材料、碳材料以及吸附与光催化纳米材料和技术研究领域有所建树和创新。作为澳大利亚华人的杰出代表及领军人物，逯高清身体力行地为推动澳大利亚当地的多元文化交流发挥着巨大作用。他总是选择更有挑战性的工作，出任萨里大学校长，以华裔身份融入英国主流社会，用更加长远的视角看待和推动中英高等教育事业的交流与发展。

## 自强不息：吃苦耐劳是人生财富

山东农村出生，东北工学院完成本科、硕士学业，澳大利亚留学，任昆士兰大学副校长、英国萨里大学校长……逯高清的人生经历可以称得上独一无二。在中国农村长大的他坚信，吃苦耐劳是人生财富。

1963 年，逯高清出生在山东东营一个农民家庭。小时候家里兄弟姐妹多，他很小就要自己干活，八九岁到离家很远的水井挑水，十二岁独自赶集卖蒜头补贴家用。他认为这些吃苦耐劳的经历都是财富，既锻炼了能力，又磨炼了意志。

年轻时的逯高清

1979 年，逯高清参加高考，考入东北工学院钢铁冶金专业，读完本科和硕士研究生后留校工作。20 世纪 80 年代初，国内高校选择出国留学的年轻人逐渐增多，逯高清也申请到澳大利亚昆士兰大学的奖学金，成为改革开放后首批自费公派到海外深造的留学生。

逯高清回忆："飞机落地布里斯班时，我全部积蓄只有 20 澳元，打车到学校花掉 17 澳元，身上就剩下 3 块钱。"靠着这 3 元钱和同学的帮助，他度过了开学前暂时没有奖学金的一个多星期。

不过，对逯高清而言，这段小插曲绝对算不上吃苦经历，因为他的"花钱观"和别人很不一样。那个年代，整个布里斯班只有20多个中国学生。绝大多数中国学生住在使馆提供的学生中心，学习之余都去打工，和当地同学的交流非常少。逯高清却从不打工，自己出去找房住，还很舍得花钱参加学校里各种聚会和社交活动。他表示："抓住所有社交机会和外国同学进行沟通，对锻炼语言、了解和融入当地社会很有帮助。每个聚会都能学到新东西。"

## 笃志逐梦：选择更有挑战性的职业

20世纪90年代初，博士毕业的逯高清没有和其他同学一样选择留在澳大利亚，而是远赴新加坡到南洋理工大学当讲师。

当时很多人劝他留下拿澳大利亚签证，别去新加坡。但他认为，这份教职对未来学术生涯的促进会更大。当教师既要教学，也要参与管理事务，更富挑战性。不能只看眼前利益，眼光要更长远一些。

这份工作让逯高清迅速从一名刚毕业的博士生成长为能独立领导研究团队的大学老师。3年后，他回到昆士兰大学任高级讲师，一路升至副教授、首席教授。

2016年6月，逯高清在英国萨里大学任职

2015 年，萨里大学通过猎头公司在全球范围内遴选校长，逯高清凭借出色的履历从全球近百名候选人中脱颖而出。经过几轮严格筛选和面试，一份出任校长的邀请摆在了他面前。

和昆士兰大学相比，萨里大学在规模和排名方面并无优势，但逯高清毫不犹豫地接受了这份工作。

他看重的并不是校长这个头衔。萨里大学在小卫星技术、工业合作方面很有特色，其知识创新和应用能力在英国排名前十。

逯高清认为："英国的工业机构比澳大利亚更全面，大学更能够为工业界服务。对我而言，这正是大学的重要价值所在，我希望能通过我的努力和治学理念，真正实现大学为社会服务。"

此外，萨里大学教学质量很高，非常合适发挥在国际一流大学尤其是研究型大学治学的理念和能力。"对我个人而言，这里更有发挥和上升空间，成就感会更强，当然挑战也更大，"说到这里他笑了起来，"我的习惯：总是选择更有挑战性的。"

在萨里大学履职后，逯高清被选为英国高校联合会（Universities UK）理事会中唯一的华裔成员。2018 年，他又获得任命，加入英国首相科学技术顾问委员会（CST），与英国最杰出的科研精英和政府官员一道为英国首相出谋划策。

## 深耕科研，持续开创性研究工作

逯高清长期从事功能纳米材料的制备及其在能源、环境和生物医学等方面应用的研究，是分子筛、多孔材料、碳材料、纳米材料与技术以及吸附与光催化领域的知名科学家。他在这一领域做了许多开创性的研究工作，例如，他通过一层层叠加分子层来缩小和修整进入 MCM-41 分子筛的孔道。在新一代功能纳米材料的研究方面，逯高清通过人工组装和分子组装方式，制备纳米粒子、纳米管、纳米线、纳米薄膜、纳米多孔结构及纳米复合材料；研发出新一代功能纳米材料，例如，新型氧化硅–二氧化钛复合光催化剂、氢气分离及储能材料，以及纳米粒子药物载体；发明了一种以硅胶为载体的新型二氧化钛复合光催化剂，其晶粒会很均匀地分散和稳定在载体内，用于水处理时，催化剂颗粒悬浮于反应器内，用后光催化剂迅速沉降，可以回收再利用。

2008 年，逯高清团队在《自然》杂志以快报的形式发表论文，表明研制出活性面比例高达 47% 的锐钛矿氧化钛十面体单晶，这种高纯度的锐钛矿氧化钛单晶在太阳能电池等领域有着广阔的应用前景。

作为中国科学院外籍院士，逯高清对中国科学技术事业的发展做出了重要贡献。他与国内多个大学和科研单位建立了长期且富有成效的合作关系，共同完成了多项国际合作项目。由于对中国科技合作的杰出贡献，他获得了 2011 年度中国科学院国际合作奖和 2011 年度中华人民共和国国际科学技术合作奖。

截止到 2016 年，逯高清已在国际期刊上发表论文 600 余篇，包括 *Nature*，*Journal of the American Chemical Society*，*Angewandte Chemie International Edition*，*Advanced Materials* 等，被引用超过 7.3 次（H 指数为 133）。

## 蹈厉之志：引领萨里大学创未来

首先，逯高清院士认为，萨里大学虽然体量不大，但有亮点学科。萨里大学最近在多个大学排行榜中都进入了英国大学的前十，某些优势学科更是进入了前五。

其次是人才培养。逯高清坚信大学的首要目的是为社会培养人才，而校长的首要目的是实现学生的潜力。他表示："萨里大学有很好的基础，在英国 2017 年度教学卓越框架（TEF）中荣获金奖。"因此逯高清认为萨里大学是一所有朝气的、处于上升期的大学。

履职以来，逯高清的策略非常清晰，那就是"第一抓钱，第二抓人"。他表示，当今世界是人才的竞争，要想增加学校体量，提高研究质量，最关键的是吸引好的人才，引进行业高精尖的教授；而要想招到好的人才并留住他们，就要给他们非常好的环境和支持。

除了基础建设需要经费以外，顶尖人才做研究需要很多资金，就要想办法从社会上找资源。行业顶尖教授能出一流科研成果。科研成果迅速市场化，不仅加强了与工商界的联系，还能让毕业生有更多机会去工业界实习和工作。他期待有一天，工业界碰到技术和战略问题，会第一时间想到萨里大学。

逯高清是一个身体力行的人，十分重视校友工作，他认为："校友做出了成就，学校声誉就会提高。而强大的校友网络也能提高对校友的服务质量，同时给校友更多回馈母校的机会。"近年来，萨里大学在中国举办了2场毕业典礼、多场校友活动，并陆续在中国、新加坡和美国成立校友会。

对于未来的打算，逯高清信心满满地说："我要把萨里大学带到更高平台，10年内在综合排名中进入世界100强。"

## 心系祖国：建言高等教育新发展

逯高清的办公桌上，摆放着一尊孔子雕像和一座雄鹰展翅摆件，前者是国家汉语国际推广领导小组办公室送给他的礼物，后者来自澳大利亚的好友。办公室书架上还陈列着一些纪念品，都来自与萨里大学有合作的中国高校。

兼具东西文化背景、融通东西思维方式，这是逯高清的独特优势。他说，从小接受的中国文化教育对他在西方当校长有着深远影响。

"比如，管理好一所大学，必须要平衡各方利益，儒学里的中庸之道会帮助我处理一些棘手问题，在尽量不伤害任何一方的基础上，让所有参与方都感到结果虽然不十全十美但对自己有益。"

逯高清说："我是时代的幸运儿，是中国改革开放的受益者。如果没有改革开放，我们这一代人没有出国的机会；如果没有改革开放，中国的经济和社会发展达不到现在的程度，我们海外华人在西方的生活和事业也不可能达到现在的高度，因为这跟中国的强大有直接关系。"

"30多年前我出国留学时，中国人没有钱，知识面窄，在西方国家的中国人也很少。随着改革开放，中外交流增加，中国对世界的影响、在世界上的地位都在增强。改革开放对中国有利，对世界有利。"他认为无论当今国际形势如何变化，有一个事实不会改变，即中国人在异国他乡受到的尊重程度与40年前比已截然不同。

多年来，他始终没有忘记自己的家乡和祖国，也一直身体力行积极推动西方与中国的全方位交流合作。他促成萨里大学 5G 中心与华为等中国企业的更多合作，加强萨里大学与中国更多高校的联系，推动全英华人教授协会的成立，鼓励英国华人学者以自己的经验、智慧和专业知识实现中英两国双赢。

尽管常年居住于海外，但逯高清从来没有真正远离中国。除了每年多次往返中国出差，他每隔几年还会专程回山东老家看望亲戚。"我的根在那里，心在那里。"他一边说，一边把手抚在心口。逯高清质朴谦和、吃苦耐劳、踏实肯干，这是他的人生财富，是他勇攀科研高峰、砥砺教育事业的重要基石。在他身上，我们看到的不仅有学者、教育家，更有"吃水不忘挖井人"的情怀，在自身通过教育获得成功、改变命运之后，还应该将自己所学、所得与所知回报给社会、国家和人民。

（资料整理：张旭华　内容修订：逯高清、陈田）

下篇

海外院士

347

# 一腔热爱，赤子之心

## ——记自动化专家、日本工程院院士邓明聪

邓明聪，1964 年 4 月出生，东北工学院 1982 级自动化专业本科生，1991 年获工业自动化专业硕士学位，1997 年日本熊本大学系统科学专业博士，现任东北大学日本校友会会长。曾任熊本大学助理教授，英国埃克塞特大学研究员，日本电信电话株式会社（NTT）先端技术综合研究所研究员，日本冈山大学助理教授、副教授。2010 年 10 月起任日本东京农工大学教授。现兼任 IEEE 农业机器人与自动化技术委员会主席和 IEEE Environmental Sensing, Networking and Decision Making 技术委员会主席。创办国际期刊 1 种，主办 IEEE 协助的国际会议 12 次。

邓明聪长期致力于非线性系统控制的研究。完成 20 多项相关科研项目，发表论文 550 余篇，其中有 189 篇外文期刊论文。获得 2 次 IEEE SMC Society 功勋奖，以及 2020 IEEE RAS Most Active Technical Committee Award（IEEE RAS Society）。

2021 年 7 月当选为日本工程院院士。

邓明聪的人生经历和职业选择使他成为一个既博闻中外又学贯古今的优秀学者，他从禀赋中决定自己的职业方向，在不断更新与精进中一次次实现人生的飞跃。

## 书香致远，墨卷至恒

1964 年 4 月 21 日，邓明聪出生于哈尔滨的一个知识分子家庭。邓明聪的父亲是曾受苏联专家培养的研究生，是东北林学院（现东北林业大学）的一名教师。母亲从医，在卫校执教。

在邓明聪的成长过程中，父母和家庭的影响为他奠定了坚实基础。他把早早显露的过人记忆力归于遗传，而这种记忆力也在未来的人生里为他提供了很多助力。由于父母都从事教育工作，通过言传身教和耳濡目染，邓明聪从小养成了阅读的习惯。在书籍资源匮乏的年代，邓明聪家中有父亲的中文书和俄语书，还有很多古文书。每日读书是邓明聪必做的功课，他在书中获得了最初的启蒙和对于世界更宽广的视野。在父母的影响下，邓明聪与弟弟妹妹均勤勉好学，成绩斐然，如今也都在不同的领域成为优秀人才。

在邓明聪的童年和少年时代，读书是他最热爱的事情之一。文学小说充盈着他的精神世界，文字的力量感召着他，文字背后的广阔世界吸引着他，阅读引向深刻、引向思索，指引他构建了自己的世界观与人生观。书籍抚慰了他求知若渴的心灵，丰富了信息贫瘠年代的精神生活。书籍带领他走向更远处，走向未知的远方；书籍带领他走向更近处，发现自己内心最深刻的渴望。

由于母亲从事医务工作，邓明聪幼时常与病患接触，不时会被患者传染。但时常发生的病痛没有令他消沉，反而激发了他的求知欲。他通过翻阅母亲的药谱，记下了许多病症的治疗方法。阅读与求知是他的本能，也是他的习惯。

"内向""不喜表现""爱思考"是邓明聪对读书时代的自己的评价，而潜心学问、孜孜以求恰恰是一个学者最高的美德。枕典席文，博览群书，书籍将邓明聪引向一条更远更宽广的人生道路。

# 衔胆栖冰，精益求精

邓明聪在回忆童年时提到，儿时最爱的运动就是滑冰，驰骋冰上，在寒风凛冽中磨炼意志，于雪花飞舞中强健体魄。邓明聪十分重视健康，身体的健康与心灵的健康同等重要。他认为，经常锻炼身体对学习和科研都有着重要的作用，良好的体魄能够让人更专注于自己的兴趣，更有能力去实现自己的目标。

学生时代的记忆遥远而清晰，邓明聪清楚地记得曾经就读的学校的名字：五七小学、鸡西市第十九中学、鸡西市第一中学。高中时代的数学老师给邓明聪留下了深刻的印象，邓明聪形容他"思维清晰""教育教学的方式比较好"。授之以鱼不如授之以渔，高中数学老师的思维模式和教育教学方法深刻影响着邓明聪。老师们的高尚品德和道德修养也在邓明聪的心里立下了一个标杆。传道授业，立德树人，前辈教师的辛勤付出为邓明聪未来的学习与科研奠定了坚实的基础，邓明聪在高考中以优异的成绩被东北工学院录取。

1982 年 7 月，邓明聪进入东北工学院自动化专业就读。邓明聪高考时的第一志愿并非自动化专业，但当时负责招生的老师敏锐地发现了邓明聪的天赋，爱惜他的才华。正是负责招生的那个老师慧眼识英才，才为自动化专业输送了邓明聪这个不可多得的人才。正是种种阴错阳差，令邓明聪进入了东北工学院的王牌专业，构筑了他一生事业的根基。

由于急性肺炎的病痛，邓明聪在大一下半学期住进了医院，错过基础课程令他在学习上遇到许多障碍。但他凭借过人的天资和坚韧的努力，逐渐赶上了学习进度。在东北工学院就读本科期间，邓明聪得到了张嗣瀛教授、徐心和教授的殷切关爱和悉心指导，老师们的人品气度、博文广识深刻地影响着邓明聪。在沈阳变压器厂现场实习实践中，邓明聪坚持"知行合一"，用理论指导实践，用实践验证和扩充理论知识。在毕业设计过程中，高宝贤教授给邓明聪留下了很深的印象，他考虑问题的独特视角、思维方式，以及对专业的热爱，都在潜移默化地影响着邓明聪。在高老师的指导下，邓明聪逐渐产生了对自动化专业的兴趣，燃起了对专业的热爱，激发出寻根问底的求知欲和不断精进的创新力。

邓明聪本科毕业留校后,在柴天佑教授的指导下攻读自动化专业硕士学位。东北工学院的学术平台以及柴天佑教授的指导给了邓明聪更宽阔的视野和更多的机会。在东北工学院期间,邓明聪接触到很多层次较高的科研项目和研究课题,与世界上的前沿理论接轨,令他具有了更加开放的格局和眼界。1991 年 3 月,邓明聪获得自动化专业硕士学位。

## 殚见洽闻,淹博贯通

在柴天佑教授和赫冀成教授的推荐下,邓明聪获得日本文部省奖学金资助,前往熊本大学攻读博士学位。1997 年 3 月,在熊本大学工部学长岩井善太教授的指导下,邓明聪获得了系统科学专业博士学位,并留校担任助理教授。2000 年 4 月担任英国埃克塞特大学研究员。2001 年 11 月,邓明聪在当时世界 500 强企业排名第 12 位的日本电信电话株式会社(NTT)通讯科学研究所担任研究员。2002 年 11 月—2005 年 7 月,邓明聪在日本冈山大学担任助理教授;2005 年 8 月—2010 年 9 月,担任冈山大学副教授。2010 年 10 月至今,邓明聪在东京农工大学担任教授。

目前邓明聪在多个国际期刊担任编委工作,并独立创办了国际学术杂志(2008 年)和 ICAMechS 国际学术年会。他不断地更新思想与理念,不断地接触科研前沿,保持学习与钻研,在坚守独创性与学术道德的重要前提下,汲取新知、扩充视野,使自己拥有更多样的思维模式。

## 潜精研思,竿头更进

邓明聪的主要研究领域是非线性系统解析、控制及应用,以及基于 AI 算法及鲁棒滤波的非线性系统动力学学习、辨识及应用。融合上述研究领域,邓明聪提出了基于演算子理论的鲁棒右互质分解方法,并应用于非线性系统的分析和控制,主要在以下两方面做出了突出的成绩,显示了在非线性研究领域卓越的学术能力和创新能力。

首先,邓明聪使用基于演算子理论的鲁棒右互质分解方法保证系统的输入输出稳定性，在非线性系统的分析和控制方面开创了一个全新的理论研究领域。对非线性系统，邓明聪首次提出了以理论数学中的同构理论来对系统进行鲁棒互质分解，并以输入输出空间的演算子概念为基础提出了一套完备的多变量鲁棒控制跟踪理论，具有国际先进水平；首次给出 L_α 演算子的定义，并应用此定义给出了系统信号有界判定新方法；首次引入基于 Hilbert 空间的 Adjoint 演算子定义进行系统信号的有理界分析；首次利用系统左及其右分解的物理特点，提出了系统的 Internal-output 有界性判定方法；首次利用基于演算子理论的鲁棒右互质分解方法，对连续系统的磁滞进行了动力学解析。

其次，针对大规模复杂非线性系统的辨识问题，结合演算子理论，邓明聪首次提出基于 AI 算法及鲁棒滤波的非线性系统动力学学习、辨识及控制方法。他首次提出在线辨识 Generalized Gaussian Kernel 的 Shape Parameter，并提案了在线鲁棒滤波方法；首次推出了非线性系统学习及辨识方法：Support Vector Regression(SVR) with generalized Gaussian kernel and particle swarm optimization。邓明聪提出了使用基于 Change Finder 方法的非线性系统数据挖掘（data mining）方式，并提出了基于蚁群优化（ant colony optimization）的 Multi-output SVR，并用于非线性系统建模。

结合这些非线性系统解析方法以及先进的非线性系统学习及辨识方法，邓明聪进行了大量的实验研究，并实施于应用，得到了同行专家的好评。日本工程院院士、京都大学松野文俊教授曾评价他："在宽阔的研究领域内取得了独创和适于应用的成果。"

针对大规模工业系统的控制问题，以分布控制系统（DCS）装置为工具，邓明聪设计了基于演算子理论的非线性鲁棒网络过程控制系统，这是 DCS 装置导入非线性控制系统的先例之一，并应用于日本控制工程史上最大安全项目——日本学术振兴会（JSPS）基盘（S）研究项目"考虑灾害时生产机能维持的高度安全控制系统的研究"。现保有日本国立大学中唯一的基于 DCS 装置的大规模非线性过程实验系统。为适合网络技术发展，先于 DCS 生产厂家横河（Yokogawa）电机株式会社，首次开发了基于 Particle filter 的控制系统来处理非线性系统的时变时滞方法。得到了满意的温度分布、液位控制、螺线热交换等的非线性控制实验结果。螺线热交换的研究是二氧化碳工业废气液化处理的模拟研究，针对环境保护领域，具有广阔的应用前景。

针对大规模工业系统的安全问题，邓明聪使用危险分级和强稳定的概念，在仅有输入输出状态信息的情况下，提出了实用的安全控制技术，这一技术的应用使控制系统始终在强稳定状态下运行，即使存在故障也能最低限度维持系统运行。并应用于日本三菱重工合作项目"燃料电池的控制系统设计及应用研究"。同时他开发了非线性早期故障诊断系统和非线性容错控制系统，并得到了理想的实验结果。特别是燃料电池的氢气生成装置 Reformer（改质器）的温度控制应用，采用了强稳定控制器设计，使单次开机运行时间由 24 小时革命性地延长到了数周。由此项目培养的博士生得到了晋升，现在为三菱重工集团 ICT Solution Headquarters 的 CIS 部长，负责集团的制造及制品的智能化和高机能化开发。

针对微系统的开发问题，邓明聪的研究基于蚁群优化参数的 Multi-output SVR，并用于 2D 及 3D 空间微手的非线性系统建模和位置控制，利用芯片制造工艺中的高精纯度气压装置，自主开发控制器且集成了非线性控制系统，得到了良好的实验结果，并在国际同行中领先。而微反应器（Microrector）是模拟大规模工程的装置，主要在日本研发得多一些。由于体积小、重量轻，它可在飞船或宇宙中模拟地球的生产过程。针对微反应器的各种实验是人类进军宇宙的技术准备工作，意义重大。从 15 年前开始，他进行了大量的实验，从安全角度出发，开发了非线性早期故障诊断系统和非线性容错控制系统，属于世界领先水平。

邓明聪的研究成果在仿生学领域也有很重要的应用。依托 NTT CS 研究所的磁悬浮零摩擦装置，对人臂运动中的肩肘关节黏弹性进行了首次随意在线运动研究，考虑了降低人脑对重复运动产生的轨道误差的对策，提出了一种多关节人手臂关节黏弹性的测量法，获得日本专利，并将研究结果用于遥控仿生智能机器人。这种针对肩肘关节同时在线辨识并实现远距离操作的研究，一直保持世界领先水平。同时，邓明聪首次建立了杉树所含水分（即自由水和饱和水）的干燥模型，给木材加工业提供了高质量的烘干依据，是跨学科研究的典范。

在智能材料方面，作为世界较早的智能材料低能耗成功案例，他的研究成果成功应用于对压电材料、记忆合金、人工肌肉等驱动机构中所含非线性进行补偿，实现了驱动结构的低能耗操作。除此之外，邓明聪在国际上领先开发了单一容器的卡路里（发热量）测量仪，使开发的芯片以及电子线路的耗能有了高精度定量评价的依据。

邓明聪在上述领域完成了 20 多项相关科研项目，取得了多项具有国际先进水平和自主知识产权的创新成果，出版学术专著 1 部，参编著作 10 部，发表国际期刊论文 189 篇和国际会议论文 365 篇，在国际会议作大会报告 34 次，荣获 IEEE SMC Society 功勋奖 2 次、IEEE RAS Most Active Technical Committee 奖 1 次。

## 桃李春风，薪火相传

邓明聪的父母作为教育工作者对他的童年成长有深刻影响，他在读书时又受到老师们的殷切教导与悉心指导，所以在他看来"师"的意义重大。"学高为师，身正为范"，高尚的品格与良好的修养会潜移默化、代代相传。同时，邓明聪认为，思维的方法与方式的构建比具体的知识本身更重要，"授之以鱼不如授之以渔"，看问题的视角与思维的深度和广度更能对一个人产生深远影响。

邓明聪推崇"知其然也要知其所以然"的教学方法，重视理论与实践相结合的教育，提倡对抽象化的理论有具象化的解释。当枯燥的抽象文字与具象的图像、具体的生活实际相连接的时候，理论将变得生动、有趣。能应用于实践的理论让学生对于所学知识的意义和作用有更清晰的理解，更能激发学生的学习兴趣，通过学习能够获得成就感，有利于培育学生的爱好、增强学生的认知。

在教育理念上，邓明聪重视公平，甚至把"公平"二字作为他的教育核心。公平实际上是带有理想主义色彩的一个词，但落在邓明聪这样一个脚踏实地埋头教育与科研的人身上却显得十分和谐。热爱与公平便是邓明聪的赤子之心，经历过不公平的岁月，在不公平的人生中锤炼，想为所有学生提供一个公平的环境，想为后来者争取公平。生而为人，注定了这个社会中不存在绝对的公平，但邓明聪一直努力在学生中构筑相对的公平。

目前，邓明聪作为博士生导师已经指导毕业于中国、日本、尼日利亚等国的博士生 20 多人，审查并指导日本、中国、伊朗、越南、印度尼西亚、澳大利亚、印度、罗马尼亚等国的博士生 20 多人，已形成了一个具有国际领先水平和研究特色的团队。

邓明聪在中国传统文化中获得启蒙，受到中国基础教育影响，又在日本进行科研与教学。通过在日本工作与生活，邓明聪敏锐地发现了两种文化中存在的差异，并将两种文化中优秀的部分融于自己的人生实践中。为所有有抱负、有理想、有才华的年轻人提供更加自由的学习环境和更低压力的社会环境是邓明聪一直所期待的。他认为一个更加稳定的工作环境对于持续的钻研有着正向作用，若每日因担心失业而惴惴不安，每日因更换工作而难以持续深耕同一领域，则对于个人发展与社会发展都是不利的。随着中国综合国力和国民生活水平的日渐提高，邓明聪认为为年轻人构筑更加稳定的职业环境将有利于个人和社会的整体发展。

邓明聪常常惋惜于有天赋却因外界原因放弃追求理想的学生，认为他们本应拥有更高成就、做出更大贡献，却因功利心和现实压力放弃了热爱。邓明聪认为，年轻人在选择专业和未来事业的时候，应当放宽眼界，不为眼前利益所惑，听从内心的指引，实现自己真正的理想。

邓明聪对科研与教育一腔赤诚，他坚信热爱是指引一个人进步与再进步的重要因素，因为内心的热爱，所以能忍受在漫长的科研生活中可能遇到的寂寞与孤独，能忍受世俗生活的窘迫与外界的压力，能沉心于科研，于科研中寻找到生命的意义与人生的趣味。

（资料整理：张竞文　内容修订：邓明聪、李鹤、陈田）

# 行而不辍，铸就钢魂

## ——记钢铁专家、俄罗斯工程院外籍院士吴开明

吴开明，1966 年 1 月出生，籍贯湖北通城。1988 年毕业于东北工学院钢铁冶金专业，1991 年获钢铁冶金专业硕士学位。2003 年 3 月和 6 月分别获日本茨城大学材料学专业博士学位和北京科技大学材料物理与化学专业博士学位。2005 年入选教育部"新世纪优秀人才支持计划"，2008 年任剑桥大学高级研究学者，2010 年入选湖北省"楚天学者"特聘教授，2017 年当选为俄罗斯工程院外籍院士。2022 年成为美国斯坦福大学发布的"全球前 2% 顶尖科学家"终身科学影响力排行榜 (1960—2022)。担任武汉科技大学学术委员会副主任、国际钢铁研究院院长、高性能钢铁材料及其应用省部共建协同创新中心常务副主任。兼任中国海洋材料产业技术创新战略联盟副理事长、中国太平洋学会海上风电研究分会常务副会长，*Materials Science and Technology*（《材料科学与技术》）、《钢铁研究学报》(中英文版)等期刊编委。

他用炽热的心锻造冰冷的钢铁，他用浓浓的钢铁情诠释初心使命。他苦心孤诣，百炼成钢，力求中国拥有自己的核心技术，这漫漫"钢铁路"，吴开明已走过 30 余年，行而不辍，履践致远。他是钢铁"无人区"里的"探路者"，他是高性能钢材的"铺路人"。

# 手不释卷，功不唐捐

吴开明自幼天资聪颖，勤勉好学，深得老师们的喜爱。他上初中时，正值改革开放初期。以改革开放为起点，我国各行各业取得了举世瞩目的历史性成就。1977 年恢复高考制度，不仅改变了几代人的命运，更为我国在新时期的发展和腾飞奠定了良好的基础。吴开明坦言，高考的恢复让普通人获得了公平受教育的机会，他也因此受益，所以更加珍惜这来之不易的学习机会。中学期间，他的成绩一直名列前茅，他在知识的海洋中无拘无束地遨游，尽情汲取着知识的营养，为自己的大学生涯打下了坚实的基础。

耕耘更知韶光贵，不用扬鞭自奋蹄。通过日复一日的寒窗苦读，成绩优异的吴开明在 1984 年顺利考入东北工学院，成为一名钢铁冶金专业的大学生，怀揣着投身钢铁工业建设的理想，开始了大学的学习生涯。随着学习的深入，吴开明的思想境界不断提高，他逐渐认识到个人前途与祖国的命运息息相关，于是他将钢铁工业视为自己的终身事业，迫切地想要学习炼钢和炼铁方面的专业知识，想通过扎实学习为我国钢铁工业做出自己的贡献。大学期间他不仅用高标准要求自己，同时，他的一言一行也影响着他人。他常常鼓励班上的同学笃行致远，不负韶华，唯有勤奋方能补拙，从而激发他们的学习动力，营造浓厚的学习氛围。在本科就读时，吴开明的恩师徐世铮教授在教学方面态度十分严谨。大四时，徐老师带着他参加国际学术会议并进行试讲，老师的培养为他提高科研工作能力奠定了基础。毕业时，吴开明的成绩是班级第一名，被评为辽宁省优秀共产党员。由于成绩优异，1988 年本科毕业后，吴开明被免试推荐继续攻读钢铁冶金专业硕士学位，是当时全校推免的 19 名研究生中的一员，这也是对他手不释卷、勤学苦练最好的回报。

硕士研究生毕业之后，吴开明选择暂时工作，潜心钻研钢铁材料，深耕我国的钢铁"无人区"，但是他从来没有放弃过继续深造的念头，后来他成功申请到了出国留学的机会。在日本留学期间，他见识了通过电解纯铁技术获得钢铁，这种钢铁性能特殊，能广泛地应用在航空发动机、燃气轮机、汽车发动机上，而这种技术当时在中国还处于理论研究阶段，距离量产还有很长的路要走，他便潜精研思。2003 年 3 月和 6 月，吴开明分别获得日本茨城

357

大学材料学专业博士学位和北京科技大学材料物理与化学专业博士学位。

"不能别人说纳米材料、石墨烯好，就跟着别人跑，那样毫无疑问会永远跟在别人身后。我们必须从以前的引进、追赶转变为并跑、领跑，还要起到引领的作用。"吴开明力求将自己所学所知带回祖国，在细分领域让我国的钢铁行业走到国际领先地位上，化劣势为优势。

## 初心如炬，信念如磐

"中国共产党是一个伟大的党，让人敬仰的党。"提起入党的细节，吴开明侃侃而谈，对入党的日子记得十分清楚，"我是 1986 年 5 月 31 日入党的，当时在东北工学院是大二的第二学期。"吴开明在大学期间学习成绩一直名列前茅，深受时代的熏陶和教育的影响，他迫不及待地盼望早日入党，一旦有资格、有机会他便积极申请。因此，他也是最早被列为考察对象的入党积极分子，终于在 1986 年成为一名光荣的共产党员。作为一名党员，吴开明时时刻刻以党员的标准严于律己、宽以待人。吴开明知道虽然时代在变，但共产党员的初心没有变，共产党员的坚定信念没有变，不管处于什么时期，都有着一个共同的理想信念，那就是"全心全意为人民谋幸福"。

选择或许是一时的人生，但人生是永恒的选择。硕士研究生毕业后的吴开明选择进入武汉钢铁公司工作，在炼钢车间、连铸车间、技研室、技术科做技术改造，他想将自己扎实的科学知识和过硬的专业技能运用到实践中。他稳扎稳打，技术和科研能力突出的他职位也不断晋升，就在即将被调到技术科当技术干部时，他又一次做了一个重要的选择——重返基层，他认为正值青春大好时光，应深入生产一线，扎根基层，要在实践中探索和解决实际问题，晋升太快很容易脱离一线，理论脱离实际是不能出成果的。于是他到连铸车间去倒班，和工人同吃同住，拿一样的工资、干一样的活，直到获得去日本留学的机会。

吴开明留学期间，导师曾建议他继续在日本从事博士后工作，但是吴开明毫不犹豫地选择了回国。他深知我国的钢铁行业还在追赶和发展阶段，正处于攻坚克难的关键时期，也是最需要人才的时候，如果这时选择放弃自己的国家，无疑是辜负了党和国家的培养，也违背了自己的初心使命。回想起当年的选择，他记忆犹新，至今也不后悔，反而更加坚定。他说："当时没有考虑太多得失利弊，而是一腔热血决定回国。""长年累月的经历在潜意识中告诉我要回国发展了。"他的每一次选择都是如此铿锵有力，他始终坚定理想信念，厚植爱国情怀，勇于担当重任，以"不忘初心"的坚守、"逢山开路"的本领，一路披荆斩棘，跨越重洋求学，最终学成归来。

吴开明回国后，不仅在科研上取得了长足的进步，还时时刻刻牵挂着祖国和人民。作为一名党员，他自觉用党章规范自己的一言一行，用实际行动践行了一名共产党员的初心和使命。汶川地震后，吴开明主动将自己一个月的工资作为特殊党费用于抗震救灾。他曾说："如果学校的老师、自己带的学生遇到困难，我也会尽自己微薄的一份力量，提供必要的支持。"2020年新冠肺炎疫情肆虐全球，防控形势异常严峻复杂，给人们的生活和出行带来了巨大不便。吴开明主动缴纳了1万元特殊党费，用于支持抗击疫情。在疫情严重时期，政府需要征用学生寝室，吴开明积极配合学校工作，立即带头协调自己所在的协同创新中心，腾出更多的房间以备隔离使用。他还向武汉市委组织部、青山区委组织部及学校提出建议，建议政府及学校有关部门做好校园内的疫情防控工作，尤其是对容易忽视的细节及密闭的空间做好消毒，尽可能保障校内师生免受疫情的影响，能够安心学习和开展科研。吴开明总是默默无闻地奉献着，用一己之力回报社会，温暖他人。回首往事，吴开明的家国情怀熠熠生辉，激励自己的同时也激励着他人勇毅前行。

## 教学相长，卓有成效

教而不研则浅，研而不教则空。吴开明决心把自己的本领毫无保留地奉献出来，回国后搞科研的同时还要教书育人，希望将自己所见、所闻、所学赓续传承下去。他说："希望我们的团队在专业领域，为国家的重点、重大工程做出应有的贡献。希望我们的年轻老师与学生树立远大理想，实现远大抱负，以实际行动报效祖国。"吴开明带领多支团队，近百名师生，只要不出差，他每天都会准时出现在大楼里，从早上8点工作到晚上10点。到办公室，烧好水，倒满大杯子，他就开始忙个不停。他的办公室外总是人来人往，师生们带着疑惑来到这里，同吴开明深入讨论，有时一讨论就是大半天，经常误了饭点，他就用大瓷碗弄点芝麻糊填肚子，但是他每天都乐此不疲，非常享受同师生们沟通交流的时光，每次交流都让大家醍醐灌顶、满载而归。师生们全部称赞："吴院长总是比我们做得多，看得深，想得远。"

半亩方塘长流水，呕心沥血育新苗。吴开明用自己的行动影响着他的学生，以身作则。有一次，吴开明对他的学生说："你等我 5 分钟，我刚才突然想起来一个解决问题的思路，要赶紧记下来，免得忘了。"他的学生说吴老师不止一次这样记录灵感。吴开明认为，"一瞬间的灵感很宝贵，要养成及时记录的习惯。"他的这个好习惯贯穿于学习、科研乃至生活中。不仅如此，吴开明知道没有停歇的脚步，只有奋进的号角。因此他非常珍惜时光，总是能合理地规划自己的宝贵时间，分秒必争，这也给他的团队带来了不小的压力。"外出参加会议，除了听报告，中午和晚上吴院长都要把大家召集在一起讨论，连吃饭都是边吃边聊。"课题组的成员"无可奈何"地说："每次开会回来，感觉就像打了一场'大战役'。"即便如此，他们也不会真的抱怨，因为"确实每次都有好点子在讨论中碰撞出来了"。

吴开明指导学生做实验

欲望以提升热忱，毅力以磨平高山。吴开明用对知识的渴望，提升了对钢铁的热情；用坚持不懈的毅力，勇攀巍峨的钢铁之峰。各出所学，各尽所知。"为中国从'钢铁大国'变成'钢铁强国'尽自己最大的力量。""我这一辈子，就是致力于钢铁专业化、产业化、国际化。"吴开明慷慨激昂地说道。

吴开明学术造诣深厚，曾获得国家技术发明奖二等奖等 13 项国家和省部级科技奖励，主持了国家自然科学基金重点项目 3 项，国家重点研发计划 1 项，其他项目 50 余项，享受国务院政府特殊津贴。他还获得 90 余项技术发明专利授权，发表科技论文 410 余篇，曾受邀于英国剑桥大学、美国匹兹堡大学、澳大利亚迪肯大学、俄罗斯中央黑色冶金研究院、俄罗斯乌拉尔联邦大学、乌克兰国家科学院等大学与研究机构作学术报告，40 余次在国内外学术会议上作特邀报告。现为中国金属学会材料科学分会理事，中国体视学学会理事、材料科学分会常务理事，美国矿物、金属与材料学会（TMS）终身会员，日本钢铁协会（ISIJ）会员。这一切荣誉是他学习成果最有力的见证。

## 苦心孤诣，玉汝于成

　　学术上获得的诸多荣誉并没有使吴开明满足，反而敦促他加快了科研的步伐，拓展了研究的深度，将理论同实际紧密结合起来，潜心钻研，有针对性地突破"卡脖子"技术。"看着百千万吨的钢材从国外涌进，上千亿的人民币源源不断地付出。"而国内的钢材已经堆积成山，钢铁市场已从"供不应求"变为"供大于求"，但仍需要从国外进口钢材，这是因为我国产出的钢铁不具有易焊接、耐腐蚀、抗疲劳等特性，不能广泛地应用到高科技产品中。这使吴开明更加坚定"要深挖钢铁研究领域，拥有中国的核心技术"。

　　追风赶月莫停留，平芜尽处是春山。吴开明长期从事高性能钢铁材料的精炼、连铸、相变及应用性能等研究，也是国内海洋钢铁材料、桥梁钢铁材料、微纳结构贝氏体钢等研究领域的开创者之一。他和团队的研究成果广泛应用于中国海洋工程和铁路桥梁建设等领域，武汉天兴洲长江大桥、沪苏通铁路长江大桥、港珠澳大桥等都应用了其团队的研究成果。近几年，吴开明所在的武汉科技大学国际钢铁研究院分别与俄罗斯中央黑色冶金研究院、乌拉尔联邦大学签署合作协议，双方开展经常性的互访和交流。吴开明和团队研发新型的海洋工程用钢，服务于我国的海洋建设和亚马尔液化天然气"一带一路"重大项目建设，推动了中国与俄罗斯的经济、技术、教育交流与合作。由于吴开明和团队在钢铁材料设计、制造工艺、应用性能紧密结合与工程化方面取得了卓越的成绩，俄罗斯工程院院士 Vladimir Tsepelev 向所在俄罗斯工程院乌拉尔分院积极推荐吴开明申报俄罗斯工程院外籍院士。最终，经俄罗斯工程院乌拉尔分院审查和推荐以及俄罗斯工程院的评选，2017 年吴开明成功当选，这也是近年来湖北省属高校首位获此殊荣的本土教师。目前俄罗斯工程院拥有 1500 余位院士，其中外籍院士 100 多位，吴开明便是其中之一。这足以看出吴开明及其团队的研究在高性能钢铁材料领域的地位之高、影响之远、功绩之卓著。"当选为俄罗斯工程院外籍院士，我感到无上光荣和责任重大，武科大因钢而生、因钢而兴、因钢而强，冶金与材料作为学校的主体与特色学科，为本人的科学研究提供了肥沃的土壤。"吴开明在颁证仪式上说。

2018 年 3 月 16 日，俄罗斯工程院吴开明（中）颁证仪式

独木难成林，一枝不是春。吴开明的学术声誉在钢铁领域享誉全球，每年他都会受邀在国内国际会议作大会发言，经常参加顶尖学府举办的研讨会。一次在剑桥大学举办的研讨会中，他从数千名学者中脱颖而出，以独到的见解和创新的思路获得了参会资格，成为参加研讨会的 30 名世界顶尖学者中的一员。他也抓住每一次机会，同世界顶尖学者充分沟通交流，不断自我"推销"，积极促成合作。他深知合作是自我省思的最好课堂，也是纠错

的最好契机，彼此的闪光点可以相互借鉴参考，给人以启迪，在合作中共同成长，在合作中催生新的成就。做强磁场研究，需要多个高端设备，吴开明带着团队走进东北大学材料电磁过程研究教育部重点实验室，尽管实验室的实验设备始终处于满负荷运转状态，吴开明硬是用诚意打动了他们，把设备优先提供给吴开明团队使用，双方还一起成功申报了国家自然科学基金重点项目，成为"科研共同体"。

同时，吴开明也陆续从国外引进多名高水平学者加入团队。"有组织的科研团队和个人科研是完全不同的，学科之间产生交叉，相互取长补短，才能更好地开拓创新。""我们支持学生外出留学，学成之后再回来。因为一种思维、一种模式是不利于发展创新的，我们需要有新鲜血液融入。"他不断壮大自己的队伍，利用每个成员的学科优势为项目研究全流程添砖加瓦，每一次都会有新的收获，这也是他带领的团队能够源源不断输出成果的秘诀。

功崇惟志，业广惟勤。吴开明在钢铁领域一待就是30余年，取得了丰硕的成果。吴开明现在是耐火材料与冶金省部共建国家重点实验室学术带头人、高性能钢铁材料及其应用省部共建协同创新中心首席教授。主要研究高性能钢铁材料相变及应用性能，包括先进钢铁材料及其复合材料、钢铁材料的强磁场效应、人工智能在材料领域中的应用等。与武钢共同研发的大线能量焊接用钢大批量应用于石油储备基地、冶金与化工球罐等建设，"大线能量焊接系列钢技术发明及应用"获得2009年国家技术发明奖二等奖。与宝钢、湘钢、南钢共同研发的高强韧、易焊接、耐腐蚀、抗低温海洋工程用钢成功应用于俄罗斯亚马尔液化天然气工程等国内外重大和重点工程，"极地严寒环境用海洋工程厚钢板发明及应用"获得2021年湖北省技术发明奖一等奖和中国海洋科学技术奖一等奖。

363

吴开明凭借坚韧和执着，在高性能钢铁材料领域建功立业。他备精笃行、臻于至善，紧盯国家战略和国际前沿做科研；他献身教育、甘为人梯，桃李天下却孜孜不倦；他不忘初心、牢记使命，心系大众却不求回报。如今他依旧在钢铁事业上默默耕耘，行而不辍，不渝矢志，铸就钢魂。

（资料整理：王晓英　内容修订：吴开明、陈田）

# 水利万物，文博广益

## ——记水文学专家、美国工程院院士张东晓

张东晓，水文学专家。1984年考入东北工学院采矿工程专业，1988年继续在东北工学院岩石力学专业攻读，1990年留学美国亚利桑那大学，1992年获得美国亚利桑那大学水文学硕士学位，1993年获得水文学博士学位，1995年完成水文学博士后研究。1995—1996年于美国DBSA公司从事多相流研究，1996—2004年任美国洛斯阿拉莫斯（Los Alamos）国家实验室高级研究科学家与研究课题组组长。2003年成为南京大学地球科学系兼职教授，2005—2008年任中国科学院海外评审专家，2004—2007年任美国俄克拉荷马大学石油与地质工程系米勒讲席教授（终身制），2007—2010年成为美国南加州大学Marshall讲席教授（终身制），2010—2013年任北京大学工学院常务副院长，2017年当选为美国工程院院士，2013—2019年任北京大学工学院院长、教授，2017—2019年任北京大学研究生院常务副院长，2019年12月至今任南方科技大学副校长、教务长。"国家杰出青年科学基金"获得者，曾任国家级领军人才计划讲座教授、美国地质学会会士（Fellow）、国际石油工程师协会（SPE）最高荣誉会员。

张东晓为地下水文学、非常规油气开采（煤层气、页岩气）、二氧

化碳地质埋藏方面的国际著名学者，其随机理论建模、数值计算、历史拟合和机器学习方面的研究成果已被国际同行广泛采用。著有专著两部，其中在 2002 年出版的《渗流随机理论》（美国学术出版社）已成为水文领域的经典著作；发表学术论文 260 多篇（其中 SCI 论文 220 多篇）。先后担任《水资源研究》《国际石油工程师杂志》等 8 种国际学术杂志副主编。作特邀学术报告 80 余次，发起并组织国际学术会议 20 余次。曾担任英国国家研究理事会"能源研究评估委员会"委员、美国国家研究委员会"地球科学 2010—2020 科研规划委员会"委员、《国际石油工程师杂志》$CO_2$ 地下封存专辑主编以及世界经济论坛（WEF）"全球议程理事会"理事、中国研究生院院长联席会秘书长、中国学位与研究生教育学会文理科工作委员会主任、中国学位与研究生教育学会评估委员会（第六届）副主任。

在人生的上半场，他作为学者所达到的高度显而易见：美国地质学会会士，曾任美国南加州大学 Marshall 讲席正教授（终身制）、俄克拉荷马大学石油与地质工程系米勒讲席正教授（终身制）。

在人生的下半场，张东晓尝试转型——好比一个优秀的球员选择执掌帅印，尝试能否带领一支球队赢得冠军。在繁重的学术研究之外，他又给自己压上了一副担子——回国参与北京大学工学院的重建，从创院院长、中国科学院院士陈十一手中接过接力棒，主政工学院这块高教改革"试验田"的建设。又从北京大学工学院来到创新活力更高的城市深圳，出任南方科技大学副校长、教务长。

## "地下"研究的热忱者

在科研方面，张东晓似乎对地球科学的"地下"部分情有独钟——地下水、油气、二氧化碳的地质封存等，都没有离开"地下"的范畴。这位科学界的"地下工作者"曾经历一次从"硬"到"软"的转型。他原本的专业方向是岩石力学，后来转而研究水文地质。他曾经开玩笑说："那会儿觉得岩石太'硬'了，想试试'软'的，于是就去研究地下水了。"

20世纪90年代初，张东晓在美国亚利桑那大学读岩石力学专业的研究生，却对水文地质更感兴趣，于是去修水文大师、美国工程院院士纽曼的专业课。这门课非常难，当时他的英文能力也有限，达不到自由交流水文地质问题的程度。同学们讨论得热火朝天，他就默默地听讲。与此同时，张东晓的专业天分开始显现，偶尔还会举手发言指出纽曼讲课内容中的问题。渐渐地，纽曼开始注意到这个来自中国的学生。张东晓确定自己想从事水文学的研究后，主动问纽曼："您还需要学生吗？"纽曼回答："我总是需要你这样的好学生。"

于是自1991年，张东晓开始师从纽曼。1992年，他获得了硕士学位。1993年，他博士毕业。张东晓创造的这一"学霸"般的纪录，至今还没人能打破。相对于天分，他更愿意将其归为勤奋："读博期间我每天工作时间超过18个小时，做梦都在想科研问题，有时突然醒来发现想通了。"

后来，张东晓作为最年轻的高级研究员，在美国洛斯阿拉莫斯国家实验室工作了8年，随后直接被美国俄克拉荷马大学石油与地质工程系聘为终身讲席正教授。再后来，他又以终身讲席教授的身份加入了南加州大学。

在科研上，张东晓有着灵敏的嗅觉，他不是"什么热做什么"，而是"做什么什么热"。例如，2002年他开始研究页岩气开发，当时大型石油公司和政府尚未重视，在攻克技术和成本障碍后，美国不仅发起了页岩气革命，而且从天然气进口国变成出口国；他从20世纪90年代末开始研究二氧化碳埋藏，如今"碳达峰、碳中和"的"双碳"目标已成为中国现阶段的战略目标之一。

在张东晓看来，做科研，需要在别人按兵不动的时候，先声夺人，才能做出开创性的前沿工作。

## 高教改革的试验者

正当张东晓在美国享受着科研乐趣，事业稳步上升之际，他面临一次转型和自我挑战——昔日的同事陈十一力邀其回国重建北京大学工学院。

由于 1952 年全国高校院系调整，北京大学工学院的机械、电机、土木、建筑 4 个系合并到清华大学，化工系合并到天津大学，北京大学工学院的建制被取消。而如今现代工业技术的关键作用愈发明显，北京大学原有的学科设置偏向文、理、医等学科，面向现代工业技术的工程学科未得到充分发展。在这一背景下，重建工学院对于北京大学具有重要的战略意义。

也正是看到了这一事业的巨大价值，张东晓在家人的支持下，于 2005 年投入到北京大学工学院的重建工作中——从开始的回国帮忙，到后来正式加盟工学院，担任副院长和常务副院长，再到接替升任北京大学副校长的陈十一掌舵工学院。工学院的重建，对北京大学乃至国内高等教育整体而言，还有着改革试验田的意义。

"改革需要些勇气，要打破传统做法，涉及新老体制的融合和过渡。"张东晓表示，国内高校的传统制度习惯于"数量控制"，缺乏教师淘汰机制，而北京大学工学院则按照"质量控制"，采取国际通行的预聘制（Tenure-Track）。

根据教师的具体情况，工学院与其签订 3 年或 6 年的合同。在合同期满的 6 个月前开始对其进行审核。该审核程序包括本人填写教学、科研和服务业绩表，国内外同行对其业绩和水平进行评价，教授评审委员会形成评估建议，院学术委员会形成最终评估意见。合同期满评估结果不合格者，将无法继续留在工学院，这打破了以往高校教师的"铁饭碗"。

为了保证教师的高质量，工学院通过在相关学科知名杂志上刊登招聘信息及国际知名教授推荐等方式，面向全球公开招聘。在严格审阅相关材料后，工学院通过邀请候选人进行校园访问，作学术报告，与相关系里教员面谈，开会讨论投票等环节对候选人进行评估。

不仅如此，在工学院，无论是正教授、副教授，还是助理教授（讲师）均可以独立指导硕士研究生、博士研究生和博士后。"在严格控制教师质量的基础上，充分发挥年轻教师的积极性和创造力。"

为了顺利推进改革，工学院采取"老人老办法，新人新办法"，实现了向新体制的过渡。同时，院方也努力协调，争取利益相关各方的理解和支持。

借助和国际接轨的管理体制，陈十一和张东晓管理下的北京大学工学院在人才引进、教学科研等方面取得了显著的成绩，引起了国内外的关注。

虽然彼时学院正式教师不足 120 人，但拥有中国科学院院士 3 人、美国工程院院士 1 人、国家级领军人才计划入选者 27 人、国家杰出青年基金获得者 25 人、国家优秀青年科学基金获得者 7 人、国家级青年人才计划入选者 5 人、教育部跨世纪和新世纪优秀人才 17 人，均活跃在教学和科研的第一线。

从一名海外学者，到北京大学工学院的管理者，身份的转变和责任的增加并没有让张东晓改变对学术的执着。在繁忙的管理工作之外，张东晓仍会在周末开组会，带领学生和相关研究人员一起探讨科研工作。

"正如我一开始就主抓人才引进、教师评估和战略发展，到后来担任院长、主持全面工作。其中最有成效的就是，北大工学院建立了系统的体制机制和规章制度。单靠个人魅力的管理，产生的影响是短暂的。如果我们建立了好的制度、好的规范，并且不断完善，将来不管谁接任院长，都可以良性地运转下去。"张东晓说道。

2019 年 12 月，张东晓再一次转型，出任中国高教改革"试验田"——南方科技大学副校长、教务长，继续为中国高等教育改革创新贡献智慧和力量。

作为行业享有盛名的"大咖"，张东晓院士行事低调，对工作热情饱满。当人们觉得张院士已经可以满足于已有的光辉成就时，他又开始了治校的管理征途。重视人才引进、教师评估和战略发展，依靠好的体制机制和规章制度，使系统良性地运转下去。从治学到治院再到治校，张东晓的脚下，是一条光荣的荆棘路。

（资料整理：马亮　内容修订：张东晓、陈田）

# 架设简单真实的中德桥梁

## ——记计算机科学家、欧洲科学院院士傅晓明

傅晓明，1973年12月出生，江西会昌人，计算机互联网专家，1994年毕业于东北大学自动控制系，获工业自动化仪表专业学士学位，1997年毕业于东北大学计算机科学与工程系，获计算机应用专业硕士学位。2000年获清华大学计算机系统结构博士学位，2000年底起在德国柏林工业大学从事科研工作。2002年9月加入德国哥廷根大学任教，2007年担任哥廷根大学终身教授，成为该校建校270年历史上第一位华人教授。2018年当选为欧洲科学院院士。现任德国哥廷根大学数学与计算机科学学院终身教授，计算机研究所计算机网络研究室主任、中德社会计算研究所所长、东北大学德国校友会会长。

傅晓明在欧洲电信标准研究院、英国剑桥大学、瑞典乌普萨拉大学、法国巴黎索邦大学、美国哥伦比亚大学、美国加利福尼亚大学洛杉矶分校、澳大利亚维多利亚大学及清华大学、南京大学、复旦大学、东北大学、上海财经大学、香港理工大学等著名机构和大学担任特聘专家或访问教授。主要研究领域包括计算机网络、移动通信、云计算、社会计算、大数据及智慧城市，作为总负责人领导 Mobile Cloud、Clean Sky、Green ICN、ICN 2020 等欧盟大型科研项目。曾担任欧洲电信标准化协会（ETSI）专家工作组特聘专家，IEEE 计算机通信技术委员会秘书、副

主席，IEEE 互联网技术委员会主席，IEEE INFOCOM、ICNP、ICDCS、IWQoS、ACM SIGCOMM、CoNEXT、MobiCom、COSN、APNet 等国际会议主席、程序委员会或组委会成员。目前兼任 *Journal of Social Computing* 英文国际期刊主编，*IEEE Network*、*IEEE Transactions on Network and Service Management* 等国际期刊编委，是英国工程与技术学会会士（IET Fellow）、IEEE 会士（Fellow）及 IEEE 杰出讲师（Distinguished Lecturer）、ACM 杰出科学家。

未学德语便握着彼时略显单薄的中国博士学位来到德国，在陌生的生活、工作环境里经历了所有普通人将至而立时有过的困难与迷茫，却凭着自己的信念一步步走到德国大学终身教职，成为哥廷根大学建校 270 年来第一位华人教授，也开创了德国历史上由中国博士获聘终身教授的先河，他就是计算机科学家、欧洲科学院院士傅晓明。

作为国际化实验室的负责人，对于中德博士生的特点，他有独到的见解；作为曾经的学子和今日的人父，对于中欧美教育体制的优劣，他有深刻的思考；作为昔日的农村孩子，对于中国低收入人群的生活及发展，他也有切身的体悟。

## 经得风雨吃得了苦

在傅晓明看来，刻苦是读书人的必备品德，成长没有"人生开挂"，不可能一蹴而就，"不经历风雨，怎能见彩虹？"读书不能偷懒，也不可投机取巧。所以，他一直都保持着"刻苦和自信"这两种优秀的品性。

傅晓明的青少年时代长期接受科学理想教育，从小立志当科学家，始终怀着这个梦想和信念刻苦学习，求知如饥似渴，在小学、中学、大学各个求学阶段，都能持之以恒地刻苦攻读，把学习求知当乐趣，不愿意无端浪费任何一天的宝贵时光。10 岁时，傅晓明以优异的成绩进入会昌二中读初中，此后以高分考入省重点中学会昌中学"尖子班"，其间参加化学奥林匹克竞赛获江西赛区二等奖。1990 年参加高考，成为全县理科状元，被东北工学院

（现东北大学）高分录取就读工业自动化仪表专业。本科毕业后，师从人工智能专家周建常教授，攻读硕士研究生，1997 年作为计算机系唯一的优秀研究生毕业。同年 3 月加入清华大学计算机系，在开发了中国第一台网络路由器的张尧学教授课题组读博士，在张教授的悉心指导下，2000 年获清华大学计算机系统结构博士学位。

傅晓明以刻苦攻读、刻苦科研为桥，使自己对世界的认识从"必然王国"进到"自由王国"，逐步成长为对人类社会有重要贡献的科学界一员。

## 孤独破茧异国他乡

国学大师钱穆说："古往今来有大成就者，诀窍无他，都是能人肯下笨劲。"成功，需要厚积薄发，要忍受煎熬，经得起打磨，耐得住寂寞，扛得起责任，肩负起使命，坚持到最后一刻。

2000 年暑假，傅晓明从清华大学博士毕业回到老家。他与往年一样，和父母一起早出晚归参加夏收夏种，割禾洗谷、踏打谷机、拔秧莳田样样能干，是干农活的一把好手。而机会总是留给有准备的人。这年 5 月，一次很偶然的机会，在一个国际学术讨论分发邮件里，傅晓明看到了柏林工业大学招研究人员但已过期一段时间的消息，抱着试试看的心理，写了一封简短的邮件作简要自我介绍，并询问该研究人员的位置是否还在，没想到 3 分钟内就得到了德国教授欢迎他去的回复。除了德国，傅晓明还有中国贝尔实验室、英国兰卡斯特大学、美国加州大学欧文分校以及日本东北大学等大学和科研院所的选项。柏林工业大学教授 3 分钟内的回信，让傅晓明犹豫了 3 个月，当时傅晓明不会德文，对德国也不了解，觉得去哪都无所谓。后来咨询母校院系一位做过洪堡学者的教授，这位教授力荐傅晓明去德国搞研究。

傅晓明与其他大部分华人教授的经历不甚相同，他是在拿完国内所有学位后才进入德国学术圈的。等到他答应柏林工业大学，已是 3 个月后，而拿下签证前往德国，则是博士毕业半年后的事情了。经过相对漫长的签证手续，傅晓明于 2000 年底来到德国，任柏林工业大学研究员。那时到外管局办居留手续，从凌晨三四点开始排队，到下午三四点才能出来，窗口的人只说德语不说英语，让人觉得冷冰冰的。回顾这种在陌生的生活、语言、工作环境里经历身处异国他乡的困难与迷茫时，傅晓明说，在柏林的那段时间，是最孤独、最艰难的。尽管如此，柏林工业大学的研究氛围尤其是同事的支持，给他带来了成长和提升，一年半时间他学到了很多，特别是在研究的基本方法、团队合作精神、将科研与产业应用结合等方面更是受益颇丰，奠定了他在这个领域的诸多基础，包括带来了工业界和学术界的若干重要合作伙伴。

2002 年 9 月，傅晓明从柏林辗转到哥廷根。当时哥廷根给他提供的是一个助理教授的职位，而这个老城给他留下的印象很好。"我一来到这个城市，不管跟谁打交道，工作上的人也好，市民也好，大家的脸上都充满微笑与自信，给人一种阳光明媚的感觉，而且都愿意用英语交流。"

尽管如此，傅晓明也承认柏林工作的经历给自己带来了成长和提升。不管是同事的支持，还是工作上的合作互动，都非常好，有了很多产出。他在一年半的时间里学到了很多，包括研究的基本方法、团队合作精神、如何指导学生、如何将科研与产业应用结合……那时也清晰地体会到他们的工匠精神。

柏林的工作经历，也奠定了他在这个领域的诸多基础，包括人脉网络。有的同事成为自己的博士生，后来成为其他大学的终身教授，有的成为国际上定义互联网未来发展的互联网架构委员会（Internet Architecture Board）成员。

## 勇敢地走出舒适区

在傅晓明看来，对事业发展要保持一种信念。人在不同阶段可能有不同的工作重心，但选择来到哥廷根就基本确定了自己会走教授这一条路。这个坚定的信念让他克服困难走到今天。

另外，很重要的一点是走出自己的舒适区，甚至去做一些与自己不搭边的事情。在这个过程中往往会不经意地得到一些反馈，这些反馈不一定对你的学业、事业有直接正面的帮助，但是借此培养了自己，也许对自己人生的下一步会有所裨益。

做每一件事情都要有一个积极的心态去把它做好，做好的过程中会产生一些支流，可能就会不小心选择了其中一条支流并将其变成主流。傅晓明在2000年取得清华大学博士学位，之后来到德国，到成为终身教授，再到现在，谈到事业、生活是否一切顺利，其中遇到一些困难，"其实我到哥廷根这几年是人生中最舒服的一段时间，因为学校给我提供的环境比较好，感觉越走越顺。"傅晓明说。

傅晓明做了许多跨学科的尝试，也作为先驱者探讨了信息学科与社会学科合作的可能性。他一直坚持让自己走出舒适区，尝试全新的东西。可是，这样的风险通常都很大，在谈到在这个过程中遇到的阻碍时，傅晓明表示："尽管全新的尝试风险很大，但是德国的高校体制为我提供了一个很好的环境。"

来到哥廷根大学，傅晓明以六年制的助理教授身份起步。在任期内，他可以自由去做任何想做的事情，这是研究生涯中第一次完全自由，所以无论是研究选题还是其他工作，都可以自由定义，自由思考，可以去组织项目，可以去教课。后来傅晓明拿到终身教职以后，更受益于大学的自由学术环境，得以在新的领域做出一些成果。

2018年12月15日，傅晓明（二排中）主持东北大学德国校友会第三届年会

# 致力于研究大数据

近年来，傅晓明花费了一半以上精力的研究方向是社会计算及大数据。"在大数据环境下，无论是企业还是个人的数据，最后都可以用于挖掘社会规律和指导社会实践。"

傅晓明介绍，个人和企业之外，大数据也可以用于智能交通、城市规划以及智能制造。比如，了解人的出行规律、汽车公交的运行情况，将有助于优化城市交通、城市布局、个人出行决策等。"需要注意的是数据安全和公民隐私问题。我们获得的都是匿名数据，或者对含有个人信息的数据进行脱敏。将来社会肯定会往大数据化发展，你的智能手表、眼镜、单车、汽车、手机等，各类信息会成为未来影响决策的依据。来自不同领域的多维数据融合在一起，还可以做个体、局部或全局的判断、决策和优化。"

傅晓明指出，国家从数字化、智能化的战略来讲，一方面是对企业总体发展趋势的要求，另一方面对数字化企业个体也有这种必要。所以怎么缓解个性化定制、系统生产效率以及生产质量之间的矛盾，怎么达到系统资源的最优化，这是从宏观来讲，整个制造业存在这么一个总体的要求。

怎么结合数字化以及精益方法论两方面的考虑来提高企业的效益呢？傅晓明强调，首先需要从企业的战略和服务出发，对整个企业进行定位，分析它的各自流程，到底有哪些事情可以进行自动化、流水线化，并且做全局最优。一方面，企业数字化转型需要考虑根据现有经验怎么进行规划，把它的流程模块化。参照行业的优秀案例，加深对本企业的理解，进行规划优化布局。另一方面，要考虑精益价值化分析，也就是根据物流、人流和信息流，各个方面进行价值流的优化和布局，在此基础上还要根据它的模型进行仿真优化分析，反馈给精益化设计团队进行迭代，最后形成一体化的信息化规划方案。

# 做社会中的主人公

谈起自己带过的硕士生、博士生，傅晓明对比了中德两国学生的特点。

两个国家的学生都有优秀的和普通的，也都有不同的工作风格和思考模式。整体来讲，中国学生的传统就是听话，好好做事，目标明确，非常执着；而德国学生的时间观念非常好，什么时间做什么事，他们都规划得非常到位，提前就把半年乃至一年的规划都写进日历里，所以他们在一段确定的时间内能非常专注于一件事。中国学生如果要做到德国人能做的东西，就应该与西方文化发生真正的碰撞，并坚信比他们做得更好。傅晓明注意到，很多德国人的专注不是功利性的专注，而是将这件事真正变成自己的事，他们觉得把这件事做好了就很好，而不在乎是否要被人认可。德国人专心做实事这一点非常值得佩服。相比之下，我们中国人虽然做事非常棒，解决问题也很有能力，但是交流和思考模式有时显得单调些。

对于在德国攻读博士学位的中国学生，傅晓明认为，从中国到德国读博的理工科学生要么是申请了奖学金，要么是拿到了德方提供的工作位置，都是很优秀的学生，否则德国这边通常是不愿意接收的。学校愿意收下这些博士生，也是因为教授评估他们对课题组或者对学校是有帮助的。当然，如果是跟中国业务相关的，教授肯定愿意用中国学生，因为他们了解中国文化，懂得中国的工作方式、生活方式与思考方式。

更进一步，中国学生能来到德国高校或研究所，就该明确自己来这里以后就不再是一个学生，是跟别的同事一样在这里工作的人，因此其他同事需要做的事中国学生也不应该避开。比如参加各种委员会，去帮助和组织各种力所能及的事情，包括组织课题组每周的讨论会、担任助教工作、管理设备及文档等。中国学生需要将自己放在一个正常的工作人员的角度来思考来这里是干什么的，这是最要紧的。本科生和硕士生主要是拿学分，为了毕业，但是做博士不是这样。无论这个工位是给谁的，都需要体现出在这个社会里更高的价值，而这个价值不仅限于学术。

中国来的博士生应该主动去想，如果一个德国人处在这个位置上他会怎么做，博士班同学或者上一级的德国同学为什么能做这些事情、为什么要去参加教授招聘委员会、为什么要去参加各种管理活动、为什么要加入学校的各种俱乐部、为什么要去与社会打交道。这些方面中国学生往往比较欠缺。

2019 年 10 月 17 日，傅晓明一行访问东北大学

中国学生常常参加中国人的烧烤或者家庭聚会，极少跟导师交流，除了购物用德语或英语，几乎都在中国圈子里，这是非常受局限的，也非常影响事业的发展。如果想长久和西方文化发生真正的碰撞，成为能跟他们竞争的人，就必须融入进去，做到对方能做的，而且比他们做得更棒。通过这种融入，最终让自己成为其中的一员，成为主人公。

## 信念决定人生高度

傅晓明把握住了人生很多机会，通过一步步努力取得了今天的成功。简单真实、平易近人的傅晓明教授心系家乡会昌的教育事业，曾经多次返乡为母校会昌中学学子作励志报告，给家乡的莘莘学子分享自己的成长、学习经历。在他的帮助下，会昌中学从 2016 年起，每年选派 9~10 名师生远赴德国哥廷根开展游学活动，让他们开阔眼界，增长见识，成为一生中难忘的记忆，也激励众多家乡学子以榜样为力量，砥砺前行，发奋学习。

任何环境下孩子之间都会有矛盾和竞争，大孩子可能都会欺负小孩子，但是德国学校的氛围是，只要小朋友有一点点提高，老师就会不断鼓励他。在德国，是把不同孩子的不同特性在适当时间提炼出来，比如小学毕业，老师会根据学生的个性、个体发展等来推荐读 Gymnasium（文理高中）、

Berufsschule（职业学校）或者 Realschule（实科中学）等，老师根据对学生的观察来推断其是适合做工程师还是适合做大学生等。比如大学生是比较综合的，需要很强的思考能力，所以在观察过程中老师会去感知一个学生是否具有对大自然的领悟力、对社会的领悟力、与人的交互力，并以此给出建议。

可以看出，德国的教育理念不仅有利于青少年的健康成长，客观上也能促进整个社会的发展。如果想把整个社会的潜力挖掘出来，就必须把分母做大，即使农村的孩子在学习上不理想，也应该往工业化的道路上进步一点，做一个工程师，做一个钳工、焊工，做一个能够学有所长的人。这样他就是社会中能出力的一分子，而不是荒废的一代。

傅晓明根据他本人的经验，觉得欧洲尤其是德国的经验值得国内借鉴。傅晓明访问过不少欧洲国家，也带着小朋友去参观各地幼儿园、中小学、大学以及企业，加深了对其体制上优缺点的了解。德国相比欧洲其他国家人口较多，阶层丰富，潜力无穷，非常值得中国学习。中国的潜力在于社会中每个人的个人意愿很强，如果能把这个大分母中每一个成员的活跃程度都提高一点点，竞争力将会变得极强。

傅晓明始终认为，积极乐观地看待社会、世界的各类现象，充满自信，是最重要的。你的出身不重要，关键是你有没有信念走到这个高度。无论对待事业还是人生中的各类事情，只要你有足够的实力、足够的信心去把握未来、把握自己的心，成功就在某个地方等着，指不定什么时候就会出来给你一个亲热的拥抱。

（资料整理：高广　内容修订：傅晓明、陈田）

# 把握现在，抓住未来

## ——记材料化学专家、欧洲科学院院士郭正晓

郭正晓，籍贯河南南阳，1983年毕业于东北工学院金属压力加工专业，1984年获奖学金留英深造，1988年获得曼彻斯特大学博士学位。1988—1995年先后在斯特拉思克莱德大学和牛津大学担任Research Fellow，1995—2007年在英国伦敦玛丽皇后学院先后担任讲师、教授等职位，2007年被聘为伦敦大学学院化学系教授，2008—2018年为伦敦大学学院华区事务副校长、特使。2000年荣获贝尔比奖章，是该奖章设立70多年首位华人获奖者。2018年被聘为香港大学"理-工"双学院联合教授，香港大学理学院副院长，香港大学浙江科学技术研究院执行院长，获评伦敦大学学院荣誉教授、英国皇家化学学会会士，并于2020年当选为欧洲科学院院士。

郭正晓主要从事新材料的研究和应用，多年来在高温、储能、纳米及生物材料的制备与多层次模拟方面贡献突出。他认为，科研目标要能预见未来的瓶颈，并找出解决方案，然后建立一个创新体系，还要不断引进国际型创新人才，组建专业科研团队，解决实际问题。

# 母校是成长的摇篮

郭正晓 15 岁考入东北工学院金属压力加工专业。他在回忆难忘的大学时光时说道："因为年龄相对比较小，在生活和学习方面，都得到了老师和同学们的热心照顾。我们的师生关系也特别融洽，晚自习'答疑'和老师们能交流到'熄灯'的最后一次铃声。周末几个同学相约，会经常到老师家里做客，聆听他/她们的工作、生活经历和教诲。""也是因为年龄小，与大同学们之间的烦恼也少了很多，所以有更多时间集中精力好好学习，印象比较深的是大一时全年级英语比赛，我得了第三名。普通物理考试我是唯一一个得了满分的。老师们的鼓励和同学们的支持，奠定了我持续学习的兴趣和好习惯，以至我后来的成长历程都和在校期间的经历息息相关。"毕业时，在马龙翔教授的支持和帮助下，郭正晓荣获中英 TC 奖学金并留学英国。

# 搭建中英合作桥梁

## 纳米材料领域合作

2005 年，中英签署科技双边合作计划，确定纳米材料、能源、生物三大优先合作领域。对此，郭正晓分享了纳米材料领域的成功经验和特点："当时为了加强中英双边合作，在六个主要领域各设置了一名聚焦负责人，我恰好是纳米方面的负责人。之后，双方增加了多边访问交流的次数，高层次的会议每年也至少召开三四次，这些带来了很好的合作成果。"例如，伦敦大学学院（UCL）纳米中心和清华大学合作的新光催化材料、光电子技术新项目。该项目依靠特殊材料和光传输模式，使信息传输速度更快。在二氧化碳捕捉上，英方和中国科学院上海高等技术研究院、山西煤化所合作，共同研究新型捕捉材料的开发和机理，让碳捕捉技术在未来实际二氧化碳减排中发挥更大作用。

2010 年，郭正晓访问深圳先进技术研究院，进一步推动了 UCL 和国内一流学术机构的合作。他认为，只有采取多样化的模式，让英方和国内院校、研究单位进一步沟通，才能实现双边互惠且更高效的合作，产生更好的社会效果。其中包括定期科研人员交流；互相享受对方的资源条件、人才、仪器设备；国际化人才交流；充分发挥潜力，更好地研究挑战性问题。"UCL这个大熔炉包含 145 个国家的学生，强调'共同存在'的概念，即你中有我，我中有你。我希望 UCL 能在中国设立研究平台，同时也邀请中方合作伙伴来 UCL 建立平台，达到双方最大限度的互惠。"

郭正晓认为，中英两国纳米和材料科学研究具有互补性和差异性。首先，英国有很好的创新环境，有先进技术，能把好的技术带到中国，进而共同应用。今后，英方将在技术创新上继续加强，产品通过在中国应用得到经济上的回报，加速工业界发展；而国内利用英方的创新技术，尽快最有效地推动科技发展，提高人民生活水平，减少能源和资源的浪费，抑制二氧化碳排放，减少污染物排放。这些合作都为后续的"节能减排，'双碳'目标"做出了贡献。

另一个层面在于，英国强调整个技术发展的理念，不光是现成的技术，更是技术的发展过程和创新合作方式。郭正晓说："英国现在很流行技术学、科学学。由于文化背景和历史影响，中英两国的科学理念有很大不同。当下技术更新的速度非常快，拿来先进技术只能解决一时难题、燃眉之急。而长期合作是多方位的，更重要的是理念的交流。"

基于以上两点，郭正晓建议，中国的厂家应尽快走出去。例如，可以在UCL 设立研究机构，使新的理念能更快转化成技术产品，为工业界企业做贡献。另外，中英应进一步加强多边合作及教育和工业的共同合作。此外，人才培养需要工业界告诉教育界需要什么样的人才。"很多有潜力的年轻人是企业的财富，我们要把企业的需求理念灌输到年轻人的思想中。"

谈及纳米材料领域的前景，郭正晓表示，中英双方的发展空间和市场都很大，合作也由之前的小规模、点对点转向大规模及系统化的模式，但挑战也越来越强，特别是现代技术应用方面，已不再是简单的纳米结构或制造一个静态结构；技能也必须在制造过程中表现出来，而不再是通过后期处理。制备的过程已经是一个功能化的过程，制备工艺的产业化也有新挑战，这都需要大型长期的共同合作。创新的社会影响力需要集中不同学科专业，优化强项，实现结构到功能化产品的飞跃。他透露，英国已投入 5000 多万英镑成立国家石墨烯中心及国家石墨烯工程中心。

郭正晓补充说，纳米材料合作可以在解决人类共同面临的挑战性问题和成果互惠的基础上设立联合实验室。英国纳米材料创新能力很强，对能源、环境、医疗、信息传输的贡献都很大。而中国应用市场很大，亟须把更好的技术更快地做成产品。"这个想法应该受到双方政府的重视，希望未来几年能成立联合平台。"

## 教育领域合作

作为一名教育工作者，郭正晓还有一个特殊的身份——48 家集团俱乐部教育破冰者组织主席，并在促进中英两国教育发展和合作方面做出了贡献。他指出，在教育合作领域，每年都有新的合作模式、理念及学校出现。在英国，有 12 万名左右的中国学生在读大学或攻读普通教育高级程度证书，而 30 年前，这一数字只有几十。

教育合作逐步发展。例如，在 2014 年 4 月北京召开的中英高级别人文交流机制会议上，英国大学及科学国务大臣 David Willetts 表示，双方共同投资 2 亿英镑的中英科技创新项目牛顿基金将在未来 5 年，使两国在科技方面的各个领域融合资源，围绕人才培养和双方都感兴趣的议题，共同进行尖端科学研究，进一步建立双边合作平台。

# 携手合作创新未来

2014 年城市科学节在北京落幕，作为此次活动的主宾国，英国设立的展区呈现了其在数字技术、卫星、汽车工程和生物技术领域的创新成果。其中，伦敦大学学院（UCL）的展位展示了世界首台乐高积木原子力显微镜（AFM）。这是由清华大学、北京大学、UCL 与乐高（LEGO）基金会共同发起、设计、推广的一个新构想——开发出新型的低成本扫描探针显微镜，其功能强大到足以用来研究纳米世界。学生们采用 LEGO 积木、电子元件及 3D 打印技术，仅用 5 天便完成了原型设计，成本仅为 200~300 美元。与传统 AFM 一样，LEGO 版显微镜采用激光测量样本与悬臂顶部之间的距离形成图像。

下篇 海外院士

郭正晓介绍，原子力显微镜是研究纳米技术、纳米材料非常重要的手段，但由于精确度上的要求，一个原子力显微镜的造价非常昂贵，高达几百万英镑。这次和 LEGO 合作，意义更多是教育性的。"好处在于，普通人也有能力购买，同学们有机会了解尖端科学的工作原理。由于不需要特殊工作环境，同学们能真正了解每一个部件和整个系统的功能。"

郭正晓还提到，2013 年这个项目在清华大学首次启动，当时同学们制作出第一代 LEGO 显微镜。2014 年，UCL 的同学来到中国，和清华大学、北京大学的同学们继续交流，把这个国际合作的创新模式持续发展下去。

## 有效降低雾霾危害

有一次，正在北京参加城市科学节的郭正晓乘坐出租车时，遭遇了北京的雾霾天气，出租车司机不免发起牢骚。郭正晓说："这个暑期来北京参加城市科学节，我在一次互动中向一些大人和孩子展示了一块涂上一层纳米材料的海绵，这块海绵可以吸附空气中的颗粒物，一些人就问我能不能吸收 PM2.5，看来大家对这个问题是十分关心的。"

那些年中国部分城市雾霾比较严重，老百姓都很关注空气质量问题，郭正晓和他的团队一直致力于将纳米材料及技术应用于清洁能源，对雾霾问题也持续关注。"事实上，雾霾的历史并不是只有近几年这么短，很多发达国家也曾遭遇空气污染的尴尬。比如英国伦敦光化学烟雾事件。"郭正晓说。

郭正晓带领的团队正在研究一款纳米材料的窗户，通过特殊的纳米材料过滤层，能够有效抵御室外的空气污染物，将有机物进行分解，转化成对人无害的无机物，使进入室内的空气达到净化的效果。他说："这样，在净化空气的同时也不会消耗更多的能源、带来新的排放和污染，如果未来这项研究可以成功并逐渐推广，有可能成为一个非常适合我国的防霾又减霾的方法。"

## 科创的"世外桃源"

2018 年 10 月，郭正晓受聘担任香港大学浙江科学技术研究院执行院长。

"决定来这里工作，我们团队的每一个人都做了很久的思想斗争。"郭正晓说。

离开伦敦，来到杭州青山湖科技城这样一个江南小城，大家能不能适应？如果要转化科研成果，香港、深圳、广州显然更有资源优势，为何还要来这人生地不熟的杭州？新环境凭什么集聚科研人才？这些都是郭正晓要回答的问题。青山湖科技城给郭正晓的第一印象不算太好。"那时这里的生活配套还不是很齐全，交通也不太方便。"郭正晓回忆。在科技城住了一段时间后，郭正晓有了更深的感触，他说："这里青山绿水，生态环境没得说，对于科研来说，需要静得下来，可以说就是科创的'世外桃源'。"郭正晓每天上班前的第一件事，就是到附近公园的绿道上骑一圈山地自行车，这已经成了他的一个习惯。遇到陡坡，他会尽力蹬到坡顶。到顶上时，他却选择推行，相信"坚持下去，就会有更好的风景"。

郭正晓很喜欢研究院科研的工作节奏，这里的研究工作起初由黄国全、王立秋、黄立锡三位教授组成的"Three kings"（"三皇"团队）带领，专攻纳米技术、大数据技术等课题，后来的工作重心主要是加强科研专业布局、创新协同模式，并将科研成果产业化。

虽然到青山湖科技城时间不长，但已经和不少杭州本地院企达成了合作。"既然研究院搬到了这里，我们就要将这里的资源利用起来，用好，用足。"郭正晓说，"目前，我们和杭叉等青山湖科技城企业达成了合作，眼下正在和杭州另一个龙头企业——吉利汽车接触。"在他看来，科研和骑车也有很多相通之处。来到杭州青山湖不到半年，这位在英国生活了多年的伦敦大学学院副校长已经慢慢融入了这里的生活。

郭正晓住在研究院附近的一个小区里，每天下班回家后，他时常到小区外的菜市场买点蔬菜，自己做晚饭。"煮点面，烧点菜，是我很喜欢的一件事情。"去菜市场的次数多了，菜店老板也和郭正晓熟了。有时候正晓工作忙，回去得晚，菜店老板还会特地给郭正晓留一点菜。"来之前担心这里的食物不合胃口，后来发现这边和我的故乡河南一样，有很多一流的面馆。"郭正晓说。

当然，最让郭正晓称赞的还是青山湖科技城的自然环境。"很多本地人都没注意过，狮山公园的植被颜色，每过一两周都会有所不同。只要有空，我就会去科技城四处转转，看看风景。"

郭正晓认为，做科研要"入乡随俗"，生活也要"入乡随俗"。手头有项目，就潜心于实验室，远离非学术因素的影响。需要与外界交流时，或开门迎客，或走向世界。2000 年，他成为贝尔比奖章设立 70 多年来唯一一位华人得主，被授奖委员会誉为"一位将基础科学应用于工业开发新颖解决方案的杰出成就者，一位因创新而受同行尊敬的科学家……"

郭正晓始终秉持踏实的科研态度，立足现在，抓住未来。

（资料整理：尚育名　内容修订：郭正晓、陈田）

# 逐梦绿色能源的华人女科学家

——记太阳能电池专家、澳大利亚技术科学与工程院
院士郝晓静

郝晓静，女，1978年1月出生于河南安阳，东北大学1996级冶金科学与工程专业本科生、2001级钢铁冶金研究生，后于悉尼新南威尔士大学（UNSW）取得光伏工程学博士学位，目前是新南威尔士大学光伏与可持续能源工程学院教授，澳大利亚科研理事会未来学者（Future Fellow）。在新型薄膜太阳能电池方面取得了多项效率纪录，在 *Nature Energy*、*Nature Photonics* 等期刊发表论文170余篇。2018年获新南威尔士州长科学与工程奖（NSW Premier's Prizes for Science & Engineering），新南威尔士大学工程学部卓越科研奖 (Energy Innovation in NSW)；2019年获澳大利亚最具创新力工程师大奖 (2019 Australian's Most Innovative Engineers)；2020年入选澳大利亚科研理事会（ARC）专家委员会 (2020–2023)，同年获澳大利亚总理科学奖：马尔科姆·麦金托什年度物理科学家奖（2020 Prime Minister's Prizes for Science: Malcolm McIntosh's Prize for Physical Scientist of the Year）；2021年获澳大利亚科学院帕西奖（2021 Australian Academy of Science Pawsey Medal）。2022年当选为澳大利亚技术科学与工程院院士。

郝晓静2004年从中国到澳大利亚，开启自己在绿色能源的研究生涯，

她始终将自己的成就归功于团队及大学，强调科学研究合作的重要性。在科学界，尤其是工程学，女性普遍来说只占少数，郝晓静给许多有志于科学研究的年轻女性学者和学生一个正面信息，让她们知道，只要致力于自己感兴趣的领域，女性在科学领域也可以获得成就。她和更多的她们，将是下一代人成长时看到女性科学家应有的样子。鼓舞着更多同样对科学充满兴趣，意思妙想，随时准备推动世界向前发展的年轻人成为明天的顶尖科学家和创新人物。

## 留澳转攻太阳能研究

郝晓静在东北大学本硕学习的是钢铁冶金专业，她曾说选择工科的原因是她想解决生活中的实际问题。大学本科期间，郝晓静曾有多次工厂实习的经历，包括鞍钢、宝钢等国内大型钢铁企业，实习期间的一个场景至今留存在她的记忆之中：厂地上散落着一层厚厚的黄色粉末，那里的空气质量也很差，而且当时沈阳的雾霾天气也比较多，偶尔会出现沙尘暴。具象化的环境问题让郝晓静深切体会到发展新能源、清洁能源的迫切。

郝晓静和丈夫沈岩松教授是东北大学钢铁冶金专业的同学。在 2004 年来到澳大利亚，两人都获得了新南威尔士大学的留学生奖学金，在悉尼开启新的生活，攻读博士。当她刚来到澳大利亚时，利用太阳能发电已经开始进入人们的视线。她认为新能源是个朝阳产业，只有新能源才能够解决二氧化碳排放导致的全球变暖和极端天气，因此她决定转向新能源领域，进行太阳能电池的研究。太阳能电池的设计和优化是涉及物理、材料、化学等多种学科的协作配合解决问题的一个工程学科。得益于本科时学习到的很多关于材料、物理和化学方面的知识，这个领域对她来说并不遥远。郝晓静在新南威尔士大学光伏与可持续能源工程学院师从被誉为"太阳能电池之父"的马丁格林教授，专攻"新型薄膜"太阳能电池（thin-film photovoltaics; PV）以及薄膜和晶硅电池结合的高效叠层太阳能电池方向。因为兼具创新及环保，这一领域近几年来备受科学界的重视。

2018 年，郝晓静和 Martin Green 教授、新南威尔士大学原校长 Ian Jacobs 教授的合照

2018 年，郝晓静（前右二）获新南威尔士州长科学与
工程奖时与州长（前左二）和其他获奖者的合照

夫妻二人在新南威尔士大学完成学业，随后在大学任教。如今两人均成为在各自领域颇有建树的教授。"他继续在传统冶金学科深耕，而我转向了新能源—开发新型高效太阳能电池。"郝晓静透露，由于专攻方向不同，她和丈夫有时还会在家里展开"传统能源和新能源之辩"。而现在更多的是如何合作，利用新能源降低传统工业的碳排放，借鉴传统的冶金技术开发电池回收工艺，利用流体力学模型设计电池生产用反应器。他们在这些领域都有合作。"我觉得我们在家里的能源辩论也会引导小朋友在他们的学习和生活中更关注气候变化的成因和解决办法。"

郝晓静在澳洲定居十多年，也一直在积极推动中澳两国间的学术交流和人才培养。她的团队有很多中国学生。有的已经学成回国在大学任教和光伏企业工作。她和光伏企业和大学都有广泛的合作。她认为，合作对于科技研究的进步是至关重要的。这几年来极端天气变化越来越严重，气候问题是全球问题、是无国界的，我们应该加强国际合作，携手共同应对气候变化危机，为了全球人类及环保做贡献。

## 光伏能源的主题研讨

2018 年在首届中澳科技创新高峰研讨会上，悉尼新南威尔士大学与中国科学院战略咨询研究院宣布确立新型合作伙伴关系，在"能源""新一代材料""人工智能"等领域，共同促进中澳两国科研工作的全球推广。研讨会期间，郝晓静就未来两国光伏合作方向、储备技术发展、政策走向等相关话题表达了自己的看法。

作为锌黄锡矿 (CZTS) 光伏材料的研究者，并且团队已创造 5 项世界纪录，设定了 11% 的基准效率，郝晓静表示：该技术的优势首先是成本优势明显。CZTS 是一种由铜、锌、锡、硫组成的廉价、无毒、储量丰富的化合物薄膜材料。这种材料的太阳能电池有高转化效率的潜能。光伏太阳能电池未来会是清洁能源主力军，使用无毒、储量丰富的材料降低了未来应用受制于资源短缺的可能。另外，CZTS 非常稳定，作为薄膜技术，应用场景广。可以沉积在不同基底上（比如玻璃，不锈钢）。这样可以用于新能源车，可以用于光伏建筑一体化，如果宽带隙 CZTS 电池效率接近 20%，也可以和晶硅叠加，实现更高效率电池，进一步降低太阳能电池成本。此外，CZTS项目可以借鉴使用成熟的CIGS工业生产设备，可进一步降低产业化成本，加速产业化进程。

2018年11月19日，郝晓静作能源领域主题报告

郝晓静对中澳之间的多方面合作持积极开放的态度，她表示确立合作关系只是一个起点，相当于将中澳两方能源领域的研究者聚集起来。未来我们希望建立一个人才智库平台，讨论学科行业内面临的难题与挑战，这可以是单个领域内部的合作，也可以是交叉学科之间的合作，比如新一代材料和光伏的结合。此外，我们还希望可以和工业界、政府联合，将三方资源整合起来，以解决目前全球面临的气候变化、温室气体排放等问题。

郝晓静认为，针对光伏领域，中澳科研机构的强强联合非常重要，这有助于双方审时度势、互相学习，推动进一步发展。举例来说，目前国内在集中式光伏电站上的成绩十分突出，可以说在全球起到了领军作用，但在分布式光伏方面，市场并没有打开，相对来讲，澳洲在分布式光伏方面做得稍好。因此，在各自较强的领域，有很多可以深入展开合作的项目。另外，虽然目前光伏产业化进程速度很快，但是太阳能并不局限于集中式和分布式市场。有光的地方就可以发电，未来太阳能电池如何和电动车、节能建筑等进一步结合，给生活的方方面面赋能，都是值得思考的问题与方向。

针对澳大利亚分布式光伏的健康快速发展，郝晓静表示有很多经验可以学习借鉴。首先她引用了一组数据，在澳大利亚，除去公寓，每5栋家用住房中就有1家安装了屋顶光伏，比例还是比较可观的。她认为这得益于三个方面。首先，澳大利亚政府设有专门支持新能源发展的机构—澳大利亚可再生能源署（ARENA）。这是一个基金机构，支持涵盖新能源领域从基础研究到中试生产，再到产业化的过程的不同项目，对澳洲光伏的发展起到了至关重要的作用。其次，澳大利亚早期曾出台过一个非常值得推广的新能源补贴政策。虽然目前全球光伏产业发展很快，但是使用太阳能发电或其他新能源电力，对用户来说还是一个新事物。所以，当时这个政策在很大程度上提升了用户接受新型电力的意愿。当用户得到实惠了，电费降低了，甚至还能从中盈利了，整个产业就会自然而然地发展起来了。另外，澳大利亚也实行过一段时间的上网电价补贴，持续时间不长，但效果明显。所以，从澳大利亚的经验来看，郝晓静认为政策的出台要注意两点，一是适时，二是针对不同的市场要有不同的政策。当然，中澳也有不同的地方。从住房结构看，相比于澳洲，国内独栋家庭住房数量不多，公寓占大多数，但仍可寻求其他发展模式，毕竟在大规模应用领域，商业模式有无限可能。针对于中国的现状，她认为，制定一个有梯度的补贴政策可能是不错的选择。因为每一个光伏企业所处的发展阶段都不同，这就需要制定一个综合性政策，以维持光伏行业的健康发展。

对光伏行业的未来技术发展趋势，郝晓静强调目前，全球90%的光伏市场是晶硅太阳能电池，经历大规模产业化后，晶硅价格优势明显，其他新型太阳能电池很难与其抗衡。但要和火电谈竞争力，晶硅电池还需要进一步提高光转换效率、降低成本。不可否认的是，目前晶硅可压缩成本的空间正逐渐缩小。剩下的5%~10%是薄膜光伏市场，薄膜太阳能电池的特点在于重量轻、可弯曲，应用场景丰富，能适用于船、车等交通工具，在光伏建筑一体化上也可大展拳脚。

现在有很多人都在关心，薄膜光伏到底可不可以代替晶硅成为下一个主流技术？针对目前大部分企业是做晶硅的现状，有一种观点是将薄膜作为高效叠层太阳能电池的顶电池和晶硅相结合。在这种情况下，不仅可以提升光伏产品的转换效率，薄膜还可以和晶硅一起发展，实现产业化。薄膜的成本通过产业化降下来后，或许可以成为第二代电池逐渐崛起。

目前，还有企业研究超薄晶硅，或将低级别的硅氢能化，以提升它的转换效率。另外，在新材料方面，除 CZTS 外，钙钛矿也是新材料热点，但还需克服长期稳定性的问题。

# 创新发展太阳能领域

2019 年 7 月，Engineer Australia 评选出 30 名工程师授予澳大利亚最具创新力工程师奖（Australia's Most Innovative Engineers），郝晓静作为新南威尔士大学的华人工程师凭借其在无毒材料薄膜太阳能电池领域的建树获得了学术研究类特别奖项。

太阳能电池对许多人来说并不陌生，特别是在澳大利亚，许多私人和公共建筑中都有太阳能设备的身影。然而郝晓静团队研发的新型薄膜电池或许能给这个领域带来巨大变革。郝晓静表示，目前商业化太阳能电池主要有两大类：一类是以晶硅为基础的太阳能电池，主要用于光伏电站，而另一类就是薄膜电池。据她介绍，随着新能源技术的发展，晶硅电池如今已非常廉价，然而这种电池在使用上会受到一些因素的限制。晶硅电池模组是由多个六英寸的晶硅片构成，而且必须用玻璃板进行封装，外形不可变。不仅不够美观，还对载体的承重能力有较高要求。而薄膜电池的厚度只有 1 至 2 微米，并且是柔性的，可以塑造成各种造型，还可以做成面积达一平方米的整张电池。目前市场上的薄膜电池有非晶硅、碲化镉和铜铟镓硒（CIGS）三种。非晶硅由于效率不佳几乎被市场淘汰，碲化镉本身有毒，所以铜铟镓硒是目前最为理想的材料。然而铟元素在地壳中的储量稀少，而且还是触摸屏和 LED 中的必需材料，市场对其有着旺盛的需求，所以这种材料的价格会越来越高。

以不用有毒材料、不用稀有元素为出发点，郝晓静团队研发出以铜、锌、锡、硫为原料的新型薄膜太阳能电池。2016 年她带领团队取得四项世界纪录，2017 年他们将这种新型电池的光电转化效率提升至 11% 以上，效率获美国可再生能源研究院认证。

在 2021 年的国际工程师日，郝晓静作为入选的"2021 Engineering

heroes"在接受澳大利亚工程师协会（Engineering Australia）采访时提到，"跟其他家长一样，我希望自己的孩子成长在没有极端天气的宜居气候，希望他们可以享受没有污染的廉价可再生能源。基于这个原因，我致力于促进

我们的社会向100%清洁能源转型。我们可以通过提高太阳能电池转化效率或者增加太阳能电池板的应用领域的来提高太阳能电池的总体能源产出。"她的目标是"PV Everywhere"。"我构想的城市就像大自然一样。在大自然里，树叶可以直接从太阳光中吸取能源。未来城市应该是像树叶转化太阳能系统那样的'光伏城市一体化'。"

"MY VISION FOR CITIES IS SIMILAR TO NATURE, WHERE LEAVES ON TREES TAKE ENERGY FROM SUNLIGHT. HOW CAN WE GET AS MANY SURFACES AS POSSIBLE TO FUNCTION LIKE LEAVES ON A TREE?"

Xiaojing Hao

2020年10月澳大利亚前总理莫里森颁布澳大利亚总理科学奖时，6位获奖者中包含来自新南威尔士大学的华裔女教授郝晓静。她获得了总理科学奖：马尔科姆·麦金托什年度物理科学家奖。

2020年，郝晓静获得马尔科姆·麦金托什年度物理科学家奖时
发表获奖感言

马尔科姆·麦金托什年度物理科学家奖旨在表彰郝晓静在太阳能领域的创新精神和杰出贡献，使用绿色环保材料研发新型薄膜太阳能电池。郝晓静在获奖感言时表示，这不仅是对她个人的认可，也是对太阳能电池研究领域的认可，对新南威尔士大学科研团队的肯定。2021 年郝晓静获得澳大利亚科学院帕西奖（2021 Australian Academy of Science Pawsey Medal），是继她的导师马丁格林教授后第一个获得该奖项的光伏领域的科学家，也是历年获奖者中，目前唯一的华裔学者。

基于目前市场上以及未来对于薄膜电池以及晶硅太阳能电池发展的需要，郝晓静带领的新南威尔士大学团队在过去的十年中致力于研发新型薄膜电池以及下一代高效叠层太阳能电池。以无毒，储量丰富，效率高，可持续为出发点，迄今为止，郝晓静和团队已创下 5 项铜锌锡硫太阳能电池效率世界纪录包括 2017 年 3 月，再次将效率提高至 11%，首次打破了业内此类光伏电池 10% 效率的瓶颈。2019 年底，再次创造世界纪录，将低带隙铜锌锡硒光伏电池的能效提高至 12.5%，成为全球薄膜太阳能电池科研领域的先行者。在 2022 年，对于如何将 CZTS 电池的效率提升到 20% 以上提出了新的策略，这些突破标志着光伏电池向"环保、灵活、稳定、价廉"的发展方向上又迈了一大步，成果发表在 Nature Energy 上。希望这样的可持续的，稳定的，绿色环保的太阳能电池能够在未来大规模商业化，为全球减排做出贡献。除了铜锌锡硫太阳能电池，郝晓静带领的团队在其他薄膜电池（钙钛矿太阳能电池稳定性，其他硫族化合物）以及叠层太阳能电池也取得了不错的成绩，有多项专利成果，并发表在 Nature Energy 、Nature Photonic 等期刊上。

# 积极发挥个人主动性

393

根据郝晓静的分享，澳洲的科研工作更加强调个人主动性。一切从兴趣出发，可以让科研人员对其领域倾注全部热情。要在科学与工程的世界中自由徜徉，兴趣和热情才是学习的原动力。

郝晓静鼓励对工程和学术领域充满兴趣的女性要勇敢追梦。她认为做研究最重要的一点就是兴趣，如果你有兴趣和热情，它就是你的一个乐趣，你会非常坚持。对于女性来讲，虽然要兼顾家庭事业，很多方面是不容易的，但是没有什么是不可能的，她非常鼓励更多女性能选择工科，进入学术研究领域。

郝晓静在实验室的照片

虽然已经成就颇高，但郝晓静丝毫没有停下探索的脚步。下一步她的首要任务就是继续提高铜锌锡硫电池的光电转化效率，如果能够将转化效率提高到 20% 以上，那么这个电池就能被市场接受。

同时，她并不满足于现有的知识，依然在和她的导师一起寻找具有类似性质、能以更高效率解决更多问题的新型材料。她希望能够带领团队取得下一代叠层电池高效率、高稳定性、低成本突破，实现商业化，并应用到我们的生活当中。此外，郝晓静还计划继续拓展太阳能薄膜电池的应用范畴。比如用在建筑材料上、车上和无人机上，甚至可以与传感器联系在一起，利用大数据和人工智能来实现光伏产品智能化。她表示，未来希望能够把这些衍生产品的样机和原型做出来，告诉世人自己所致力的研究将给人们的生活带来怎样的改变。

郝晓静当初在有"太阳能电池之父"之称的马丁·格林（Martin Green）教授指导下完成博士学位。她表示，在攻读博士期间她学到一种多元开放讨论的精神："当时，老师的团队来自世界各国，像个小联合国，而他的研究及教学让我看到，老师不会因为你还是博士生，就很快否定你的提案或想法，而是开放讨论，或者不管会不会成功，会让我们先尝试。"在郝晓静眼中，她的导师是一名"真正的科学家"，而她有幸，站在巨人的肩膀上，可以看得更远。郝晓静表示自己在指导博士后和博士生的时候会向她的导师学习，鼓励下一代的科研人员们，传承伸出自己的肩膀，让她的学生看得更多，走得更远。

秉承在澳大利亚读博期间学到的学习和科研方式，郝晓静后来将这些教学方式应用在自己的研究团队及教学上。她带领的大小团队加起来有几十人，在研究群上大家开放讨论，她认为激发灵感对科学研究创新十分重要。同时，郝晓静也十分肯定华人学生和学者在澳的努力，华人在各个领域都有很不错的能力，本来在一所国外大学拿到学术位置就是很不容易的事情，而且华人还在寻找很多机会不断地提升自己。

多年来，郝晓静一直坚守初心，保持热情，将全身心投入太阳能领域，她是心有大义的工程师，也是心怀天下的女教授，她的团队成员除了来自不同国家背景，也特别鼓励女性的加入。相信郝晓静一定可以在热爱的研究领域中继续发光发热！

（资料整理：陈田　内容修订：郝晓静）

# 技术精湛，产业引领

## ——记化学材料专家、澳大利亚科学院院士及技术科学与工程院院士赵惠军

赵惠军，1978 年考入东北工学院基础部化学师资班。1982 年留校做助教，1984—1986 年攻读在职硕士研究生，师从张寿松老师，1986 年获得硕士学位。1987 年提职为讲师。1988 年赴澳大利亚伍伦贡（Wollongong）大学做访问学者，1991—1993 年在伍伦贡大学化学系读博士，师从 Gordon Wallace 教授，1994 年获得博士学位。而后在伍伦贡大学智能高分子材料研究院、西悉尼大学化学系做研究员。1997 年到格里菲斯大学（Griffith University）工作，先后任讲师、高级讲师、副教授，2005 年任教授。

赵惠军现任澳大利亚格里菲斯大学催化与清洁能源中心主任，英国皇家化学会会士和澳大利亚皇家化学会会士。他的研究兴趣主要集中在能源和环境纳米材料、水源控制与管理、野外传感器技术和水环境质量评估方向，近期主要研究方向之一为探索多种非贵金属材料活化的新方法，设计并实现利用非贵金属作为新一代高活性催化剂的可行方案。自 2018 年他是科睿唯安高被引学者，目前发表论文 500 余篇，被国内外同行在 SCI 论文上引用 4 万余次，H 指标为 103，在功能性纳米材料和纳米技术、光电催化和环境监测系统等领域获得 68 项国际专利，并全部实现

产业化。

2022 年 5 月 26 日，澳大利亚科学院公布新增 22 名院士和 2 名外籍院士名单，赵惠军教授当选为澳大利亚科学院院士。2022 年 10 月 19 日，当选为澳大利亚技术科学与工程院院士。

（资料提供：赵惠军）

# 参考文献

[1]　东北工学院院志办公室.靳树梁传略[M].沈阳:东北工学院出版社,1990.

[2]　中国科学院院士信息.已故院士靳树梁[EB/OL].(2009-06-24)[2022-07-31].http://casad.cas.cn/sourcedb_ad_cas/zw2/ysxx/ygysmd/200906/t20090624_1810021.html.

[3]　张明.冶金人物靳树梁[EB/OL].(2012-06-13)[2022-07-31].http://www.csteelnews.com/special/602/607/201206/t20120613_67205.html.

[4]　姚艾君,井元伟.厚植家国情怀 笃行报国之志:追忆中国科学院院士张嗣瀛教授[EB/OL].(2019-10-08)[2022-07-31].http://neunews.neu.edu.cn/2019/1008/c232a66373/page.htm.

[5]　刘勇.一生家国情 满腔报国志:追记我国控制科学与系统科学领域先行者张嗣瀛院士[N].光明日报,2019-10-11(8).

[6]　闻邦椿.奋斗的人生:我的家庭和个人经历纪实[M].北京:高等教育出版社,2009.

[7　闻邦椿.360百科[EB/OL].[2022-10-13].https://baike.so.com/doc/5626013-5838632.html.

[8]　闻邦椿.中国科学院院士[EB/OL].(2019-01-26)[2022-07-31].https://www.neu.edu.cn/2019/0126/c17a18/page.htm.

[9]　他让人类"透视"地球更清晰:追忆马在田教授[N].解放日报,2011-06-10.

[10]　吴苡婷.追忆著名地球物理学家马在田院士[N].上海科技报,2011-06-20.

[11]　樊丽萍.沙漠种草治学强国:师生悼念马在田院士[N].文汇报,2011-06-

10(5).

[12] 马在田.学海回眸：马在田院士文札 [M].上海：上海社会科学院出版社,2009.

[13] 喻思娈.王淀佐院士：选矿,不留神就一辈子 [N].人民日报,2013-07-28(4).

[14] 李大庆.王淀佐：搞科研就是要抓住目标不放 [N].科技日报,2013-07-28(1).

[15] 金振娅.王淀佐：虽九死而其犹未悔 [EB/OL].(2022-01-11)[2022-07-31].https://m.gmw.cn/baijia/2022-01/11/35440974.html.

[16] 赵彦.微全分析：我的第二次"激动"：中国科学院院士方肇伦自述 [J].光谱学与光谱分析,2001(3):372-386.

[17] 钱伟长,白春礼.20 世纪中国知名科学家学术成就概览 [M].北京：科学出版社,2012.

[18] 雒建斌.不忘使命 勇攀高峰 [N].光明日报,2018-08-10(3).

[19] 摩擦学领域的引路人：记清华大学"身边榜样"、机械工程学院院长雒建斌院士 [EB/OL].(2019-02-18)[2022-07-31].https://www.x-mol.com/university/faculty/43009.

[20] 邱竹贤院士逝世 [J].东北大学学报,2006(8):842.

[21] 何允平.东北大学举行隆重典礼热烈庆祝邱竹贤院士八十诞辰 [J].轻金属,2001(5):62.

[22] 邱天庆.邱竹贤传 [M].北京：中国轻工业出版社,2020.

[23] 李晨.行止无愧天地：追记中国工业生态学之父、东北大学教授陆钟武院士 [N].中国科学报,2018-03-13(8).

[24] 王婷婷.立足创新思维 发展矿业强国：访中国工程院院士于润沧 [J].中国有色金属,2014(8):46-49.

[25] 易晓帆.开采生命的矿藏：记著名矿山工程设计专家于润沧院士 [J].科学中国人,2009(1):50-57.

[26] 翟泽宇.中国工程院院士于润沧：推进矿山两化融合 助力山西矿业发展 [N].科学导报,2017-04-25(A01).

[27] 北京有色冶金设计研究总院 : 中国工程院院士于润沧事迹简介 [J]. 中国勘察设计 ,2000(4):45–46.

[28] 追忆院士刘宝琛 : 心甘情愿当 "煤黑子" "土疙瘩" [N]. 科技日报 ,2017–08–02(5).

[29] 姚学文 , 郭小清 , 吴毅文 . 刘宝琛 : 中国随机介质理论奠基人 [J]. 发明与创新 ( 综合版 ),2006(11):21.

[30] 刘宝琛 : 采矿及岩土工程专家 [J]. 中国科技信息 ,2001(23):10.

[31] 七旬院士基层挑大梁 : 访土木建筑学院院长刘宝琛 [EB/OL].(2003–05–08)[2022–07–31].https://news.csu.edu.cn/info/1144/92661.htm.

[32] 已故院士.刘宝琛 [EB/OL].(2017–06–22)[2022–07–31].https://www.csu.edu.cn/info/1127/1535.htm.

[33] 沉痛哀悼中南大学刘宝琛院士逝世 [EB/OL].(2017–06–23)[2022–07–31].http://www.civil.ldu.edu.cn/info/1175/2397.htm.

[34] 刘伊朗 . 一位毕生与沉陷打交道的人 : 记刘宝琛院士 [J]. 湖南党史 ,1998(2):44–46.

[35] 张天来 , 孙懋德 , 王丽丽 . 院士的足迹 [M]. 大连 : 大连理工大学出版社 ,2004.

[36] 中国工程院院士馆 : 杨锦宗 [EB/OL].https://ysg.ckcest.cn/html/details/43/index.html.

[37] 莆田市人物 : 杨锦宗 [EB/OL].http://ren.bytravel.cn/history/2/yangjinzong.html.

[38] 广东纺织助剂行业协会 . 杨锦宗 : 推动我国染料工业快速发展 [EB/OL].(2015–12–29)[2022–07–31].https://mp.weixin.qq.com/s/ijdU_v-JoTsoEsoCcy1NcQ.

[39] 胡显章 , 吴剑平 . 清华名师谈教书育人 [M]. 北京 : 清华大学出版社 ,2009.

[40] 禚玉群 . 站着的校训 [N]. 光明日报 ,2014–12–29(6).

[41] 彭慧文 . 记徐旭常院士 : 曲终人不散 [N]. 中国科学报 ,2018–02–23.

[42] 百度百科 [EB/OL].https://baike.baidu.com/item/%E5%BE%90%E6%97%AD%AD

%E5%B8%B8/1339619?fr=aladdin.

[43] 吕芮光.科技名家风采录 [EB/OL].(2016–11–29)[2022–07–31].https://www.kepuchina.cn/kpcs/fcl/kjmj2/201611/t20161129_48055.shtml.

[44] 中国工程院院士：钱鸣高 [J]. 煤 ,1996(4):62.

[45] 于小川 , 李锦 , 朱晓莉 . 执著科学路 躬耕育桃李 : 记中国工程院院士钱鸣高 [J]. 当代矿工 ,2017(7):5–11.

[46] 钱鸣高 , 李鸿昌 . 采场上覆岩层活动规律及其对矿山压力的影响 [J]. 煤炭学报 ,1982(2):1–12.

[47] 钱鸣高 , 朱德仁 , 王作棠 . 老顶岩层断裂型式及对工作面来压的影响 [J]. 中国矿业学院学报 ,1986(2):9–18.

[48] 钱鸣高 , 刘听成 . 矿山压力及其控制 ( 修订本 )[M]. 北京 : 煤炭工业出版社 ,1991.

[49] 刘锦荣 , 何富连 , 钱鸣高 . 综采工作面支架—围岩保障系统智能软件设计及应用 [J]. 徐煤科技 ,1996(3):30–32.

[50] 钱鸣高 . 采场上覆岩层的平衡条件 [J]. 中国矿业学院学报 ,1981(2):34–43.

[51] 钱鸣高院士科教成果 [N]. 中国煤炭报 ,2001–10–25(004).

[52] 张亚莉 . 煤炭绿色开采技术亟待开发 [N]. 地质勘查导报 ,2006–12–02(002).

[53] 李进尧 , 邓传淮 . 中国煤炭科技明星荟萃 [M]. 徐州 : 中国矿业大学出版社 ,1994.

[54] 李春霞 . 压不垮的矿山脊梁 : 记中国工程院院士钱鸣高 [J]. 中国煤炭 ,1996(2):25.

[55] 中国工程院学部工作室 . 中国工程院院士自述 [M]. 上海 : 上海教育出版社 ,1998.

[56] 屠雯 , 黄崇祺 . 见证中国电缆工业金属导体 60 年巨变 [J]. 中国有色金属 ,2010(2):43–45.

[57] 韩伟 . 废杂铜直接再生利用和以铝节铜是电缆工业可持续发展的必由之路 : 访中国工程院院士黄崇祺 [J]. 电力设备 ,2008(9):97–98.

[58] 黄崇祺院士与青年人谈"德智体"全面发展 [J]. 中国工程院 ,2009-06-15.

[59] 贾鹏云 . 左铁镛 : 循环经济布道者 [J]. 投资北京 ,2005(4):3.

[60] 左铁镛 : 我最崇高的称谓不是院士而是"教师"[EB/OL].(2008-03-31)[2022-07-31].https://paper.sciencenet.cn/htmlnews/20083311444924629204821.html.

[61] 左铁镛简介 [C]// 首届中国科学家教育家企业家论坛论文集 ,2002.

[62] 这位院士花甲之年执掌校印 , 却为何成为这所 211 大学最成功校长 ! [EB/OL].https://baijiahao.baidu.com/s?id=1677791840063717238&wfr=spider&for=pc.

[63] 茜茜 . 张懿 : "为国为民"是我的价值观 [EB/OL].(2019-11-19)[2022-07-31].https://www.thepaper.cn/newsDetail_forward_5002257.

[64] 张懿 : 一声报国一生情 [EB/OL]. (2020-11-27)[2022-07-31].http://ipe.cas.cn/kxcb_/kxqh/202104/t20210429_6003358.html.

[65] 王烁 . 张懿 : 她用一生解决重金属污染 , 为祖国守护绿水青山 [N]. 科技日报 ,2021-09-19.

[66] 百度百科 [EB/OL].https://baike.baidu.com/item/%E5%BC%A0%E6%87%BF/22309715?fr=aladdin.

[67] 中国材料研究学会 , 西北有色金属研究院 . 组织无冕材料泰斗 , 润物学界无声 : 贺周廉院士八十华诞文集 [M]. 北京 : 化学工业出版社 ,2020.

[68] 孙潜彤 . 不老的"钢铁侠": 中国工程院院士王国栋 [N]. 经济日报 ,2019-12-28.

[69] 郝晓明 , 王钰慧 . 王国栋 : 把论文写在祖国的钢铁线上 [N]. 科技日报 ,2020-01-05.

[70] 中国工程院院士王国栋一行参加育材堂 ( 苏州 ) 材料科技有限公司研发总部启用仪式 [EB/OL].(2021-10-14)[2022-07-31].http://neunews.neu.edu.cn/2021/1008/c232a74453/pagem.htm.

[71] 辛阳 , 王钰慧 . 王国栋 : "一到钢厂 , 就有回家的感觉"[N]. 人民日报 ,2022-01-13(06).

参考文献

[72] "中国超级钢之父"王国栋:为大国重器研发"超级钢"[N].沈阳日报,2019-07-26.

[73] 东北大学教授王国栋:做绿色钢铁技术的全球领跑者[N].中国高校之窗,2021-10-14.

[74] 有了"智慧大脑"还要畅通"神经"[N].辽宁日报,2021-10-20(3).

[75] 关艳玲.振兴故事丨超级钢是怎样炼成的[N].辽宁日报,2022-05-17.

[76] 百度百科[EB/OL].https://baike.baidu.com/item/%E5%AD%99%E4%BC%A0%E5%B0%A7/5160463?fr=aladdin.

[77] 李国君.抓好人才工作 助力广西经济社会跨越发展:独家专访中国工程院院士孙传尧[J].人事天地,2011(6):14-15.

[78] 孙传尧:从可可托海走出的矿物加工领域学术带头人[N].中国有色金属报,2021-05-02.

[79] 孙传尧院长当选为圣·彼得堡工程科学院院士[J].北京矿冶研究总院学报,1992(2):90.

[80] 干勇:"钢铁院士"是这样炼成的[EB/OL].(2021-01-28)[2022-07-31].https://mp.weixin.qq.com/s/JfhnKLuLrmdyKCzRkGwL3A.

[81] 王国恒.我的同学干勇院士[M]// 徐明.白山黑水壮我行:献给母校东北大学百年华诞.沈阳:东北大学出版社,2022.

[82] 改革创新 潮头挺立:访钢铁研究总院院长干勇[J].新材料产业,2003(3):72-74.

[83] 顾婧,王莉莉.祝贺干勇院士团队![EB/OL].(2020-07-10)[2022-07-31].https://www.thepaper.cn/newsDetail_forward_8215783.

[84] 著名冶金工程专家:干勇[J].大学科普,2010(3):16-18.

[85] 中国的控制领域第一人:记中国工程院院士柴天佑[EB/OL].http://kyc.uibe.edu.cn/xfjs/xjsj/31138.htm.

[86] 柴天佑.百度百科[EB/OL].https://baike.baidu.com/item/%E6%9F%B4%E5%A4%A9%E4%BD%91/5051172?fr=aladdin.

[87] 张蕾.柴天佑:探索自动化领域的"新天地"[J].中国高新科技,2020(23):7-10.

[88]　徐德龙：我永远是一位平民院士 [J]. 中国水泥 ,2018(10):42–45.

[89]　西安建筑科技大学校长徐德龙院士简介 [J]. 陕西教育 ( 高教版 ),2011(6):1.

[90]　张红 . 徐德龙院士纵论固废高效资源化 [J]. 混凝土世界 ,2015(9):10.

[91]　徐德龙同志生平 [EB/OL].(2018–09–25)[2022–07–31].https://clxy.xauat.edu.cn/info/1033/1087.htm.

[92]　徐德龙任中国工程院机关党委书记 [EB/OL].(2014–10–13)[2022–07–31].https://www.chinanews.com.cn/gn/2014/10–13/6671130.shtml.

[93]　高瑞龙 , 赵阿锋 . 沧海襟怀报家国 [EB/OL].(2020–09–20)[2022–07–31].http://sn.people.com.cn/n2/2020/0920/c380804–34304760.html.

[94]　赵阿锋 . 徐德龙：策动水泥工业革命 [N]. 西安建大报 ,2011–12–31(2).

[95]　王继武 , 刘纪生 . 徐德龙：龙腾海天正当时 [J]. 神州学人 ,2004(11):25–27.

[96]　黄琪 , 汪泉 , 王潇潇 . 华中科技大学教授丁烈云：为土木工程"保驾护航" [N]. 长江日报 ,2015–12–08.

[97]　本刊 . 坚守"中国建造"推动高质量发展 [J]. 建筑 ,2019(6):11–12.

[98]　龚凡 . 丁烈云：为中国"大建造"保驾护航 [N]. 中国科学报 ,2018–11–08(6).

[99]　丁烈云：二十年深耕安全管理，为中国"大建造"保驾护航 [EB/OL].(2020–05–21)[2022–07–31].http://civil.hust.edu.cn/info/1172/8142.htm.

[100]　王国法院士忆高考 | 高考改变我人生轨迹 [N]. 中国科学报 ,2018–07–20(5).

[101]　静静 . 中国工程院院士王国法：想实现煤炭完全无人化开采 [EB/OL].(2019–06–26)[2022–07–31].https://www.163.com/tech/article/EIJFMN2K000999D9.html.

[102]　王维芳 , 高玉武 . 机械学院举行院长、特聘院士聘任仪式暨学术报告会 [EB/OL].(2019–09–18)[2022–07–31].http://www.cae.cn/cae/html/main/colys/07179089.html.

[103]　百度百科 [EB/OL].https://baike.baidu.com/item/%E7%8E%8B%E5%9B%B

D%E6%B3%95/9150652?fr=aladdin.

[104] 黄小卫:有研总院创新英才 稀土研发领军人物:首届"杰出工程师奖"获得者 [EB/OL].(2014-10-30)[2022-07-31].https://www.grinm.com/s/2614-6791-6296.html.

[105] 黄小卫 [EB/OL].(2019-10-08)[2022-07-31].https://www.cae.cn/cae/html/main/colys/34025343.html.

[106] 橙子.成功就是干一行,爱一行:中国工程院院士黄小卫 [EB/OL].(2021-09-19)[2022-07-31].https://news.cnpowder.com.cn/43998.html.

[107] 王洋洋.黄小卫:引领稀土行业绿色发展 [EB/OL].(2021-06-22)[2022-07-31].http://www.lfcmw.com/rdzt/content/2021-07/22/content_916282.html.

[108] 恒者行远,思者常新,孜孜耕耘奉献稀土事业 [J].科技日报,2015-03-13.

[109] 黄小卫 [EB/OL].https://baike.baidu.com/item/%E9%BB%84%E5%B0%8F%E5%8D%AB/5374612?fr=Aladdin.

[110] 致敬!中国有研黄小卫院士荣获"央企楷模"称号![EB/OL].(2023-02-16)[2022-07-31].https://mp.weixin.qq.com/s/qp1aKBUWi_xUeqi5XbBkYg.

[111] 陈光明.邵安林:为了中国铁矿业的崛起 [N].经济参考报,2015-05-29.

[112] 中国矿业联合会.鞍钢集团总经理邵安林当选中国工程院院士 [EB/OL].(2015-12-08)[2022-07-31].http://www.chinamining.org.cn/index.php?a=show&c=index&catid=7&id=14828&m=content.

[113] 段亚巍,李家祥.东北大学智慧矿山研究中心揭牌暨邵安林院士受聘仪式举行 [EB/OL].https://www.gx211.cn/news/20171222/n15139034358139.html.

[114] 孙毅.中国工程院院士邵安林:加快发展工业互联网 赋能行业融通发展 [EB/OL].(2021-07-25)[2022-07-31].http://yantai.dzwww.com/xinwen/ytxw/ytjj/202107/t20210725_8826381.htm.

[115] 陈光明.邵安林:构筑铁矿业的中国梦 [J].共产党员,2016(2):26-27.

[116] 冯夏庭 [EB/OL].https://baike.baidu.com/item/%E5%86%AF%E5%A4%8F

%E5%BA%AD/8918789.

[117] 茜茜.从小村庄里走出的中国工程院院士 [EB/OL]. (2020-02-22)[2022-07-31].http://www.cnpowder.com.cn/news/54075.html.

[118] 简讯:梅耐雪拜访看望冯夏庭院士 [EB/OL]. (2022-02-24)[2022-07-31].https://www.qss.gov.cn/ldzc/swld/mnx/ldyl/2016499741.html.

[119] 李宜蒙.冯夏庭:向地球深部进军 [N]. 光明日报,2020-08-20(1).

[120] 鲁伟,夏中书,黄理兴.国际岩石力学学会首位中国主席冯夏庭:让更多会员国受益 [N]. 科学时报,2009-05-27.

[121] 冯夏庭教授被授予"国际岩石力学学会会士"荣誉称号 [EB/OL].(2018-08-27)[2022-07-31].http://www.csrme.com/Plan/Content/show/id/547.do.

[122] 冯夏庭理事长当选国际地质工程联合会主席 [EB/OL].(2018-08-27)[2022-07-31].http://www.csrme.com/International/Content/show/id/666.do.

[123] 李佳佳.冯夏庭教授被授予"国际岩石力学学会会士"荣誉称号 [EB/OL].(2017-10-10)[2022-07-31].http://neunews.neu.edu.cn/2017/1010/c193a17401/page.htm.

[124] 高辉.东北大学3个基层党组织入选第三批全国党建工作标杆院系和样板支部培育创建单位 [EB/OL].(2022-03-15)[2022-07-31].http://neunews.neu.edu.cn/2022/0315/c275a75956/page.htm.

[125] 人才频道.中国冯夏庭:转变传统引才观念,打造教书育人"大先生" [EB/OL].(2021-05-25)[2022-07-31].https://www.eol.cn/rencai/202105/t20210525_2113519.shtml.

[126] 刘明明.【院士风采】戴琼海:且挂云帆济沧海 [EB/OL].(2020-09-23)[2022-07-31].https://www.tsinghua.edu.cn/info/1673/69809.htm.

[127] 赵春时.戴琼海院士学术报告会举行 [EB/OL].(2018-08-29)[2022-07-31].http://neunews.neu.edu.cn/2018/0829/c193a18224/page.htm.

[128] 中国工程院院士馆:宫声凯 [EB/OL].https://www.cae.cn/cae/html/main/colys/22098928.html.

[129] 中国工程院院士馆:刘炯天 [EB/OL].https://ysg.ckcest.cn/html/

参考文献

details/1522/index.html.

[130] 搜狗百科.张平祥 [EB/OL].https://baike.sogou.com/v69321753.htm?fromTitle=%E5%BC%A0%E5%B9%B3%E7%A5%A5.

[131] 毕业典礼再写传奇:教授夫妇双双获授予名誉教授称号 [EB/OL].(2022–05–06)[2022–07–31].https://mp.weixin.qq.com/s/scpuAtIKy9keZ–yar88C9w.

[132] 窦世学 [EB/OL].https://baike.baidu.com/item/%E7%AA%A6%E5%A3%AB%E5%AD%A6/5418625?fr=aladdin.

[133] 再获顶级殊荣!伍伦贡大学华人教授在材料科学领域不断突破与创新 [EB/OL].(2021–08–14)[2022–07–31].https://www.sohu.com/a/483399256_121118939.

[134] 刘秋凤,杨晨,雷远东.澳大利亚工程院院士窦世学:看重老子的哲学思想"无为而治" [EB/OL].https://new.qq.com/omn/20190919/20190919A0QGB000.html.

[135] 澳大利亚伍伦贡大学窦世学教授:新型电池的4S法则 –Stable、Safe、Smart、Sustainable[EB/OL].(2017–04–18)[2022–07–31].https://www.sohu.com/a/134735973_609505.

[136] 院士在鞍山:窦世学院士 [EB/OL].(2019–05–20)[2022–07–31].https://mp.weixin.qq.com/s/WJXe6smuYsivQGw–j4nAvA.

[137] 窦世学院士:材料设计、加工和应用的多功能协同策略 [DB/OL].(2017–07–15)[2022–07–31].电化学能源公众号.

[138] 人物记丨杰出华人教授,知名能源材料研究专家:刘化鹍教授 [EB/OL].(2022–03–04)[2022–07–31].https://weibo.com/ttarticle/p/show?id=2309404743275633574902.

[139] 澳大利亚工程院院士窦世学、刘化鹍教授来我院做学术交流 [EB/OL].(2019–10–17)[2022–07–31].http://hhu.gzhu.edu.cn/info/1055/2957.htm.

[140] 【SAMA国际论坛专家风采】新西兰皇家科学院与工程院高唯院士 [EB/OL].(2017–09–03)[2022–07–31].https://www.sohu.com/a/169267344_99940258.

[141] 奥大资深华人学者谈华为问题:允许华为参建5G,新西兰政府还是 开 明 的 [EB/OL].(2019–06–20)[2022–07–31].https://mp.weixin.qq.com/s/ E6del42tmUnOCu6Vae8p2A.

[142] 张晶岩.新西兰华侨华人:强大的祖(籍)国是海外游子的骄傲[EB/ OL].(2019–10–02)[2022–07–31].http://www.chinaqw.com/qbapp/zwShare. html?id=894–5–233108&type=zw.

[143] 马国强.王义[EB/OL].(2019–03–12)[2022–07–31].http://www.cse.neu.edu. cn/2019/0312/c6641a157531/page.htm.

[144] 白玉磊.院士余艾冰:颗粒科学的"小研究"和"大未来"丨科技英 才·31[N].江苏科技报,2019–02–01.

[145] 祝亦楠.余艾冰:科学家不是培养出来的,工程师却可以大规模培养 [N].我苏网,2019–05–20.

[146] 张广宏,黄丽红,杨明.【95周年校庆】东北大学隆重庆祝建校 95 周 年 [EB/OL].(2018–09–15)[2022–07–31].http://neunews.neu.edu. cn/2018/0915/c232a58093/page.htm.

[147] 陈敏锐,朱小卉.从开平走出来的院士、颗粒科学与技术和过程工程 领域杰出的科学家 余艾冰:颗粒研究的"领航者"[EB/OL].(2020– 09–18)[2022–07–31].http://www.jiangmen.gov.cn/home/sqdt/kpzx/content/ post_2145111.html.

[148] 张双武.陈道伦:善待生命的情怀[N].中国青年报,1995–10–25.

[149] 张代蕾,顾震球.专访:愿做中西方交流的桥梁和使者:访英国萨里大 学校长逯高清[EB/OL].(2018–10–30)[2022–07–31].https://baijiahao.baidu. com/s?id=1615747925596876523&wfr=spider&for=pc.

[150] "留学生应主动融入主流社会":专访英国排名前十高校首位华人校 长逯高清[EB/OL].(2017–11–01)[2022–07–31].https://mp.weixin.qq.com/s/ kKGdrlM9zNQe0IYheh4SYg.

[151] 中国科学院外籍院士:逯高清[EB/OL].https://ysg.ckcest.cn/html/ details/1001539/index.html.

[152] 英国萨里大学首位华人校长逯高清:百年名校 研产典范[J].科学新

闻 ,2016(10):57–59.

[153] 逯高清院士：建言贵州高等教育和绿色发展 [EB/OL].(2019–05–10)[2022–07–31].https://article.xuexi.cn/articles/index.html?art_id=15407614038997769436&study_style_id=feeds_opaque&t=1557454217246&showmenu=false&ref_read_id=80509e9a–5f8a–437e–965a–ac996bfd52bb_1684981283100&pid=&ptype=–1&source=share&share_to=wx_single.

[154] 从山东走出的英国名校校长：记萨里大学校长逯高清 [J].走向世界 ,2019(10):58–60.

[155] 程毓 .吴开明院士：三十年深挖钢铁一口井 [EB/OL].(2019–04–17)[2022–07–31].https://www.wust.edu.cn/2018/0416/c40a58958/page.htm.

[156] 谭垚 ,周嘉豪 .吴开明：一切为党 一心为国 [EB/OL].(2021–06–28)[2022–07–31].https://www.wust.edu.cn/2021/0628/c40a241212/page.htm.

[157] 王庆 .张东晓 .从治学到治院 [N].中国科学报 ,2014–01–17(1).

[158] 吕浩然 .美国国家工程院新科院士张东晓：科研评价体系怎么改 ?[M]//饶毅 ,刘亚东 .破局与变革：中国科技的升级之路 .北京：科学出版社 ,2018.

[159] 言咏 .循序渐进扩大体制边界：张东晓谈"北大工学院现象" [N].经济观察报 ,2017–04–15.

[160] 双喜 !江雷、赵惠军近日分别当选澳大利亚科学院 (外籍 )院士 [EB/OL].(2022–05–26)[2022–07–31].https://mp.weixin.qq.com/s/1j8In9nEcPxb7nkdBT7z8g.

[161] 传感技术领域杰出研究人员赵惠军被评为澳大利亚科学与工程院院 士 [EB/OL].(2022–10–19)[2023–01–26].https://www.atse.org.au/our-fellows/2022–new–fellows/huijun–zhao–ftse/.

[162] 博学笃志|欧洲科学院院士哥廷根大学傅晓明教授访谈 [EB/OL].https://zhuanlan.zhihu.com/p/47504133.

[163] 傅晓明|制造业企业的数字化转型 [EB/OL]. (2020–11–24)[2022–07–31].https://www.sohu.com/a/433908828_120014163.

[164] 张炳春 .梅花香自苦寒来：记欧洲科学院院士傅晓明 [J].岚山文

艺 ,2020–01–13.

[165] 段歆涔 . "你中有我 , 我中有你" [N]. 中国科学报 ,2014–08–12(003).

[166] 刘晓莹 . 雾霾治理 : 学别人的经验走自己的路 [N]. 科技日报 ,2014–08–14(001).

[167] 人物丨华裔女工程师获澳大利亚最具创新力奖项 , 她的发明可能会改变我们的生活 [EB/OL].(2019–05–08)[2023–01–26].https://www.sohu.com/a/334198550_99899108.

[168] 郝晓静 : 锌黄锡矿光伏材料前景可期 [EB/OL]. (2018–11–30)[2023–01–26].https://www.ne21.com/news/show–110098.html.

[169] UNSW 科学家斩获澳大利亚科学界最高荣誉——总理科学奖 [EB/OL].(2020–12–01)[2023–01–26].https://mp.weixin.qq.com/s/nlqm7Yf9c9cOggWbS8M5–w.

[170] 郝晓静教授当选澳大利亚技术科学与工程院院士 [EB/OL].(2022–10–19)[2023–01–26].https://www.atse.org.au/our–fellows/2022–new–fellows/xiaojing–hao–ftse/.

[171] 河南大学 110 周年校庆海外名师讲坛－新南威尔士大学－郝晓静 教 授 [EB/OL].(2022–01–22)[2023–01–26].https://lab.henu.edu.cn/info/1158/4080.htm.

# 后记

2023 年 4 月 26 日，是东北大学 100 周年华诞。100 年间，先后有 70 余位中外院士在东北大学学习和工作过，他们的学术生涯和人生轨迹，凝练出东大人的气质和品格。总结、学习、传承这些德高望重的先行者们的精神和风韵，是我们每个东大人共同的期待。

2020 年 10 月，学校决定为从我校走出的院士们编写传略，作为 100 周年校庆的献礼。2022 年 1 月，学校组织成立了由孙雷副校长牵头的《传承与轨迹——从东北大学走来的院士风采录》编委会，由对外联络与合作处和百年校庆办公室负责具体编撰工作。此后，外联处与校庆办专门成立了编写组，制定了详细的采访、写作和编撰计划，先后有 20 余名师生参与，他们是：李鹤、刘佳、高广、陈田、王晓英、马亮、张博雯、李佳佳、张旭华、邱梦雪、张竞文、尚育名、赵锦飞等老师，以及王俊、王姗姗、孙琳、刘丽娜、李新、孙健、杨锐、李冬雪、孙志浩等同学。

根据工作计划，编写组按照资料搜集、集中写作、返稿修改、编排定稿四个阶段开展工作：在资料搜集阶段，编写组一方面通过校史馆、本校及其他相关高校档案馆、图书馆、互联网等查阅了大量文献资料，另一方面积极与院士或其亲友、学生取得联系，进行了大量的访谈沟通工作，共整理文字资料 40 余万字；在集中写作阶段，编写组每周确认进度情况，每月召开一次统稿学习会议，研讨每位院士文章的内容选材、逻辑结构与行文风格，其间又针对部分文章进行了补充采访工作；在返稿修改阶段，编写组将修改后的文稿送回院士本人或其亲友、同事、学生进行审定，征求意见稿得到积极反馈，其中 38 篇传略由院士本人审阅修改（其中 4 篇根据院士本人意愿仅保留简介内容），11 篇传略由院士亲友、同事、学生或编委会代为审定，他们对文章进行了认真补充和修订，提出了很多富有建设性的建议，更新最新所获奖项、论文及著作数据，按照时间顺序描写还原院士本色；在编排定稿阶段，校党委宣传部对稿件进行了内容审核把关工作。最后，校长冯夏庭以及副校长孙雷等校领导又对书稿进行了认真审阅，提出了许多宝贵的意见建议，形成了最终的书稿。

回首近两年的编写过程，历经一次次的内容整理、文章润色，编写组成员以饱满的热情和高度负责的态度全身心地投入工作。对于编写组的每个成员来讲，编撰书稿既充满困难又富有挑战，但是大家始终如一，尽职尽责地完成本项艰巨任务。在走近院士的过程中，我们时时刻刻都被院士们谦逊儒雅的品格、鞠躬尽瘁的精神、科技报国的决心所感染。

许多院士在少年时立下奋斗一生的雄心壮志，为未来的发展奠定坚实的基础。他们具有鲜明的实践品格，脚踏实地把每件事情做好，只争朝夕，持续奋斗，不负韶华。他们平易近人，低调务实，真诚友善。许多院士尽管奔波在工作一线，仍然在百忙中抽出宝贵时间完成文稿的审核确认工作。

院士们勤奋求学的态度和严谨的治学精神值得我们钦佩，他们积极进取，敢于开拓，我们说不尽院士们做出了多大贡献、数不清院士们创造了多少第一、列不完院士们获得了多少荣誉，那一篇篇以他们名字命名的科技文献、一项项属于他们的发明创造、一张张印有他们名字的证书奖牌，是对他们敢为人先、奋勇创新最好的印证。

无论是在国内还是在海外工作的院士们，都将学术研究与国家产业升级紧密结合，他们的绝大部分成就来源于生产与实践。院士们视科研为生命，顽强的毅力值得我们推崇。无论是步入耄耋之年，还是在动荡年代，院士们始终致力于研究，毫不松懈。大到国家整体战略决策规划，中到带领科研团队培育学生，小到每篇论文的字词标点，事无巨细，悉究本末。

此外，作为身上同样打着"东大"烙印的校友，我们还特别感动于院士们质朴的母校情结。他们高考时很多都坚定地报考了东北大学，推动了祖国科技事业的发展。在确认文稿过程中，院士们纷纷表达了对母校生活的怀念、对校园师生的牵挂和对百年东大未来发展的关心。

院士不是一个独立的群体，他们成绩的取得并非偶然，集中反映的是一代代优秀知识分子的精神品格，这正是新时代不可缺少的智慧结晶。院士们的传略纵横交织，无论从哪个角度切入都给我们无限的力量：基础科研纵深专业领域，就像一口甘泉井，甘甜清冽，沁人心脾；横扩就像一部微电影，人生之旅，回首再望。在此，我们向所有从事教育与科学的一线工作者表达由衷的敬意，让我们传承院士们成长的轨迹，在迈进新百年的岁月征程中勇往直前！

在书稿编撰过程中，我们还约访了院士及其亲友、同事、学生等达数十位，其中包括海内外亲朋好友、工作同事、学院资深教授等，正是他们的大力支持、配合和帮助，使我们的工作得以顺利完成。特别向他们表示衷心的感谢和崇高的敬意！他们是（以姓氏笔画为序）：

习小明　马　睿　马　英　马国强　井元伟　王　磊　王凤辉
王兆文　王淑娟　方　群　乔世范　朱古月　邹　霞　孙　峻
孙润轩　任朝晖　李　彦　李　晨　肖丽俊　张　晓　张　晨
张　喆　张怀文　张淑芬　武文军　武名麟　郑树军　胡芳芳
姜　徐　贾豫冬　顾一帆　徐润章　高瑞龙　唐　建　展　成
曹胜根　阎文艺　韩跃新　翟秀静　等

值得一提的是，靳树梁院士传略部分引用了东北工学院院志办公室编写的《靳树梁传略》（东北工学院出版社，1990 年）；闻邦椿院士传略部分引用了院士本人撰写的《奋斗的人生——我的家庭和个人经历纪实》（高等教育出版社，2009 年）；马在田院士传略部分引用了他生前撰写的《学海回眸——马在田院士文札》（上海社会科学院出版社，2009 年）；方肇伦院士传略部分引用了《20 世纪中国知名科学家学术成就概览·化学卷·第二分册》（科学出版社，2012 年）；邱竹贤院士传略部分引用了邱天庆所著《邱竹贤传》（中国轻工业出版社，2020 年）；于润沧院士传略部分引用了《中国科学技术专家传略·工程技术编·有色金属卷·2》（中国科学技术出版社，2002 年）和《于润沧自传》（冶金工业出版社，2021

年）；杨锦宗院士传略部分引用了《院士的足迹》（大连理工大学出版社、光明日报出版社，2004年）；徐旭常院士传略部分引用了《清华名师谈治学育人》（清华大学出版社，2009年）；钱鸣高院士传略部分引用了《中国工程院院士自述》（上海教育出版社，1998年）；周廉院士传略部分引用了《无冕材料泰斗 润物学界无声——贺周廉院士八十华诞文集》（化学工业出版社，2020年）等。他们的工作及作品在本书的编纂工作中发挥了十分重要的作用，在此提出特别的感谢。

此外，在本书的写作过程中，冯夏庭和孙雷等校领导在百忙之中给予热情的关心和支持，冯夏庭校长在本书修订过程中给予精心指导并为本书作序，孙雷副校长作为主审提出诸多宝贵意见和建议，在此一并致谢。

由于本书涉及范围广泛且内容繁多，个别院士因为工作要求及研究方向特殊性，不能全方位展现个人成就，加上时间略显仓促，本书难免有疏漏和不妥之处，望不吝赐教。

**本书编写组**
2022年8月于沈阳